그리스도인의 진정한 가치는, 예수님처럼 고난을 기쁨의 승리로 바꿀 때 드러난다. 이 책의 주인공, 코리 텐 붐이 오랫동안 주목받아온 것은, 그녀가 나치 정권 하에서 온갖 역경을 잘 견뎌냈을 뿐 아니라 그 고난이 많은 이들에게 위로와 기쁨의 도구가 되었기 때문이다. 그녀는 죽음의 집단 수용소에 갇힌 동안 사람들에게 복음을 전하며 사랑을 나누더니, 석방되고 나서도 전쟁 피해자들을 위한 재활원을 만들고, 전 세계를 돌며 고난 가운데 함께하신 하나님을 증거했다. 이 책을 통해 우리는 하나님께서 한 평범한 사람을 고난 가운데 인내하게 하시고 더 나아가 평화의 도구로 사용하시는 것을 확인하게 될 것이다.

한철호 _선교동원가, 미션파트너스 상임대표

역사상 가장 암울했던 시기에 환한 빛을 비추는 개척자적인 책이다.

필립 얀시 _「놀라운 하나님의 은혜」의 저자

이 책을 처음 읽었을 때의 그 감동을 결코 잊지 못할 것이다. 하나님의 사랑이야말로 가장 강력한 힘이라는 사실에 내 마음은 완전히 사로잡혔다. 지금도 그 진리는 여전하다. 믿음과 승리와 무조건적 사랑을 역설하는 코리 텐 붐의 이야기에 도전과 영감을 받기를 기도한다.

달린 첵 _예배 인도자, 작곡가

내가 아는 가장 놀라운 여성의 가장 놀라운 이야기이다. 적극 추천하는 바이다.

척 콜슨 _교도소 선교회 설립자 및 회장

이 책은 어느 시대에서나 읽어봐야 할 고전이다. 코리 텐 붐은 누구보다 깊이 하나님과 동행하는 삶을 살았고, 증오와 잔혹함을 사랑과 용서로 맞바꾸었으며, 두려움과 공포와 불안 속에서도 하나님을 믿고 의지했다. 행동하는 사랑에 관한 이 매력적인 이야기는 당신에게도 도전과 감동을 줄 것이다.

조이스 마이어 _베스트셀러 저자이자 성경 교사

기독교가 지루하다고 생각하는 사람은 내 친구 코리 텐 붐을 아직 모르는 사람일 것이다! 이 놀라운 여인을 보며 내가 가장 찬탄했던 부분은, 바로 모험에 대한 그녀의 열정이다. 그녀는 나보다 한참 위 연배이면서도 나와 함께 철의 장막 뒤를 지칠 줄 모르고 돌아다니며 비밀리에 모이는 크리스천 셀 그룹을 찾아다녔다. 그러다 발각되면 그건 곧 교도소행이거나 국외 추방을 의미하던 시대에 말이다. 코리 텐 붐을 한 번도 만난 적이 없다면, 이 책을 읽어 보는 것이 코리와 코리의 주님과 평생 친교를 맺는 가장 좋은 방법일 것이다.

앤드류 형제 _오픈도어즈 선교회 설립자, 「하나님의 밀수꾼」 저자

「주는 나의 피난처」는 나치 포로수용소에서 살아남은 코리 텐 붐의 마음에서 하나님의 사랑과 용서가 승리를 거두었다는 가슴 찡하고 영감 깊은 이야기이다. 엘리자벳과 존 셰릴 부부가 아름다운 필치로 써내려간 이 이야기는 언제까지나 기독교 고전 반열의 맨 앞 자리를 차지할 것이다.

피터 마샬 _「빛과 영광」, 「바다에서 빛나는 바다로」 저자

코리 텐 붐의 자아는 명백히 십자가에 못 박혔으며, 그녀의 숭고한 희생과 자비는 세상 모든 나라, 모든 언어권의 사람들에게 증명되었다. 이생의 이해관계에 대한 코리의 무관심은 이교도들까지 고개를 끄덕이게 만들었다. 코리는 진실로 기독교의 정신을 증명했다.

데이빗 윌커슨 _타임스 스퀘어 교회 창립 목사, 틴 챌린지 설립자

주는 나의 피난처

주는 나의 피난처

코리 텐 붐, 엘리자베스 & 존 셰릴 지음
오현미 옮김

좋은씨앗

주는 나의 피난처

초판 1쇄 발행 | 2009년 10월 10일
재조판 1쇄 발행 | 2023년 3월 20일
재조판 2쇄 발행 | 2024년 8월 20일

지은이 | 코리 텐 붐, 엘리자베스 & 존 셰릴
옮긴이 | 오현미
펴낸이 | 신은철
펴낸곳 | 도서출판 좋은씨앗
출판등록 | 제4-385호(1999.12.21)
주소 | (06753) 서울시 서초구 바우뫼로 156(양재동, 엠제이빌딩) 402호
주문전화 | (02) 2057-3041 주문팩스 | (02) 2057-3042
페이스북 | www.facebook.com/goodseedbook
이메일 | good-seed21@hanmail.net

ISBN 978-89-5874-385-9 03230

"하나님이 우리 삶에 허락하시는 모든 경험은

그분만이 아시는 우리 미래에 대한 완벽한 대비책입니다."

_ 코리 텐 붐

차례_ contents

코리 여사를 회상하며

_조니 에릭슨 타다

그때는 정말 이상한 시대였다.

사람들은 염색 셔츠를 입고 다녔고, 지미 헨드릭스의 노래를 들었으며, 냉동식품으로 저녁 식사를 하면서 TV로 베트남 전쟁을 지켜보았다. 물론 모든 사람들이 다 그런 것은 아니었다. 나는 어질어질한 무늬의 그 셔츠에 별 관심이 없었고, 사이키델릭 음악은 싫어했으며, TV에서 전쟁 소식이 나올 때마다 채널을 돌려버렸다. 내 머릿속엔 그보다 더 중요한 것들 생각뿐이었다. 이를테면 생존(生存) 같은 것.

1971년은 내가 휠체어를 타고 다닌 지 4년째 되던 해였다. 다이빙 사고는 이미 과거의 일이 되었지만, 팔다리 마비는 그렇지 않았다. 완전히, 그리고 영원히 마비된 팔다리를 보며 나는 여전히 소금씩 흔들리는 삶을 살고 있었다. 하나님께서 이 상황을 어떻게 사용하시려는

지 이해하려고 몸부림치고 있었다.

고통의 나날을 보내던 어느 날 한 친구가 내게 이 책을 내밀었다. 뒤표지를 보니 나치의 죽음의 수용소에서 살아남은 코리 텐 붐의 생애에 관한 이야기라고 했다. 호기심이 생겼다. 말했다시피 그때 나에게는 살아남는 것이 최대 관심사였다. 어머니 옷장 속의 오래된 너구리털 코트 비슷한 옷을 입은 이 용감한 백발 여인이 무언가 내게 해줄 말이 있을 것 같았다.

책은 첫 장부터 나를 사로잡았다. 코리 여사는 나와 다른 시대를 산 사람이었지만, 그녀의 삶은 수십 년 세월을 건너뛰어 나에게 다가왔다. 그녀가 겪었던 2차 대전은 나의 고통과는 성격이 전혀 다른 것이었지만, 가스실이라는 지옥의 문턱을 생생히 목격하고도 햇살이 비치는 밖으로 담대히 걸어 나올 수 있었던 능력! 그것은 내가 필요로 했던 바로 그런 이야기였다.

그 뒤로 이따금씩 두려움이나 우울의 구덩이에 빠져들 때마다 성령께서는 이 책에서 읽었던 글귀들을 친절하게 떠올려 주셨다. "하나님의 사랑이 미치지 못할 만큼 깊은 구덩이는 없다." "하나님이 짜는 벽걸이 융단 맨 마지막 단이 어떤 무늬일지는 아무도 모른다." 그 중에서도 가장 강력하게 정곡을 찌르는 말은 아마 이것일 거다. "예수님은 승리자이시다."

이쯤 되면, 코리 여사를 처음 만났을 때 내가 얼마나 감격했을지 이해할 수 있을 것이다. 그녀는 내 어깨를 꽉 움켜쥐고는 네덜란드어 억양이 섞인 말투로 말했다. "오, 조니! 천국에서 우리가 함께 춤추게 될 날을 상상해 봐요! 얼마나 멋진 날일까요!" 정금으로 된 길을 껑충껑충 뛰어다니며 춤추는 우리 모습을 상상하니 숨이 막힐 지경이었다. 그 영광스럽고 기쁜 광경을 나는 쉽게 상상할 수 있었다. 그걸 상상하니 비로소 내가 살아남았다는 게 실감이 났다.

그 뒤로 몇 년 세월이 흘렀다. 코리 여사는 여전히 책도 쓰고 여러 나라를 두루 돌아다녔으며, 〈주는 나의 피난처〉 영화화 작업을 감수하는 일도 했다. 하지만 세월은 그녀의 발걸음을 낚아챘고, 뇌졸중으로 몇 차례 쓰러진 끝에 그녀의 지친 육신은 마침내 무릎을 꿇었다. 장례식 내내 나는 코리 여사와 처음 만났을 때를 생각했다. 그녀가 살아생전 자주 이야기했던 그 벽걸이 융단의 금색 실에다 왜 검은 실을 섞어 넣으셨는지 예수님이 그녀에게 설명해 주실 것이라 생각하니 저절로 미소가 지어졌다.

그때가 1983년이었다. 세월은 계속 흘렀고, 슬프게도 세상은 거의 미친 것처럼 돌아간다. 많은 그리스도인들이 이 세상에서 어떻게 살아가야 할지 고민하고 있다. 제 아무리 코리 여사라 하더라도 해답을 줄 수 있을런지….

아니다. 코리라면 알아볼 것이다. 전 인류의 생존을 위협하는 세계적인 홀로코스트가 될 새로운 전쟁 앞에서 우리가 정확히 어떻게 해야 하는지 코리라면 답을 줄 것이다. 그녀는 단호하게 그러나 부드럽게 구주 예수를 가리키면서, 예수님이 여전히 승리자이심을 우리에게 일깨워 줄 것이다. 죄가 얼마나 더 추해지고 독해지든 예수님은 그 죄를 정복하셨다는, 아주 아주 오래된 이야기를 다시 기억하게 해줄 것이다. 그리고 예수께서 곧(우리 생각보다 빨리) 죄와 고통, 미움과 대살육의 장막을 걷어내고 살아남은 백성들을 반가이 맞아들이실 것이라고 말해 줄 것이다.

한 가지 더. 2004년 가을, 스무 시간 걸리는 인도행 비행기에 앉아 있던 나를 세월은 마침내 따라잡았다. 사지마비 때문에 가늘고 쇠약해진 뼈로 온 몸을 지탱하며 비행기 좌석에 앉아 가자니 엄청난 고통이 밀려왔다. 시간을 보내기 위해, 그리고 통증을 잊기 위해 코리의 또 다른 책을 펼쳐들었다. 그리스도의 복음을 전하기 위해 전 세계를 돌아다녔던 그녀의 놀라운 열정 부분을 읽으려니 갑자기 목이 메어왔다. '85세의 나이에 코리 여사는 이런 여행을 견뎌냈다. … 하나님의 은혜로 그녀가 이걸 감당해 냈다면 나도 할 수 있다!' 온 몸이 녹초가 된 여행길에서 내게 필요했던 것은 바로 그런 영감과 격려였다.

코리 여사의 이야기는 언제 읽어도 늘 새롭고 설득력이 있다. 내가 이 책을 여러분에게 흔쾌히 추천하는 것은 바로 그 때문이다. 특히 젊은 세대는 이 책을 꼭 읽어 보기를 권한다. 이 책은 자신에게 주어진 고난 속으로 들어가야 하는 모든 사람을 위한 책이다. 이 부분까지 읽었다면 이 책은 바로 당신을 위한 책이다. 조금 더 읽어 보라. 그러면 내가 오래 전에 깨우친 진리를 당신 역시 알게 될 것이다. 그 수용소에서 하나님의 은혜가 코리 여사를 지탱할 수 있었다면, 그 은혜는 당신에게도 족할 것이다. 하나님의 도우심으로 당신은 살아남을 수 있다. 그리고 코리 여사도 말할 것이다. 당신은 할 수 있다고.

들어가기 전에

_엘리자베스 셰릴

1968년 5월, 나는 독일 다름슈타트의 리트릿 센터에서 며칠을 지냈다. 대다수 독일인들이 홀로코스트에 대해 생각하는 것조차 싫어하던(심지어 그런 일이 있었다는 것을 노골적으로 부인하던) 때, 자칭 마리아의 자매들이라고 하는 일단의 루터파 여성도들이 자기 나라를 대신해 회개하는 일을 맡았다. 이들은 홀로코스트에서 살아남은 유대인 생존자들을 도왔고, 그들의 이야기를 들어 주었고, 나치에 관한 진실을 널리 알렸다.

리트릿 센터에 있는 동안 저녁 예배에 참석했는데, 두 명의 강연자가 등장했다. 첫 번째 강연자는 유대인 집단 수용소에 붙잡혀 있던 사람이었다. 수용소에서 그는 짐승 취급을 받고 굶주림에 시달렸으며 아버지와 형은 그곳에서 세상을 떠났다고 했다. 그의 얼굴과 몸이 백

마디 말보다 더 많은 것을 말해 주었다. 고통에 사로잡힌 눈빛, 떨리던 두 손, 잊을 수 없는 모습이었다.

뒤이어 등장한 사람은 백발의 부인이었다. 생김새가 시원시원한 그녀는 아주 편안해 보였고, 얼굴은 사랑과 평안과 기쁨으로 빛났다. 하지만 이 두 사람이 들려주는 이야기는 똑같았다! 그 부인 역시 집단 수용소에서 똑같이 야만적 폭력을 경험하고 똑같은 피해를 당했다. 첫 번째 등장했던 남자의 모습은 쉽게 이해가 간다. 하지만 이 부인은?

예배가 끝날 무렵, 나는 그 부인과 이야기를 나누려고 뒤에 남아 있었다. 그 부인, 코르넬리아 텐 붐은 집단 수용소에서 이사야 선지자가 말했던 "광풍을 피하는 곳, 폭우를 가리는 곳 … 곤비한 땅에 큰 바위 그늘"(사 32:2)을 발견한 것이 틀림없었다.

그 뒤로 남편과 함께 다시 한 번 유럽을 찾았을 때 우리는 이 놀라운 부인에 대해 더 잘 알게 되었다. 우리는 지붕이 휘어진 듯한 모양새의 자그마한 네덜란드 집을 찾아갔다. 그 집에서 코리는 50대가 될 때까지 노처녀 시계공으로 평범한 인생을 살았다. 모퉁이를 돌면 엄청난 모험과 극도의 위험이 도사리고 있다는 건 꿈에도 생각지 못한 채 언니와 연로한 아버지를 돌보면서. 코리 여사가 젊었을 때 마음을 빼앗겼던 남부 네덜란드 집 정원에도 가보았다. 전쟁 중에 피크위크 씨가 진짜 커피를 대접해 주었던 하를렘의 큰 벽돌집에도….

그렇게 이곳저곳을 다니면서 우리는 과거가 아닌 미래를 내다보고 있는 듯한 이상한 기분을 느꼈다. 이 사람들, 이 장소들은 이미 지나간 일이 아니라 우리가 앞으로 겪게 될 일들에 대해 이야기하고 있는 것 같았다. 어느 샌가 우리는 그녀에게서 배운 다음과 같은 것들을 이미 연습하고 있었다.

- 헤어짐에 대처하기
- 없으면 없는 대로 지내기
- 불안전한 중에도 안심하기
- 용서하기
- 하나님께서 사람의 연약함을 들어 쓰신다는 것을 이해하기
- 까다로운 사람들 대하기
- 죽음과 대면하기
- 원수를 사랑하기
- 악이 이길 때 대처하기

우리는 코리가 회상하는 사건들이 참 실제적이라고, 그녀의 회고담은 지금 여기에서 우리의 문제를 어떻게 해결하고 어떤 결단을 내려야 할지 조명해 주는 것 같다고 말했다. 그랬더니 코리는 이렇게 말했다. "과거가 하는 일이 바로 그거 아니겠어요! 하나님께서 우리에게 허락하시는 모든 경험, 하나님께서 삶 속에서 만나게 하시는 모든 사람이 하나님만 아시는 미래에 대한 완벽한 대비책이지요."

모든 경험, 모든 사람이라 … 아버지, 네덜란드 최고의 시계 수리 실력을 가졌던 분. 어머니, 육신은 감옥이 되었지만 영혼은 자유롭게 하

늘로 날아오른 분. 벳시 언니, 감자 세 개와 두 번이나 우려낸 찻잎을 가지고도 파티를 벌일 수 있었던 사람. 그 무엇도 무릎을 꿇게 만들 수 없었던 이 여인의 반짝이는 푸른 눈동자를 들여다보면서 우리는 이 사람들이 우리 삶의 일부였으면 하고 바랐다.

그리고 물론, 그렇게 될 수 있다는 것을 우리는 깨달았다.

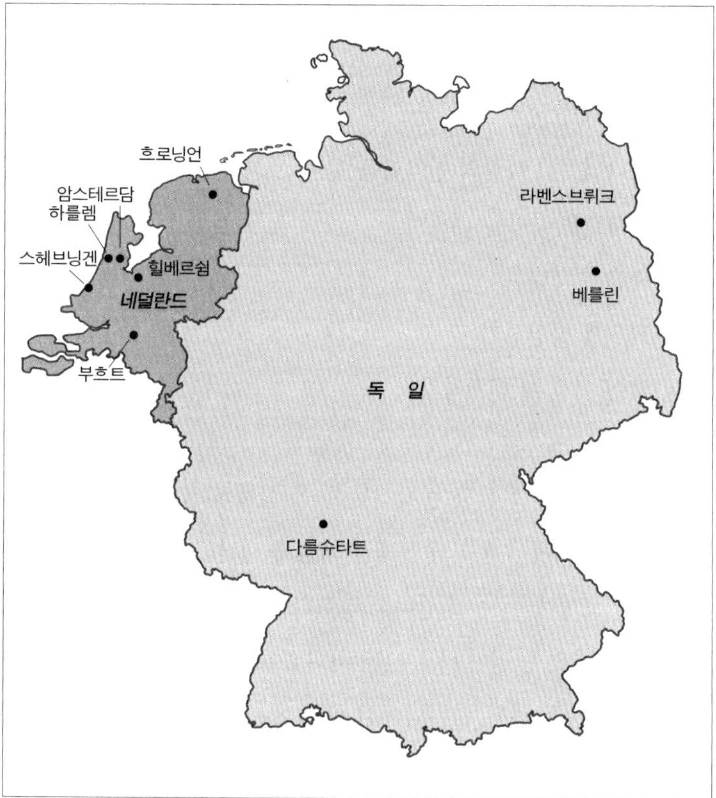

코리 텐 붐의 발자취를 따라

머리말

_앤드류 형제

기독교가 지루하다고 생각하는 사람이 있다면 아직 내 친구 코리 텐 붐을 몰라서 그렇다. 이토록 놀랍고 감탄스러운 여인에게 내가 유독 배우고 싶은 것이 있다면 그녀의 지칠 줄 모르는 모험심이다. 나이로는 나보다 한참 위였지만, 코리 여사는 기회만 닿으면 내 손을 끌고 철의 장막을 넘나들며 그 지역 그리스도인들을 만나는 일에 주저함이 없었다. 그게 감옥에 가기 십상인 행동이어서 혹여 체포되기라도 하면 운이 좋아야 추방으로 끝날 수 있단 걸 뻔히 알면서도 말이다.

"저 사람들은 자기들 믿음 때문에 목숨을 걸고 있잖아요." 코리 여사가 말했다. "그럼 나는 왜 안 되죠?"

코리 여사가 아직 살아 있었다면, 당장에라도 박해가 극심한 선교지에 들어가겠다 고집을 부릴 것은 보지 않아도 알 수 있다. 물론 나

역시 데리고 가겠지만 말이다. 그곳에서 담대히 살아가려는 그리스도인들을 만나 자신의 결연한 믿음을 나누는 일에 기쁨으로 나설 모습을 상상해 보라.

아직 코리 텐 붐이란 여성에 대해 들어본 적이 없다면, 이 책을 읽으며 그녀와의 변하지 않을 우정을 쌓을 뿐 아니라 이 책 페이지마다 드러나는 신실하신 우리 주님과의 만남을 시도해 보길 권한다. 출간 35주년 기념판이라 하니 새로운 세대들이 그녀의 쩌렁쩌렁한 도전에 응답하길 기대해 본다.

"자, 내 손을 잡고 전엔 몰랐던 가장 위대한 모험에 함께 뛰어듭시다!"

100주년 기념 파티
_1장

그날 아침, 침대에서 튕기듯 일어나던 내 머릿속엔 한 가지 생각뿐이었다. 해가 났을까, 안개가 꼈을까? 네덜란드의 1월 날씨는 안개 낀 날이 많고, 눅눅하고 쌀쌀하고 우중충하다. 하지만 가끔가다 구름 사이로 겨울 해가 하얗게 모습을 보이는 날도 있었다. 하나밖에 없는 내 방 창문으로 한껏 몸을 내밀어 밖을 내다보았다. 우리 집, 베예에서 하늘을 보기란 쉬운 일이 아니었다. 집 앞은 벽돌담이 가로막고 있어서 오래된 도시 하를렘의 복잡한 중심부에 빼곡히 들어선 낡은 건물들의 뒷모습만 시야에 들어왔다. 하지만 목을 길게 빼고 올려다보니, 기묘한 지붕들과 삐뚤어진 굴뚝 위로 엷은 진주빛의 사각형 하늘이 보였다. 오늘은 파티를 위해 해가 날 모양이다!

낡은 옷장에서 새 드레스를 꺼내 입으면서 왈츠를 조금 춰 보았다.

내 방 바로 밑에 아버지 침실이 있었지만, 일흔 일곱의 아버지는 곤히 잠들어 계셨다. 그것도 나이 먹어서 좋은 점 중 하나라고 생각하면서 드레스 소매에 팔을 넣은 뒤 옷장에 달린 거울에 내 모습을 비춰 보았다. 1937년의 네덜란드 여성들은 무릎 길이의 치마를 입었지만, 내 드레스는 구두 위 5센티미터까지 내려올 정도로 조신했다.

'나도 나이는 어쩔 수 없네.' 거울 속의 내 모습을 보며 말했다. 새 드레스를 입은 내 차림새가 유달리 더 눈에 띌 것 같았다. 나이 마흔다섯에, 미혼이고, 허리 라인이 사라져 버린 지 오래 된 터라.

벳시 언니는 나보다 일곱 살 위지만 여전히 날씬하고 기품 있는 자태를 유지하고 있어서 지나가던 사람들이 돌아볼 정도였다. 옷 때문에 그런 건 분명 아니었다. 우리 가족이 운영하는 작은 시계포에서는 한 번도 큰 돈을 벌어본 적이 없다. 하지만 언니가 드레스를 입으면 뭔가 멋진 일이 벌어진다.

내 옷매무새로 말하자면, (언니가 알아보고 지적해줄 때까지) 옷단은 축 늘어져 있고, 스타킹은 올이 풀려 있고, 칼라는 뒤틀려 있다. 그래도 오늘, 작은 방에서 최대한 몸을 틀어 거울에 뒷모습을 비춰보니, 진갈색의 옷은 나름 맵시 있어 보였다.

골목 쪽 현관 벨이 울렸다. 손님? 아침 일곱 시도 안 된 시각에? 방문을 열고 나가, 가파르게 휘어진 계단 아래로 몸을 던지듯 뛰어 내려갔다. 이 계단은 기이하게 생긴 이 낡은 집에 나중에 증축한 것이다. 원래 이 집은 한 채가 아니라 두 채였다. 앞채는 전형적인 구 하를렘식의 작은 집으로, 총 3층에다 방 두 개는 좁고 길었고 방 하나만 넓었다. 언제였는지 알 수 없지만 오래 전 어느 날 뒷벽이 헐리고 이 집보다 더 길고 가파른 모양의 뒷집과 연결이 되었고(뒷집은 방이 세 개뿐으로, 한 층에 하나씩이었다), 코르크마개 뽑개마냥 좁고 구불구불한 이 계단이 두 건물 사이에 간신히 비집고 들어선 것이다.

나만큼이나 동작이 빠른 언니가 먼저 현관에 나와 있었다. 문을 열자 엄청나게 큰 꽃다발이 출입구를 가득 메웠다. 언니가 꽃다발을 받아들자 자그마한 몸집의 배달 소년이 비로소 모습을 드러냈다. "파티하기 아주 좋은 날이네요." 소년은 꽃다발 너머로 집안을 들여다보며 말했다. 커피와 케이크가 벌써 차려져 있기라도 한 것처럼 말이다. 조금 후에 이 소년도 파티에 올 것이다. 사실은 하를렘 사람들이 몽땅 다 올 테지만.

언니와 나는 꽃다발 속에서 카드를 찾아냈다. "피크위크다!" 우리는 동시에 소리를 질렀다.

피크위크는 엄청난 부자 고객으로, 우리 가게에서 가장 좋은 시계들을 사가기도 했고 윗층의 우리 살림집에까지 종종 들르곤 했다. 그의 진짜 이름은 헤르만 슬러링이었지만 언니와 나 사이에서는 피크위크로 통했다. 그의 생김새가 디킨즈의 소설 속 삽화에 나오는 사람과 너무 똑같아서 우리가 붙여준 이름이었다. 헤르만 슬러링은 하를렘에서 가장 못생긴 사람임에 틀림없었다. 키도 작고 엄청나게 뚱뚱하며 머리는 네덜란드산 치즈 모양으로 벗겨져 있었다. 게다가 그는 눈까지 사시(斜視)여서, 마주보고 있어도 그가 나를 보는 건지 다른 누구를 보는 건지 알 수 없었다. 외모는 볼썽사나웠지만, 그는 친절하고 너그러운 사람이었다.

언니와 나는 꽃다발을 받아 가게 안으로 들여왔다. 첫 번째 방은 손목시계와 일반 시계를 수리하는 작업실이었다. 아버지는 숱한 세월 동안 그곳 키 큰 걸상에 구부정하게 앉아 세심하고도 고생스런 작업에 임해 오셨다. 아버지의 솜씨는 네덜란드 최고의 명성을 자랑하고 있었다. 방 한가운데에는 내 작업대가 있었고, 내 작업대 옆에는 견습공인 한스의 작업대가, 그리고 벽 쪽으로는 늙은 크리스토펠스의 작업대가 있었다.

작업실 너머에는 손님들이 드나드는 공간이 있고, 그곳 유리장에는 손목시계가 가득 들어 있었다. 벽시계들이 일제히 일곱 시를 가리킬 즈음 언니와 나는 꽃다발을 갖고 들어와 어디에 놓는 게 가장 예술적으로 보일지 고민했다. 어릴 때부터 나는 이 방에 들어오는 걸 좋아했다. 방에 들어설 때마다 똑딱거리는 수많은 시계 소리가 나를 반겨 주곤 했다. 거리 쪽 진열장 셔터를 올리지 않았기 때문에 방 안은 아직 어두컴컴했다. 나는 거리 쪽 출입문의 자물쇠를 풀고 바르텔요리스트라트로 나갔다. 바로 옆의 안경점, 의상실, 빵집, 길 건너편 베일의 모피상점 등 좁은 거리 위아래의 다른 가게들은 셔터가 내려진 채 조용했다.

셔터를 올린 뒤 진열장 앞에 잠깐 서서 전시된 시계들을 한동안 흡족하게 들여다보았다. 이번엔 모처럼 언니와 내가 뜻이 맞았다. 시계를 어떻게 진열할까를 두고 언니와 나는 늘 토론을 벌이곤 했다. 나는 진열장 선반이 빽빽하게 들어찰 정도로 우리 물건들을 최대한 많이 진열해 놓고 싶어 했고, 언니는 예쁜 손목시계 두세 개 정도를, 그것도 실크나 새틴 천을 소용돌이 모양으로 말아 바닥에 깔고 그 위에 올려 놓는 것이 더 우아해 보이고 손님도 더 많이 불러모을 수 있다고 주장했다. 하지만 이번 진열장은 우리 둘 모두를 만족시켰다. 이번에 진열된 품목은 만든 지 적어도 백 년은 넘는 괘종시계와 회중시계 컬렉션으로, 이번 행사를 위해 온 시내 골동품 상인들과 친구들을 다 찾아다니며 빌려온 것들이었다. 그도 그럴 것이 오늘은 우리 상점이 100주년을 맞는 날이다. 100년 전인 1837년 1월 이 날, 할아버지가 이 진열장 앞에 〈텐 붐 시계포〉라는 간판을 내거셨던 것이다.

정확한 시간 따위는 안중에도 없다는 듯 하를렘 교회의 종소리가 일곱 시를 알리며 십 분 간 울렸고, 뒤이어 반 블록 정도 떨어진 마을 광장의 성 바보 성당의 큰 종이 장엄한 소리로 뎅뎅 일곱 번 울렸다. 1월의 이른 아침이라 추웠지만, 나는 거리를 서성대며 종소리를 세어 보았다. 하를렘엔 이제 집집마다 라디오가 있지만, 한때 온 마을이 성 바보 성당의 종소리에 따라 하루를 살던 때가 있었다. 열차 승무원을 비롯해 정확한 시간을 알아야 하는 사람들만 우리 가게로 와서 '천문 시계'를 보고 갔다. 아버지는 매주 한 번씩 기차 편으로 암스테르담에 가서 해군 관측대의 정확한 시간을 확인하고 오셨다. 일주일 동안 우리 상점의 천문 시계의 오차가 2초를 넘은 적이 없다는 것이 아버지에게는 큰 자부심의 원천이었다. 다시 가게 안으로 들어가면서 보니 천문 시계는 여전히 그 자리에 놓여 있었다. 콘크리트 벽돌 위에 당당하게 반짝이되 이제는 탁월함을 빛내면서.

아버지는 60년 넘게 시계를 다뤄온 전문 시계공이었다.
© the Corrie ten Boom House Foundation

골목 쪽 출입구 벨이 다시 울렸다. 또 꽃이었다. 큰 꽃다발, 작은 꽃다발, 공들여 꾸민 작품에서부터 집에서 키운 식물로 만든 화분 등 한 시간 동안 온갖 꽃들이 계속 도착했다. 100주년 기념 파티는 상점을 위한 것이었지만, 마을 사람들의 애정은 아버지를 향한 것이었다. "하를렘의 큰 어르신." 마을 사람들은 아버지를 그렇게 불렀고, 그들은 이제 그것을 입증해 보이고 있었다. 가게 안과 작업실에 꽃다발이 가득차서 더 이상 놓을 자리가 없게 되자 언니와 나는 가게 위 2층 방들로 꽃을 옮기기 시작했다. 돌아가신 지 20년이나 되었지만 이 방들은 여전히 '얀스 이모의 방'으로 불리고 있었다. 얀스 이모는 어머니의 언니로, 이모가 남기고 간 크고 진한 색 가구에서 이모의 흔적을 느낄 수 있었다. 언니는 온실에서 키운 튤립 화분 하나를 방에 내려놓고 한 걸음 뒤로 물러서서는 기분 좋은 목소리로 소리쳤다.

"코리, 방안이 얼마나 환해졌는지 봐!"

가엾은 언니. 우리 집은 사방이 다른 건물들로 에워싸여 있어 햇볕이 안 드는 탓에 언니가 매년 봄마다 창문가에 키우는 화초들은 한 번도 제대로 자라 꽃을 피운 적이 없었다.

일곱 시 사십오 분 쯤 견습공 한스가 도착했고, 여덟 시에 우리 가게 점원이자 장부계원인 토스가 도착했다. 토스는 뭐가 못마땅한지 늘 찌푸린 얼굴을 하고 다녔다. 하도 성미가 까다로워서 십 년 전 우리 가게로 오기 전까지만 해도 한 직장에 오래 붙어 있지를 못했다. 하지만 아버지의 점잖고 예의바른 태도에 토스의 마음은 그야말로 무장해제 되었고 점차 부드러워졌다. 토스 자신은 죽어도 인정하려 들지 않았지만, 그녀는 아버지를 열렬히 사랑했고 그 외의 세상은 또 그만큼 끔찍이도 미워했다. 우리는 한스와 토스에게 문을 열어주도록 시키고 아침 식사를 하러 2층으로 올라갔다.

식탁에는 세 자리에만 접시를 놓아야겠구나, 나는 생각했다. 식탁이 놓인 주방은 뒷채에 있었는데, 가게보다 다섯 계단쯤 높고 얀스 이모 방보다는 낮은 위치에 있었다. 골목길이 내려다보이는 창문 하나가 달린 이 방은 나에게 집안의 심장과 같은 곳이었다. 이 식탁, 식탁보가 씌워져 있는 이 식탁은 꼬마 때의 나에게 덴드니 해적의 동굴이 되어 주었다. 학교에 다닐 때는 이 식탁 위에서 숙제를 했다. 겨울 저녁이면 여기서 엄마가 디킨즈의 소설을 큰 소리로 읽으셨고, 벽돌 난로에서는 석탄이 타면서 "예수님은 승리자이시다"라고 쓰여 있는 타일벽에 붉은 빛을 드리웠다.

이제 우리는 식탁 한 모퉁이만 사용한다. 아버지, 언니, 그리고 나. 하지만 나에게는 나머지 식구들이 늘 그 자리에 함께 있는 것 같았다. 저기는 엄마 의자, 그 건너편은 세 이모들의 자리(얀스 이모뿐만 아니라 엄마의 다른 두 자매도 우리와 함께 살았었다)였다. 내 옆에는 놀리 언니가 앉았고, 집안에서 유일한 아들이었던 빌렘 오빠는 맞은편 아버지 옆에 앉았다.

놀리 언니와 빌렘 오빠는 오래 전에 각자 가정을 꾸렸고 엄마와 이모들은 돌아가셨지만, 여전히 나는 그들이 이 자리에 함께 있는 것 같았다. 물론 그들이 앉았던 의자가 오랫동안 빈 채로 남아 있던 적은 없었다. 아버지는 아이들 소리가 들리지 않는 집을 못 견뎌 하셨고, 집 없는 아이가 있다는 소식이 들릴 때마다 언제나 데려다가 식탁에 앉히곤 하셨다. 시계포에서 큰 돈을 번 적은 없지만, 당신 자식들이 다 장성한 뒤에도 아버지는 열한 명이나 되는 아이들을 차례로 데려다 그럭저럭 먹이고 입히며 돌보셨다. 하지만 지금은 그 아이들마저 다 자라 결혼했거나 일자리를 찾아 먼 곳으로 떠났다. 그래서 나는 식탁 위에 접시를 세 개만 놓는 것이다.

언니는 주방 한켠에 붙어 있는 작은 창고에서 커피를 내오고 찬장 서랍에서 빵을 꺼냈다. 커피와 빵으로 식탁을 차리고 있자니 계단을 내려오는 아버지의 발소리가 들렸다. 구불구불한 계단을 이제는 조금 느릿느릿 내려오시기는 하지만, 시간만큼은 아버지가 만드는 시계처럼 정확해서, 내가 기억하는 한 매일 아침 정확히 여덟 시 십 분이면 주방으로 들어서신다.

"아버지!" 아버지에게 입을 맞추노라니 긴 수염에 배어 있는 시가 냄새가 느껴졌다. "파티하기에 정말 좋은 날씨예요!"

이제 아버지의 머리와 수염은 이 특별한 날을 위해 언니가 준비한 제일 좋은 식탁보만큼이나 하얗다. 하지만 두껍고 둥근 안경 너머 아버지의 푸른 눈은 언제나처럼 부드럽고 유쾌했고, 아버지는 그런 눈으로 우리 둘을 번갈아 쳐다보시며 흐뭇함을 감추지 않으셨다.

"귀여운 코리! 사랑하는 벳시! 둘 다 얼마나 화사하고 사랑스러워 보이는지 모르겠다!"

아버지는 의자에 앉아 고개를 숙여 감사 기도를 하고는 다시 말씀하셨다. "이렇게 새로운 스타일로 차려 입은 너희 예쁜 모습을 보면 너희 엄마가 얼마나 좋아할까!"

언니와 나는 웃음이 터져 나오는 것을 참으려고 커피잔만 내려다보았다. 이 '새로운 스타일'이라는 게 우리 어린 조카들이 보기엔 거의 절망에 가까운 옷차림이었다. 조카들은 좀 더 밝은 색깔에 치마 길이는 좀 더 짧고 목둘레가 좀 더 깊이 파인 옷을 입으라고 성화였다. 언니와 나도 옷차림에 보수적이었지만, 엄마는 내가 입은 짙은 갈색 드레스나 언니의 진푸른색 드레스 정도의 옷도 입으신 적이 없었다. 엄마 시대의 기혼 여성들은(그리고 미혼 여성도 "일정한 나이에" 이르면) 턱에서 발끝까지 온통 검은 색뿐이었다. 나는 엄마나 이모들이 다른 색 옷을 입은 것을 본 적이 없다.

"오늘 같은 날 엄마가 함께 계셨더라면 얼마나 좋아하셨을까요!" 언니가 말했다. "엄마가 '특별한 잔치'를 얼마나 좋아하셨는지 기억하세요?"

엄마는 사람들이 찾아오면 그들이 청하기도 전에 벌써 난로에 커피를 올리고 화덕에 케이크 반죽을 넣으셨다. 하를렘 사람들을 거의 알고 있던 데다가, 가난한 사람이나 병든 사람, 무시당하는 사람들에게 관심이 많으셨기에 엄마는 일 년 365일 거의 하루도 빠짐없이 누군가를 위해 뭔가를 만드셨다. 그럴 때마다 눈을 반짝이며 오늘은 "아주 특별한 잔치"가 있다고 하셨다.

기념일에는 누구나 그렇듯, 우리도 그렇게 커피를 마시며 마주 앉아 엄마가 살아 계시던 지난 날을 추억했다. 이야기는 어느덧 아버지가 이 집에서 태어나 자라던 시절까지 거슬러 올라갔다. "난 바로 이 방에서 태어났지." 이미 백 번쯤은 들은 이야기지만 아버지는 마치 처음인 것처럼 말씀하셨다. "물론 그때 여긴 주방이 아니라 침실이었단다. 침대는 붙박이 찬장처럼 벽에 붙어 있었고, 창문이 없어서 빛도 없고 바람 한 점 안 들어왔지. 이 방에서 태어나 죽지 않고 자란 아기는 내가 처음이었단다. 내 앞에 몇 명이나 태어났었는지는 모르지만, 모두 죽었지. 어머니는 결핵을 앓으셨는데 병이 전염된다는 것도, 아기를 환자와 분리시켜야 한다는 것도 모르셨단다."

그날은 지난 날을 추억하는 날이었다. 중년의 노처녀 둘과 노인이 마주 앉아 과거를 떠올리는 날. 그 추억의 장소에서 꿈에도 생각해 본

적 없는 뜻밖의 일이 펼쳐지리라는 것을 과연 상상이나 할 수 있었을까? 모험과 고뇌, 공포와 천국이 바로 길 모퉁이 너머에 다가와 있었지만 우리는 그걸 알지 못했다.

아, 아버지! 벳시 언니! 그걸 알았더라면 그렇게 편안하게 있었을까? 그렇게 태평하게 내 할 일을 할 수 있었을까?

하지만 어떻게 알 수 있었겠는가? 이 백발의 노인, 하를렘의 모든 아이들에게 할아버지라고 불리던 이 노인이 낯선 사람들의 손에 이름도 없이 무덤으로 던져지게 되리라는 것을 상상이나 했겠는가?

그리고 벳시 언니, 레이스가 달린 깃 높은 드레스를 즐겨 입었고 주변 모든 것을 아름답게 만드는 재주가 있었던, 나에게는 세상에서 가장 소중한 사람이 방 안 가득한 남자들 앞에서 온 몸이 발가벗기는 치욕을 당할 것을 어떻게 상상할 수 있었겠는가? 그날 그 방에서 그런 일은 생각조차 할 수 없었다.

아버지가 식탁에서 일어나 가장자리에 놋쇠 장식이 달린 커다란 성경책을 책장에서 꺼내들 때쯤 토스와 한스가 문을 톡톡 두드리며 들어왔다. 매일 아침 여덟 시 삼십 분에 온 집안 사람들이 모여 성경을 읽는 것도 정해진 일과 중 하나였다. 아버지가 두꺼운 성경책을 펼치시는 걸 보면서 언니와 나는 숨을 죽였다. 다른 날도 아니고 오늘은 할 일도 많은데 설마 성경 한 장을 다 읽지는 않으시겠지! 하지만 아버지는 누가복음을 펼쳐 오늘 읽을 부분을 찾으셨다. 어제와 마찬가지로 길디 긴 장이었다. 오늘 읽을 장을 손가락으로 가리키시면서 아버지는 고개를 드셨다.

"크리스토펠스는 어디 있지?"

크리스토펠스는 토스, 한스와 함께 시계포에서 일하는 직원으로, 나이가 아버지보다 열 살이나 적은데도 구부정한 작은 몸집에 쭈글쭈글한 주름 때문에 오히려 아버지보다 나이 들어 보이는 사람이었다. 6, 7년 전 쯤 그가 우리 가게에 처음 찾아오던 날이 기억난다. 하도 남루한 옷차림에 수심이 가득한 얼굴이어서 나는 그가 노숙자인 줄 알았다. 베예에 가면 밥 한 끼는 확실히 얻어먹을 수 있다는 것을 알고 찾아오는 노숙자들이 많았기에 그도 그런 사람 중 하나일 거라고 생각했다. 주방에는 벳시 언니가 준비해 둔 수프가 늘 보글보글 끓고 있을 테니 나는 그를 주방으로 올려 보낼 참이었다. 하지만 뜻밖에도 그는 일자리를 얻을까 생각 중인데, 우리 가게를 가장 먼저 찾아온 거라고 짐짓 위엄 있게 말했다.

나중에 알고 보니 그는 당시 거의 사라진 직종이었던 순회 시계수리공이었다. 이 시계공들은 전국 방방곡곡을 돌아다니며 시골 농가라면 어디나 자랑거리처럼 갖고 있는 키 큰 괘종시계의 시간을 맞춰 주고 수리해 주는 일을 했다. 남루한 행색의 이 자그마한 남자가 보인 예의를 차리는 태도도 놀라웠지만, 아버지가 그를 직원으로 고용한 것은 더더욱 놀라운 일이었다.

그는 이렇게 말하곤 했다. "그 사람들은 최고의 시계공들이었습니다. 떠돌이 시계공들 말이죠. 보따리 속 연장만 있으면 고치지 못할 게 없었어요."

그 뒤 여러 해 동안 하를렘 사람들이 고장난 시계를 들고 그를 찾아오면서 그의 말은 사실임이 입증되었다. 그가 급료로 받은 돈을 가지고 무얼 했는지 우리는 알지 못했다. 그는 여전히 여기저기 해지고 닳아서 올이 드러나 보이는 옷을 입고 다녔다. 그건 어지간한 뱃심 가지고는 안 되는 일인 만큼, 아버지는 그의 옷차림에 대해 넌지시 지적하다가(그 남루한 옷차림 다음으로 악명 높은 특징은 자존심이었으므로) 결국은 포기하고 말았다.

그건 그렇고 크리스토펠스가 지각하는 건 처음 있는 일이었다.

아버지는 냅킨으로 안경을 닦고는 성경을 읽기 시작하셨다. 아버지의 굵고 낮은 목소리가 성경 말씀 한 구절, 한 구절에 따뜻한 여운을 남겼다. 맨 마지막 줄을 읽을 때쯤 크리스토펠스가 발을 질질 끌며 계단을 올라오는 소리가 들렸다. 문이 열리자 우리는 놀라서 숨이 콱 막혔다. 크리스토펠스는 검정색 새 양복에 체크 무늬 새 조끼, 눈처럼 하얀 데다가 풀을 먹여 빳빳한 칼라가 두드러져 보이는 셔츠, 꽃무늬 넥타이 차림의 눈부신 모습이었다. 정말 놀라운 광경이었지만 나는 얼른 시선을 돌렸다. 크리스토펠스의 표정을 보아하니 평상시와 다른 모습에 주목하는 걸 못마땅해 하는 것 같아서였다.

"크리스토펠스, 친애하는 내 조수!" 아버지도 놀라신 듯 할 말을 찾지 못하다가 곧 의례적이고 고풍스런 말투로 "에, 그러니까, 오늘같이 좋은 날 자네를 보니 얼마나 기쁜지 모르겠군" 하고는 서둘러 성경을 마저 읽기 시작하셨다.

성경 읽기를 마쳐갈 때즈음 초인종이 울렸다. 거리 쪽으로 난 시계포 초인종과 골목 쪽의 살림집 초인종이 동시에 울렸다. 언니가 얼른 일어나 커피를 더 끓이고 타르트 반죽을 화덕에 집어넣는 동안 토스와 내가 아래층으로 달려 내려갔다. 하를렘 사람 모두가 아버지와 가장 먼저 악수를 나누고 싶어 하는 것 같았다. 손님들의 긴 행렬이 좁은 계단을 구불구불 돌아 얀스 이모 방까지 이어졌고, 방 안에 앉아 계신 아버지는 꽃다발 더미에 파묻혀 아예 보이지도 않으셨다. 나이 드신 손님 한 분이 가파른 계단 오르는 것을 도와드리고 있는데 언니가 내 팔을 잡으며 말했다.

"코리! 놀리가 가져오기로 한 커피 잔들이 지금 당장 필요할 것 같아! 어떡하지?"

"내가 가서 가지고 올게!"

놀리 언니와 형부는 오후에 여섯 아이가 학교에서 돌아오는 대로 오기로 되어 있었다. 나는 후다닥 계단을 내려가 코트를 걸치고 현관문 안쪽에 세워둔 자전거를 꺼냈다. 막 문턱을 넘어 서려는데 언니가 불러 세웠다. 부드럽지만 단호한 목소리였다.

"코리, 새 드레스를 입었잖니!"

하는 수없이 또 헐레벌떡 계단을 올라 내 방으로 들어가 가장 허름한 치마로 갈아입고 내려와 울퉁불퉁한 벽돌길을 자전거로 달리기 시작했다. 자전거를 타고 놀리 언니 집에 가는 건 언제나 좋았다. 놀리 언니는 답답한 구시가지를 벗어나, 베예에서 1.5킬로미터쯤 떨어진 외곽에 살고 있었다. 그곳은 길도 더 넓고 곧았고, 심지어 하늘도 더 커 보였다. 마을 광장을 가로질러, 그로테 하우트 다리의 운하를 지나 바겐베그 거리를 따라 페달을 밟으면서 나는 옅은 겨울 햇빛을 한껏 즐겼다. 놀리 언니는 보스 엔 호븐 스트라트에 살고 있었다. 창문에 흰 커튼이 드리워져 있고 창턱에 화분이 놓여 있는 똑같은 집들이 쪼르르 붙어 있는 거리였다.

꽃집 앞에 놓인 화분 속 히아신스가 활짝 피었다가 갈색으로 변해 가는 어느 여름날, 이 길 모퉁이를 돌아 나오다가 떨리는 가슴으로 자전거 브레이크를 잡고 서서 언니 집 커튼 너머에서 무슨 일이 벌어지고 있을까 두려워 감히 가까이 다가가지 못하게 되리란 것을 상상이나 할 수 있었겠는가?

나는 덜컹거리며 인도로 올라가 노크도 하지 않고 벌컥 문을 열고 들어갔다. "언니, 집에 손님들이 벌써 만원이야! 언니가 그 광경을 봐야 하는데! 지금 당장 커피 잔이 필요해!"

놀리 언니는 주방에서 나왔다. 둥글고 예쁘장한 얼굴은 빵을 굽느라 붉게 달아올라 있었다. "문 옆에 다 싸놨어. 아, 너하고 지금 같이 가면 좋겠지만, 쿠키도 더 구워야 하고 형부하고 아이들한테도 기다렸다 같이 가겠다고 약속을 해 놔서."

"모두 다 올 거라고 했지?"

"그럼, 피터도 갈 거야." 언니는 커피 잔 꾸러미를 자전거 가방에 넣었다. 착실한 이모로서 나는 모든 조카들을 똑같이 사랑하려고 애를 썼다. 하지만 피터는 … 역시 피터였다. 열세 살의 피터는 음악 천재에다 장난꾸러기였고 내 인생의 자랑이었다.

"오늘을 기념해서 특별 노래까지 작곡했다니까." 언니가 말했다. "자, 다 됐어, 이 가방은 손에 들고 가. 그래야 안 깨지지."

베예에 돌아와 보니 더 많은 사람들로 붐비고 있었다. 골목길에도 자전거가 가득 들어차 있어서 내 자전거는 한쪽 모퉁이에 세워 놓아야 했다. 하를렘 시장이 연미복에 금시계줄을 찬 복장으로 와 있었다. 우편배달부와 전차 운전사, 그리고 근처에 있는 하를렘 경찰서에서 대여섯 명의 경찰관들도 와 있었다.

점심 식사 후에는 아이들 손님이 오기 시작했다. 늘 그렇듯 아이들은 곧장 아버지에게로 달려갔다. 조금 큰 아이들은 바닥에 둘러앉고, 그보다 어린 아이들은 아버지 무릎에 올라앉았다. 반짝이는 눈에 시가 냄새가 풍기는 긴 수염의 아버지에게서는 똑딱거리는 소리가 들렸다. 선반에 놓인 시계들은 몸에 지니고 다니는 시계와 시간이 달랐기 때문에 아버지는 시간을 맞추는 시계들을 늘 갖고 다니셨다. 아버지의 양복 윗도리에는 큼지막한 안주머니가 네 개 있었고, 각각의 주머니에는 이런 저런 시계 모양에 맞는 고리들이 십여 개씩 달려 있었다. 그래서 아버지가 어디를 가든 수많은 작은 바퀴들이 돌아가는 유쾌한 소리가 따라다녔다. 양쪽 무릎에 하나씩 앉은 아이들, 그리고 오밀조밀 둘러앉은 열 명의 아이들 앞에서 아버지는 시계태엽 감는 데 쓰는 십자가 모양의 묵직한 열쇠를 주머니에서 꺼내셨다. 큰 시계, 작은 시계에 맞게 사방 끝 부분의 모양이 각각 다른 열쇠였다. 아버지는 손가락을 한 번 탁 튕겨서 열쇠를 팽그르르 돌리셨다. 열쇠는 반짝거리며 빙빙 돌아갔다.

언니는 케이크 쟁반을 들고 문가에 선 채 말했다. "방 안에 다른 분들도 있다는 걸 모르시나 봐."

설거지해야 할 접시들을 아래층으로 옮기고 있는데 가는 비명 소리가 들렸다. 아마 피크위크가 도착한 모양이었다. 우리는 그를 사랑해서 별로 못 느끼지만 낯선 사람은 그를 처음 보고 깜짝 놀랄 수도 있다는 것을 우리는 종종 잊어버린다. 나는 급히 문 쪽으로 가서 암스테르담의 도매업자 부인에게 그를 소개 시킨 후 2층으로 안내했다. 그는 그 육중한 몸집을 내던지듯 아버지 옆의 의자에 털썩 주저앉아 한 쪽 눈은 나를, 다른 한 쪽 눈은 천장을 바라보며 말했다. "커피, 각설탕 다섯 개 넣어서 부탁해요."

가엾은 피크위크! 그도 아버지 못지않게 아이들을 좋아했지만 아이들이 아버지가 벌이는 구경거리에 정신이 팔려 있으니 어떡해서든 아이들의 관심을 끌어야 했다. 그에게 한 가지 꾀가 있었는데, 한 번도 실패한 적이 없었다. 설탕을 잔뜩 넣은 커피를 가져다 준 뒤 그를 지켜보았더니 그는 짐짓 깜짝 놀라는 체 하면서 주위를 둘러보다가 이렇게 말했다. "이런, 코넬리아! 커피 잔을 놓을 데가 없잖소!" 그는 둥그렇게 치뜬 한 쪽 눈으로 흘긋 옆을 살피면서 아이들이 자기를 보고 있는지 확인했다. "아, 다행히 내가 전용 탁자를 가져왔지요!" 그는 그렇게 말하면서 불쑥 튀어나온 자기 배 위에다 커피 잔과 받침을 내려놓았다. 내가 아는 한 그런 우스꽝스러운 광경에 혹하지 않을 아이는 없었다. 아이들은 곧 존경스러운 표정으로 그에게로 모여들었다.

조금 뒤 놀리 언니네 가족이 도착했다. "코리 이모!" 피터가 반갑게 인사하며 말했다. "이모, 오늘만큼은 연세가 백 살이라는 것이 안 믿겨요!" 내가 엉덩이를 한 대 치기도 전에 피터는 얀스 이모의 피아노 앞에 가서 앉았다. 오래된 집안에 곧 아름다운 멜로디가 흘러넘쳤다. 사람들은 여기저기서 희망곡을 신청했다. 가요도 있었고, 바흐의 합창곡, 그리고 찬송가도 있었다. 이윽고 온 방 안 사람들이 입을 모아 합창을 하기 시작했다.

그날 거기 모여 행복한 오후 시간을 보냈던 사람들이 이제 곧 생각지도 못한 상황을 만나게 될 텐데! 피터, 경찰관들, 못생긴 피크위크, 우리 모두 모였는데 빌렘 오빠네 가족만 빠져 있었다. 오빠네가 왜 이렇게 늦는지 궁금했다. 오빠네 가족은 힐베르쉼에 살고 있었다. 50킬로미터쯤 떨어진 먼 곳이긴 했지만. 아무리 그래도 지금쯤은 도착했어야 했다.

그때 갑자기 피아노 소리가 멈추며 피터가 방 안 사람들을 향해 조용히 하라는 시늉을 했다. "할아버지! 저기 경쟁자가 오는데요!"

나는 창문을 내다봤다. 집안으로 들어오고 있는 사람은 칸 씨 부부로, 이 거리에 있는 다른 시계 상점 주인이었다. 하를렘의 기준으로 볼 때 이들은 신참자들로, 1910년에 가게를 열었으므로 바르텔요리스트라트에 산 지 이제 겨우 27년째였다. 하지만 우리 가게에서 파는 것보다 더 좋은 시계를 팔았기에 나는 피터의 말이 어느 정도 맞다고 생각했다.

하지만 아버지는 그 말이 듣기 불편하셨던지 "경쟁자가 아니다, 피터! 동료야!"라고 꾸짖듯 말씀하셨다. 그러고는 무릎에 앉아 있던 아이들을 얼른 내려놓고 자리에서 일어나 계단 아래까지 내려가 칸 부부를 맞이하셨다.

아버지는 칸 씨가 가게에 찾아올 때마다 소중한 친구가 그저 얼굴 보러 들르는 것처럼 대해 주셨다. "그 사람이 뭐 하러 오는지 모르세요?" 나는 칸 씨가 돌아간 뒤 격분해서 아버지께 묻곤 했다. "우리가 시계 값을 얼마나 매기는지 알아보려고 오는 거라고요. 우리보다 싸게 팔려고 말이에요." 칸 씨가 다녀간 뒤 그의 가게 진열장에는 굵은 활자체로 우리보다 정확히 5길 더 싼 가격표가 내걸려 있곤 했다.

그러면 아버지는 얼굴이 밝아지곤 하셨다. "하지만 코리, 그의 가게에서 시계를 사면 손님들이 돈을 절약할 수 있잖니!" 그리고 또 이렇게 덧붙이는 것도 잊지 않으셨다. "어떻게 그렇게 싸게 팔 수 있는지 궁금하구나."

아버지는 아주 순진한 사업가였고, 그건 할아버지도 마찬가지였다. 수리하기 까다로운 시계를 며칠씩이나 걸려 고쳐 주고는 청구서 보내는 걸 깜박하셨다. 귀하고 값비싼 시계일수록 아버지는 그걸 돈과 관련해서 생각하지 못하셨다. "그런 좋은 시계를 만져보는 특권을 누렸으니 오히려 내가 돈을 내야지!" 늘 이런 식이었다.

시계포를 연 지 처음 80년 동안은 매일 저녁 6시만 되면 신속하게 셔터를 내렸다. 20년 선 내가 직접 장사하는 일에 관여하기 전까지는 줄곧 그런 식이었다. 그 무렵 나는 저녁마다 비좁은 보도를 한가로이 거니는 사람들이 많다는 것과 다른 상점들은 밤이 되어도 진열장 셔터를 내리지 않은 채 불을 켜둔다는 것을 보고 아버지에게 이 점을 지적해 드렸다. 그러자 아버지는 마치 내가 무슨 심오한 발견이라도 한 것처럼 기뻐하셨다. "사람들이 지나다니다가 시계를 보면 하나 사고 싶은 마음이 들지도 모르겠구나! 장하다, 코리, 넌 어쩌면 그렇게 머리가 좋니!"

칸 씨가 케이크를 입에 가득 물고 칭찬을 늘어놓으면서 내 쪽으로 다가왔다. 그를 내심 못마땅하게 여겼던 나는 왠지 마음이 찔려서 사람들이 붐비는 틈을 타 얼른 아래층으로 몸을 피했다. 작업실과 가게는 축하객들로 2층보다 더 붐볐다. 한스는 뒷방으로 케이크를 나르고 있었고, 앞 쪽의 토스도 부루퉁한 표정밖에 지을 줄 몰랐던 그 입모양이 허락하는 한 가장 미소에 가까운 표정을 지으며 케이크를 나르고 있었다. 크리스토펠스는 그저 활짝 웃고만 있었지만, 그것도 평소에 비하면 정말 놀랄 만한 모습이었다. 눈부실 만큼 멋진 옷차림으로 문가에 서서, 격식을 갖춘 환영의 말로 끊임없이 이어지는 손님들을 맞고 가게를 구경시키는 그의 모습에서 허름한 매무새의 구부정하고 작달막한 평소의 모습을 알아보기는 불가능했다. 그날은 그의 인생에서 가장 대단한 날이었음이 분명했다.

짧은 겨울 오후 내내 사람들의 방문은 줄을 이었다. 모두들 아버지의 친구를 자처하는 이들이었다. 젊은 사람이나 늙은 사람, 가난한 사람이나 부자, 학식 높은 신사와 일자무식의 어린 하녀 등 모든 이들이 아버지 보기에는 다 똑같았다. 사람들 간의 차이를 무시하는 정도가 아니라 차이가 존재한다는 것을 아예 모르는 것, 그것이 바로 아버지의 비결이었다.

빌렘 오빠는 아직도 오지 않고 있었다. 몇몇 손님들을 배웅한 뒤 잠간 문가에 서서 바르텔요리스트라트 거리를 바라보았다. 아직 오후 네 시밖에 안 되었는데 거리 상점들에는 벌써 1월의 어스름을 밝히는 불이 켜져 있었다. 나는 나보다 다섯 살 위인 오빠를 여전히 어린 여동생의 마음으로 우러러보고 있었다. 오빠는 목회자였고 텐 붐 집안에서 유일하게 대학을 나온 사람이었다. 내가 생각하기에 오빠는 세상을 볼 줄 알았다. 오빠는 세상에서 어떤 일이 벌어지고 있는지 다 알았다.

나는 오빠가 세상일을 그렇게 많이 알지 않기를 바랄 때가 많았다. 오빠가 아는 세상일은 대부분 무서운 일이었기 때문이다. 딱 10년 전인 1927년, 빌렘 오빠는 독일에서 쓴 박사 논문에서 끔찍한 악이 독일 땅에 뿌리내리고 있다고 말했다. 대학 사회에 인간 생명 경시의 씨앗이 뿌려지고 있다고, 그건 일찍이 세상이 한 번도 목도해 본 적이 없는 악이라고 오빠는 말했다. 오빠의 논문을 읽고 몇몇 사람들은 실소를 터뜨렸다.

물론 이제 사람들은 독일에 대해 실소를 터뜨리지 않는다. 좋은 시계는 대부분 다 독일제였는데, 우리와 몇 년 동안 거래해 오던 몇몇 시계 회사들이 요즘 아무 이유 없이 이상하게 폐업을 했다. 오빠는 이것이 고의적이고 대규모적인 유대인 박해 움직임의 일부라고 믿었다. 문을 닫은 회사들이 하나같이 유대인 소유였기 때문이다. 네덜란드 개혁 교회의 유대인 전도 총 책임자로서 오빠는 이런 동정을 다 파악하고 있었다.

문을 닫고 들어가며 나는 생각했다. 아버지가 훌륭한 시계 상인인 것처럼, 사랑하는 우리 오빠는 교회를 널리 알리는 훌륭한 사람이 될 것이라고 말이다. 오빠가 20년 동안 한 사람의 유대인이라도 회심시켰는지 어쨌는지에 대해서는 들은 적이 없다. 오빠는 사람을 변화시키려 하지 않고 그냥 섬기려고 했다. 오빠는 돈을 아끼고 절약해서 힐베르쉼에 유대인 노인들을 위한 집을 지었다. 노인들의 종교는 상관하지 않았다. 오빠는 사람을 차별하는 시스템은 그 어떤 것이든 반대했다. 그런데 요 몇 달 동안 젊은이들이 오빠네 집으로 밀어닥쳤다. 모두 독일에서 온 유대인들이었다. 오빠네 가족들은 생활공간을 모두 그들에게 내주고 복도에서 잠을 자야 했다. 겁에 질린 집 없는 이들은 지금도 여전히 오빠네 집으로 몰려들고 있었고, 그들이 전하는 소문은 점점 더 광기를 띠어갔다.

주방으로 올라가 놀리 언니가 이제 막 새로 끓여낸 커피를 들고 2층 얀스 이모의 방으로 갔다. "그 사람이 원하는 게 뭐래요?" 커피 주전자를 내려놓으며 탁자에 둘러앉은 남자들에게 물어 보았다. "이 독일인은 전쟁을 하고 싶어 하는 건가요?" 파티 때 할 이야기는 아니라는 걸 알았지만, 빌렘 오빠만 생각하면 웬일인지 자꾸 무거운 화제들이 떠올랐다.

탁자 주변으로 갑자기 싸늘한 침묵이 감돌다가 이내 방 안 전체로 퍼져나갔다.

"무슨 상관이래요?" 한 목소리가 침묵 속으로 끼어들었다. "큰 나라들은 싸우게 내버려 두라지요. 우리한테는 아무 영향 없을 거예요."

"옳소!" 어떤 시계 상인이 말했다. "독일인들이 큰 전쟁에 우리를 끌어들이지는 않죠. 우리를 중립으로 놔두는 게 그들에게도 이익이니까요.”

“당신이라면 그렇게 말할 수 있죠.” 우리 가게에 시계 부속을 납품하는 어떤 남자가 소리쳤다. “당신은 스위스 출신 아닙니까. 하지만 우리는요? 독일이 전쟁을 일으키면 나는 어떻게 해야 하는 겁니까? 전쟁이 나면 난 장사를 접어야 할 겁니다!”

그 순간 빌렘 오빠가 방으로 들어왔다. 오빠 뒤로 올케 언니 티네와 조카들 넷이 따라 들어왔다. 하지만 방에 있는 사람들의 시선은 오빠가 팔을 부축하여 데리고 온 남자에게로 쏠렸다. 테가 넓은 검은색 모자와 검은 색 롱 코트를 입은 30대 초반의 전형적 유대인이었다. 사람들의 시선이 집중된 곳은 그의 얼굴이었다. 그의 얼굴은 화상으로 일그러져 있었다. 오른쪽 귀 앞에는 불에 그을린 회색 빛깔 고수머리가 아주 나이 많은 노인의 머리카락처럼 몇 가닥 붙어 있었다. 얼굴에 수염이라고는 그것뿐, 불에 타서 벗겨지고 갈라진 상처만 남아 있었다.

“이 분은 구트리버 씨입니다.” 빌렘 오빠가 독일어로 소개했다. “오늘 아침에 힐베르숨에 도착했지요. 구트리버 씨, 저희 아버님이십니다.”

“우유 운반 트럭을 타고 독일을 빠져나왔다고 합니다.” 오빠는 이번엔 빠른 네덜란드어로 말했다. “뮌헨에서 길을 가고 있는데 십대 소년들이 앞을 가로막더니 이 사람의 수염에 불을 붙이더랍니다.”

아버지는 의자에서 일어나 새로 온 이 손님과 열렬히 악수를 나누었다. 나는 그에게 커피와 함께 놀리 언니가 만든 쿠키를 갖다 주었다.

아버지가 자기 자식들에게 네덜란드어뿐만 아니라 독일어와 영어도 할 줄 알아야 한다고 고집하셨던 게 새삼 얼마나 고마웠는지.

구트리버 씨는 의자 끄트머리에 허리를 곧추세우고 앉아 무릎 위에 놓인 커피 잔에서 시선을 떼지 않았다. 나는 그의 옆에 의자를 끌어당겨 놓고 앉아 여느 해와 다른 1월 날씨에 대해 주절주절 이야기했다. 다른 사람들도 하던 이야기를 마저 이어갔고, 파티 특유의 작고 소란스러운 대화가 다시 이어졌다 끊어졌다 했다.

"깡패들이지요!" 시계 상인이 하는 말이 들렸다. "어린 부랑아들이에요! 어느 나라에나 다 있답니다. 경찰이 잡아들일 거예요. 독일은 문명국가니까요."

1937년의 그 겨울 오후, 어둠은 그렇게 우리에게 드리웠지만 아직은 옅은 먹구름이었다. 이 작은 구름이 점차 커져 온 하늘을 뒤덮을 것이라고는 그 누구도 상상하지 못했다. 그리고 그 어둠 속에서 우리들이 각자 한 가지씩의 역할을 하게 되리라는 것 또한 누구도 상상하지 못했다. 아버지와 벳시 언니, 칸 씨, 빌렘 오빠, 심지어 독특한 구조와 고풍스런 외양을 지닌 이 유쾌한 옛 집 베예까지도 말이다.

저녁에 마지막 손님을 배웅하고 내 방으로 올라가는데 머릿속이 온통 지난 일 생각뿐이었다. 방에 들어갔더니 침대 위에 새 진갈색 드레스가 놓여 있었다. 다시 이 옷으로 갈아입는 걸 깜박했던 것이다. 내가 언제 옷 같은 거에 관심이 있었나? 젊을 때도 그랬는데 뭐….

밤이 되자 어린 시절의 일들이 주마등처럼 스쳐갔다. 이상하게 자꾸 생각났다. 그것도 아주 생생하게. 이제 나는 안다. 그런 기억들은 과거가 아니라 미래를 여는 열쇠라는 것을. 우리 인생의 경험들은, 하나님께서 그것을 들어 쓰시면 장차 주께서 우리에게 맡기실 일에 대한 완벽하고도 신비로운 준비 작업이 된다는 것 또한 이제는 안다.

하지만 그때는 몰랐다. 단조롭고 뻔한 일상 속에도 미리 준비 할 새로운 미래가 있다는 것 또한 그때는 몰랐다. 제일 꼭대기층 내 방 침대에 누워 나는 생각했다. 오래 전 어떤 순간들은 세월의 얼룩에도 불구하고 또렷이 보인다는 것. 그때 내가 아는 건 그것뿐이었다. 그 순간들은 이상하게 또렷하고 생생했다. 마치 아직 끝나지 않은 일인 것처럼, 무언가 내게 할 말이 있는 것처럼.

빈자리 없는 식탁
_2장

1898년, 내가 여덟 살 때의 일이다. 벳시 언니가 나를 옷장 거울 앞에 세워 놓고 잔소리를 늘어놓았다.

"이 구두 좀 봐! 단추를 하나씩 걸러서 잠궜잖아. 게다가 학교에 처음 가는 날인데 구멍난 양말을 신고 가겠다고? 놀리는 얼마나 멋진지 좀 보렴!"

놀리 언니와 나는 이 꼭대기 방을 함께 쓰고 있었다. 열 살 난 놀리 언니를 봤더니 역시나 발목까지 단추를 채우는 구두가 단정하게 여며져 있었다. 하는 수없이 단추를 다시 풀고 있는 동안 벳시 언니가 옷장을 뒤지기 시작했다.

열다섯 살인 벳시 언니는 내가 보기엔 거의 어른이나 마찬가지였다. 물론 벳시 언니가 늘 나이보다 어른스러워 보이는 것은 다른 아이들처럼 떠들썩하게 뛰어놀 수 없기 때문이긴 했다. 언니는 태어날 때부터 악성 빈혈 증세가 있었다. 우리가 술래잡기나 굴렁쇠 굴리기를 하며 놀 때, 혹은 겨울철 얼어붙은 운하에서 스케이트를 탈 때 언니는 어른들처럼 가만히 앉아서 수를 놓거나 했다. 하지만 여느 아이들 못지않게 놀기를 좋아하고 나보다 나이도 그다지 많지 않았던 놀리 언니는 언제나 반듯하게 행동해야 한다는 걸 부당하게 여겼던 것 같다. "얀스 이모가 사 준 거라고 해서 꼭 저 이상한 모자를 쓰고 학교에 가기는 싫어. 작년엔 보기 싫은 회색 모자였는데 올해는 더 미운 모자야!"

벳시 언니는 그 마음 알겠다는 듯 놀리 언니를 바라보며 말했다. "그래, 하지만 … 모자를 안 쓰고 학교에 갈 수는 없잖아. 다른 모자 살 돈도 없고."

"꼭 그 모자를 써야 하는 건 아니야!"

놀리 언니는 불안한 눈빛으로 문 쪽을 흘긋 살피더니 무릎을 꿇고 침대 밑으로 손을 넣어 작고 둥근 모자 상자 하나를 꺼냈다. 상자에는 지금까지 내가 본 모자 중 가장 작은 모자 하나가 얌전히 들어 있었다. 푸른색 새틴 끈이 달려 있는 모피 소재 챙모자였다.

"오, 예쁘다!" 벳시 언니는 조심스럽게 모자를 들어올려, 주변 건물들 지붕을 비집고 간신히 방안으로 새어 들어오는 한 줄기 햇빛에 모자를 비춰 보았다. "도대체 어디서…."

"반 디버 부인이 주신 거야." 디버 집안은 우리 가게에서 두 집 건너에 있는 여성용 모자점 주인이었다. "내가 이 모자를 보고 있었더니 나중에 여기로 가지고 오셨어. 얀스 이모가 … 저걸 고른 뒤에."

그러면서 놀리 언니는 옷장 위를 가리켰다. 엷은 자주색 벨벳 장미꽃송이로 테두리를 두른 보닛(턱 밑에서 끈을 매게 되어 있는 여자 아이용 모자-옮긴이)은 스타일 하나하나에서 그걸 고른 사람의 취향을 고스란히 엿볼 수 있었다. 엄마의 언니인 얀스 이모는 이모부가 돌아가시자 이모의 표현대로 "얼마 안 남은 여생"을 보내기 위해 우리 집으로 이사오셨다. 아직 사십 대 초반의 나이였는데도 말이다.

이모가 이사를 오자 (엄마의 다른 두 자매인 베프 이모와 안나 이모가 이미 함께 살고 있어서) 그러지 않아도 북적거리는 낡은 우리 집은 더 복잡해졌다. 얀스 이모가 가구들을 많이 갖고 오셨는데, 베예의 작은 방들에 들여놓기엔 하나같이 덩치가 큰 가구들이었기 때문이다.

얀스 이모는 앞 쪽 건물 2층, 시계포와 작업실 바로 윗층에 있는 방 두 개를 차지했다. 첫 번째 방은 이모의 이름을 네덜란드 전역에 알린 기독교 소책자들을 집필하는 작업실이었고, 두 번째 방은 이 작업을 후원하는 귀부인들을 대접하는 방으로 썼다. 얀스 이모는 내세에서의 삶은 지금 이 땅에서 얼마나 많은 것을 성취하느냐에 달려 있다고 믿었다. 이모는 글 쓰는 방을 칸막이로 나누어 침대 하나를 간신히 들여놓고 거기서 잤다. 이모는 죽음이 자기 일을 빼앗아가려 기다리고 있다는 말을 자주 했고, 그래서 쉴 때도 가능한 한 짧게, 사무적으로 쉬었다.

얀스 이모가 베예로 오기 전 우리가 어떻게 살았었는지, 그 두 개의 방을 누가 썼는지 잘 기억나지 않는다. 그 두 개의 방 위, 가파르

1895년의 텐 붐 일가. 윗줄: 코르(어머니), 카스퍼(아버지), 가족의 지인,
가운데줄: 얀스 이모, 베프 이모, 안나 이모, 아랫줄: 빌렘, 코리, 놀리, 벳시.

게 경사진 지붕 밑으로 좁은 공간이 하나 있었다. 내가 기억하는 한 이 공간은 정말로 자그마한 네 개의 방으로 나뉘어져 있었다. 바르텔요리스트라트가 내다보이는 첫 번째 방(진짜 창문이 달린 유일한 방)은 베프 이모의 방이었다. 그 뒤로 비좁은 복도를 따라 안나 이모의 방, 벳시 언니의 방, 빌렘 오빠의 방이 기차 객실처럼 줄줄이 이어져 있었다. 이 공간에서 계단 다섯 개를 올라 뒤쪽 건물에 놀리 언니와 내가 쓰는 작은 방이 있었고, 그 밑으로 엄마와 아버지 방이, 그리고 그 밑으로 주방이 있었고, 주방 옆으로 나중에 지어서 붙인 듯한 모양의 작은 창고가 딸려 있었다.

이 좁은 집에서 얀스 이모가 쓰는 공간이 눈에 띄게 넓었을지라도 그 집에 살고 있는 우리 중 그렇게 생각하는 사람은 아무도 없었다. 세상은 누가 시키지 않았는데도 자연스럽게 얀스 이모에게 자리를 비워주었다. 우리 집 앞으로는 하루 종일 역마차가 다가닥 다가닥 소리를 내며 지나다녔다. 마차는 우리 집에서 반 블록 더 가야 하는 시내 중앙 광장인 그로테 마르크트에서 정차했고, 원래는 그곳에서 사람들을 태워야 했다. 그런데 얀스 이모는 어딘가로 외출할 때면 시계포 바로 앞 인도에 나가서 있다가 저만치서 말들이 발굽 소리 요란하게 다가오는 것을 보면 장갑 낀 손가락을 하나 들어보이곤 했다. 내가 보기에 한참 달리고 있는 마차를, 정해진 장소도 아닌 곳에서 세우는 것보다는 차라리 하늘의 해를 막아 세우는 게 더 쉬워 보였다. 하지만 신기하게도 마차는 얀스 이모 앞에 멈춰 섰다. 마차의 제동 장치에서 끼익 소리가 나며 뒤에서 달리던 말들이 앞에 있는 말 위로 거의 고꾸라질 듯 멈춰서고, 마부가 모자에 가볍게 손을 대며 인사하는 사이 이모는 휙 마차에 올라탔다.

놀리 언니가 그 모피 모자를 쓰기 위해선 이모의 바로 그 위풍당당한 시선을 통과해야 했다. 우리와 함께 살게 된 뒤로 우리 세 자매의 옷은 얀스 이모가 거의 다 사주었다. 그런데 이모의 옷 선물에는 나름대로의 대가가 따랐다. 얀스 이모에게는 이모가 젊었을 때 유행했던 스타일이야말로 인간의 복장에 대해 하나님께서 최종적으로 정해주신 규범이었다. 그 이후의 모든 변화는 다 마귀가 유행시키는 것이라고 생각했다. 실제로 이모는 자신이 쓴 유명한 소책자에서 머튼 슬리브mutton sleeve(어깨 부분을 부풀리고 아래로 갈수록 좁아져서 손목이 꼭 끼게 한 소매-옮긴이)와 자전거 스커트를 마귀의 발명품으로 소개하기도 했다.

"알았다!" 벳시 언니가 잰 손놀림으로 내 구두의 단추를 끼우고 있을 때 내가 말했다. "보닛 안에 모피 모자를 쓰고 나가면 되잖아! 그리고 밖에 나가서 보닛을 벗어!"

"코리!" 놀리 언니는 내 말에 진짜로 충격을 받은 것 같았다. "그건 정직하지 않아!" 언니는 이모가 사준 커다란 갈색 모자를 한번 흘겨보고는 작은 모피 모자를 집어 들고 아침 식사를 하러 벳시 언니를 따라 계단을 내려갔다.

나도 내 모자(놀리 언니가 작년에 억지로 쓰고 다녔던 회색 모자)를 들고 한 손으로 계단 중앙 기둥을 꼭 잡고 언니들 뒤를 따라 내려갔다. 얀스 이모가 그 시시한 모자를 볼 테면 보라지. 사실 나는 아무래도 상관없었다. 옷이나 모자를 두고 벌어지는 이 모든 소동들을 나는 도통 이해할 수가 없었다.

내가 알고 있는 끔찍하고도 놀라운 사실은 그날이 내가 학교에 가는 첫 날이라는 것이었다. 시계포 위에 있는 이 낡은 집을 벗어난다는 것, 엄마와 아버지와 이모들 곁에서 멀어진다는 것은 가장 안전하고도 가장 사랑받을 수 있는 환경을 뒤로한다는 의미였다. 계단 기둥을 너무 꼭 쥐었더니 돌아서 내려올 때마다 손바닥에서 끼익 하는 소리가 났다. 내가 다닐 초등학교는 한 블록 반 정도만 가면 되는 곳에 있었고 놀리 언니는 벌써 2년째 아무 어려움 없이 그 학교에 다니고 있었다. 하지만 언니는 나와 달랐다. 언니는 예쁘고 행동도 반듯하고 손수건도 늘 갖고 다녔다.

계단의 맨 마지막 커브를 돌아내려오는데 한 가지 묘안이 떠올랐다. 너무도 확실하고 간단한 방법이라 마구 웃음이 나왔다. 그 방법이면 학교를 안 가도 될 터였다! 나는 집에서 안나 이모가 요리하는 걸 돕고, 글 읽는 건 엄마가 가르쳐 주시면 그 낯설고 이상한 곳에 안 가도 되는 거였다. 안도감과 편안함이 밀려드는 걸 느끼면서 마지막 세 계단을 한꺼번에 뛰어내렸다.

"쉿!" 벳시 언니와 놀리 언니가 주방 문 밖에서 나를 기다리고 있었다. "제발, 코리야, 얀스 이모 심기 거스르는 행동은 하지 말아라." 벳시 언니가 말했다. "아버지와 엄마와 안나 이모는 놀리의 모자를 좋아하실 거야, 확실해."

"베프 이모는 아닐 걸." 내가 말했다.

"베프 이모는 뭐든 맘에 들어 하는 게 없어." 놀리 언니가 말했다. "그러니까 그 이모 생각은 중요하지 않아."

늘 뭔가를 못마땅해 하며 찌푸린 얼굴을 하고 다니는 베프 이모는 제일 큰 이모이자 우리가 제일 덜 좋아하는 이모였다. 30년 동안 부잣집들을 돌아다니며 가정교사로 일했던 이모는 우리 행동을 사사건건 그 부잣집의 어린 신사숙녀들과 비교하곤 했다.

벳시 언니는 벽에 걸린 프리슬란트제 시계를 가리킨 뒤 손가락 하나를 입술에 갖다 대며 가만히 주방 문을 열었다. 여덟 시 십이 분, 아침 식사는 이미 시작되어 있었다.

"2분 늦었다!" 빌렘 오빠가 의기양양하게 외쳤다.

"발러 집안 아이들은 식사 시간에 늦는 법이 없었지." 베프 이모가 말했다.

"그래도 이렇게 왔잖아요!" 아버지가 말했다. "방안이 더 환해졌어요."

우리 세 자매의 귀엔 아무 말도 안 들렸다. 얀스 이모의 의자가 비어 있었다.

"얀스 이모는 아직 안 일어나셨어요?" 정말로 그러기를 바라며 벳시 언니가 그렇게 묻는 동안 우리는 모자걸이에 모자를 걸었다.

"이모는 주방에서 토닉을 만들고 계셔." 엄마는 허리를 굽혀 커피를 따르면서 나지막이 말씀하셨다. "오늘은 우리 모두 얀스 이모한테 특별히 더 신경써야 해. 오늘이 몇 년 전에 이모부 여동생이 돌아가신 날이거든. 아니, 사촌이었나?"

"형부 이모였을 걸." 안나 이모가 말했다.

"알려 준 건 고마운데 아니야, 사촌이었어." 베프 이모가 말했다.

"어쨌든," 엄마가 급히 말을 이었다. "이런 날이면 얀스 이모가 얼마나 예민해지는지 알지? 그러니까 모두들 이모 심기 건드리지 않도록 조심해야 해."

벳시 언니가 빵 덩어리에서 얇게 세 조각을 썰어내는 동안, 나는 학교에 가지 않고 집에 있겠다는 내 결정을 과연 누가 제일 환영하며 받아들여 줄지 따져보며 식탁에 둘러앉은 어른들을 훑어보았다. 내가 알기로 아버지는 교육을 거의 종교적이라 할 만큼 중요하게 여기는 분이셨다. 아버지 자신은 시계포 일 때문에 일찍이 학교를 그만두셔야 했다. 독학으로 역사·신학·5개국 언어를 공부하시긴 했지만, 학교에 다니지 못한 것을 늘 후회하셨다. 아버지는 내가 학교에 가기를 원하실 테고, 아버지 뜻이 그렇다면 엄마도 마찬가지일 게 분명했다.

그렇다면 안나 이모는? 이모는 내가 없으면 가파른 계단을 오르내리며 심부름할 사람이 없다고 늘 말씀하시곤 했다. 엄마가 몸이 약하셨기 때문에 아홉 식구를 건사하는 힘든 일은 안나 이모가 대부분 다 했다. 이모는 네 자매 중 막내였고, 우리 엄마만큼이나 성품이 너그러운 분이셨다. 우리 집에는 식구들 사이에서 거의 사실로 받아들여지는 한 가지 소문이 있었는데, 그것은 안나 이모가 이런 수고에 대해 품삯을 받는다는 것이었다. 나중에 알게 됐지만, 실제로 아버지는 매주 토요일이면 어김없이 이모에게 1길더를 지불하고 계셨다. 하지만 수요일쯤 채소장수가 오면 아버지는 그 돈을 다시 돌려달라고 해야 할 때가 많았고, 이모는 그럴 줄 알고 그 돈을 쓰지 않고 기다리고 있었다. 그렇다. 이모는 이번 일에 내 편이 되어 줄 것 같았다.

"안나 이모," 내가 입을 열었다. "제가 학교에 가면 이모 혼자 하루 종일 힘들게 일하셔야 하잖아요, 그래서 말인데요…."

긴장하여 깊은 숨을 들이쉬자 모두들 나를 빤히 바라보았다.

그때 얀스 이모가 짙은 갈색 액체가 담긴 큰 컵을 손에 쥔 채 주방 입구로 나오셨다. 이모는 숨을 한껏 들이마신 뒤 눈을 감고 컵을 들어 올려 단숨에 다 마셨다. 그러고는 후, 하고 깊은 숨을 내뱉고 찬장 위에 컵을 올려놓은 뒤 식탁에 앉으셨다.

"그렇지만," 이모는 우리가 이모 문제를 의논하고 있었던 것처럼 말했다. "의사들이 뭘 알겠어요? 블링커 박사가 이 토닉을 처방해 주긴 했지만 사실 약이 무슨 소용이에요? 떠날 날이 가까워오는 사람에겐 백약이 무효 아니겠어요?"

흘긋 식탁을 둘러보았더니 웃는 사람이 아무도 없었다. 얀스 이모가 죽음에 집착하는 게 어찌 보면 웃길 수도 있었지만 사실은 그렇지 않았다. 어린 나도 두려움은 결코 웃긴 게 아니라는 걸 잘 알고 있었다.

아버지가 점잖게 충고했다. "하지만, 약 덕분에 오래 사는 사람들이 많아요."

"아가씨는 그렇지 않았어요! 로테르담의 용하다는 의사는 다 찾아다녔다고요. 바로 오늘 아가씨는 세상을 떠났어요. 지금 내 나이보다도 많지 않은 나이에 말이에요. 아침에 일어나서 식사하려고 옷 입고 나왔었죠. 지금 나처럼 말이에요."

사촌 시누이가 세상을 떠나던 순간을 하나하나 되짚어가기 시작하던 이모의 시선이 모자걸이에 가서 멈추었다. 놀리 언니의 새 모자가 걸려 있는.

"모피 토시?" 이모가 물었다. 한 마디 한 마디에 의혹이 그득했다. "겨울이 다 갔는데?"

"토시가 아니에요, 얀스 이모." 놀리 언니가 기어들어가는 목소리로 말했다.

"그럼 저게 뭔지 좀 알 수 있을까?"

"모자예요, 얀스 이모." 벳시 언니가 대신 대답했다. "반 디버 부인의 깜짝 선물이래요, 아주 멋진."

"저건 안 돼. 놀리! 모자엔 테두리가 있어야 해. 좋은 집안에서 잘 배운 여자애는 그런 모자를 써야 해. 내가 직접 가서 돈 주고 사줬잖니!"

얀스 이모의 눈에선 불길이 일었고, 놀리 언니의 눈에는 눈물이 맺혔다. 엄마가 얼른 딸을 구하러 나섰다. "이 치즈는 전혀 신선하지가 않은 것 같은데!" 엄마는 식탁 한가운데 있는 치즈 단지에 코를 대고 킁킁 냄새를 맡더니 아버지 쪽으로 밀어놓으며 물었다. "당신이 보기엔 어때요, 여보?"

아버지는 속임수 같은 건 쓸 줄도 모르고 그런 건 아예 알아 차리지도 못하는 분인지라, 한참 동안 진지하게 치즈 냄새를 맡아보시곤 이렇게 말했다. "아무렇지도 않아, 여보! 처음 사왔을 때처럼 신선하구먼. 스티르베크 씨의 치즈는 언제나…."

엄마의 표정을 읽은 아버지는 혼란스러운 얼굴로 얀스 이모를 보며 물었다. "아. 그러니까, 에, 처형이 보기엔 어때요?"

얀스 이모는 치즈 단지를 손에 쥐고 찬찬히 들여다보았다. 이모가 신식 옷차림보다 더 신경을 곤두세우며 몰두하는 문제가 있다면 그것은 바로 상한 음식이었다. 마침내, 내가 보기엔 좀 주저하는 듯했지만, 어쨌든 이모는 치즈에 아무 문제가 없다고 결론 내렸고, 그 사이에 모자 문제는 잊어버리고 말았다. 이모는 문제가 있는 생선 요리를 먹고 "나와 비슷한 나이에" 세상을 떠난 사람의 슬픈 이야기에 다시 빠져들었고, 잠시 후 시계포 직원들이 들어오자 아버지는 서가에서 무거운 성경책을 꺼내셨다.

1913년 어느 날, 분주한 시계포 작업실.

1898년에는 시계포 일꾼이 두 사람뿐이었다. 한 사람은 시계공이었고, 또 한 사람은 아버지 밑에서 일도 배우고 심부름도 하는 젊은 견습공이었다. 엄마가 두 사람에게 커피를 따라준 뒤 아버지는 테 없는 안경을 쓰고 성경을 읽기 시작하셨다. "주의 말씀은 내 발에 등이요 내 길에 빛이니이다 … 주는 나의 은신처요 방패시라 내가 주의 말씀을 바라나이다"(시 119:105, 114).

어떤 은신처? 말씀을 읽을 때마다 섰다 누웠다 하는 아버지의 갈색 턱수염을 멍하니 쳐다보면서 생각했다. 무엇을 피해 은신해야 한다는 것일까?

그날 말씀은 길디 긴 시편 말씀이었다. 나뿐만 아니라 놀리 언니도 몸을 비틀기 시작했다. 마침내 읽기를 다 마친 아버지가 성경책을 덮자 놀리 언니와 빌렘 오빠, 벳시 언니는 기다렸다는 듯 발딱 일어나 모자걸이에서 각자 모자를 잡아채고는 계단 다섯 칸을 달음질쳐 내려가 눈 깜짝할 사이에 현관 문 밖으로 나가버렸다.

시계포 직원들도 천천히 일어나 언니들과 오빠가 뛰어 내려간 계단을 통해 가게 뒤편 출입구로 내려갔다. 그제서야 다섯 어른들은 내가 아직 식탁에 앉아 있다는 걸 알아차렸다.

"코리!" 엄마가 큰 소리로 나를 부르셨다. "이제 넌 다 큰 아이란 걸 잊었어? 오늘부터 너도 학교에 가야 하잖아! 어서 서둘러, 안 그러면 길을 혼자서 건너야 한다고!"

"전 안 갈래요."

모두들 놀라서 말문이 막힌 듯 잠시 침묵이 이어졌다. 그러고는 약속이나 한듯 한꺼번에 그 침묵을 깼다.

"내가 어렸을 때는…" 얀스 이모가 이야기를 시작했다.

"발러 부인네 아이들은…" 베프 이모였다.

하지만 아버지의 진중한 음성이 이내 모두를 잠잠하게 만들었다. "코리 혼자 길을 건널 일은 없을 거야! 놀리가 오늘 좀 기분이 들떠서 동생을 기다려 주는 걸 잊었을 뿐이야. 코리는 나하고 같이 가면 돼."

아버지는 그렇게 말씀하시면서 모자걸이에서 내 모자를 집어 들고 내 손을 감싸 쥐시고는 방에서 데리고 나가셨다. 내 손이 아버지의 손에! 그건 스파르네로 풍차를 보러 간다거나 운하의 백소 구경을 긴다는 의미였다. 하지만 아버지는 이번엔 내가 가고 싶지 않은 곳으로 나를 데려가고 계셨다. 주방에서 내려오는 다섯 계단 맨 밑에 난간이 하나 있었는데, 나는 한쪽 손으로 그 난간을 꼭 붙잡고 버텼다. 숙달된 시계공의 손이 내 손을 덮으며 난간을 움켜쥔 손가락을 가만히 풀었다. 울고 몸부림을 치면서 나는 내게 친숙한 세상을 벗어나 더 크고 낯설고 더 힘든 세상으로 끌려갔다.

월요일이면 아버지는 기차를 타고 암스테르담으로 가서 해군 천문대의 시간을 알아오셨다. 학교에 다니기 시작한 뒤로는 여름 방학이 되어야 아버지를 따라다닐 수 있었다. 계단을 달려 내려가 가게로 가면 벳시 언니가 여기저기를 문질러 닦아주고 단추를 채워준 다음 이제 가도 된다고 합격 통보를 내렸다. 출발하기 전 아버지는 견습공에게 이것저것 지시를 하곤 했다. "스탈 부인이 아침에 시계를 찾으러 올 걸세. 이 시계는 블로멘달의 빵집에 가져다주어야 해."

그런 다음 우리는 손을 잡고 기차역으로 출발했다. 서로 보조를 맞추기 위해 나는 성큼성큼 걸어야 했고 아버지는 보폭을 줄여야 했다. 암스테르담까지는 기차로 30분밖에 안 걸렸지만, 그래도 기차를 타고 가는 건 아주 신나는 일이었다. 처음엔 구 하를렘 시가지의 빽빽한 건물 숲이 보이다가 그 건물들이 뒤로 물러나면서 작은 구획들로 둘러싸인 단독주택들이 나타난다. 집과 집들 사이의 공간이 점점 넓어지기 시작하면서 시골 지역으로 접어들면 네덜란드 특유의 평평한 농지가 수평선까지 펼쳐져 있는 게 보이고, 자로 잰 듯 반듯반듯한 운하들이 차창 밖으로 휙휙 지나갔다. 그리고 마침내 기차는 암스테르담에 도착한다. 하를렘보다 훨씬 큰 이 도시는 색다른 거리 풍경과 수많은 운하들로 사람들을 얼떨떨하게 만들었다.

아버지는 시계와 부속품을 공급해 주는 도매상들을 찾아다니기 위해 늘 시보(時報)가 울리기 두어 시간 전에 암스테르담에 도착하셨다. 도매상 중에는 유대인이 많았고, 아버지와 나 모두 이들을 찾아다니는 게 제일 즐거웠다. 사업 얘기를 최대한 짧게 마친 뒤 아버지는 여행 가방에서 작은 성경책을 꺼냈고, 아버지보다 훨씬 더 길고 풍성한 턱수염을 기른 도매상인은 서랍에서 책이나 두루마리를 꺼낸 뒤 기도 모자를 머리에 얹었다. 그러고나서 두 분은 서로 논쟁하고 비교하고 상대의 말에 끼어들고 반박하기도 하면서 교제하는 것을 한껏 즐겼다.

그러다가 이번에는 이 아저씨가 나를 잊었나보다 하고 생각할 무렵 도매상인이 고개를 들어 마치 처음 보는 양 나를 발견하고는 손끝으로 자기 이마를 탁 치며 말한다.

"아, 손님! 우리 가게에 손님이 오셨는데 아무것도 대접을 안 했네!" 그러고는 벌떡 일어나 선반과 찬장을 뒤졌고, 오래지 않아 내 무릎에는 세상에서 가장 맛있는 것들이 담긴 접시가 놓였다. 벌꿀 케이크, 대추야자 케이크, 견과류와 과일과 설탕으로 만든 과자 등. 우리 집 베예에서는 디저트가 귀했고, 우리 가족은 세상에 이렇게 달콤한 즐거움을 주는 게 있다는 건 알지도 못했다.

정오가 되기 5분 전이면 우리는 다시 기차역으로 가서 해군 천문대 망루가 잘 보이는 플랫폼의 한 지점에 자리를 잡고 섰다. 항구의 모든 배들이 다 볼 수 있는 망루 꼭대기에는 움직이는 두 개의 가로대가 달린 높은 기둥이 있었다. 매일 정오가 되면 그 두 개의 가로대가 밑으로 툭 내려왔다. 아버지는 주머니 시계와 종이와 펜을 들고 망루가 잘 보이는 지점에 거의 까치발로 서서 시계가 정확히 맞는다고 기뻐하셨다. 거봐! 4초 빠르군. 한 시간이 채 안 되어 하를렘 우리 가게의 천문 시계는 일초도 틀리지 않는 정확한 시간을 가리키게 된다.

기차를 타고 집으로 돌아오는 길엔 차창 밖 구경을 하지 않았다. 대신 아버지와 나는 이야기를 나누었다. 이야기의 주제는 세월의 흐름에 따라 다양하게 변했다. 집에서는 뭔가 질문을 하면 이모들이 지체 없이 대답을 해 주었다. 내가 열 살이나 열한 살쯤이었을 때 아버지에게 지난 겨울 학교에서 읽었던 시에 대해 질문한 적이 있었다. 그 시에는 "얼굴에 성적인 죄의 그늘이 드리워지지 않은 청년"을 묘사하는 구절이 있었다. 수줍음이 많았던 나는 선생님에게는 그 구절이 무슨 뜻인지 여쭤보지 못했고, 집에 와서 엄마에게 물으니 엄마는 얼굴이 빨개지셨다. 20세기로 접어든 직후인 그 당시 성에 관한 이야기는 금기였고, 그건 집에서도 마찬가지였다.

그 시구(詩句)는 내 뇌리에 딱 박혀 버렸다. '성'이란 어떤 사람이 남자냐 여자냐를 말하는 게 분명하고, '죄'는 얀스 이모를 노발대발하게 만드는 것이긴 한데 이 둘이 합쳐지면 도대체 무슨 뜻이 되는 건지 감이 잡히질 않았다. 그래서 기차에 올라 자리를 잡고 앉자마자 나는 아

1900년 코르넬리아 텐 붐을 중심으로 놀리, 빌렘, 코리, 벳시 네 자녀가 모였다.

버지에게 불쑥 물었다. "아버지, 성적인 죄가 뭐예요?"

내가 뭔가를 질문할 때면 늘 그러시던 것처럼, 아버지는 고개를 돌려 나를 바라보셨다. 하지만 놀랍게도 이번엔 아무 말씀도 하지 않으셨다. 그 대신 자리에서 일어나 머리 위 선반에서 여행 가방을 들어 바닥에 내려놓으셨다.

"기차에서 내릴 때 코리가 이걸 들고 가면 어떨까?"

나는 일어나서 가방을 힘껏 끌어당겨 보았다. 가방엔 그날 아침 암스테르담에서 구입한 시계와 시계 부품들이 가득 들어 있었다. "너무 무거워요."

"그래, 어린 딸에게 그렇게 무거운 걸 들라고 하는 아버지는 참 형편없는 아버지일 거야. 지식도 마찬가지란다, 코리. 어린 아이가 알기엔 너무 부담스러운 지식도 있어. 좀더 크고 좀더 강해지면 그땐 감당할 수 있을 거야. 지금은 아빠가 널 대신해서 그 가방을 들어 줄 거라고만 믿으렴."

나는 아빠의 대답에 만족했다. 단순히 만족한 게 아니라 놀라울 만큼 마음이 평화로웠다. 이것 말고도 답을 알고 싶은 어려운 질문들이 많았지만 이제 마음 편하게 모두 아버지에게 맡겨 놓기로 했다.

베예에서는 저녁이면 늘 사람들이 모여 음악을 즐겼다. 손님들이 플룻이나 바이올린을 들고 오기도 했고, 우리 식구들도 각자 노래를 부르거나 악기를 연주하면서 얀스 이모의 첫 번째 방에 있는 피아노 주변에 둘러 모여 오케스트라를 만들었다.

집에서 음악을 연주하지 않는 날은 마을에서 음악회가 열리는 날뿐이었다. 우리는 음악회 티켓을 구입할 만한 형편이 못 되었다. 하지만 음악회장 옆에 무대와 연결된 문이 있었는데 이 문을 통해 음악 소리가 선명하게 흘러나왔다. 우리 가족을 비롯해 음악을 사랑하는 하를렘 사람들은 이 문 옆 통로에 서서 안에서 흘러나오는 곡을 한 음 한 음 따라 부르곤 했다. 엄마와 벳시는 몸이 약해 오래 서 있지 못했지만, 우리 식구 중 몇몇은 비가 오고 눈이 오고 서리가 맺히는 날씨에도 끝까지 서서 음악을 들었다. 음악회장 안에서는 기침 소리도 나고 소란스러운 소리도 들렸지만, 밖에서 듣는 사람들 사이에서는 부스럭거리는 소리 하나 나지 않았다.

가장 신나는 것은 마을 성당에서 음악회가 열릴 때였다. 우리 친척이 성당지기였기 때문이다. 그 친척이 사용하는 조그만 출입구 바로 안쪽에는 벽을 따라서 길쭉한 벤치가 놓여 있었다. 우리는 거기 앉아서 음악을 들었다. 오래된 돌 벽의 한기로 등이 시리긴 했지만, 우리 귀와 마음은 음악으로 한껏 따뜻했다.

성당에 있는 커다란 황금빛 오르간은 모차르트가 연주했던 것이라고 했다. 오르간에서 울리는 소리는 마치 천상에서 내려오는 소리 같았다. 정말로 나는 천국은 성 바보 성당 같을 거라고, 어쩌면 크기도 비슷할 거라고 생각했다. 내가 알기로 지옥은 아주 뜨거운 곳이었다. 따라서 천국은 이렇게 서늘하고 축축하고 거룩한 건물일 거라고, 티켓을 구입하여 들어간 사람들의 발을 덥혀 주는 각로에서 피어오르는 향처럼 연기가 피어오르는 곳일 거라고 믿었다. 여름철에도 바닥에 깔린 대리석 석판의 냉기는 가실 줄 몰랐다. 그러나 오르간 연주자가 건반에 손을 올리는 순간, 바닥의 냉기는 거의 느껴지지 않았다. 그리고 그가 바흐를 연주할 때, 냉기 따위는 이미 사라지고 없었다.

나는 엄마와 놀리 언니를 따라 머리에 거미줄이 들러붙고 천장에서 생쥐들이 바삐 오가는 어둡고 곧은 계단을 올라갔다. 베예에서 한 블록 못 미치는 곳에 있는 이 건물은 나이가 아마 베예보다 백 년 쯤은 젊을 텐데, 이곳엔 안나 이모처럼 날마다 쓸고 닦는 사람이 없는 모양이었다.

우리가 이곳에 온 것은 엄마가 가족처럼 돌보고 있는 가난한 이웃을 만나기 위해서였다. 우리 남매들 중에는 우리가 '가난하다'고 생각하는 사람이 없었다. 우리가 생각하는 가난한 사람이란 음식 바구니를 들고 찾아가야 하는 사람들이었다. 엄마는 늘 세상에서 잊혀진 노인들과 창백한 얼굴의 젊은 엄마들을 위해 영양 만점의 수프와 죽을 끓이셨다. 화덕 옆에 오래 서 있을 수 있을 만큼 기운이 있는 날에는 말이다.

전날 밤 이곳에서 아기가 죽었다. 엄마는 직접 만든 신선한 빵이 담긴 바구니를 들고, 늘 가는 날짜에 이 가족을 찾았다. 엄마는 난간도 없는 계단을 힘겹게 오르면서 여러 번 걸음을 멈추고 숨을 몰아쉬었다. 계단을 다 올라 문을 열자 음식 만들고 먹고 잠자는 걸 한꺼번에 다 해결하는 듯한 방 하나가 나타났다. 이미 여러 사람들이 찾아와 있었고, 의자가 부족해 대부분 서 있었다. 엄마는 젊은 엄마에게 성큼 다가가셨지만 나는 문턱에 선 채 온 몸이 얼어붙었다. 출입문 바로 오른쪽, 집에서 만든 유아용 침대에 아기 시체가 그대로 놓여 있었던 것이다.

성에 관해서는 아이들에게 쉬쉬 하는 사람들이 죽음은 전혀 덮어 가려 주지 않는 게 참 이상했다. 아무 움직임 없이 가만히 누워 있는 그 자그마한 형상을 바라보고 서 있자니 가슴이 쿵 내려앉았다. 언제나 나보다 용감한 놀리 언니는 손을 내밀어 상아처럼 흰 아기의 뺨을 만졌다. 나도 그렇게 하고 싶은 마음이 간절했지만, 무서워서 그냥 주춤거리고 있었다. 호기심과 공포가 내 안에서 잠깐 싸움을 벌였다. 마침내 나는 손가락 하나를 내밀어 아기의 주먹 쥔 작은 손에 대보았다.

싸늘했다.

베예로 돌아가는 길도 싸늘했고, 저녁 먹기 위해 손 씻을 때도 싸늘했고, 가스불 밝힌 아늑한 우리 집 주방도 싸늘했다. 식탁에 둘러앉은 낯익은 얼굴들과 나 사이로 얼음장처럼 차갑던 그 작은 손가락들이 스멀스멀 기어 올라왔다. 얀스 이모가 늘 죽음에 대해 이야기했지만 나에게 죽음은 그냥 하나의 단어일 뿐이었다. 이제 나는 실제로 죽음이 일어날 수 있다는 것을 안다. 그 아기가 먼저였다면, 그 다음은 엄마에게, 아버지에게, 그리고 벳시 언니에게 말이다!

그 싸늘함에 여전히 몸을 덜덜 떨면서 놀리 언니를 따라 방으로 올라가 언니 옆에 누웠다. 잠시 후 아버지가 계단 올라오시는 소리가 들렸다. 하루 중 가장 기분 좋은 순간, 바로 아버지가 우리 이불을 여며 주러 올라오시는 시간이었다. 아버지가 아버지만의 독특한 방식으로 담요를 여며 주고 우리 이마를 한 번씩 짚어 주고 나가실 때까지 우리는 잠든 척하고 있곤 했다. 발가락 끝 하나도 움직이지 않으려 애를 쓰면서 말이다.

그런데 그날 밤 아버지가 막 방을 들어서려는 순간, 나는 울음을 터뜨리고 말았다. "난 아버지 없으면 안 돼요!" 섧게 흐느끼며 나는 말했다. "아버지 죽으면 안 돼요! 죽으면 안 돼요!"

놀리 언니가 일어나 앉으며 설명했다. "아까 호그 부인 집에 갔었어요. 코리는 오늘 저녁에 아무것도 안 먹었어요."

아버지는 좁은 침대 가장자리에 걸터앉아 차분히 말씀하셨다. "코리, 너하고 나하고 암스테르담에 갈 때 말이다. 네 기차표를 내가 언제 네게 주지?"

코를 훌쩍거리며 생각해 보았다.

"기차 타기 바로 전에 주시잖아요."

"바로 그거야. 하늘에 계신 우리 지혜로운 아버지께서도 우리에게 뭐가 언제 필요한지 다 알고 계신단다. 그러니까 하나님을 앞서 나가지 말거라, 코리. 우리 식구들 중 누군가가 세상을 떠나야 할 때가 오겠지. 그 때 네가 네 마음속을 들여다보면 네게 필요한 힘이 있다는 걸 알게 될 거야. 때가 되면 말이야."

카렐
_3장

카렐을 처음 만난 건 엄마의 그 유명한 '특별한 잔치' 때였다. 누구의 생일이었는지, 결혼기념일이었는지, 아니면 어느 집 아기가 태어난 날이었는지는 기억나지 않는다. 엄마는 그 무슨 날이든 잔칫날로 만들 수 있었으니까. 빌렘 오빠가 라이덴에서 온 친구라며 카렐을 우리 가족에게 소개했고, 그는 식구들과 차례로 악수를 나누었다. 나는 그의 길쭉하고 힘센 손을 잡은 채 갈색의 깊은 눈매를 올려다보며 어찌할 수 없이 사랑에 빠져 버렸다.

둘러앉은 식구들 모두에게 커피를 다 따르자마자 나는 그냥 멍하니 앉아 카렐을 바라보았다. 그는 내 시선을 별로 의식하지 않는 것 같았지만, 그건 아주 자연스러운 일이었다. 나는 열네 살 어린애였고, 빌렘 오빠와 그는 대학생인 데다가 턱수염이 멋대로 자라기 시작했고 시가 연기를 내뿜으며 대화를 나누었으니 말이다.

그냥 카렐과 한 방에 있는 것만으로도 충분했다. 사람들이 나를 의식하지 않는 것으로 말하자면, 나는 그런 일에 아주 익숙했다. 놀리 언니는 남자애들의 시선을 많이 받았지만, 예쁜 여자아이들이 다 그렇듯 언니는 별로 신경 쓰지 않는 것 같았다.

남자애가 언니에게 머리카락 한 올만 달라고 하면(여자에게 연정을 품고 있다는 걸 알릴 때 흔히 사용하던 당시의 수법이었다) 언니는 우리 방에 깔린 오래된 회색빛 카페트에서 실을 몇 가닥 뽑아서 감상적인 푸른 빛깔 리본으로 묶은 뒤 그 애에게 갖다 주라고 나에게 시키곤 했다. 덕분에 우리 방 카페트는 올이 다 풀려 나달나달해졌고, 언니네 반은 상심한 남자 아이들로 그득했다.

반면에 나는 우리 반 남자 아이들을 차례대로 다 좋아했다. 절망적이고 규칙적인 일종의 리듬이었다. 하지만 나는 얼굴이 예쁘지도 않았고 수줍음을 너무 많이 타서 내 감정을 잘 표현하지도 못했기 때문에, 학교를 졸업할 때까지 32번 자리에 앉은 여자아이를 주목한 남자 아이는 단 한 명도 없었다.

하지만 카렐은 달랐다. 아니, 그가 커피 잔에 설탕을 떠 넣는 것을 지켜보며 나는 카렐만큼은 다를 거라고 생각했다. 카렐을 앞으로 영원히 사랑할 것 같은 느낌이었다.

그로부터 2년 뒤 나는 카렐을 다시 만났다. 1908년 겨울, 놀리 언니와 함께 라이덴의 대학으로 빌렘 오빠를 찾아갔을 때였다. 변변한 가구 하나 없는 빌렘 오빠의 방은 한 개인 주택 4층에 있었다. 오빠는 언니와 나를 한꺼번에 꽉 끌어안더니 창문가로 달려갔다.

"자." 오빠는 창문턱에서 크림빵 하나를 집어들며 말했다. 차갑게 보관하려고 거기 둔 것 같았다. "너희들 주려고 샀어. 배고픈 내 친구들 오기 전에 빨리 먹어치우는 게 좋을 거야."

우리는 오빠의 침대 가장자리에 앉아 그 소중한 빵을 꿀떡꿀떡 삼키기 시작했다. 이 빵을 사기 위해 빌렘 오빠는 점심을 건너뛰었을 것이 분명했다. 그 순간, 방문이 홱 열리면서 오빠 친구 네 명이 들이닥쳤다. 칼라가 두 번 접히고 소매 깃이 나달나달해진 코트를 입은 키 크고 목소리 굵은 청년들이었다. 그 중에 카렐도 있었다.

나는 입 안에 베물고 있던 마지막 빵조각을 급히 삼키고 스커트 뒤에 손을 문질러 닦으며 일어섰다. 오빠가 놀리 언니와 나를 친구들에게 차례로 소개했다. 그런데 카렐 순서가 되자 그는 오빠 말을 가로막으며 말했다.

"우린 이미 아는 사이잖아." 그는 고개를 까닥해 보이며 물었다. "기억 안나니? 너희 집 파티에서 만났었잖아." 놀리 언니에게 하는 말인가 싶어서 언니 쪽을 흘긋 돌아봤지만, 아니었다.

그는 바로 나를 보고 있었다. 미칠 듯 기뻤던 나는 그렇다고, 기억한다고 대답하고 싶었지만, 끈적끈적한 크림빵 잔해가 아직 입 안 가득 남아 있어서 대답이 입 밖으로 나오질 못했다. 청년들은 곧 방바닥에 주저앉아 열띤 대화를 나누기 시작했다.

침대에 나와 나란히 걸터앉아 있던 놀리 언니는 사연스럽게 대화에 끼어들었다. 대학교에 한두 번 와본 게 아니라는 듯한 자연스러움

고양이와 함께 한 코리.
© the Corrie ten Boom House Foundation

이었다. 그도 그럴 것이 언니는 대화 분위기에 잘 어울렸다. 열여덟 살의 언니는 벌써 롱스커트를 입고 다녔다. 그날따라 내 치맛단 아래 여학생용 두터운 검정색 스타킹이 두드러져 보였다.

게다가 놀리 언니는 이야깃거리도 많았다. 언니는 지난 해부터 사범학교에 다니고 있었다. 선생님이 되고 싶은 건 아니었지만, 그 당시 대학들이 여학생에게는 장학금을 주지 않았기 때문에 학비가 싼 사범학교에 갈 수밖에 없었던 것이다. 사범학교 학생이었던 만큼 아는 것도 많았고, 그래서 언니는 여러 가지 관심사들에 대해 어렵지 않게 이야기를 풀어갔다. 아인슈타인이라는 사람이 상대성 이론이라는 최신 이론을 주장한 것하며, 피어리 제독이 정말로 북극에 도착했을까 하는 것하며.

"그런데 코리, 너도 선생님이 될 거니?"

내 발치에 앉아 있던 카렐이 미소를 지어 보이며 내게 물었다. 목덜미가 화끈거리는 게 느껴졌다.

"내년이면 중등학교 졸업반 아니야?" 내가 대답이 없자 그가 다시 물었다.

"졸업은 맞아요. 하지만 난 엄마랑 안나 이모랑 집에 있을 거예요."

너무도 짧고 시시한 대답이었다. 하고 싶은 말이 그렇게 많았는데 왜 그렇게 몇 마디밖에 못했을까?

그 해 봄, 나는 학교를 마치고 집안일을 떠맡았다. 전부터 늘 그럴 계획이기는 했지만, 사실은 또 한 가지 이유가 있었다. 베프 이모가 결핵에 걸린 것이었다.

이때만 해도 결핵은 나을 수 없는 병으로 여겨졌다. 이 당시 사람들이 알고 있던 유일한 치료법은 요양소에서 쉬는 것뿐이었지만, 그건 부자들에게나 가능한 일이었다. 그래서 베프 이모는 여러 달 동안 그 작은 골방에 누워 기침으로 세월을 보냈다.

감염의 위험을 줄이기 위해 안나 이모만 그 방에 드나들었다. 안나 이모는 밤낮으로 쉬지 않고 자신의 큰 언니를 간호했다. 잠 한숨 못 자는 날이 많은 이모를 대신해 식구들을 위해 요리하고 세탁하고 청소하는 일은 내가 도맡았다. 베프 이모가 좀 행복해졌으면 하는 바람 외에 나는 아무 불만이 없었다. 하지만 이모에겐 모든 게 다 어두운 그늘뿐이었다. 몸에 병이 든 것만을 말하는 게 아니라 온통 불평불만과 실망뿐인 이모의 삶 전체가 다 그랬다.

음식을 갖다 드릴 때나 안나 이모가 드나들 때마다 나는 베프 이모 방을 살짝 들여다보았다. 이모의 방엔 남의 집살이 30년 세월을 추억하게 하는 서글픈 물건들이 몇 개 있었다. 바닥난 지 오래 된 향수병(교양 있는 집안에서는 크리스마스 때 가정교사에게 늘 향수를 선물했다), 지금은 아들 딸 낳고 어쩌면 손자까지 보았을 그 집 자녀들의 빛바랜 은판 사진. 방문은 이내 닫혔다. 하지만 나는 그 좁은 복도를 서성거리곤 했다. 이모에게 무슨 말이라도 해줄 수 있기를, 아픔을 덜어 줄 수 있기를 갈망하면서. 이모를 좀더 사랑할 수 있기를 바라면서.

언젠가 엄마에게 그런 내 마음을 털어 놓은 적이 있다. 엄마 역시 아파서 누워 계시는 날이 점점 많아졌다. 전에는 담석 때문에 통증이 너무 심해지면 수술을 받곤 하셨다. 하지만 지난번 수술 뒤 가벼운 발작 증세가 나타났기 때문에 이제 더 이상의 수술은 불가능했다. 그래서 며칠 째 나는 베프 이모가 드실 음식을 만들어서 엄마 방으로도 한 그릇씩 갖다 드렸다.

어느 날 점심 식사 쟁반을 들고 들어갔더니 엄마는 편지를 쓰고 계셨다. 엄마는 날아갈 듯한 바느질 솜씨로 이웃집 아기들에게 줄 모자나 드레스를 만들곤 하셨는데, 몸이 아파 그게 여의치 않을 때에는 이런 저런 이유로 방안에만 갇혀 지내는 하를렘 사람들에게 유쾌한 글을 적어 보내셨다. 병약한 탓에 엄마 자신도 많은 시간을 그렇게 방에 갇혀 지내고 계신다는 사실은 안중에도 없는 것 같았다. "정말 안된 사람이 하나 있단다, 코리." 방 안으로 들어서는데 엄마가 말씀하셨다. "3년 동안 비좁은 방안에 갇혀 지내고 있어. 하늘 한 번 못 보고 살다니 그게 어떤 기분일지 생각해 봐!"

"엄마!" 나는 쟁반을 침대 위에 내려놓고 그 옆에 앉으며 말했다. "베프 이모를 위해 우리가 뭐 할 수 있는 일이 없을까요? 그러니까 이모가 그렇게 싫어하는 이 집에서 마지막 날들을 보내셔야 한다는 게 좀 슬프지 않냐는 얘기에요. 이모가 좀 행복해 하실 만한 곳으로 보내드리면 안 될까요? 발러 씨 댁이나 그런 데로요."

엄마는 펜을 내려놓고 한동안 나를 바라보셨다. "코리, 베프 이모는 여기서 우리와 함께 지내는 게 다른 어느 집에서 사는 것보다 더 행복하지도, 덜 행복하지도 않았어."

나는 엄마 말이 무슨 뜻인지 몰라 물끄러미 바라보았다.

"이모가 언제부터 발러 집안을 칭찬하기 시작했는지 아니? 그 집을 떠나던 날부터야. 그 집에 있을 때는 역시 불평불만뿐이었어. 집안 좋기로 말하면 발러 씨 댁은 이모가 그 전에 있던 반 후크 씨 댁에 비할 바가 아니었지. 하지만 반 후크 씨 댁에서도 이모는 사실 불행했어. 행복은 주변 환경에 달린 게 아니란다, 코리. 행복은 자기 안에서 스스로 만들어가는 거야."

베프 이모의 죽음은 자매들의 성격에 따라 각각 다르게 영향을 끼쳤다. 엄마와 안나 이모는 이웃의 불쌍한 사람들을 위해 전보다 더 열심히 음식을 만들고 더 열심히 바느질을 했다. 누군가를 섬기며 살기에 인생이 얼마나 짧은가를 깨닫기라도 한 것처럼 말이다. 얀스 이모의 경우, 특별히 이모에게만 보이는 망령이 이모 곁으로 더욱 바싹 다가온 것 같았다. 뜬금없이 "언니!"라고 큰 소리로 부르기도 하고, "아니야, 그건 나일지도 몰라!"라고 하기도 했다.

베프 이모가 돌아가시고 일 년 쯤 뒤, 블링커 박사 대신 새 의사가 왕진 일을 맡게 되었다. 새 의사의 이름은 얀 반 벤이었고, 티네 반 벤이라는 여동생이자 간호사가 함께 왕진을 다녔다. 그는 새로 나온 혈압 측정 기구도 가지고 왔다. 우리 식구들은 그게 뭘 하는 건지도 모르고 그가 하라는 대로 한 사람씩 팔에다 긴 천 같은 것을 두르고 그 천 속에 펌프로 공기를 주입하는 검사를 받았다.

의료 장비라면 뭐든지 다 좋아하는 얀스 이모는 그때부터 그 새 의사에게 큰 호감을 보이며 형편이 허락하는 한 자주 그와 건강 상담을 했다. 그래서인지 몰라도 2년 쯤 뒤 얀스 이모에게 당뇨병이 있다는 걸 처음 발견한 것도 바로 반 벤 박사였다.

당시만 해도 당뇨병은 결핵만큼 확실한 사망 선고였다. 충격 때문에 식구들은 며칠 동안 말을 잃었다. 최근 몇 년간 생각하기조차 두려워했던 것, 그 무서운 일이 현실이 되고 말았다. 얀스 이모는 그 길로 병석에 누워 자리보전을 하고 말았다.

하지만 활발한 성격의 이모는 그렇게 아무 일도 하지 않고 누워 있는 걸 오래 견디지 못했고, 결국 어느 날 아침 식사 자리에 나타나 식구들을 깜짝 놀라게 만들었다. 아침 식사 시간 여덟 시 십 분에 정확히 맞춰 주방에 내려온 이모는 의사들도 오진을 할 때가 많다고 선언했다. "이런 검사나 실험이 사실 뭘 입증할 수 있겠니?" 그런 것들을 절대적으로 신봉하던 얀스 이모의 입에서 나온 말이었다.

그때부터 이모는 글 쓰고 강연하고 모임을 결성하는 일에 그 어느 때보다 힘을 쏟기 시작했고 새로운 일을 기획하기도 했다. 1914년의 네덜란드는 그 당시 다른 유럽 국가들과 마찬가지로 전시 체제에 들어가고 있었고, 하를렘의 거리마다 갑자기 제복 입은 젊은이들이 넘쳐났다. 창가에 기대 바르텔요리스트라트를 내다보던 얀스 이모는 그 젊은이들이 할 일 없이 상점 진열장을 기웃거리며 길에서 어슬렁거리는 것을 지켜보았다. 대부분 무일푼의 외로운 젊은이들이었다. 이들을 보고 이모는 군인들을 위한 센터를 마련할 생각을 해냈다.

당시로서는 참신한 발상이었던 이 사업에 얀스 이모는 모든 열정을 다 쏟아부었다. 이 즈음 바르텔요리스트라트에는 말이 끄는 역마차 대신 전기의 힘으로 움직이는 전차가 다니기 시작했다. 하지만 얀스 이모가 오만한 표정으로 베예 앞 도로에 나가 서 있으면 이 전차 역시 레일과 전선에 스파크를 일으키며 이모 앞에 끼이익 멈춰 섰다.

그러면 이모는 한 손에 검은 스커트 자락을 감아쥐고 전차에 휙 올라탔다. 이모의 다른 쪽 손엔 이 새 프로젝트의 후원자가 되어 줄 부잣집 귀부인들의 명단이 들려 있었다. 하지만 이모를 가장 잘 아는 사람들은 알고 있었다. 그 모든 열정 밑에는 이모를 그렇게 몰아가는 기괴한 두려움이 자리 잡고 있다는 것을.

한편 이모의 병에는 재정적인 어려움도 뒤따랐다. 이모는 일주일에 한 번씩 혈당 검사를 해야 했는데, 아주 복잡하고 비용도 많이 들 뿐만 아니라 반 벤 박사나 박사의 여동생이 집으로 와 검사를 해주어야 했다.

그러던 중 티네 반 벤 간호사가 나에게 혈당 테스트 방법을 가르쳐 주었다. 몇 가지 단계가 있었지만, 가장 중요한 건 최종 합성물을 정확한 온도로 데우는 것이었다. 우리 집 어두컴컴한 주방의 석탄 화로로는 정확한 온도를 맞추기가 힘들었지만, 마침내 나는 나름대로 요령을 터득했고 그때부터 매주 금요일마다 여러 가지 약제를 섞어 시약을 만든 후 내가 직접 이모의 혈당을 검사하기 시작했다. 시약 혼합물을 가열했을 때 계속 맑은 상태이면 괜찮은 것이었고, 만약 색깔이 검게 변하면 반 벤 박사에게 바로 알려야 했다.

그해 봄, 빌렘 오빠가 목사 안수 받기 전 마지막 휴일을 맞아 집으로 왔다. 오빠는 2년 전에 대학을 졸업하고 이제 신학교 마지막 학기에 다니고 있었다. 어느 따듯한 날 저녁, 오빠를 비롯해 우리 식구 모두가 식탁에 둘러 앉아 있었다. 아버지는 30여 개의 손목시계를 앞에 펼쳐 놓고 예쁜 글씨로 작은 수첩에 "2초 늦음", "5초 빠름"이라고

한 자리에 모인 가족 : 얀스 이모, 아버지, 엄마, 빌렘, 안나 이모 , 코리, 벳시, 놀리.
© the Corrie ten Boom House Foundation

꼼꼼히 적고 계셨고, 오빠는 그 옆에서 네덜란드 종교개혁사를 큰 소리로 읽고 있었다.

그때 현관에서 벨이 울렸다. 주방 창문 바깥쪽으로 현관문을 비추는 거울이 하나 달려 있었는데, 우리는 이 거울을 통해 누가 왔는지 확인을 한 다음 문을 열어 주러 내려가곤 했다. 나는 거울을 확인하고는 튕겨 오르듯 식탁에서 일어섰다.

"코리! 치마 조심해야지!" 벳시 언니가 나무랐다.

나는 롱스커트를 입고 있다는 걸 깜박하고 조심성 없이 움직일 때가 많았고, 언니는 내 발에 밟혀 뜯어진 치맛단을 다시 꿰매 주는 게 저녁 나절의 일과였다. 언니가 나무라는 소리를 뒤로 하고 나는 계단 다섯 개를 한꺼번에 뛰어내렸다. 문 밖을 내다보니 티네 반 벤 간호사가 수선화 꽃다발을 들고 서 있었다. 부드러운 봄 밤의 정취 때문이었는지 아니면 설교 훈련을 받은 빌렘 오빠의 극적인 목소리 때문이었는지 갑자기 나는 깨달았다. 이 두 사람의 만남이 아주 특별한 순간이어야 한다는 사실을 말이다.

"어머니께 꽃을 가져 왔어, 코리야." 문을 열자 티네는 꽃다발을 내밀며 말했다. "어머니가 맘에 들어 하셨으면 좋겠다. 대신 전해 주렴."

"아니에요, 아니에요. 언니가 직접 갖다 드리세요! 꽃을 들고 있으니 정말 아름답네요!" 나는 티네의 코트를 받아 거는 것도 잊고 어리둥절해 하는 그녀를 앞세워 2층으로 올라갔다.

나는 티네의 발꿈치를 거의 밟다시피 하며 주방으로 밀어 넣었다. 빌렘 오빠가 어떻게 하는지 보기 위해서였다. 이런 때 어떤 상황이 벌어지는지 나는 너무도 잘 알고 있었다. 이 시절 나는 연애 소설에 푹 빠져 살았다. 영어, 네덜란드어, 독일어로 된 소설들을 도서관에서 빌려와, 마음에 드는 책은 세 가지 언어로 다 읽은 뒤 남자 주인공이 여자 주인공을 만나는 장면을 마음속으로 수백 번씩 그려보곤 했다.

식탁에서 천천히 일어서는 오빠의 시선이 티네에게서 떨어질 줄 몰랐다. 아버지도 의자에서 일어나셔서 구식 말투로 말씀하셨다. "반 벤 양, 제 아들 빌렘이랍니다. 빌렘, 우리가 얘기했던 그 재주 많고 친절한 숙녀분이 바로 이 분이란다."

두 사람이 과연 아빠가 하는 말을 제대로 듣기나 했을지 궁금하다. 그들은 방 안에, 아니 온 세상에 다른 사람은 없고 오직 두 사람뿐인 것처럼 서로를 바라보았다.

그 뒤 오빠는 곧 목사 안수를 받았고, 안수식 두 달 뒤에 티네와 결혼했다. 몇 주 간의 결혼 준비 기간 동안 한 가지 생각이 내 마음에서 떠나지 않았다. 그것은 카렐도 결혼식에 오리라는 것이었다. 드디어 결혼식 날이 밝았다. 선선하고 맑은 날이었다. 교회당 앞에 모인 하객들 중에서 나는 카렐을 금방 찾아 냈다. 남자 손님들이 다 그렇듯 그도 실크 모자에 연미복 차림이었지만 그의 용모는 다른 누구와 비교할 수 없을 만큼 멋져 보였다.

그때 내가 어땠냐면, 마침내 그와 시선이 마주친 순간 세상이 다 달라진 것 같은 느낌이었다. 나는 스물한 살이었고 그는 스물여섯 살이었지만 이 차이가 전처럼 커 보이지 않았다.

하지만 그보다 더 중요한 것은, 내가 그다지 아름답지 않았다는 사실이다. 그처럼 낭만적인 날에도 나는 나 자신이 아름답다고 자신할 수 없었다. 내 턱은 너무 각이 졌고, 다리는 너무 길고, 손은 너무 크다는 걸 난 알고 있었다. 하지만 난 간절히 믿었다. 나를 사랑하는 사람의 눈에는 내가 예뻐 보일 것이라고 말이다. 내가 읽은 소설에서도 그렇게 말해 주지 않았던가.

그날 아침 벳시 언니가 내 머리 손질을 해주었다. 한 시간에 걸쳐 정성스럽게 컬을 말아 올림머리를 해주었는데, 신기하게 머리는 계속 그 모양을 유지했다. 언니는 내 실크 드레스도 손수 만들어 주었다. 내 드레스뿐만 아니라 우리 집안 여자들이 그날 입을 드레스는 언니가 다 만들었다. 주중에는 가게 일을 봐야 했고 주일엔 바느질을 하지 않는 게 원칙이었으므로 언니는 주로 저녁에 램프를 밝혀 놓고 옷을 만들었다.

결혼식장에서 주변 사람들을 둘러보니 집에서 손수 만든 내 옷은 어느 여자들 못지않게 맵시 있었다. 하객들이 예식장 쪽으로 천천히 몰려가기 시작할 때 나는 생각했다. 지금 우리 집안 여자들 몸에 우아하게 휘감겨 있는 이 실크 천을 장만하기 위해 아버지가 한동안 시가를 끊으셨고 얀스 이모가 이모 방의 석탄 난로를 피우지 않았으리라고는 그 누구도 짐작하지 못할 것이라고 말이다.

"코리?"

검은 색 실크 모자를 손에 쥔 카렐이 내 앞에 서 있었다. 나인지 아닌지 확실하지 않아 내 얼굴을 확인하려는 것 같았다.

"네, 저예요!" 나는 그를 올려다보며 웃었다. '나예요, 카렐! 당신 그리고 내가 꿈꿔 오던 순간이에요!'

"많이, 많이 자랐네. 용서하렴, 코리. 그래 너구나! 크고 푸른 눈을 가진 어린 소녀로만 생각해 왔는데." 그는 조금 오래 나를 바라보더니 이윽고 부드럽게 말했다. "어린 소녀가 이제 숙녀가 되었어. 아주 사랑스러운 숙녀가."

열려 있는 문 안 쪽에서 갑자기 장중하게 들려오는 오르간 소리가 마치 우리 두 사람을 위한 것인 듯했다. 그가 나를 에스코트하려는 듯 한쪽 팔을 내밀었을 때는 하늘을 날아오르는 기분이었다. 장갑 낀 손을 그 팔에 의지하고 있었기에 망정이지 그게 아니었다면 나는 하클렘의 뾰족한 지붕들 너머로 날아올랐을 것이다.

바람 불고 비오는 1월의 어느 금요일이었다. 눈으로 확인한 사실임에도 받아들일 수 없었다. 주방 화로 위 유리 비커에 담긴 액체가 탁하고 우중충한 빛깔을 띠었다.

나는 낡은 나무 싱크대에 기대어 서서 눈을 감았다. "제발, 하나님. 제가 실수한 것이기를! 나는 검사 순서를 다시 머릿속으로 그려 본 뒤 용액이 담긴 유리병과 계량 스푼을 쳐다봤다. 모든 것이 다 지금까지 해오던 그대로였다.

이 주방 때문일 거야. 이 찬장 속은 늘 어두컴컴하잖아. 나는 삼발이와 비커를 집어 들고 창문이 있는 밝은 곳으로 달려갔다.

검은 색이었다. 두려움 그 자체인 검은 색이었다.

나는 비커를 움켜쥔 채 계단 다섯 개를 쿵쾅거리며 뛰어 내려가 가게 뒤쪽 문으로 들어갔다. 한 쪽 눈에 세공사 안경을 끼운 아버지는 새로 온 견습공 어깨 너머로 고개를 숙인 채 작업대 위에 펼쳐져 있는 부속들 중에서 작디작은 부속 하나를 솜씨 좋게 골라내고 계셨다.

비커를 들어서 가게 유리문에 비춰 보려고 했지만 계산대 뒤에서 벳시 언니가 한 손님과 이야기를 나누고 있었다. 아니, 손님이 아니라 공연히 성가시게 하는 사람이었다. 나도 그 여자를 알고 있었다. 그 여자는 우리 가게에 와서 시계에 대해 이것저것 조언을 구한 다음 정작 물건을 살 때는 건너편에 있는 칸의 가게에 가서 샀다. 그런 일이 점점 잦아지는데도 아버지나 벳시 언니는 별로 신경 쓰지 않는 것 같았다.

그 여자가 가자, 나는 사실을 있는 그대로 말해 주는 그 비커를 든 채 뒷문을 벌컥 열고 가게 안으로 들어갔다.

"언니!" 나는 거의 울부짖듯 언니를 불렀다. "이거 봐, 검은 색이야! 이모한테 어떻게 말하지? 어떻게 해야 돼?"

언니는 얼른 책상을 돌아 나와선 나를 감싸 안았다. 작업실에 계시던 아버지도 따라 나오셨다. 아버지의 시선이 비커에서 벳시 언니를 거쳐 나에게 와 닿았다.

"정확히 한 거니, 코리? 하나하나 꼼꼼하게?"

"그랬을까 봐 두려워요, 아버지."

"물론 제대로 했겠지. 하지만 의사 선생 말씀도 들어봐야지."

"얼른 가지고 가야겠어요." 내가 말했다.

나는 그 흉악한 액체를 작은 병에 부어 들고 비에 젖어 미끄러운 하를렘 거리를 내달렸다.

티네 언니 대신 새 간호사가 와 있는 반 벤 박사 병원의 대기실에서 나는 30분을 말없이 기다렸다. 정말 끔찍한 시간이었다. 다른 환자 진료를 마친 반 벤 박사가 마침내 그 병을 가지고 작은 실험실로 들어갔다.

"실수한 건 아니란다, 코리." 얼마 뒤 박사가 방에서 나오며 말했다. "이모님은 길어야 삼 주 정도 더 사실 거야."

병원에서 돌아온 뒤 시계포에서 가족회의가 열렸다. 엄마, 안나 이모, 아버지, 벳시 언니, 그리고 내가 모였다(놀리 언니는 아이들 가르치는 일을 마치고 저녁이 되서야 집에 돌아왔다). 우리는 얀스 이모에게 즉시 사실을 알려야 한다는 데 뜻을 모았다.

"다 함께 가서 얘기하기로 하자." 아버지가 말씀하셨다. "꼭 필요한 말은 내가 하지. 그리고 어쩌면…." 아버지의 얼굴이 좀 밝아지셨다. "어쩌면 이미 많은 일들을 이뤘다는 사실에서 마음을 굳게 가질 수도 있어. 처형은 성취를 중요하게 여기는 사람이니까. 누가 알겠니, 처형 생각이 옳을지!"

우리는 줄지어 계단을 올라 얀스 이모 방으로 갔다. "들어오세요." 아버지의 노크에 이모는 그렇게 대답을 하고 언제나처럼 이렇게 덧붙였다. "내 죽음의 바람이 코로 들어오기 전에 어서 문을 닫아 주세요."

이모는 둥근 마호가니 탁자 앞에 앉아 군인 센터 설립을 위한 후원 요청문을 또 쓰고 있었다. 식구들이 줄줄이 방으로 들어서는 것을 본 이모는 펜을 내려놓았다. 우리들 얼굴을 하나하나 살피던 이모는 내 얼굴에 이르러 상황을 약간은 파악한 것 같았다. 그날은 혈당 검사가 있는 금요일 아침이었고, 검사 결과를 아직 이모에게 알리지 않은 상태였기 때문이다.

"사랑하는 처형." 아버지가 가만히 입을 열었다. "조금 빠르든 늦든 하나님의 자녀라면 누구나 다 떠나야 할 즐거운 여행이 있지요. 어떤 사람들은 빈손으로 아버지 앞에 나가지만, 처형께서는 두 손에 뭔가를 가득 담고 아버지께로 가실 겁니다!"

"언니가 만든 클럽…" 안나 이모가 용기를 내서 입을 열었다.

"언니가 쓴 책들…" 엄마도 힘을 보태었다.

"이모가 모은 기금들…" 벳시 언니였다.

"이모의 말씀들…" 나도 한마디.

하지만 선의에서 나온 이 모든 말들은 아무 소용이 없었다. 언제나 도도했던 얀스 이모의 표정이 우리 앞에서 무너지고 말았다. 이모는 두 손으로 얼굴을 가린 채 울기 시작했다. "모든 게 무의미해요! 무의미하다고요!" 이모는 울음 때문에 목이 잠겼다. "하나님 앞에 우리가 뭘 가져갈 수 있나요? 인간의 하찮은 재주 따위가 하나님께 무슨 상관이겠어요?"

우리는 가만히 듣기만 했다. 두 손을 떨군 이모가 여전히 온 얼굴을 눈물로 적시며 말씀하시는 것을. "사랑하는 예수님, 우리가 빈손으로 나가야 한다는 것을 감사드립니다. 주님께서 십자가에서 모든 걸 … 모든 걸 이루셨고, 살든 죽든 우리에게 필요한 건 그 사실을 믿는 것뿐임을 감사드립니다."

엄마가 이모에게 팔을 둘렀고, 두 자매는 서로를 꼭 껴안았다. 하지만 이 신비로운 광경을 목격한 나는 그 자리에 못 박힌 듯 서 있었다.

제 때에 주어진 하나님 아버지의 기차표였다.

얀스 이모는 야단스럽게 손수건을 휘둘러 코를 한 번 풀고 나서 말했다. 감상에 빠질 시간은 지나갔다고.

"한 순간이라도 개인적으로 쓸 시간이 있다면 못 다한 일을 좀 마쳐야겠지요."

이모가 아버지를 쳐다보는데, 빈틈이라고는 없는 그 눈빛에 무언가 생기 같은 것이 스며드는 것을 나는 보았다. "일이 중요하다는 얘기는 아니에요, 제부. 일은 전혀 중요하지 않아요." 이모는 씩씩한 목소리로 우리를 몰아냈다. "내가 책상을 지저분하게 해놓고 떠나면 다른 사람이 치워 줘야 할 거 아니에요."

얀스 이모의 장례식을 치르고 넉 달 뒤, 기다리고 기다리던 빌렘 오빠의 첫 설교 초청장이 날아들었다. 오빠는 위추이젠에서 부목사로 약 일 년 정도 시무한 뒤 네덜란드 남부의 아름다운 전원 지역인 브라반트의 한 교회에 담임 목사로 부임하게 되었다. 네덜란드 개혁교회에서 담임 목사로서의 첫 설교는 가장 엄숙하고 기쁘고 감동적인 행사였다. 그래서 멀리 있는 가족과 친구들이 다 찾아와 며칠씩 머물며 축하해 주곤 했다.

역시 부목사로 목회하고 있는 카렐이 편지를 보내 왔다. 자신도 이 행사에 참석할 것이며 우리 모두를 다시 만나기를 고대하고 있다고 했다. 나는 "모두"라는 말에 특별한 의미를 부여했다. 그리고 기대감에 들떠 드레스를 다림질하고 가방을 꾸렸다.

이때도 엄마는 몸이 좋지 않으셨다. 엄마는 기차 칸 한 구석에 잔뜩 몸을 움츠리고 앉아 기차가 흔들리거나 기울어질 때마다 아버지의 손가락 마디를 꽉 움켜쥐었다. 그때마다 아버지의 손은 피가 안 통해 하얗게 되었다. 다른 식구들이 차창 밖으로 초록빛 포플러 나무들이 6월의 밝은 햇살 아래 길게 줄지어 서 있는 광경을 구경하는 동안 엄마의 시선은 줄곧 하늘에 머물러 있었다. 우리에게는 전원을 가로지르는 여행이었던 것이 엄마에게는 구름과 빛과 끝없이 펼쳐진 푸른 하늘의 향연이었다.

오빠의 교회가 있는 마드 마을은 최근 주민 숫자도 줄어들고 교인들 숫자도 줄어들고 있었다. 하지만 교회 건물 자체는 좋았던 시절에 지은 것이라서 그런지 아주 컸고 길 건너편 오빠네 사택도 마찬가지였다. 우리 집 베예와 비교하자면 오빠네 집은 저택이었다. 천장이 너무 높아 보여서 처음 며칠간은 밤에 잠을 이룰 수가 없었다. 삼촌과 사촌들, 친구들이 속속 도착했다. 하지만 사람들이 아무리 많이 왔어도 내 눈엔 방이 계속 허전해 보였다.

오빠 집에 도착한 지 사흘이 지났을 때였다. 누군가가 현관문을 두드리기에 나가봤더니 문 밖에 카렐이 서 있었다. 기차 여행 때 묻은 석탄 먼지가 아직도 어깨 위에 점점이 내려 앉아 있었다. 그는 융단천으로 만든 갈색 손가방을 내게 주면서 안으로 들여 놓으라고 하고는 6월의 햇빛 아래로 내 손을 잡아끌었다. "아름다운 시골 날씨야. 코리! 와서 걸어봐!"

그날부터 카렐과 나는 하루에 한 번씩 산책하는 걸 당연하게 여겼던 것 같다. 마을에서 사방 어느 쪽으로나 나 있는 구불구불한 시골길을 따라 매일 조금씩 멀리 나갈 때마다 하를렘의 벽돌 거리를 걷는 것과 사뭇 다른 흙의 느낌이 발밑에 와 닿았다. 그 순간에는 이 나라를 제외한 유럽 전역이 역사상 가장 치열한 유혈 전쟁에 갇혀 있다는 사실이 도저히 믿어지지가 않았다. 미국도 참전할 것이라는 신문 기사를 보니 대양 건너편에까지 전쟁의 광기가 확산된 것 같았다.

중립을 지키는 여기 네덜란드 땅에는 햇살 가득한 6월의 날들이 하루하루 이어졌다. 몇몇 사람들(빌렘 오빠 같은)만이 전쟁은 네덜란드의 비극이기도 하다고 주장했다. 오빠의 첫 설교 주제도 바로 그것이었다. 유럽과 세상은 변화하고 있다고 오빠는 말했다. 어느 쪽이 전쟁에서 이기든 우리의 삶은 완전히 달라질 것이라고 말이다. 나는 오빠의 설교를 듣고 있는 억센 농부들과 마을 사람들을 둘러보았다. 그들은 그런 개념 따위에는 아무 관심도 없는 사람들이었다.

설교가 끝난 뒤, 친구들이나 먼 곳에서 온 친척들은 모두 집으로 돌아갔다. 하지만 카렐은 바로 돌아가지 않고 머뭇거렸다. 그래서 산책도 계속할 수 있었다. 우리는 그의 미래에 대해서도 자주 이야기를 나눴다. 그런데 어느 순간부터 우리는 그의 미래가 아니라 우리의 미래에 대해 이야기를 하고 있었다. 빌렘 오빠네 집처럼 큰 목사관을 예쁘게 꾸미는 상상을 하기도 했고, 좋아하는 가구나 꽃, 심지어 좋아하는 색깔까지 똑같다는 것을 알고 기뻐하기도 했다. 의견이 일치하지 않는 것 하나가 있다면 그것은 아이를 몇이나 낳을까 하는 문제였다. 카렐은 넷을 원했지만 나는 여섯은 낳아야 한다고 고집을 피웠다.

하지만 그런 이야기를 나누는 중에도 '결혼'이라는 말은 절대 입 밖에 내지 않았다.

어느 날 카렐이 마을에 다니러 간 사이, 오빠가 주방에서 커피 두

잔을 끓여 가지고 나왔다. 티네 언니도 커피 잔을 들고 오빠 뒤를 따라 나왔다.

"코리," 오빠는 커피 잔 하나를 내게 건네며 힘겹게 입을 열었다. "카렐이 하는 행동을 보니 네가 오해할 수도 있을 것 같은데, 그가 마치…."

"진지한 것처럼 말이에요." 오빠가 채 끝맺지 못한 말을 언니가 대신해 주었다.

불쾌한 감정에 뺨이 붉게 달아올랐다. "나는 … 아니요 … 우리는 … 그런데 왜요?"

오빠의 얼굴도 붉어졌다. "왜냐하면, 코리, 그렇게는 될 수가 없단다. 네가 카렐 집안을 잘 몰라서 그래. 카렐의 부모님은 카렐이 어릴 때부터 바라던 게 있어. 계획해 온 그 목표를 위해 지금까지 희생해 오셨고, 온통 그 목표를 중심으로 살아오셨지. 그분들 표현을 빌리자면, 카렐은 … '결혼을 잘' 해야 해."

가구가 없어서 그렇지 않아도 썰렁한 응접실이, 순간 더 황량하게 보였다. "하지만 카렐이 원하는 건 뭔데요? 그는 이제 어린아이가 아니잖아요!"

오빠는 오빠 특유의 진지하고 깊은 눈빛으로 내 눈을 들여다보며 말했다. "카렐 생각도 마찬가지일 거야, 코리. 그가 그걸 원한다는 말은 아니야. 카렐에게는 그게 그냥 다른 일들과 똑같이 인생의 한 현실일 뿐이지. 대학 시절에 서로 좋아하는 여자에 대해 이야기를 한 적이 있는데, 카렐은 얘기 끝에 항상 이렇게 말했단다. '물론 난 그 여자하고는 결혼 못해. 만약 그러면 어머니는 아마 돌아가시려고 할 거야'라고."

뜨거운 커피에 입 안을 데었지만, 그냥 꿀꺽 삼켜버리고 정원으로 뛰어나왔다. 그 음울하고 낡은 집이 싫었고, 언제나 사물의 어둡고 힘든 면만을 보는 빌렘 오빠도 이번만은 보기 싫었다. 하지만 여기 정원은 달랐다. 정원의 관목들과 꽃들은 다 카렐과 내가 함께 바라보던 것들이고, 풀 한 포기 한 포기에 서로에 대한 우리의 감정이 배어 있었다. 오빠는 신학이나 전쟁이나 정치에 대해서는 나보다 더 많이 알지 모르지만 연애만은 그렇지 않았다! 내가 읽은 소설책에서는 돈이나 사회적 명성이나 가족들의 기대 같은 건 언제나 비구름처럼 사라지곤 했다.

카렐은 일주일쯤 뒤 돌아갔고, 그가 마드 마을을 떠나면서 남긴 말에 내 마음은 희망으로 부풀었다. 하지만 몇 달이 지나서야 나는 그의 말이 얼마나 이상한 말이었는지, 그의 목소리가 얼마나 긴박하고 간절했는지 깨닫게 되었다. 그날 우리는 마차가 오기를 기다리면서 목사관 진입로에 서 있었다. 마드 마을에서 기차역까지 갈 수 있는 수단은 마차뿐이었다. 우리는 아침 식사를 한 뒤 작별 인사를 나누었다. 나는 그가 아직 프러포즈를 하지 않은 게 좀 실망스럽기도 했고, 다른 한편으로는 그냥 그의 옆에 있는 것만으로 만족스럽기도 했다. 그런데 마차를 기다리며 서 있던 그가 갑자기 내 두 손을 잡으며 말했다.

"코리, 꼭 편지 써야 해!" 왠지 명랑한 말투가 아니었다. 그는 애원하듯 이렇게 말했다. "베예 소식 꼭 전해 줘야 해! 모든 걸 다 알고 싶어. 그 낡고 아름다운 집에 대해서 시시콜콜 다 알고 싶어! 아버지 얘기도 전해 줘야 해, 코리! 시계 수리비 청구서 보내는 거 깜박하시는 이야기도 편지에 써야 해. 오, 코리, 거긴 네덜란드에서 가장 행복한 집이야!"

정말로 그랬다. 아버지, 엄마, 벳시 언니, 놀리 언니, 안나 이모, 그리고 내가 집으로 돌아왔을 때 말이다. 전에도 우리 집은 늘 행복한 집이었지만 이제 카렐과 모든 걸 함께 나눌 수 있다고 생각하니 사소한 일들 하나하나가 다 빛나 보였다. 내가 요리하는 매 끼니 음식이 다 그를 위한 것이었고, 반들반들 윤나게 닦은 냄비 하나하나가 다 시(詩)였고, 빗자루질 한 번 한 번이 다 사랑의 행위였다.

나는 그의 편지를 받자마자 쏜살같이 답장을 보내곤 했지만, 그의 편지가 그렇게 자주 온 것은 아니었다. 하지만 나는 일 때문에 바빠서 그런 것이라고 이해했다. 편지에서 그는 자기가 보좌하고 있는 목사님이 구역 심방 일을 자신에게 맡겼다고 했다. 그 교회는 부자 교인들이 많은 교회였고, 헌금을 많이 하는 신자들은 목회자가 자주 심방을 와서 오래 머물다 가기를 기대한다는 것이었다.

시간이 지나면서 그의 편지는 점점 더 뜸해졌다. 나는 내 쪽에서 편지를 더 자주 보내는 것으로 아쉬움을 달래면서 콧노래를 흥얼거리며 여름과 가을을 보냈다. 온 네덜란드 땅 전체가 나와 함께 노래를 부르던 맑고 추운 11월 어느 날, 현관 벨이 울렸다. 주방에서 점심 설거지를 하고 있던 나는 다른 식구들이 나오기 전에 부리나케 계단을 달려 내려갔다.

현관문을 활짝 열어젖히니 뜻밖에 카렐이 거기 서 있었다.

그리고 그의 옆에는 젊은 여인이 서 있었다.

여인은 나를 향해 미소를 지어 보였다. 깃털이 길게 늘어진 그녀의 모자, 순백의 옷깃, 그의 팔에 얹힌 흰 장갑 낀 손에 시선이 갔다. 그리고 그 순간, 무언가 희뿌연 것이 눈앞의 광경을 다 덮어 가리는 것 같았다. "코리, 내 약혼녀를 소개하고 싶은데." 카렐은 그렇게 말했다.

나는 무슨 말이든 해야 했다. 지금은 응접실로 쓰고 있는 얀스 이모의 첫 번째 방으로 두 사람을 안내해야 했다. 내가 기억하는 건, 식구들이 곧 나를 구해 주러 왔다는 것뿐이다. 와서 그 두 사람과 인사를 나누고, 악수를 하고, 코트를 받아 걸어 주고, 의자를 내줌으로써 내가 무슨 말을 하거나 무언가를 하지 않아도 되게 해주었다는 것뿐이다. 엄마는 순식간에 커피를 끓여 내왔고 안나 이모는 케이크를 가져왔다. 벳시 언니는 그 젊은 여인과 겨울철 패션에 대해 열심히 이야기를 나누었고, 아버지는 카렐을 한쪽 구석으로 데리고 가서 그의 신상과 관련 없는 국제 정세에 대해 물었다. 그가 그때 전한 것이 윌슨 대통령이 미국 군대를 프랑스에 보낼 것이라는 뉴스였던가?

어찌어찌해서 30분의 시간이 흘러 갔다. 어찌어찌 그 젊은 여성과 악수를 나누었고, 다음으로 카렐과 악수를 한 뒤 두 사람에게 행복을 빌어 주었다. 벳시 언니가 두 사람을 현관까지 배웅해 주었다. 딸각, 하고 문이 닫히기도 전에 나는 꼭대기 층 내 방으로 달려 올라갔다. 그래야 마음껏 울 수 있었으므로.

내 생애의 단 한 사랑을 위해 얼마나 오래 침대에 엎드려 울었는지 모른다. 얼마 뒤 아버지가 계단을 올라오시는 소리가 들렸다. 나는 잠시 어린 소녀로 돌아가 아버지가 담요 깃을 여며 주시기를 기다렸다. 하지만 이번엔 담요로 덮어 가릴 수 없는 상처였고, 아버지가 뭐라고 말씀하실지 갑자기 두려워졌다. "곧 다른 사람을 만나게 될 거야"라고 말씀하실까 봐 두려웠고, 사실이 아닌 그 말이 앞으로 아버지와 나 사이에 영원히 가로놓이게 될까 봐 두려웠다. 내 마음 깊은 곳에서 이미 나는 알고 있었다. '곧'이 아니라 앞으로 영원히 내 인생에 다른 사람은 없으리란 것을.

달콤한 시가 냄새가 아버지와 함께 방으로 들어왔다. 물론 아버지는 쓸데없는 말씀은 하지 않으셨다.

대신 이렇게 말씀하셨다. "코리, 세상에서 가장 큰 아픔이 뭔지 아니? 그건 바로 사랑이란다. 사랑은 세상에서 가장 강력한 힘이야. 사랑이 가로막힌다는 건 곧 고통을 의미하지. 그런 일이 생길 때 우리가 할 수 있는 일은 두 가지야. 마음속의 사랑을 죽여서 더 이상 상처받지 않는 것이 그 한 가지란다. 물론 이때 자기 자신의 일부도 같이 죽지. 코리, 또 하나는 그 사랑이 나아갈 수 있는 또 다른 길을 열어 달라고 하나님께 구하는 거야. 하나님은 카렐을 사랑하셔. 네가 사랑하는 것보다 더. 네가 만약 하나님께 구한다면 하나님은 카렐에 대한 사

미래에 대한 생각에 잠겨 있는 코리.
© the Corrie ten Boom House Foundation

랑을 네게 주실 거다. 그 무엇으로도 막을 수 없고 그 무엇으로도 파괴시킬 수 없는 사랑을 말이다. 사람이 알고 있는 상투적 방식으로 사랑하지 못할 때, 하나님은 우리에게 완벽한 사랑의 방식을 주신단다."

계단 굽이를 돌아내려가는 아버지의 발소리를 들으면서도 나는 몰랐다. 이 힘든 순간을 이겨낼 수 있는 열쇠 이상의 무언가를 아버지가 내게 주셨다는 사실을. 이보다 훨씬 더 어두운 방, 인간의 차원에서는 사랑할 만한 것이 아무것도 없는 방을 열 수 있는 비결을 내 손에 쥐어 주셨다는 것을 나는 알지 못했다.

나는 사랑에 관한 한 아직 유치원생이었다. 그때 내가 할 일은 카렐에 대한 감정을 포기하는 것이었다. 그 감정과 함께 생겨난 기쁨이나 경이는 제외하고 말이다. 바로 그 시간, 침대 위에 누워 나는 엄청난 기도를 했다.

"주님, 카렐을 사랑했던 것처럼 주님을 사랑하겠습니다. 제가 생각했던 미래도 주님께 바칩니다. 오. 주님, 모든 것을 드립니다! 대신 주님께서 카렐을 보시는 시선을 제게 주세요. 주님께서 그를 사랑하는 방식으로 저도 그를 사랑할 수 있게 해주세요. 주님께서 사랑하시는 만큼요."

그렇게 기도하면서 나는 잠이 들었다.

시계포
_4장

그날 나는 식당 창문가에 의자를 놓고 올라가, 골목길을 지나다니는 사람들에게 이따금 손을 흔들어 주며 유리창을 닦고 있었다. 엄마는 주방에서 점심을 준비하며 감자를 깎고 계셨다. 때는 1918년, 끔찍한 전쟁이 마침내 종지부를 찍었다. 사람들이 걸어 다니는 모양새만으로도 새로운 희망을 느낄 수 있었다.

그런데 주방에서 수돗물이 계속 흐르는 소리가 들렸다. 엄마답지 않다는 생각이 들었다. 뭐 한 가지라도 절대 낭비하는 일이 없는 분인데.

"코리."

엄마의 목소리는 낮았다. 거의 속삭임처럼 들렸다.

"네, 엄마?"

“코리.” 엄마가 또 불렀다.

수돗물이 싱크대에서 넘쳐흘러 바닥으로 떨어지는 소리가 들렸다. 나는 의자에서 뛰어내려 주방으로 달려갔다. 엄마는 수도꼭지에 한 손을 얹은 채 나를 이상하게 물끄러미 바라보셨고, 그 사이에도 수돗물은 계속 넘쳐 엄마 발 위로 떨어지고 있었다.

“왜 그러세요. 엄마?” 나는 수도꼭지를 잡고 있는 엄마 손가락을 풀고 물을 잠근 다음 바닥에 흥건히 고여 있는 물을 피해 엄마를 끌어당겼다.

“코리.” 엄마가 다시 부르셨다.

“엄마, 편찮으신가 봐요! 침대로 가야겠어요!”

“코리.”

나는 엄마의 어깨 밑으로 팔을 넣어 부축한 다음 주방을 나와 계단을 올라갔다. 내가 소리치는 걸 듣고 안나 이모가 뛰어내려와 엄마의 반대쪽 팔을 붙들었다. 엄마를 침대에 눕힌 뒤 나는 가게로 뛰어내려가 아버지와 벳시 언니에게 이 일을 알렸다.

그 뒤 한 시간 동안 우리 네 사람은 뇌출혈의 결과가 엄마의 몸으로 서서히 퍼져나가는 것을 지켜보았다. 엄마의 손이 가장 먼저 마비되는 것 같았고, 그 다음으로 팔을 따라 올라갔다가 다리로 내려갔다. 견습공이 급히 달려가 반 벤 박사를 모셔왔지만 의사인 그도 더 이상 할 수 있는 일이 없었다.

끝까지 남아 있는 것은 엄마의 의식이었다. 엄마는 여느 때와 다름없이 눈을 크게 뜨고 식구들을 하나하나 따뜻한 눈빛으로 바라보다가 아주 천천히 눈을 감았다. 우리는 엄마가 영영 가시는 줄 알았다. 하지만 반 벤 박사의 말이 엄마는 아주 깊은 혼수 상태에 빠진 것이며 그 길로 사망할 수도 있고 다시 회생할 수도 있다고 했다.

엄마는 두 달 동안 그 침대에 그렇게 무의식 상태로 누워 계셨다. 저녁이면 놀리 언니를 포함해 우리 다섯 식구가 돌아가면서 엄마의 병상을 지켰다. 그러던 어느 날 아침, 한번 그렇게 쓰러졌던 분으로는 참으로 뜻밖에도 엄마는 눈을 뜨셨다. 주위를 두리번거리며 의식을 찾은 엄마는 마침내 팔과 다리도 다시 쓸 수 있게 되어, 보조 장치의 도움을 받아 거동을 할 수 있을 정도가 되셨다. 비록 뜨개질이나 바느질을 할 때만큼의 날렵한 손놀림은 되찾을 수 없었지만 말이다.

엄마의 침실은 사방이 벽으로 가로막힌 작고 답답한 방이었다. 그래서 우리는 얀스 이모가 쓰시던 첫 번째 방으로 엄마의 병상을 옮겨 놓고 창문으로 바르텔요리스트라트 사람들의 분주한 일상을 내다볼 수 있게 해드렸다. 몸은 불편해도 엄마의 사고 능력은 전과 다름없이 활발했다. 하지만 언어 능력만큼은 끝내 돌아오지 않았다. 엄마가 할 수 있는 말은 단 세 마디, "응", "아니", 그리고 "코리"였다. "코리"를 발음할 수 있었던 것은 아마 그게 쓰러지시기 전에 맨 마지막으로 했던 말이었기 때문인 듯했다. 그래서 엄마는 모든 사람을 "코리"라고 불렀다.

의사소통을 하기 위해 엄마와 나는 게임 하나를 고안해 냈다.

일종의 스무 고개 같은 것이었다. 예를 들어 엄마가 "코리"라고 말씀하신다.

"왜요, 엄마? 누군가를 생각하시는군요!"

"응"

"우리 식구인가요?"

"아니."

"그럼 저기 밖에 보이는 사람인가요?"

"응."

"오랜 친구예요?"

"응."

"남자인가요?"

"아니."

그 사람은 엄마가 오래 알고 지내는 어떤 여자인 듯했다. "알겠어요, 엄마. 오늘이 누구 생일이군요!" 나는 엄마가 반갑게 "응!" 하실 때까지 내가 아는 이름들을 쭉 대본다. 그러곤 그 사람에게 이렇게 짤막한 메시지를 적어 보낸다. 엄마가 창문으로 당신이 길 가는 것을 보셨다, 생일 축하한다 전해 달라고 하신다고 말이다. 편지를 다 쓰면 엄마의 뻣뻣한 손에 펜을 쥐어 드려 직접 서명을 하실 수 있게 했다. 유려하던 글씨체는 어디로 가고 이제 비뚤배뚤 휘갈겨 쓴 글씨만 남았지만, 얼마 안 가 하를렘 사람이라면 누구나 이 글씨를 알아보고 고마워하게 되었다.

그 불편한 몸으로 그렇게 충실한 삶을 살 수 있다는 것은 정말 놀라운 일이었다. 수족이 마비된 채 3년을 병상에 계시는 동안, 그런 엄마를 지켜보면서 나는 사랑에 관해 또 한 가지를 깨우쳤다.

엄마의 사랑은 언제나 따뜻한 수프 냄비와 바느질 바구니로 실현

되는 그런 종류의 사랑이었다. 하지만 그것이 불가능해진 지금도 엄마의 사랑은 온전했다. 엄마는 창가의 의자에 앉아 우리를 사랑하셨다. 거리를 지나다니는 사람들을 내려다보며 그들을 사랑하셨다. 그리고 그 사랑은 그 거리 너머, 이 도시, 네덜란드 땅, 그리고 온 세계를 다 품었다. 그래서 나는 알게 되었다. 사랑이란 그 사랑을 가둬 두는 벽보다 더 크다는 것을.

놀리 언니가 저녁 식탁에서 동료 교사인 플립 반 보어덴 이야기를 점점 더 많이, 점점 더 자주 하기 시작했다. 그리고 마침내 반 보어덴 씨가 아버지에게 정식으로 인사를 오겠다고 하자, 아버지는 짤막한 인사말을 몇 번씩 다듬어가며 연습하셨다.

결혼식 전날 밤, 벳시 언니와 내가 엄마를 들어 침대에 뉘여 드리는데 엄마가 갑자기 울음을 터뜨리셨다. 스무 고개를 통해 우리는 엄마가 놀리 언니의 결혼을 마음 아파하시는 건 아니라는 걸 알아 냈다. 엄마는 플립 씨를 좋아하셨다. 엄마를 슬프게 한 것은, 결혼식 전날 밤 엄마와 딸이 나누게 되어 있는 진지한 대화를 하지 못한다는 사실이었다. 과묵한 우리 사회가 제대로 제공해 주지 못한 성교육, 결혼 전날 밤에 엄마가 딸에게 그 교육을 시켜야 하는데 그걸 할 수 없는 형편이 엄마는 슬펐던 것이다.

결국 그날 밤 그 사명을 띠고 놀리 언니의 방으로 올라간 사람은 안나 이모였다. 나와 한 방을 쓰던 놀리 언니는 몇 년 전부터 베프 이모가 쓰던 지붕 밑 방을 혼자 쓰고 있었다. 안나 이모는 부끄러움으로 빨이 붉어진 채 그 방으로 올라가 정해진 시간 30분 동안 놀리 언니와 단 둘이 대화를 나누었다. 온 네덜란드 땅에서 안나 이모만큼 결혼에 대해 잘 모르는 사람은 없을 테지만, 이건 하나의 규례였다. 나이든 여인이 젊은 여인에게 조언을 해주는 것, 이 절차 없이 결혼을 한다는 것은 결혼반지 없이 결혼식을 하는 것만큼이나 말이 안 되는 일이었다.

다음 날, 흰색의 긴 드레스를 입은 놀리 언니는 눈이 부셨다. 하지만 내가 눈을 뗄 수 없었던 것은 엄마였다. 언제나처럼 검은 색 드레스를 입으셨지만, 그럼에도 불구하고 엄마는 갑자기 젊어지고 소녀 같아 보였다. 텐 붐 집안의 이 큰 경사에 엄마는 기쁨으로 눈이 반짝였다. 벳시 언니와 나는 일찌감치 엄마를 모시고 교회당으로 갔다. 반 보어덴 집안 사람들이나 친구들은 맨 앞줄에 앉아 미소를 짓고 있는 이 우아한 부인이 혼자서는 걸을 수도 없고 말도 할 수 없다는 사실을 꿈에도 모를 터였다.

놀리 언니와 플립 형부가 팔짱을 끼고 나란히 걸어 들어오는 것을 보면서 나도 카렐과 함께 저런 순간을 꿈꾼 적이 있다는 걸 처음으로 떠올렸다. 벳시 언니를 흘긋 보니 엄마 옆에 더할 수 없이 고고하고 사랑스럽게 앉아 있었다. 언니는 늘 의식하고 있었다. 자신은 건강 때문에 아이를 낳을 수 없다는 것을. 그리고 그런 이유로 언니는 평생 결혼하지 않고 살기로 이미 오래 전에 결심했다. 이제 나는 스물아홉 살이었고, 벳시 언니는 삼십 대 중반이었다. 그리고 이 사실은 달라지지 않으리라는 것을 난 알고 있었다. 언니와 나는 결혼하지 않고 우리 집 베예에서 언제까지나 살리라는 것을 말이다.

그렇다고 슬프지는 않았다. 그걸 생각하면 오히려 행복했다. 그리고 그 순간 나는 확신했다. 사 년 전, 내 감정을 드리겠다고 하나님 앞에 더듬더듬 서원했던 것을 하나님께서 받으셨다고 말이다. 그도 그럴 것이 이제는 카렐을 떠올려도 조금도 마음이 아프거나 그렇지 않았다. "카렐에게 복 내려 주세요, 주님." 나는 나지막한 소리로 중얼거렸다. "그리고 그녀에게도 복 내려 주세요. 두 사람이 늘 서로에게, 그리고 주님과 가까이 있게 해주세요." 그것은 나 코리 텐 붐에게서는 나올 수 없는 기도였다.

그러나 그날의 가장 큰 기적은 그 다음 순간에 찾아왔다. 혼인 예배를 마치는 찬송으로 우리는 엄마가 좋아하는 〈만유의 주재〉를 불렀다. 자리에서 일어나 찬송을 부르고 있는데 뒷줄에 앉아 있는 엄마의 목소리가 들렸다. 엄마도 이 찬송을 함께 부르고 계신 것이었다. "응", "아니" 밖에 못하셨던 엄마가, 한 마디 또 한 마디, 1절 그리고 2절, 그 아름다운 가사를 한 번 더듬거리지도 않고 다 따라 부르셨다. 그토록 높고 맑던 목소리가 이제는 쉬고 갈라진 소리를 냈지만, 내게는 천사의 음성으로 들렸다.

엄마가 노래를 부르는 동안 나는 마법이 풀릴까 두려워 감히 뒤돌아보지 못하고 앞만 바라보았다. 찬송이 끝나고 모두들 자리에 앉았을 때, 엄마와 벳시 언니와 내 눈가에는 눈물이 가득 고여 있었다.

코넬리아 & 카스퍼 텐 붐 부부.

처음에 우리는 그것이 회복의 신호이기를 바랐다. 하지만 엄마는 그날 불렀던 찬송가를 다시는 부르지도, 가사를 읊지도 못했다. 그날 그 일은 예외적인 사건, 하나님이 우리에게 주신 선물, 하나님만의 특별한 결혼 선물이었다. 4주 뒤, 입가에 미소를 머금고 잠드셨던 엄마는 영원히 우리 곁을 떠나셨다.

그 해 11월 말, 평년 기온을 맴돌던 날씨가 갑자기 추워졌다. 벳시 언니가 코를 훌쩍이며 재채기를 하자 아버지는 언니가 상점 계산대 뒤에 앉아 출입문에서 들어오는 차가운 겨울바람을 맞고 있으면 안 된다고 하시며 방으로 올려 보내셨다.

상점이 가장 바쁜 때인 성탄절은 다가오고 있었는데 벳시 언니는 이불을 둘둘 말고 눕고 말았다. 하는 수 없이 내가 틈틈이 상점으로 내려가 손님들을 맞고 물건을 포장하면서, 아버지가 높은 작업대에서 한 시간에 열두 번씩 오르락내리락 하는 수고를 덜어드렸다.

안나 이모는 혼자서 식사 준비도 하고 벳시 언니도 돌볼 수 있다고 고집했다. 그래서 나는 아예 벳시 언니의 계산대에 자리 잡고 앉았다. 판매대금이나 수리비 등 수입 내역과 물건을 구매하고 부품을 구입하는 데 들어간 지출 내역을 기록하면서 지금까지의 수입 지출 기록을 대강 훑어 보았다. 그런데 수입 지출 기록을 살펴볼수록 점점 회의가 생겼다.

수입과 지출에 전혀 체계가 잡혀 있지 않았다! 손님에게 청구한 수리비를 제대로 받았는지 안 받았는지, 우리가 매긴 가격이 적정 가격보다 높은지 낮은지 알 길이 없었고, 우리가 돈을 벌고 있는 건지 손해를 보고 있는 건지도 사실상 알 수 없었다.

어느 쌀쌀한 날 오후 나는 동네 서점으로 달려가 회계 원장 한 세트를 사가지고 왔다. 그리고 거기다 수입 지출을 조리 있게 정리하기 시작했다. 밤에 가게 문을 닫고 셔터를 내린 뒤 깜박거리는 가스등 밑에 앉아 지금까지의 재고 목록과 도매상에서 받아온 계산서를 며칠에 걸쳐 꼼꼼히 따져보고 또 따져봤다.

뭔가 이상한 부분이 발견될 때마다 아버지에게 묻곤 했다. "지난달에 호크 씨한테 수리비 얼마 받으셨어요?"

아버지는 멍하니 나를 바라보며 말씀하셨다. "글쎄 … 어 … 사실은 잘…."

"바쉐론 시계였어요, 아버지. 오래 된 거요. 스위스까지 사람을 보내 부품을 구해 왔잖아요. 여기 계산서도 있고 또…."

아버지의 얼굴이 밝아졌다. "물론 기억하지! 아름다운 시계란다, 코리! 그 시계를 만진다는 건 큰 기쁨이지. 아주 오래된 건데, 먼지만 끼지 않았더라면 좋았을 것을. 좋은 시계는 깨끗이 간수해야 하는데 말이야!"

"수리비는 얼마 청구하셨어요, 아버지?"

나는 판매 대금이나 수리비 청구서 시스템을 만들어 냈고, 수입과 지출 기록이 점점 실제 거래 액수와 맞아떨어지기 시작했다. 그리고 또 한 가지, 내가 이 일을 좋아한다는 게 점점 더 분명해졌다. 재깍거리는 작은 소리, 반짝거리는 시계들이 선반 위에 가득 들어찬 이 조그마한 상점 안에서 나는 늘 행복했다. 또 한 가지 깨달은 것은, 내가 장사도 좋아하고 카탈로그와 재고 목록도 좋아하고 바쁘고 활기 넘치는 매매업도 좋아한다는 것이었다.

벳시 언니의 감기가 호흡기까지 내려가, 늘 그랬던 것처럼 폐렴으로 번질지 모른다는 생각이 들 때마다 나는 장사 일에만 고심하는 나 자신을 책망하곤 했다. 밤에 아래층 언니 방에서 괴롭고 힘든 기침 소리가 들려올 때면 언니가 얼른 낫게 해달라고 정성을 다해 기도했다.

성탄절을 이틀 앞둔 어느 날 저녁, 상점 문을 닫고 복도 문을 잠그고 있는데 벳시 언니가 꽃을 한 아름 안고 불쑥 나타났다. 나를 보는 언니 눈빛이 뭔가 잘못을 저지른 어린 아이의 눈빛 같았다.

"성탄절이라서 샀어, 코리! 성탄절엔 꽃이 있어야 해!"

"언니!" 내가 버럭 소리를 질렀다. "얼마나 오래 돌아다닌 거야? 아픈 것도 다 안 나았는데!"

"침대에 계속 누워 있었어, 정말이야…." 또 심한 기침이 나오는 바람에 언니는 말을 맺지 못했다. "정말 중요한 일이 있어서 일어난 것뿐이야."

나는 언니를 방으로 데리고 가 침대에 눕히고 나서 언니가 말한 "중요한 일"이 뭐였는지 눈을 크게 뜨고 찾아다니기 시작했다. 집안 살림에 내가 얼마나 무심했던지! 구석구석 언니의 손이 미치지 않은 곳이 없었다. 나는 씩씩거리며 다시 언니 방으로 올라가 증거를 들이댔다. "주방 찬장에 접시 정리하는 게 중요한 일이야, 언니?"

침대에 누워 나를 올려다보는 언니의 얼굴이 빨개졌다. "그래," 언니가 반항조로 대답했다. "넌 늘 놓던 대로만 놓잖니."

"그리고 얀스 이모 방문은? 누군가 페인트칠을 벗기고 사포질까지 했던데, 그건 아주 힘든 일이라고!"

"하지만 페인트칠을 벗기니까 예쁜 나무 무늬가 잘 보이잖아! 오래 전부터 그 낡은 페인트를 벗겨 내고 원래 무늬를 보고 싶었어." 잘못을 뉘우친다는 듯 언니 목소리가 갑자기 작아졌다. "날마다 가게 일 보는 거 지겹다는 거 알아, 내가 이기적이지. 내가 얼른 몸 추스르고 일어나서 네가 더 이상 가게 안 나가도 되게 할게. 하지만 하루 종일 이렇게 있는 것도 아주 기분 좋아. 모든 걸 내 마음대로 할 수 있는 것처럼, 뭘 할까 계획도 세우면서 말이야…."

정말 그렇게 되었다. 우리는 언니의 말과 반대로 일을 나누었다. 일단 그렇게 일을 바꾸자 모든 게 얼마나 잘 돌아가는지 우리도 놀랄 정도였다. 내가 집안 일을 할 때도 집은 깨끗했다. 하지만 벳시 언니가 살림을 맡자 온 집안이 반짝거렸다. 언니는 나무결에서, 각종 무늬에서, 색깔에서 아름다움을 찾았고, 식구들 또한 그것을 느낄 수 있게 해주었다. 내가 장을 보러 다녔을 때에는 식비가 넉넉하지 못해 정육점에 한번 들르면 겨우 몇 푼 남았다가 빵집에 가면 완전히 바닥을 드러내곤 했다. 그런데 벳시 언니는 맵짠 살림 솜씨로 생전 구경도 못했던 온갖 맛난 음식들을 식탁에 올리기 시작했다. "오늘 점심 디저트는 뭐가 될지 기대하세요!" 아침 식탁을 치우면서 언니는 그렇게 말하곤 했고, 가게 일을 하는 오전 내내 우리 머릿속에는 과연 점심 디저트가 뭘까 하는 궁금증이 일렁였다.

난 손댈 엄두도 내지 못해 수프 냄비와 커피 주전자를 난로 뒤에 처박아 두었었는데, 언니는 살림을 맡은 첫 주부터 녀석들을 불 위에 올리기 시작했다. 곧이어 우편배달부와 경찰관들, 노숙자 노인들과 추위에 심부름 다녀오는 어린 소년들이 날마다 우리 집 현관 복도에 줄지어 서서 뜨거운 머그잔에 시린 손을 녹였다. 옛날 우리 엄마가 살림을 하던 때처럼 말이다.

한편 상점에서 나는 꿈도 꾸지 않았던 일에서 기쁨을 누리고 있었다. 그리고 단순히 손님들을 맞고 장부를 기록하는 것이 아니라 그 이상의 일을 하고 싶다는 걸 곧 깨달았다. 나는 시계를 수리하는 일 자체를 배우고 싶었다.

아버지께 말씀드렸더니 아버지는 열의를 다해 나를 가르쳐 주셨다. 그 결과 나는 시계의 동작부와 고정부, 오일과 용액의 작용, 각종 수리 도구와 연마기, 확대 기술 등을 터득했다. 하지만 아버지의 인내심, 그 조화로운 수리 과정 내내 아버지가 그 일과 나누는 신비로운 교감 등은 결코 가르친다고 해서 배울 수 있는 성질의 것이 아니었다.

이즈음엔 손목시계가 유행하고 있어서 나는 손목시계 제조와 수리를 전문적으로 가르치는 학교에 등록했다. 엄마가 돌아가신 지 삼 년 만에 나는 시계 제작자 면허를 따고 네덜란드 최초의 여성 시계 제작자가 되었다.

앞으로 이십 년 이상 유지될 우리 집 생활 패턴도 이때 확실히 자리를 잡았다. 아침 식사를 마친 뒤 아버지는 성경을 읽고 다시 서가에 꽂아 놓으셨고, 아버지와 내가 아래층으로 내려와 시계포 일을 보는 동안 벳시 언니는 수프 냄비를 저으면서 감자 세 개와 양고기 한 덩이로 마술을 부릴 구상을 했다. 수입과 지출을 내가 빈틈없이 관리하면서 가게 형편도 점점 좋아졌다. 그러다 판매 선담 여직원을 고용해 가게 일을 모두 맡기고 아버지와 나는 뒷방 작업실에서 시계 고치는 일에만 몰두할 수 있게 되었다.

이 작은 뒷방으로 사람들의 발길이 끊임없이 이어졌다. 가게 손님도 가끔 있었지만 대개는 아버지를 만나러 온 방문자들이었다. 나막신을 신은 일꾼에서부터 상선 소유주에 이르기까지 다양한 사람들이 저마다 고민거리를 안고 아버지를 찾아왔다. 가게 손님들과 작업실의 다른 종업원들이 보는 앞에서도 아버지는 아주 태연하게 머리를 숙여 그를 위해 기도하곤 하셨다.

아버지는 작업에 대해서도 기도하셨다. 시계 수리에 관해서라면, 아버지가 다뤄 보지 않은 문제는 거의 없었다. 하지만 이따금씩 아버지마저 당혹스럽게 만드는 문제가 생기기도 했다. 그럴 때면 아버지는 이렇게 기도하곤 하셨다. "주님, 주님은 은하계의 바퀴를 운행하시는 분입니다. 무엇이 행성들을 회전시키는지, 또한 무엇이 이 시계를 돌아가게 하는지도 주님은 아십니다 …"

기도의 구체적인 내용은 그때그때 달랐다. 과학을 좋아하는 아버지가 대학에서 발행하는 과학 저널들을 열심히 탐독하신 덕분이었다. 아버지는 "원자를 춤추게 만드시는 분", "바다를 통해 거대한 조류를 회전시키기는 분"께 고장 나서 멈춰 버린 시계를 맡기셨다. 아버지의 이런 기도에 대한 응답은 모두 잠든 한밤중에 올 때가 많은 것 같았다. 어느 날 아침 작업대에 앉으면, 전날 저녁까지 온갖 방법을 써 봐도 안 돼 그냥 포기할 뻔한 시계 부품들이 말끔히 조립되어 재깍재깍 명랑하게 돌아가고 있는 것을 발견할 때가 많았으니 말이다.

시계포에서 내가 절대 벳시 언니만큼 할 수 없는 일이 한 가지 있었다. 그것은 가게를 찾아오는 손님 하나하나에게 진심으로 관심을 갖는 일이었다. 어떤 손님이 들어오는 것을 보고 나는 살짝 뒷문으로 빠져나가 주방에 있는 벳시 언니에게 달려가서는 이렇게 묻는다. "언니! 푸른색 벨벳 밴드 달린 알피나 라펠 시계(옷깃에 꽂는 시계-옮긴이) 달고 온 여자 손님이 누구지? 풍채 좋고 나이는 쉰 살쯤인데?"

"반 덴 케걸 부인이야. 남동생이 인도네시아에서 말라리아에 걸려 가지고 와서 지금 부인이 간호중이야." 말을 채 맺기도 전에 후다닥 계단을 내려오는 내 뒤에 대고 언니가 이렇게 말한다. "링커 부인의 아기는 잘 크고 있는지 물어보렴!"

잠시 뒤 아무것도 모르는 반 덴 케걸 부인은 가게를 나서면서 자기 남편에게 한 마디 한다. "저 코리 텐 붐은 자기 언니를 꼭 닮았네요!"

1920년대 말 안나 이모가 세상을 떠나기 전, 입양한 아이들이 잇달아 들어오면서 빈 침대들이 새 주인을 맞이하기 시작했다. 그로부터 십여 년이 넘도록 베에의 울다리 안에는 웃음소리가 울려 퍼졌고, 벳시 언니는 치맛단과 바짓단을 늘려 대느라 분주했다.

한편 빌렘 오빠와 놀리 언니네도 식구가 늘어났다. 오빠 부부는 네 아이를 낳았고, 언니 부부는 여섯 아이를 낳았다. 가혹한 현실을 있는 그대로 말해 버리는 습관 때문에 교인들을 불편하게 만들었던 오빠는 결국 오래 전에 목회를 그만두고 하를렘에서 50킬로미터 떨어진 힐베르쉼에서 요양소를 운영하기 시작했다.

놀리의 가족은 오빠네보다 자주 볼 수 있었다. 플립 형부가 교장으로 있는 조카들 학교가 하를렘에 있었기 때문이다. 조카 여섯 중 한두 녀석쯤은 거의 하루도 빠짐없이 베예에 들러 작업대에 앉은 할아버지를 찾거나 벳시 이모의 요리 그릇을 살그머니 들여다보거나 혹은 입양한 아이들과 함께 구불구불한 계단을 올라갔다 내려갔다 하며 뛰놀았다.

어린 피터에게 음악적 재능이 있다는 걸 처음 발견한 것도 베예에서였다. 사건의 시작은 라디오였다. 한 친구 집에서 이 놀라운 문명기기가 내는 소리를 처음 들었을 때, 우리는 "완전한 오케스트라"라고 탄복했다. 아무리 생각해도 상자 안에서 그런 소리가 만들어져 나오는 게 정말 기이했다. 그날부터 우리는 동전을 한 닢 두 닢 따로 모으기 시작했다. 우리 집에도 라디오 한 대를 장만하기 위해서 말이다.

돈이 다 모이기 한참 전, 아버지가 간염에 걸려 거의 돌아가실 뻔했다. 병원에 오래 입원해 계시는 동안 아버지의 수염은 눈처럼 하얘졌다. 일흔 번째 생신을 일주일 앞두고 아버지가 퇴원하시던 날, 주민 대표 몇몇이 우리 집을 방문했다. 상점 주인, 거리 청소부, 공장 주인, 운하를 오가는 선주 등, 이들 모두 아버지가 병석에 누워 계시는 동안 아버지가 자신들에게 어떤 존재인지 새삼 느낀 모양이었다. 그래서일까, 이들이 십시일반으로 돈을 모아 라디오 한 대를 사온 것이었다.

화려한 조개 모양 스피커가 달린 대형 탁자형 모델인 이 라디오는 그 뒤 오랜 세월 동안 우리 식구들에게 많은 기쁨을 안겨 주었다. 유

입양한 아이들과 함께. 왼쪽 끝이 코리, 오른쪽 끝이 아버지, 맨 앞이 벳시.

럽 전역의 라디오 방송을 다 들을 수 있었기 때문에 벳시 언니는 일요일마다 네덜란드어뿐만 아니라 영어·프랑스어·독일어 신문을 샅샅이 훑으며 일주일치 콘서트와 음악 방송 편성표를 챙겼다.

어느 일요일 오후, 놀리 언니네 식구들까지 모여 브람스 협주곡을 듣고 있었는데 피디가 갑자기 연주 중간에 말했다.

"라디오에서 저런 낡은 피아노를 치다니 너무 웃겨요."

"쉬잇," 놀리 언니가 조용히 하라는 시늉을 하는데 아버지가 물으셨다. "무슨 말이니, 피터?"

"음이 하나 이상하잖아요."

우리는 어리둥절해서 서로를 쳐다보았다. 여덟 살 배기가 무얼 안다는 것일까? 하지만 아버지는 피터를 얀스 이모의 피아노 앞에 앉히며 물으셨다. "어느 음이 이상하다는 거지, 피터?"

피터는 음계를 짚어나가다 가온 다 위에 있는 '시'에 이르렀다. "이거예요."

그러자 다른 식구들 귀에도 다 들렸다. 협주곡에서 나온 그랜드 피아노의 '시' 음이 낮았다.

오후 내내 나는 피터 옆에 앉아 간단한 음악 퀴즈를 내보았다. 그 결과 피터에게 경이로운 기억력과 완벽한 음감이 있다는 것이 밝혀졌다. 그때부터 피터는 나에게 음악을 배우는 학생이 되었고, 약 여섯 달 만에 내가 가르쳐 줄 수 있는 것을 모두 다 배운 뒤 전문적으로 가르쳐 줄 수 있는 선생님을 찾아갔다.

라디오는 우리 삶에 또 다른 변화를 일으켰다. 아버지는 처음에 그 변화를 받아들이려 하지 않으셨다. BBC 방송을 통해 우리는 매 시간마다 빅 벤(영국 국회 의사당의 시계탑-옮긴이)의 타종 소리를 들을 수 있었다. 시계포에 있는 천문 시계를 보고 맞춘 스톱워치를 손에 들고 라디오에서 나오는 시보(時報)를 듣던 아버지는 이 영국 시계의 첫 번째 종소리가 스톱워치의 시간과 일치할 때가 많다는 것을 마지못해 인정하셨다.

하지만 여전히 아버지는 이 영국 시간을 못 미더워하셨다. 아버지가 아는 영국 사람들 중 번번이 시간 약속에 늦는 이들이 있었기 때문이다. 기차 여행을 할 수 있을 만큼 건강이 회복되자마자 아버지는 다시 일주일에 한 번씩 암스테르담에 가서 해군 천문대의 시간을 알아가지고 오셨다.

그러나 그 뒤 몇 달 간 빅 벤의 시간과 해군 천문대의 시간이 계속 완벽하게 맞아떨어지자 아버지가 규칙적으로 암스테르담에 다녀오는 횟수가 줄어들기 시작했고 결국엔 아예 가시지 않게 되었다. 게다가 가게 밖에 놓여 있는 천문 시계는 좁은 도로를 쉽없이 덜컹거리며 오가는 자동차들 때문에 아무래도 자꾸 삐걱거리며 흔들리게 되고 그래서 정확한 시간을 알려 주는 장치로서의 역할을 더 이상 하지 못하게 되었다. 그러나 가장 굴욕적인 것은 아버지가 어느 날부터인가 라디오 시보를 듣고 천문 시계의 시간을 조정하기 시작했다는 것이다.

이밖에 다른 많은 변화에도 불구하고 아버지, 벳시 언니, 그리고 나 이 세 사람의 삶은 본질적으로 달라지지 않았다. 우리가 입양해 키운 아이들은 다 자라 직장을 찾아 떠나거나 결혼을 했지만 그래도 자주 집에 찾아왔다. 시계포의 백주년 기념일이 그렇게 지나갔고, 다음 날 아버지와 나는 여느 때처럼 다시 작업대에 앉았다.

하루에 한 번 산책을 할 때 길에서 누구누구를 만나게 될지도 완벽하게 알아맞힐 수 있었다. 간염을 앓은 뒤 많이 쇠약해지셨는데도 아버지는 꾸준히 산책을 나가셨고, 나도 아버지와 동행해 느긋하게 시내를 한 바퀴 돌곤 했다. 산책을 나가는 시간도 늘 똑같아서, 정오에 점심을 먹고 가게 문을 다시 여는 오후 두 시 사이에 날마다 똑같은 코스를 걸었다. 다른 하를렘 사람들도 아버지처럼 규칙적인 생활 습관을 갖고 있었기 때문에 우리는 길에서 누구를 만나게 될지 정확히 알고 있었다.

우리가 고갯짓으로 인사를 나누는 사람들은 주로 오랜 친구들이나 가게 손님들이었고, 산책길에서 날마다 만나는 덕분에 알게 된 이들도 있었다. 코닝 스트라트의 자기 집 계단을 쓸고 있는 여인, 그로테 마르크트의 전차 정류장에서 〈월드 쉬핑 뉴스〉를 읽고 있는 남자 등. 그 중에서도 가장 반가운 사람은 우리가 불독이라 부르는 남자였다. 이런 별명이 붙은 것은, 이 사람이 늘 커다란 불독 두 마리를 가죽 끈에 묶어 데리고 다니기 때문이기도 했고, 아래턱이 발달한 쭈글쭈글한 얼굴에 짤막한 ○형 다리 등 생김새가 자기 개하고 아주 똑같기 때문이기도 했다. 그가 자기 개에게 보이는 애정은 정말 감동적이었다. 길을 가면서 그는 연신 개들을 향해 뭐라고 중얼거리고 뭐가 조금이라도 불편할까 봐 안절부절 못했다. 길에서 만날 때마다 아버지와 불독은 모자를 살짝 들어 의례적으로 인사를 나누었다.

하를렘을 비롯해 네덜란드 사람들이 이렇게 한가로이 산책을 하고 인사를 나누고 계단을 쓸고 있는 동안 동쪽의 이웃 나라들은 전쟁 태세를 갖추고 있었다. 우리는 무슨 일이 벌어지고 있는지 알고 있었다. 모를 수가 없었다. 저녁에 라디오 다이얼을 돌리다 보면 독일 방송이 들릴 때가 많았다. 그건 일상적으로 이야기하는 음성이 아니었다. 그냥 큰 소리를 내는 것도 아니었다. 그들은 아예 고함을 지르고 있었다. 이상한 것은, 침착하기 그지없는 벳시 언니가 이런 소리에 가장 민감한 반응을 보인다는 것이었다. 언니는 독일 방송이 잡히기만 하면 벌떡 일어나 달려가서 라디오를 꺼버리곤 했다.

그러나 중간중간 우리는 이런 현실을 잊곤 했다. 빌렘 오빠가 와서 다시 일깨워 주거나 혹은 독일에 있는 유대인 부품업자들에게 보낸 편지가 "주소 불명"으로 되돌아올 때에야 이게 주로 특정 독일인과 관련된 문제라는 걸 깨닫곤 했다. "독일 사람들은 대체 언제까지 이 사람을 지지해 주려는 거지? 그리 오래 참아 주지 않을 텐데." 우리는 이렇게 말하곤 했다.

독일에서 일어나고 있는 변화가 바르텔요리스트라트에 있는 이 작은 가게에까지 미친 것은 딱 한 번, 한 젊은 독일인 시계공을 통해서였다. 네덜란드 너머로까지 아버지의 이름이 알려진 덕분에 독일인들이 잠시 아버지 밑에서 일하러 오는 경우가 종종 있었다. 그래서 이 키 크고 잘 생긴 청년이 베를린에 있는 한 유명 시계 회사에서 발행한 견습공 서류를 들고 나타났을 때 아버지는 주저 없이 그를 직원으로 고용했다. 이름이 오토였던 그 청년은 자기가 히틀러 소년단 출신이라고 사랑스럽게 밝혔다. 사실 그가 왜 네덜란드에 왔는지 우리에겐 수수께끼였다. 왜냐하면 그는 입만 열면 네덜란드 사람이나 물건에 대해 흠을 잡았기 때문이다. "독일인들이 무얼 이룰 수 있는지 세상 사람들이 두 눈으로 보게 될 겁니다." 그는 자주 그런 말을 했다.

첫 출근 날 그는 다른 직원들과 함께 2층으로 올라와 커피를 마시고 성경을 읽었다. 그런데 다음 날부터는 그 시간에 참석하질 않고 혼자서 가게를 지키고 앉아 있었다. 이유가 뭐냐고 물었더니, 네덜란드어를 잘 모르기도 하지만 아버지가 읽고 계신 구약성경이 유대인들의 '거짓말 책'이라고 배웠다는 것이었다.

나는 충격을 받았지만 아버지는 그저 애석해 하실 뿐이었다. "잘못 배워서 그렇단다. 우리가 하는 걸 보고 우리가 이 책을 사랑하는 사람들이고 또 진실한 사람들이라는 걸 알게 되면 자기 생각이 틀리다는 걸 깨달을 거다."

몇 주 뒤, 벳시 언니가 현관 복도 쪽 문을 열고 아버지와 나를 손짓해 불렀다. 2층 얀스 이모 방에 올라가 보니 이모의 키 큰 마호가니 의자에 한 여자가 앉아 있었는데, 지금 오토가 살고 있는 하숙집 주인 여자라고 했다. 여자는 그날 아침 오토 방의 침대 시트를 갈다가 그의 베개 밑에서 발견한 거라고 하면서 장 볼 때 쓰는 작은 가방에서 25센티미터 가량의 커브형 날이 달린 칼을 꺼내 보였다.

이번에도 역시 아버지는 좋게 해석을 하셨다. "낯선 나라에서 혼자 생활하려니 무서웠던 게지요. 아마 호신용으로 샀을 겁니다."

오토가 외톨이인 것은 사실이었다. 그는 네덜란드어를 한 마디도 하지 못했고, 배우려는 노력도 하지 않았다. 그런데 아버지와 벳시 언니와 나 외에 이 도시의 노동 계층에서 독일어를 할 줄 아는 사람은 거의 없었다. 저녁에 우리 집에 놀러오라고 해도, 우리가 듣는 라디오 프로그램에 관심이 없어서인지 아니면 저녁도 아침을 시작할 때와 마찬가지로 기도와 성경읽기로 끝나기 때문이어서인지 그는 좀처럼 우리의 초대에 응하지 않았다.

결국 아버지는 오토를 해고했다. 60년이 넘는 시계포 역사에서 아버지에게 해고당한 종업원은 그가 처음이었다. 아버지가 마침내 그런 결심을 하게 된 것은 칼 때문도 아니었고 그의 반(反)유대주의 때문도 아니었다. 그것은 오토가 늙은 수리공 크리스토펠스를 대하는 태도 때문이었다.

처음부터 나는 그 노인을 대하는 오토의 퉁명스러움에 당혹감을 느꼈다. 그가 크리스토펠스에게 뭔가 눈에 띄는 행동을 해서가 아니었다(그는 우리 앞에서는 그 어떤 짓도 하지 않았다). 오히려 그 반대였다. 그는 자기보다 나이가 훨씬 많은 그 노인에게 길을 비켜 주지도 않았고, 코트를 받아 걸어 주지도 않았고, 연장을 떨어뜨려도 주워 주지 않았다. 뭐가 잘못이라고 콕 집어 말하기 어려운 태도였다. 어느 주일 저녁, 힐베르숨의 오빠 집에 모여 저녁을 먹으면서 나는 오토가 그냥 철이 없어서 그런 거 같다고 말했다.

하지만 빌렘 오빠가 고개를 가로저으며 말했다. "아주 의도적이야. 크리스토펠스가 늙은 사람이라서 그러는 거야. 독일이라는 나라에서 늙은 사람은 아무 가치가 없거든. 나이 많은 사람은 새로운 사고방식을 훈련시키기도 더 힘들고 말이야. 독일은 노인을 멸시하도록 아주 체계적으로 가르치고 있어."

우리는 어떻게 그럴 수 있을까 이해하기 힘들어 오빠를 물끄러미 쳐다봤다. "네가 잘못 안 것일 게다, 빌렘!" 아버지가 말했다. "오토는 나한테는 아주 공손해. 유별날 정도로 말이다. 게다가 나는 크리스토펠스보다 훨씬 더 늙었잖니."

"아버지는 다르죠. 아버지는 고용주니까요. 그게 그들 시스템의 또 다른 면이에요. 권위를 존중하는 것 말이죠. 제거되어야 할 것은 노인과 약자들입니다."

기차를 타고 집으로 돌아오는 동안 우리는 기가 막혀 아무 말도 하지 못했다. 그때부터 우리는 오토의 행동을 좀더 면밀히 지켜보기 시작했다. 하지만 우리가 어떻게 알았겠는가. 1939년의 네덜란드에서 그런 일이 벌어지고 있을 것을 상상이나 할 수 있었을까? 오토는 우리들 눈이 있는 가게 안에서는 아무 짓도 하지 않다가 길거리나 골목에서 살짝 살짝 아주 실제적으로 크리스토펠스를 핍박하고 있었다. '우연'을 가장해서 부딪히거나 넘어뜨리기도 하고, 난폭하게 떼밀기도 하고, 뒷꿈치로 발가락을 지그시 밟아 누르기도 하는 등, 늙은 시계공에게 출퇴근 시간을 공포 그 자체로 만들었던 것이다.

겉모습은 남루해도 성품 하나는 꼿꼿한 이 작은 노인은 자존심 때문에 이런 일에 대해 우리에게 입 한번 뻥긋하지 않았다.

모든 게 꽁꽁 얼어붙은 2월 어느 날 아침, 크리스토펠스가 뺨에 피가 흐르고 코트가 찢겨진 채 비틀거리며 거실로 들어올 때에야 모든 진상이 드러났다. 그때조차 크리스토펠스는 아무 말도 하지 않았다. 길에 떨어졌다는 그의 모자를 집어 오기 위해 밖으로 달려 나간 나는 현장을 목격하고 분개한 사람들이 오토를 에워싸고 있는 것을 보았다. 그들 말에 의하면, 골목으로 이어지는 모퉁이를 돌다가 이 젊은이가 그 노인을 일부러 건물 쪽으로 밀어붙이고는 벽에다 얼굴을 짓이겼다는 것이었다.

오토를 해고하면서 아버지는 그가 왜 그런 행동을 했는지 이유를 들어보려고 애를 썼고, 그의 행동이 왜 잘못인지 이해시키려 노력하셨다. 하지만 오토는 아무 변명도 하지 않았다. 자기가 올 때 가지고 왔던 연장들을 챙겨가지고 아무 말 없이 가게를 나갔다. 문을 나설 때에야 고개를 돌려 우리를 한 번 쳐다봤는데, 그것은 내가 그때까지 한 번도 본 적 없는 지독한 경멸의 표정이었다.

침략
_5장

그날 밤 우리가 주방에서 나올 때 계단 벽에 걸린 시계의 가느다란 바늘은 아홉 시 이십오 분을 가리키고 있었다. 늘 규칙적이었던 우리 생활에서 그것은 그 자체만으로도 특이한 일이었다. 이제 여든 살이 되신 아버지는 전보다 한 시간 빠른 여덟 시 사십오 분만 되면 성경을 꺼내 펼치셨다. 저녁 기도회가 시작된다는 신호였다. 아버지는 성경 한 장을 읽고, 반새 식구들은 지켜 달라고 하나님께 복을 구한 뒤 아홉 시 십오 분쯤 침실로 올라가시곤 했다. 그런데 오늘은 밤 아홉 시 삼십 분에 네덜란드 수상이 대 국민 연설을 할 예정이라고 했다. 오래 참은 숨처럼 온 네덜란드 국민들을 힘들게 만든 한 가지 의문이 있었다. 그것은 바로 전쟁이 일어날까 하는 것이었다.

우리는 계단을 돌아 올라가 얀스 이모 방으로 갔다. 아버지가 라디오 다이얼을 이리저리 돌려 맞추기 시작했다. 이제 우리는 전처럼 자주 여기 모여 음악을 듣지 않았다. 영국, 프랑스, 독일이 지금 전쟁중이었다. 그래서 그 나라 방송국들은 대개 전쟁 소식이나 암호 메시지를 전했고, 그나마도 주파수 방해로 소리가 잘 잡히질 않았다. 심지어 네덜란드 방송도 주로 전쟁 뉴스였는데, 그건 지난 번 성탄절 때 피크위크가 선물한 소형 휴대용 라디오로도 얼마든지 들을 수 있었기에 우리는 주방에 그 라디오를 갖다 놓고 뉴스를 들었다.

하지만 수상의 연설은 중요한 방송이었다. 누가 말하지 않았는데도 우리는 이모 방의 이 큰 라디오로 연설을 들어야 한다고 생각했다. 모두들 자리를 잡고 앉아 아홉 시 삼십 분이 되기를 기다렸다. 푹신하고 안락한 소파는 안 된다고 누가 주의라도 준 것처럼 세 사람 모두 등 받침이 긴 나무의자에 긴장된 자세로 꼿꼿이 앉아 있었다.

잠시 후 수상의 연설이 시작되었다. 듣는 이를 달래는 듯 부드럽고 낭랑한 음성이었다. 전쟁은 없을 것이다. 전쟁을 벌이고 있는 양측의 고위 소식통에게서 확인을 받았다. 네덜란드의 중립은 존중받을 것이다. 이번 전쟁은 또 다시 세계대전이 될 것이다. 하지만 두려워할 것은 없다. 국민 여러분은 침착함을 잃지 말고….

목소리가 뚝 끊겼다. 언니와 나는 놀라서 서로를 바라보았다. 아버지가 라디오를 탁 꺼버리신 것이다. 아버지의 푸른 눈에 불길이 일고 있었다. 한 번도 본 적 없는 표정이었다.

"희망이 없는데 희망을 갖게 만드는 건 잘못이야. 바라는 것을 바탕으로 믿음을 가지라는 건 잘못이지. 전쟁은 일어날 거야. 독일이 침공할 테고 우리나라는 무너지겠지."

아버지는 라디오 옆 재떨이에 시가 꽁초를 비벼 끄셨다. 시가 불빛이 사라지면서 아버지의 분노도 가라앉는 것 같았다. 목소리가 평상시처럼 부드러워진 걸로 봐서 말이다. "얘들아, 하나님의 능력을 알지 못하는 네덜란드 국민들이 정말 안쓰럽구나. 우린 패망할 테지만 하나님은 그렇지 않으실 테니 말이다." 아버지는 우리에게 잘 자라고 입맞춤을 해주시곤 방을 나가셨다. 잠시 후 언니와 내 귀에는 한 노인이 잠자리에 들기 위해 계단을 올라가는 발자국 소리가 들렸다.

언니와 나는 의자에 붙박인 듯 앉아 있었다. 아버지같이 언제 어떤 상황에서든 늘 좋은 면만 보는 데 일가견이 있는 분은 나쁜 일은 좀처럼 믿으려 하지 않으신다. 그런 아버지가 전쟁과 패배를 예견했다면 그건 다른 가능성은 없다는 얘기다.

나는 자다가 벌떡 일어났다. '저게 뭐지? 저런! 전쟁이야!' 불빛이 번쩍하사 곧 이어 폭발음이 들리며 침대를 흔들었다. 나는 황망히 담요를 젖히고 창가로 달려가 밖을 내다보았다. 굴뚝들 사이로 빠끔히 보이는 하늘이 주홍빛으로 물들어 있었다.

서둘러 가운을 찾아 걸치고 계단을 달려 내려갔다. 아버지 방문에 귀를 대보았다. 폭격소리 사이로 아버지의 규칙적인 숨소리가 들렸다.

나는 고꾸라지듯 몇 계단을 더 내려가 얀스 이모 방으로 들어갔다.

벳시 언니는 꽤 오래 전부터 주방도 더 가깝고 현관 벨 소리도 더 잘 들린다는 이유로 얀스 이모가 침실로 쓰던 작은 칸막이 방을 쓰고 있었다. 언니도 잠이 깬 채 침대에 앉아 있었다. 나는 어둠 속을 더듬거리며 언니에게 다가갔고, 우리는 서로를 부둥켜안았다.

누가 먼저랄 것도 없이 우리는 큰 소리로 말했다.

"전쟁이야."

수상이 연설을 한 지 다섯 시간 만이었다. 그렇게 서로를 끌어안은 채 포격 소리를 얼마나 오래 듣고 있었는지 알 수 없다. 폭음은 주로 공항 쪽에서 들려오는 것 같았다. 언니와 나는 불안한 마음을 가눌 수 없어 발소리를 죽인 채 얀스 이모의 첫 번째 방으로 나와 보았다. 붉게 타오르는 하늘이 방 안을 기묘한 빛으로 밝히고 있었다. 의자, 마호가니 책장, 낡은 피아노 등 모든 것이 다 무시무시한 불빛으로 요동치고 있었다.

언니와 나는 피아노 의자 옆에 무릎을 꿇고 앉았다. 우리나라를 위해, 오늘 밤 전투에서 죽거나 다친 사람들을 위해. 그리고 네덜란드의 여왕을 위해 족히 몇 시간 정도는 기도한 것 같았다. 그런 다음, 믿을 수 없게도 벳시 언니는 포격을 퍼붓는 저 전투기 속의 독일인들, 독일에 뻗쳐 있는 거대한 악의 마수에 걸려들어 있는 사람들을 위해서도 기도하기 시작했다. 나는 내 옆에 무릎 꿇고 앉아 있는 언니, 네덜란드 땅을 불태우고 있는 불빛에 드러나 보이는 내 언니를 바라보았다. 그리고 기도했다. "오, 주님. 제 기도가 아니라 언니의 기도를 들어주소서. 저는 도저히 저 사람들을 위해서는 기도할 수가 없습니다."

바로 그 순간 나는 꿈을 꾸었다. 잠을 자고 있던 게 아니므로 진짜 꿈일 리는 없었다. 이해할 수 없는 일이지만 어떤 장면이 갑자기 머릿속에 그려졌다. 반 블록 떨어진 곳에 있는 그로테 마르크트가 마치 내가 거기 서 있는 것처럼 선명하게 보였다. 시청과 바보 성당, 정면에 계단 하나가 있는 수산물 시장도 보였다.

그때 이상하게도 농가에서 쓰는 낡은 짐마차(모양도 구식인 데다가 도심에 어울리지 않는)가 네 마리의 커다란 말에 이끌려 쿵쿵 광장을 가로질러 다가왔다. 놀랍게도 나 자신이 그 짐마차에 타고 있었다. 아버지도 내 옆에 있었다! 벳시 언니도 있었다! 다른 사람들도 많았는데, 낯선 이도 있었고 친구들도 있었다. 피크위크와 토스, 빌렘 오빠와 어린 피터도 있었다. 모두들 그 말 뒤에 앉아 천천히 광장을 가로질러 가고 있었다. 누구도 마차에서 내릴 수 없었다. 끔찍한 일이었다. 마차는 우리를 멀리, 아주 멀리 데려가고 있었지만, 우리는 가고 싶지 않았다….

"언니!" 나는 언니를 부르며 벌떡 일어나 두 손으로 얼굴을 감쌌다. "언니, 정말 무서운 꿈을 꿨어!"

언니가 내 어깨에 팔을 두르는 것이 느껴졌다. "주방으로 내려가자. 거긴 불빛이 새어나가지 않을 데니까. 가서 커피를 끓이자."

벳시 언니가 물을 받는 동안 포격 소리는 점점 잦아들고 점점 멀어졌다. 그리고 이번에는 화재 경보와 소방차의 경적 소리가 점점 가까워졌다. 화롯가에 서서 커피가 끓는 걸 내려다보며 나는 꿈에서 본 것을 언니에게 말해 주었다.

"겁이 나니까 그냥 상상이 된 걸까? 하지만 그런 것 같지는 않았어!

생생했어. 아, 언니, 일종의 환상일까?"

언니의 손가락이 텐 붐 집안에서 대대로 쓰이며 곱게 닳은 목재 싱크대의 나무결을 따라 움직였다. "모르겠구나." 언니가 나지막이 말했다. "만약 하나님께서 우리에게 닥칠 나쁜 일을 미리 보여 주신 것이라면, 나로서는 하나님이 그 일을 알고 계신다는 것만으로 충분해. 때로 하나님은 어떤 일을 미리 보여 주시기도 하잖니. 그 일 역시 하나님의 손 안에 있다는 걸 알려 주시려고 말이야."

그 뒤로 닷새 동안 네덜란드는 침략군에 맞서 버텼다. 그 동안에도 우리는 가게 문을 열었다. 그 와중에 시계에 관심 있는 사람이 있어서가 아니라 사람들이 아버지를 만나고 싶어 했기 때문이다. 어떤 이들은 국경에 주둔한 부대의 남편이나 아들을 위해 기도해 달라고 했다. 내가 보기에 또 어떤 이들은 지난 육십 년 동안 그랬던 것처럼 아버지가 시계포 작업대에 앉아 계신 모습이 보고 싶고 똑딱거리는 시계 소리 속에서 세상이 질서 있게 돌아가는 소리를 듣고 싶어서 찾아오는 것 같았다.

나는 수리 작업 대신 벳시 언니와 함께 커피를 끓여 날랐다. 휴대용 라디오도 가게로 가지고 내려가서 진열대 위에 올려놓았다. 라디오는 하를렘의 눈과 귀이자 맥박 그 자체였다. 첫 공습이 있던 그날 밤 뒤로는, 머리 위로 비행기 지나는 소리가 자주 들리긴 했어도 그날처럼 그렇게 가까이서 폭격이 일어나진 않았다.

그 첫 날 아침, 라디오에서는 모든 건물의 일 층 유리창을 다 테이프로 봉하라고 지시했다. 바르텔요리스트라트 위쪽 아래쪽의 모든 가게 주인들이 밖으로 나왔다. 이런 저런 조언들, 접착테이프 뭉치, 간밤의 공포에 대한 이야기가 옆집에서 또 옆집으로 전해지면서 이웃들 사이에는 익숙치 않은 연대감이 생겼다. 자기가 반유대주의자인 것을 공공연히 떠들고 다니던 한 가게 주인은 모피 가게 주인인 유대인 베일이 간밤의 소동 때 떨어진 간판 판유리를 올려 다는 것을 돕고 있었다. 평소에 말이 없고 내성적인 우리 집 옆 안경점 주인은 벳시 언니와 내 키가 닿지 않는 진열장 창문 꼭대기에 테이프를 붙여 주었다.

며칠 뒤, 한밤중의 라디오에서 우리가 두려워하던 뉴스가 흘러나왔다. 여왕이 영국으로 피신했다는 것이었다. 공습이 있던 날 밤에도 울지 않던 내가 이번엔 울었다. 나라가 갈 길을 잃었기 때문이다. 아침에 라디오에서는 적군의 탱크가 국경을 넘어 진격해 오고 있다고 알렸다.

그리고 갑자기 하를렘 사람들이 모두 거리로 쏟아져 나왔다. 아버지의 산책 시간은 시계 종소리만큼 규칙적이었는데, 그런 아버지까지도 일상의 리듬을 깨고 오전 열 시라는 전례 없는 시간에 산책을 나가셨다. 앞으로 닥칠 일에 온 도시가 하나가 되어 맞서려는 것 같았고, 각 사람이 서로에게서 힘을 얻으려는 것 같았다.

그래서 우리 세 식구도 밖으로 나가 사람들과 어깨를 부딪쳐가며 스파르네의 다리까지 걸었다. 매년 봄 이 다리 위엔 커다란 야생 벚

나무에 흰 벚꽃이 만발해서 장관을 이루기 때문에 우리는 이곳을 하를렘 다리라고 불렀다. 이제 생기를 잃은 꽃잎 몇 개가 갓 잎사귀 돋은 가지에 매달려 있을 뿐 꽃은 대부분 져서 발밑에 카페트처럼 깔려 있었다.

그때 거리 아래 쪽 건물의 창문 하나가 확 열렸다.

"우리가 항복했대요!"

사람들의 행렬이 갑자기 멈춰 섰다. 자기 귀로 방금 들은 이야기를 옆 사람에게 전하느라 모두들 웅성거렸다. 열다섯 살쯤 되어 보이는 한 소년이 뺨에 눈물을 흘리며 우리 쪽을 돌아보고 말했다. "나도 싸울래요! 난 항복 같은 건 안 해요!" 아버지는 허리를 굽혀 벽돌 보도 위에서 짓이겨진 꽃잎 하나를 주워 웃옷 단추 구멍에 가만히 끼우셨다.

"좋은 생각이구나, 얘야." 아버지는 그 소년에게 말씀하셨다. "네덜란드의 전쟁은 이제 막 시작이니 말이다."

하지만 점령당한 뒤 처음 몇 달 동안은 산다는 게 그렇게 못 견딜 정도는 아니었다. 가장 익숙해지기 힘들었던 것은 어디를 가나 독일군 군복, 거리마다 독일군 트럭, 어느 가게를 가나 온통 독일어뿐이라는 것이었다. 군인들은 우리 가게에도 자주 왔다. 군인 월급을 꽤 많이 받는 데다가, 시계는 그들이 제일 먼저 사고 싶은 것 중 하나였기 때문이다. 군인들은 잘난 체하는 듯한 태도로 우리를 대했다. 그다지 똑똑하지 않은 아이들을 대하듯 말이다. 하지만 물건을 고르며 저희들끼리 들떠서 하는 말을 들어 보면, 그들은 휴일에 외출했을 때 어디서나 볼 수 있는 여느 젊은이들과 다름없어 보였다. 그들은 대개 어머니나 연인에게 주려고 여성용 시계를 골랐다.

사실 전쟁 첫 해에 시계포에서는 그다지 많은 돈을 벌지 못했다. 선박이 항구 출입을 못해 새 물건이 들어오질 않으니 재고가 바닥났고, 너무 오래 진열되어 마치 가구의 일부처럼 여겨지던 진열품까지 모조리 팔려나갔다. 황동 쌍둥이 큐피드가 장식된 초록색 대리석 탁상시계까지 팔렸다.

야간 통행금지도 처음엔 전혀 문제가 되지 않았다. 통행금지는 원래 오후 열 시부터였는데, 우리 식구들은 그 시간 훨씬 전에 이미 하루 일과를 끝내고 집에 들어와 있었기 때문이다. 우리가 반대했던 것은 시민들 모두에게 발행된 신분증이었다. 언제라도 요구가 있을 때는 사진과 지문이 담겨 있는 이 작은 수첩을 제시해야 했다. 군인이나 경찰(하를렘 경찰은 이제 독일 지휘관이 직접 통솔했다)이 길 가던 시민을 아무 때나 불러 세워 신분증을 보자고 할 수도 있었기에 웃옷 바깥 주머니에 늘 가지고 다녀야 했다. 배급 카드도 발급받았는데, 첫 해에는 상점에서 식료품이나 여러 가지 상품을 살 때 이 쿠폰을 실제로 사용할 수 있었다. 쿠폰으로 어떤 물건을 교환할 수 있는지 일주일에 한 번씩 신문에서 알려 주었다.

또 한 가지 적응하기 힘들었던 것은, 신문이 더 이상 뉴스를 전해 주지 않았다는 것이다. 신문에는 온통 독일군이 어느 전선에서 승리를 거두었다는 소식뿐이었다. 독일 지도자들에 대한 찬사, 배신자와 방해 활동자들에 대한 공공연한 탄핵, "북유럽 게르만족"의 연합을 호소하는 글이 신문을 도배했다. 우리가 신뢰할 수 있는 뉴스는 하나도 없었다.

그래서 우리는 다시 라디오에 의지하기 시작했다. 점령 초기, 하를렘 주민들에게는 자기 집에 갖고 있는 라디오를 모두 당국에 제출하라는 명령이 내려졌다. 라디오가 하나도 없다고 하면 이상하게 보일 것 같아 우리는 휴대용 라디오만 제출하고 더 크고 잘 들리는 탁자형 라디오는 구불구불한 계단 밑 빈 공간 한 곳에 숨겨 두기로 했다.

두 가지 모두 피터의 생각이었다. 침공 당시 피터는 열여섯 살로, 다른 네덜란드 청소년들과 마찬가지로 분노와 무력감이 가라앉지 않고 있었다. 피터는 탁자형 라디오를 아버지 방 바로 위 계단 굽이 아래에 가져다 놓고 낡은 판자로 감쪽같이 덮어 가렸다. 그러는 사이 나는 라디오 수거 장소인 브롬 엔 드래스만 백화점으로 휴대용 라디오를 가지고 갔다. 군 사무원이 카운터 저편에서 나를 보며 물었다.

"가지고 있는 라디오가 이것뿐이오?"

"네."

그는 카운터에 놓인 목록을 한 번 보더니 다시 말했다. "카스퍼 텐 붐, 엘리자베스 텐 붐 모두 같은 주소로군. 이 사람들 소유의 라디오는 없소?"

거짓말쟁이는 땅이 삼켜 버리고 하늘에서 불이 내린다고 어릴 때부터 알고 있었지만, 나는 그의 시선을 정면으로 마주하며 대답했다.

"없습니다."

백화점을 나올 때에야 비로소 몸이 떨리기 시작했다. 그것은 난생 처음 의도적으로 거짓말을 했기 때문이 아니었다. 거짓말을 하는 게 끔찍할 정도로 쉬웠기 때문이었다.

어쨌든 우리는 라디오 하나는 보존할 수 있었다. 밤이면 벳시 언니와 내가 번갈아가며 계단 발판을 걷어 내고 라디오 위로 쪼그리고 앉아 겨우 들릴까 말까 할 정도로 볼륨을 키워 놓고 영국 방송으로 뉴스를 들었고, 그러는 동안 나머지 한 사람은 얀스 이모 방에서 최대한 큰 소리로 쾅쾅거리며 피아노를 쳤다.

처음엔 라디오 뉴스와 독일군의 통제를 받는 신문 뉴스가 거의 똑같았다. 독일군은 계속 승승장구였다. 몇 달이 지나도록 네덜란드 자유 방송은 기다려라, 용기를 잃지 말라, 언젠가는 분명 반격이 있을 것을 믿으라고 설득할 뿐이었다.

독일인들은 폭격으로 부서진 공항을 보수하여 영국에 대한 공습 기지로 사용하고 있었다. 밤이면 밤마다 우리는 침대에 누워 서쪽으로 향하는 전투기들의 엔진이 으르렁거리는 소리를 들었다. 이따금씩 영국 전투기들이 반격을 했고, 그러면 독일 전투기들이 하를렘 바로 위 상공에서 그들의 공격을 차단하기도 했다. 어느 날 밤, 바로 머리 위에서 거의 한 시간 동안이나 치열한 전투가 벌어졌다. 창문으로 빠끔히 보이는 하늘에 불빛이 번쩍거리는 것을 보며 이리저리 뒤척이고 있는데 벳시 언니가 주방에서 달그락거리는 소리가 들렸다.

주방으로 내려가 보았더니 언니는 차를 끓이고 있었다. 찻주전자를 주방으로 가지고 나와, 창문을 두꺼운 검은 종이로 가려 놓고 앉아 제일 좋은 찻잔을 꺼내 놓았다. 어디에선가는 폭탄이 터졌고, 찬장 속 접시들은 달그락거렸다. 언니와 나는 차를 홀짝이면서 한 시간쯤 이야기를 나누었다. 마침내 비행기 소리가 멀어지고 하늘이 잠잠해졌다. 얀스 이모 방 앞에서 언니에게 잘 자라는 인사를 하고 어둑한 계단을 더듬더듬 올라 내 방으로 향했다. 하늘에서 작렬하던 불빛은 사라지고 없었다. 나는 손 끝 감촉으로 침대를 찾아 누웠다. 베개도 찾았다. 그때였다. 어둠 속에서 무언가 딱딱한 것이 손에 스쳤다. 딱딱할 뿐만 아니라 날카롭기까지 했다! 손가락에서 피가 나는 게 느껴졌다.

손에 닿은 건 25센티미터쯤 되는 뾰족한 금속 조각이었다.

"언니!"

나는 유산탄 파편을 들고 계단을 뛰어 내려갔다. 언니와 나는 다시 주방으로 가서 불빛에 그 금속 조각을 비춰 보았다. 그 사이 언니는 내 손에 반창고를 붙여 주었다. "베개 위에 있었단 말이지, 베개 위에." 언니는 자꾸 그렇게 말했다.

"언니, 만약에 언니가 주방에서 달그락거리는 소리를 못 들었다면 난…."

언니는 내 입에 손가락을 갖다 대며 말했다. "쉿, 코리! 하나님의 세상에 '만약'이란 없어. 다른 곳보다 특별히 더 안전한 곳도 세상엔 없고. 우리에게 안전한 곳은 하나님의 뜻 안에 있는 것뿐이야. 코리, 우리가 늘 이것을 잊지 않도록 기도하자!"

점령에 따르는 진짜 공포는 서서히 찾아왔다. 독일이 네덜란드를 지배하던 첫 해에는 유대인들에 대한 사소한 공격이 간간이 있을 뿐이었다. 유대인 소유의 가게 유리창에 돌을 던진다든지, 회당 벽에 악의적인 낙서를 해놓는다든지 하는 게 고작이었다. 그들은 마치 우리를 시험하는 것 같았다. 네덜란드인들의 기질이 어떤지 떠보는 듯했다. 독일과 뜻을 함께 할 네덜란드인이 얼마나 될까 하고 말이다.

부끄럽게도 대답은, 아주 많다는 것이었다. 전국 사회주의자 연맹(The National Socialist Bond, NSB)이라는 매국 단체는 나날이 규모가 커지고 행동도 대담해졌다. 어떤 이들은 단순히 개인적 이익을 위해 NSB에 가입했다. 먹을 것을 좀더 많이 얻고 의류 쿠폰을 좀더 많이 받고 좋은 직장과 주택을 제공받기 위해서 말이다. 하지만 신념에 따라 NSB 회원이 되는 이들도 있었다. 나치주의는 네덜란드인들도 쉽게 감염되는 일종의 질병이었고, 반유대주의 성향이 있는 사람들이 가장 먼저 이 병에 걸렸다.

산책 때마다 아버지와 나는 이 증상이 점점 확산되는 걸 보았다. 어떤 상점 유리창엔 '유대인 사절'이라고 쓰여 있었고, 공원 입구에는 '유대인 출입금지'라는 푯말이 붙어 있었다. 도서관 출입문, 식당이나 극장, 우리에게는 좌석보다 복도가 훨씬 더 친숙한 콘서트 홀 입구에도 그런 푯말이 붙어 있었다.

유대인 회당에 불이 나서 소방차가 왔다. 하지만 소방차가 와서 한 일이라고는 불길이 양 옆 건물로 옮겨 붙지 않게 한 것뿐이었다.

어느 날 오후 아버지와 함께 익숙한 거리로 산책을 하고 있었는데, 길거리마다 코트와 재킷에 노란색 별을 단 사람들로 눈이 부실 지경이었다. 남자, 여자, 어린아이 할 것 없이 노란색 천의 삼각형 두 개를 엇갈려 겹쳐 놓은 모양의 별을 만들어 겉옷에 붙이고 다녔고, 별 한 가운데에는 '유대인'이라고 씌어 있었다. 우리가 날마다 스치고 지난 사람들 중에 유대인이 얼마나 많았는지 아버지도 나도 새삼 놀랐다. 그로테 마르크트에서 〈월드 쉬핑 뉴스〉를 읽는 남자도 깔끔하게 다림질해 입은 정장에 별을 달고 있었다. 불독도 마찬가지였다. 쭈글쭈글한 그의 얼굴엔 어느 때보다 깊은 주름이 드리워져 있었고, 개들 때문에 안절부절 못하는 그의 목소리도 긴장 때문에 날카로워져 있었다.

가장 심각한 경우는 실종 사건이었다. 시계 하나를 수리해서 가게 뒤편 고리에 매달아 놓았는데 몇 달이 지나도 주인이 찾아가질 않았다. 놀리 언니네 집과 같은 블록에 있는 어떤 집도 알 수 없는 이유로 빈 집이 된 채 장미 정원에 잡초만 무성히 자라고 있었다. 어느 날, 거리 위쪽에 있는 칸 씨네 가게가 문을 열지 않았다. 혹시 누가 아픈 건가 해서 그날 오후 산책길에 아버지가 문을 두드려 보았지만 아무 대답도 없었다. 몇 주가 지나도록 가게 셔터는 여전히 내려져 있었고 창문 안쪽도 여전히 어둡고 조용했다. 가게 문은 닫혀 있는데 가게 위층 아파트에는 NSB 회원인 어떤 집이 이사를 들어갔다.

이 사람들이 쥐도 새도 모르게 게슈타포에게 잡혀간 건지 아니면 그런 일이 생기기 전에 미리 은신처로 피한 건지 우리는 알 수 없었다. 굳이 덮어 감추려 하지 않고 공공연히 유대인들을 체포해 가는 일이 점점 잦아진 건 사실이었다. 어느 날 아버지와 함께 산책을 나갔다가 돌아오면서 보니 경찰과 군인이 그로테 마르크트를 이중으로 에워싸 차단하고 있었다. 수산물 시장 앞에 트럭 한 대가 세워져 있었고, 트럭 뒤로 여자, 남자, 어린아이들이 올라타고 있었다. 모두 가슴에 노란 별을 단 사람들이었다. 이 시간, 이 장소가 선택된 이유가 뭔지 알 수 없었다.

"아버지! 저 가엾은 사람들 좀 보세요!" 나는 탄식했다.

경찰 차단선이 열리고 트럭이 그 사이로 빠져나갔다. 우리는 차가 모퉁이를 돌아 사라질 때까지 지켜보았다.

"가엾은 사람들!" 아버지도 똑같이 말씀하셨다. 하지만 놀랍게도 아버지는 행군 대열을 갖추고 있는 군인들을 향해 하신 말씀이었다. "독일 사람들이 정말 가엾구나, 코리. 하나님의 눈동자를 건드리고 있어."

아버지와 언니와 나는 유대인 친구들을 도울 기회가 생기면 어떻게 할 것인지에 대해 자주 이야기를 나누었다. 빌렘 오빠는 오빠 집에 살고 있던 독일계 유대인들을 위해 점령 초기에 이미 은신처를 만들어 놓았다. 최근에는 요양소에 살고 있던 비교적 젊은 네덜란드계 유대인들을 다른 곳으로 피신시켰다. "우리 요양소 노인들은 괜찮을 거야.” 오빠는 그렇게 말하곤 했다. “우리 요양소 노인들은 건드리지 않겠지.”

오빠는 점령군이 거의 없는 농촌 지역 농가 주소를 여러 곳 알고 있었다. 오빠야말로 우리가 도움을 청할 수 있는 사람일 터였다.

독일이 네덜란드를 침공한 지 일 년 반 되던 1941년 11월, 가랑비 내리는 아침이었다. 가게 셔터를 올리러 밖으로 나갔더니 독일군 네 명이 바르텔요리스트라트를 따라 내려오고 있었다. 그들은 귀 위까지 내려오는 전투용 철모를 쓰고 어깨에는 가죽끈 달린 라이플총을 메고 있었다. 겁이 난 나는 가게 출입구 안쪽으로 뒷걸음쳐 들어가 가만히 내다보았다. 그들은 거리를 따라 내려오면서 상점의 번지를 살피고 있었다. 그리고 우리 가게 바로 맞은편에 있는 베일 씨의 모피 상점에 이르자 걸음을 멈추었다. 군인 하나가 어깨에서 총을 내려 개머리판으로 상점 문을 쾅쾅 두드렸다. 또 한 번 내리치려고 총을 뒤로 빼는 순간 문이 열렸고 네 명 모두 안으로 밀고 들어갔다.

나는 급히 가게를 가로질러 2층 주방으로 달려 올라갔다. 벳시 언니는 우리 세 식구의 식탁을 차리고 있었다. “언니! 얼른 와 봐! 베일 씨 가게에서 뭔가 무서운 일이 벌어지고 있어!” 언니를 데리고 다시 가게 현관으로 달려와 보니 베일 씨가 뒷걸음질로 자기 가게에서 나오고 있었고 그의 배에는 총부리가 겨눠져 있었다. 총을 겨눈 군인은 베일 씨 배를 쿡쿡 찔러 보도에서 내려서게 한 다음 다시 가게 안으로 들어가 문을 쾅 닫았다. 아직 체포하려는 건 아닌 것 같았다.

가게 안에서 유리 깨지는 소리가 들렸다. 군인들은 모피 제품들을 한 아름씩 들어 나르기 시작했다. 이른 아침인데도 불구하고 사람들이 모여들었다. 베일 씨는 좀 전에 그 군인이 세워 놓고 간 자리에 꼼짝도 않고 서 있었다.

2층 창문이 열리면서 옷가지들이 그의 머리 위로 쏟아졌다. 파자마, 셔츠, 속옷 등이었다. 늙은 모피 상인은 그 자리에 선 채로 천천히, 기계적으로 자기 옷가지들을 주워 모으기 시작했다. 언니와 나는 그를 도우려 길 건너편으로 갔다.

"부인은요!" 언니가 귓속말로 다급히 물었다. "베일 부인은 어디 있어요?" 노인은 언니를 보고 눈만 껌벅거릴 뿐이었다.

"안으로 들어가셔야 해요!" 나는 보도에 떨어져 있는 양말과 손수건을 급히 주워들면서 말했다. "어서요, 저희랑 같이 가요!"

우리는 어리둥절해 하는 노인의 등을 떠밀어 길 건너 우리 집으로 데리고 왔다. 주방에 내려와 계시던 아버지는 우리를 보고도 전혀 놀라는 기색 없이 베일 씨를 반갑게 맞았다. 아버지의 자연스러운 태도 덕분에 베일 씨는 조금 긴장을 푸는 것 같았다. 그의 아내는 암스테르담에 있는 여동생 집에 잠깐 갔다고 했다.

"부인께 전화해서 집에 돌아오지 말라고 알려드려야 해요!" 언니가 말했다.

다른 집들과 마찬가지로 우리 집 전화도 점령 초에 이미 불통이 된 상태였다. 시내 몇몇 곳에 공중전화가 있긴 했지만, 물론 용건은 상대편의 공용 수신국을 통해 전달되어야 했다. 이곳에 문제가 생겼다는 걸 암스테르담의 가족에게 연락하는 게 옳을까? 집에 돌아올 수 없다면 베일 부인은 어디로 가야 한단 말인가? 베일 씨 부부는 어디에서 살아야 할까? 여동생 집은 쉽게 추적이 될 테니 그곳은 안 될 터였다. 아버지와 언니와 나, 세 사람의 눈빛이 마주쳤다. 그리고 누구랄 것도 없이 한 목소리로 이렇게 말했다. "빌렘."

이 역시 일의 성격상 공중전화로는 전할 수 없는 내용이었다. 누군가가 직접 가야 했고, 보나마나 가장 적임자는 나였다. 점령 이후 네덜란드의 기차는 지저분해지고 사람도 많아졌다. 게다가 전에 한 시간 걸리던 거리가 이제 거의 세 시간씩 걸렸다. 어쨌든 낮 열두 시가 좀 지나 마침내 요양소에 도착했을 때 빌렘 오빠는 없고 티네 언니와 스물두 살 된 조카 키크만 있었다. 나는 바르텔요리스스트라트에서 있었던 일을 두 사람에게 이야기해 주고 암스테르담 주소를 알려 주었다.

"날이 어두워지면 준비하고 있으라고 베일 씨에게 전해 주세요." 키크가 말했다.

하지만 키크가 베예의 골목길 쪽 출입문을 톡톡 두드린 것은 새 통금 시간인 밤 아홉 시가 거의 다 되어서였다. 그는 베일 씨의 옷 꾸러미를 겨드랑이 밑에 끼워 넣고는 노인의 손을 잡아끌고 어둠 속으로 사라졌다.

두 주쯤 지나서 키크를 다시 보게 된 나는 베일 씨 일이 어떻게 되었는지 물었다. 키크는 나를 향해 씩 웃어 보였다. 키크가 어릴 때부터 내 맘에 쏙 들던 환하고 느긋한 미소였다.

"코리 이모, 지하운동 하는 사람들과 함께 일하려면 질문을 하지 않는 법부터 배우셔야 해요."

베일 씨 부부에 대해 알게 된 것은 그게 전부였다. 하지만 키크가 했던 말이 자꾸 머릿속에서 맴돌았다. '지하운동 … 지하운동 하는 사람들과 함께 일하려면….' 키크가 이 비밀 불법 단체와 함께 일하고 있단 말인가? 빌렘 오빠도?

물론 네덜란드에 지하운동 조직이 있다는 건 알고 있었다. 아니, 있을 것이라고 짐작해 왔다. 신문이나 방송이 통제를 받고 있어 이들이 벌이는 파괴 공작들이 제대로 보도되지는 않았지만, 소문은 무성했다. 한 공장이 폭파되었다고도 하고, 정치범들을 태우고 가던 기차가 멈춰 세워져 일곱 명인가 열일곱 명, 아니 칠십 명인가 도망쳤다고도 했다. 입에서 입으로 건너갈 때마다 소문은 점점 더 부풀려지는 경향이 있었다. 하지만 하나님 보시기엔 하나같이 다 그릇된 일들처럼 보였다. 도둑질, 거짓말, 살인 등, 이런 시절엔 하나님께서 이런 걸 원하시는 것일까? 악이 권세를 잡고 있을 때 그리스도인은 어떻게 행동해야 할까?

베일 씨의 모피 상점이 급습을 당한 지 한 달쯤 뒤, 아버지와 나는 산책길에 아주 기이한 광경을 목격하고는 걸음을 멈추었다. 보도 저쪽에서 불독이 여느 때와 다름없이 그 짧은 다리로 마치 구르는 듯한 모양새로 우리 쪽으로 걸어오고 있었다. 가슴에 달고 있는 밝은 노란색 별은 이제 별로 특이해 보이지도 않았다. 그런데 그 순간, 뭔가 잘

못된 것 같았다. 개들, 개들이 보이지 않았다!

그는 우리를 보지 못한 것처럼 스쳐 지나갔다. 아버지와 나는 이심전심 발걸음을 돌려 그의 뒤를 따라갔다. 모퉁이를 돌고 또 돌아가는 그를 좇아가면서 아버지와 나는 그에게 아무런 양해도 구하지 않고 이렇게 뒤따라가도 괜찮은 건가 싶어서 점점 마음이 불편해졌다. 아버지와 그는 지난 수년 간 길에서 마주칠 때마다 모자를 살짝 들어 인사를 나누곤 했지만 서로 말을 해본 적은 없고 우리는 그의 이름도 몰랐다.

마침내 그는 작은 중고품 상점 앞에 걸음을 멈추고 열쇠고리를 꺼내 문을 연 뒤 안으로 들어갔다. 진열장 유리를 통해 안쪽을 들여다보니 이런저런 물건들이 어수선하게 흩어져 있었다. 그런데 한 눈에 보기에도 그냥 시시한 골동품 나부랭이가 아니라는 것을 알 수 있었다. 하나하나가 다 예쁜 물건을 좋아하는 사람이 골라서 모아 놓은 것 같았다.

"벳시 언니를 꼭 데리고 와 봐야겠는데요!" 내가 말했다.

가게 안으로 들어서려니 출입문 위쪽에 달린 작은 벨이 딸랑딸랑 울렸다. 불독은 가게 뒤편에 있는 현금 서랍의 자물쇠를 풀고 있었다. 실내에서 보는, 그것도 모자를 벗은 불독의 모습이 좀 낯설어 보였다.

"제 소개를 좀 해도 될는지요." 아버지가 먼저 말문을 열었다. "저는 카스퍼 텐 붐이라고 하고, 이 아이는 제 딸 코넬리아입니다."

불독과 악수를 나누는데 축 늘어진 뺨의 깊은 주름이 유난히 두드러져 보였다. "해리 드 브리스입니다." 그가 자기 소개를 했다.

"드 브리스 씨, 저희는 선생께서 불독들을 유난히, 어 그러니까 아끼시는 것을 보며 자주 감탄하곤 했답니다. 개들은 잘 있겠지요?"

땅딸막한 그 남자가 아버지와 나를 번갈아가며 물끄러미 쳐다봤다. 눈두덩이 두툼한 그의 두 눈에 천천히 눈물이 차오르는 게 보였다. "잘 있느냐고요?" 그가 되물었다. "잘 있겠지요. 잘 있기를 바랍니다. 녀석들은 죽었답니다."

"죽었다고요?" 깜짝 놀란 아버지와 내가 동시에 소리질렀다.

"내 손으로 녀석들 밥그릇에 약을 놓아 주고 잘 자라고 토닥거려 주었지요. 내 아기들, 내 귀여운 녀석들. 녀석들이 그걸 먹는 모습을 보셨어야 하는데. 전 고기를 살 수 있는 쿠폰이 넉넉히 나오기를 기다렸어요. 녀석들은 고기만 먹었으니까요."

우리는 말없이 그를 바라보기만 했다. 그러다가 내가 용기를 내서 말했다. "그러니까 배급이 부족해서 그러셨다는 말씀인가요?"

그 작은 남자는 안으로 들어오라는 손짓을 해보이며 우리를 가게 뒤편 작은 방으로 안내한 뒤 의자를 권했다. "텐 붐 양, 저는 유대인입니다. 저들이 언제 저를 잡으러 들이닥칠지 알 수 없습니다. 제 아내는 유대인이 아닌데도 저 때문에 역시 위험에 처해 있습니다."

불독은 아래턱을 한껏 치켜들었다. 덕분에 늘어진 턱살이 팽팽해졌다. "우리가 걱정하는 건 우리 자신이 아닙니다. 아내와 전 그리스도인입니다. 우리는 죽으면 예수님을 만나게 되겠지요. 우리에게 중요한 건 그것뿐입니다. 하지만 제가 아내에게 말했지요. '개들은 어찌지? 우리가 죽으면 녀석들 밥은 누가 주지? 물도 주고 산책도 시켜 주어야 하는데 누가 그걸 기억할까? 녀석들은 우리가 오기를 기다릴 테지만 우리는 돌아올 수 없고, 녀석들은 그걸 이해하지 못할 거야'라고요. 그래요. 그렇게 해서 제 마음은 편해졌습니다."

"이보시오, 친구!" 아버지는 불독의 두 손을 마주잡으며 말했다. "이제 그 사랑하는 친구들과는 산책을 함께 할 수 없으니 나와 내 딸이 선생의 산책에 동행하는 영광을 주지 않겠소?"

하지만 불독은 쉽게 그러겠다고 하지 않았다. "두 분이 위험해질 겁니다." 그는 자꾸 그렇게만 말했다. 하지만 우리 집에 한번 놀러오라는 말에는 흔쾌히 응했다. "날이 어두워지면, 어두워지면 가겠습니다."

그 다음 주 어느 날 저녁, 드 브리스 씨가 베예를 찾아와 골목길 쪽 출입문을 두드렸다. 얌전하고 수줍음 많은 그의 아내 카토와 함께였다. 그날 이후 두 부부는 거의 매일 밤 얀스 이모 방을 찾는 손님이 되었다.

불독이 베예에서 아버지와의 대화 다음으로 좋아하는 것은 얀스 이모 방의 커다란 마호가니 책장에 꽂혀 있는 유대교 신학 서적들이었다. 그도 그럴 것이, 그는 약 사십 년 전에 그리스도인이 되었지만, 그 뒤에도 충성스런 유대인이 아니었던 적은 단 한 순간도 없었다. 자신은 "완벽한 유대인, 완벽한 율법의 추종자"라고 빙긋이 웃는 얼굴로 말하곤 했다.

그 책들은 원래 하를렘의 랍비 소유였다. 그런데 그가 한 일 년 전쯤 "내가 끝까지 관리할 수 없을 경우를 대비해서"라며 자기 책들을 아버지에게로 가지고 왔다. 어린 소년 몇 명이 책을 몇 권씩 들고 줄지어 그의 뒤를 따라왔는데 그는 두툼한 책 무게 때문에 비틀거리는 아이들을 향해 미안한 표정으로 이제 가도 좋다는 듯 손을 흔들어보였다. "저의 보잘것없는 취미입니다. 책 모으는 것 말입니다. 책은 우리처럼 나이를 먹지 않죠. 우리가 세상을 뜨고 없어도 책들은 우리가 만나지 못할 후세 사람들에게 여전히 말을 합니다. 그래요, 그래서 책은 보존되어야 합니다." 랍비는 하를렘에서 가장 먼저 자취를 감춘 유대인 중 하나였다.

아무 생각 없이 흘려보낸 사소한 일들이 하나의 전환점이 되는 경우가 얼마나 많은지. 길거리에서 유대인들을 체포해 가는 일이 점점 잦아짐에 따라 나는 우리 가게를 찾는 유대인 손님들의 집을 직접 찾아가 수리할 물건들을 받아가지고 와서 고친 후 다시 가져다주는 일을 시작했다. 그러면 그들이 위험을 무릅쓰고 시내를 오가지 않아도 되었기 때문이다. 1942년의 어느 이른 봄날 저녁. 이 날은 한 의사 부부의 집으로 배달을 갔다. 그 집은 네덜란드의 아주 유서 깊은 집안이었다. 벽에 걸린 초상화들만으로도 네덜란드 역사 교과서가 될 수 있을 정도였다.

요즘은 한두 사람만 모여도 배급 이야기와 영국에서 들리는 뉴스 이야기뿐이었다. 헴스트라 씨 부부와 나도 예외 없이 그것을 화제 삼아 이야기를 나누고 있었는데 위층에서 어린아이 목소리가 들렸다.

"아빠! 우리 이불 덮어 주셔야죠!"

아이의 말이 끝나기가 무섭게 헴스트라 박사는 벌떡 일어났다. 그는 자기 아내와 나에게 양해를 구하고는 급히 위층으로 올라갔고, 잠시 후 아빠와 술래잡기 놀이라도 하는지 두 아이가 깔깔거리며 웃는 소리가 들렸다.

그게 다였다. 변한 건 아무것도 없었다. 헴스트라 부인은 배급받은 차(茶)에 장미 잎사귀를 섞어 양을 늘리는 비법 이야기를 계속했다. 하지만 모든 게 다 변했다. 그 순간, 침공 이후 내 마음속에서 커져가던 무기력함을 뚫고 현실이 모습을 드러냈다. 어느 순간에라도 이 집 문을 쾅쾅 두드리는 소리가 들릴 수 있었다. 이 아이들, 이 어머니와 아버지에게 트럭 뒷칸에 올라타라는 명령이 내려질 수 있었다.

헴스트라 박사가 거실로 돌아오자 이런저런 대화가 두서없이 이어졌다. 하지만 마음속으로 나는 이런 기도를 하고 있다.

"주 예수님, 주님의 백성들을 위해 나 자신을 드립니다. 언제, 어디서, 어떤 식으로든 말입니다."

그러자 이상한 일이 생겼다.

기도를 하고 있는데, 얼마 전에 꾸었던 그 백일몽이 다시 눈 앞에 펼쳐지는 것이었다. 네 마리의 검은 말과 그로테 마르크트 광장이 또 다시 보였다. 독일의 침공이 있던 날 밤 그랬던 것처럼, 내키지 않는 표정으로 그 말이 끄는 마차를 타고 가는 사람들의 면면을 살펴보았다. 아버지, 벳시 언니, 그리고 내가 하를렘을 떠나고 있었다. 확실하고 안전한 그 모든 것을 떠나 어딘가로 가고 있었다. 그곳은 과연 어디일까?

비밀의 방
_6장

1942년 5월 10일 일요일, 네덜란드가 함락된 지 정확히 2년 되는 날이었다. 햇살 가득한 봄 하늘, 가로등 밑에 피어난 꽃들과 달리 도시의 분위기는 전혀 딴 판이었다. 독일 군인들은 할 일 없이 이리저리 거리를 돌아다녔다. 어떤 이들은 간밤에 마신 술이 아직 깨지 않은 것처럼 보였고, 어떤 이들은 아가씨들을 찾아 나섰고, 몇몇은 예배드릴 곳을 찾고 있었다.

점령군은 점점 거칠어졌고, 제약은 심해졌다. 최근 네덜란드 국민에게 가장 가슴 아픈 일은 우리 국가인 〈빌헬무스〉를 부르는 걸 범죄 행위로 규정하는 포고령이 내려진 것이었다.

그날 나는 아버지, 벳시 언니와 함께 기차를 타고 벨슨에 있는 네덜란드 개혁교회로 예배를 드리러 갔다. 벨슨은 하를렘에서 멀지 않은 작은 동네로, 피터가 그곳 교회의 오르간 반주자로 있었다. 나이도 많고 경험도 풍부한 연주자들 40여 명 가량과 경쟁을 뚫고 차지한 자리였다. 게다가 벨슨 교회의 오르간은 네덜란드에서 가장 훌륭한 오르간이었다. 매번 갈 때마다 기차가 점점 더 느려지는 것 같았지만, 우리는 자주 그 교회에 갔다.

도착해 보니 예배는 벌써 시작되었고, 높은 오르간에 가려 모습은 보이지 않았지만 피터는 연주중이었다. 우리는 사람들 사이를 비집고 간신히 회중석에 자리를 잡고 앉았다. 독일에 점령당한 덕분에 네덜란드에 새로 생겨난 현상 하나가 있었다. 교회마다 사람들이 가득 들어찬다는 것이었다.

찬송과 기도가 끝나자 설교가 시작되었다. 오늘 설교는 아주 훌륭했다. 나는 피터가 설교를 좀더 귀 기울여 들었으면 했다. 피터는 자기 엄마나 나같이 고리타분한 사람들이나 설교를 재미있어 하는 거라고 여겼다. 그 해 봄으로 나는 쉰 살이 되었는데, 피터가 생각하기에 쉰이란 나이는 모든 게 다 한물간 나이였을 것이다. 나는 (특히 요즘 같은 시절에는) 죽음이나 종말의 문제는 나이가 몇이든 어떤 사람에게나 닥칠 수 있는 일임을 기억하라고 피터에게 여러 번 타일렀지만, 녀석은 자기는 일찍 죽기엔 너무 멋진 음악가라고 귀엽게 대꾸하곤 했다.

폐회 기도가 끝났다. 바로 그때였다. 마치 전기에 감전된 것처럼, 온 회중들이 멈칫했다. 예고도 없이, 최대한 볼륨을 높여, 피터가 "빌헬무스"를 연주하는 것이었다!

아버지가, 여든 두 살이나 드신 분이, 제일 먼저 자리에서 벌떡 일어섰다. 뒤를 이어 모든 이들이 일어났다. 우리 뒤에서 누군가가 가사를 붙여 노래를 부르기 시작했다. 또 한 사람이 가세했고, 또 한 사람이 따라 불렀다. 마침내 모든 이들이 한 목소리로, 목청껏 그 금지된 국가를 부르기 시작했다. 호흡이 허락하는 한 가장 큰 목소리로 우리의 하나됨, 우리의 소망, 여왕과 조국에 대한 우리의 사랑을 노래했다. 이 패전 기념일 날, 비록 잠시지만 마치 우리가 승리자가 된 것 같았다.

예배가 모두 끝난 뒤, 예배당 옆 쪽문에 서서 피터를 기다렸다. 꽤 오래 기다린 뒤에야 피터와 함께 예배당을 나설 수 있었다. 많은 이들이 피터를 한번 안아 보려 하고, 악수를 하며 그의 등을 두드려 주고 싶어 했기 때문이다. 피터도 무척 가슴 뿌듯해 하는 것 같았다.

하지만 그 순간이 지나자, 늘 그랬던 것처럼 나는 녀석에게 화가 났다. 게슈타포가 오늘 일에 대해 소식을 들을 게 분명했다. 아니 어쩌면 벌써 들었을지도 몰랐다. 사방에 그들의 눈과 귀가 깔려 있기 때문이다. 집에서 가족들을 위해 만찬을 준비하고 있을 놀리 언니 생각이 났다. 피터의 형제자매들도 생각났다. 그리고 플립 형부… 만약 이 일 때문에 교장 자리를 잃게 되면 어떡하지? 피터는 무엇을 위해 그렇게 위험한 짓을 한 걸까? 그건 사람들의 생명을 위해서가 아니라 하나의 상징적 몸짓이었다. 독일을 향한 잠시 동안의 무의미한 도발이었다.

하지만 보스 엔 호벤 스트라트에서 피터는 영웅이었다. 식구들이 차례대로 나서서 교회에서 방금 있었던 일을 이야기해 달라고 졸랐다. 그 집에서 나처럼 불안한 심정이었던 사람은 단 두 사람, 놀리의 집에 묵고 있던 두 명의 유대인 여인들뿐이었다. 둘 중 한 사람은 나이 지긋한 오스트리아인 귀부인으로, 빌렘 오빠가 이곳으로 보내 은신시킨 사람이었다. 보어덴 집 사람들이 "카트리엔"이라고 부르는 이 여인은 이 집의 가정부인 척하며 함께 살고 있었지만, 놀리 언니가 살짝 귀띔해 주는 말에 의하면 이 여인은 자기 침대 정리조차 못한다고 했다. 돈많은 귀족 가문 출신이라 아마 침대 정리 같은 걸 손수 해본 적이 없어, 어떻게 하는지 모르는 것 같았다.

또 한 사람은 금발에 푸른 눈을 가진 아날리스라는 젊은 네덜란드계 유대인 여성으로, 네덜란드 지하 조직에서 만들어 준 완벽한 가짜 호적 증명서를 갖고 있었다. 호적 증명서도 완벽했을 뿐만 아니라 생김새도 나치가 전형적인 유대인으로 구분하는 외모와 전혀 달랐기 때문에 바깥출입도 자유롭게 하면서 쇼핑도 하고 학교 일도 거들면서 자청하여 식구들의 친구가 되었다. 아날리스의 남편은 로테르담이 폭격 당했을 때 죽었다고 했다. 나와 마찬가지로 카트리엔과 아날리스도 피터가 왜 굳이 당국의 관심을 끌 만한 행동을 했는지 이해할 수 없다는 반응이었다.

오후 내내 나는 불안에 떨었다. 밖에서 부릉부릉거리는 소리만 들려도 신경이 곤두섰다. 요즘 자동차를 타고 다니는 이들은 경찰과 독일 사람들과 NSB 회원들뿐이기 때문이었다. 하지만 베예로 돌아갈 시간이 될 때까지 아무 일도 일어나지 않았다.

그 뒤로 이틀을 더 걱정에 잠겨 지내다가 나는 피터 일이 당국에 보고가 안 됐거나 아니면 게슈타포가 다른 중요한 일이 있어 이번 일에 신경을 못 쓰는 거라고 결론을 내렸다. 수요일 아침, 아버지와 내가 막 일을 시작하려 하고 있는데 피터의 여동생 코키가 가게 안으로 뛰어들었다.

"할아버지! 코리 이모! 사람들이 피터 오빠를 잡으러 왔어요! 오빠를 데려갔어요!"

"누가? 어디로?"

하지만 코키는 아무것도 몰랐고, 사흘이 지난 뒤에야 식구들은 피터가 암스테르담의 연방 교도소에 수감되어 있다는 걸 알게 되었다.

저녁 일곱 시 오십오 분, 새 통금 시간인 여덟 시가 되기 몇 분 전이었다. 피터는 두 주째 교도소에 갇혀 있었다. 아버지와 언니, 그리고 나 세 식구는 주방 식탁에 둘러앉아 있었다. 아버지는 시계들을 윗옷 주머니에 다시 넣고 계셨고, 언니는 바느질을 하는 중이었다. 페르시안 고양이 혈통이 약간 섞인 우리집 커다란 검은 고양이는 언니 무릎에 편안히 웅크려 앉아 있었다. 그때 누군가 골목 쪽 출입문을 두드리는 소리가 들려 창문으로 내다보았더니 밝은 봄날 저녁의 땅거미 속에 한 여자가 서 있었다. 여자는 작은 옷가방을 들고 있었고, 때에 맞지 않는 모피 코트 차림에 장갑까지 끼었고, 얼굴엔 두꺼운 베일이 드리워져 있었다.

나는 현관으로 내려가 문을 열어 주었다. "들어가도 될까요?"

여자가 물었다. 두려움 때문인지 목소리 톤이 높았다.

"물론이죠." 내가 뒤로 물러서며 길을 내주었다. 여자는 고개를 돌려 뒤를 한 번 살피고는 안으로 들어왔다.

"저는 클리어마커라고 합니다. 유대인이죠."

"안녕하세요?" 인사를 하며 손을 내밀어 가방을 받아 들려고 했지만 여자는 손에서 가방을 놓지 않았다. "2층으로 올라가시겠어요?"

여자를 데리고 주방으로 들어서자 아버지와 언니가 자리에서 일어났다. "클리어마커 부인. 저희 아버지와 언니입니다."

"차를 좀 끓이려던 참이었는데 마침 잘 오셨네요!" 언니가 말했다.

아버지가 식탁에서 의자를 끌어내며 앉기를 권하자 클리어마커 부인은 여전히 옷가방을 손에 꼭 쥔 채 의자에 앉았다. 차는 이미 여러 번 우려낸 다 부서진 찻잎으로 끓인 거라 맹물 색깔보다 약한 진한 정도였다. 하지만 클리어마커 부인은 고마워하며 찻잔을 받아들고는 남편이 몇 달 전 체포되었고 아들은 은신처로 피했다고 자기 이야기를 털어놓았다. 어제 SD(게슈타포 밑에서 움직이는 정치 경찰)가 이들 가족이 운영하는 옷가게 문을 닫으라고 명령했다고 한다. 부인은 가게 윗층에 있는 아파트로 돌아가기가 두렵다고 했다. 그리고 이 동네에 사는 어떤 남자를 우리가 친절히 도와 주었다는 소문을 들었다고 했다.

"이 집에서는 하나님의 백성을 언제라도 환영합니다." 아버지가 말했다.

"위층에 빈 방이 네 개나 있어요." 벳시 언니가 말했다. "어떤 방을 쓸지 고르시기만 하면 된답니다!" 그러고나서 언니는 놀랍게도 이런 말을 했다. "그런데 먼저 찻잔 치우는 것 좀 도와 주시겠어요?"

나는 내 귀를 의심했다. 언니는 좀처럼 다른 사람을 주방에 들이는 일이 없었다. 남들이 주방 일에 나서지 못하게 하려고 늘상 이런 식으로 말하곤 했기 때문이다. "주방 일은 저처럼 요란떠는 노처녀가 감당할 부분이죠."

클리어마커 부인은 애처로울 정도로 간절한 얼굴로 튕기듯 일어나 벌써 찻잔과 접시들을 한데 모으고 있었다.

꼭 이틀만에 똑같은 광경이 또 벌어졌다. 이번에도 맑은 오월 저녁 여덟 시 직전이었다. 또 다시 누군가가 남들의 눈을 피해 골목길 쪽 출입문을 두드렸다. 이번엔 나이 지긋한 부부가 문밖에 서 있었다.

"들어오세요."

같은 사연이었다. 노부부는 이틀 전 찾아온 부인과 똑같이 가방을 꼭 그러쥔 채, 똑같이 두려움에 질린 눈빛을 하고 있었다. 이웃 사람들이 체포되어 갔다는 이야기, 내일이면 자신들도 붙잡혀갈까 두려웠다는 이야기도 똑같았다.

그날 밤 저녁 기도를 마친 뒤 우리 여섯 사람은 한 가지 고민을 놓고 마주앉았다. "우리 집은 위치상 너무 위험해요." 내가 세 명의 손님들에게 말했다. "경찰서에서 반 블록밖에 떨어져 있지 않거든요. 그런데 달리 여러분을 보내 드릴 만한 곳이 없네요."

또 다시 빌렘 오빠를 찾아가야 할 상황인 것이 분명했다. 그래서 다음 날 나는 힐베르쉼으로 또 한 번 힘든 발걸음을 했다.

"오빠, 지금 베예에 유대인 세 분이 묵고 있어요. 시골에 그분들 보내 드릴 만한 곳을 구할 수 있을까요?"

오빠는 손가락으로 눈두덩을 지그시 누를 뿐 아무 말이 없었다. 모르는 사이 오빠 수염이 하얗게 센 것이 갑자기 눈에 띄었다. "점점 더 힘들어지고 있어. 날이 갈수록 더 어려워. 시골에도 이제 먹을 것이 부족하단다. 몇 군데 적당한 곳을 알고 있기는 하지. 그래, 몇 군데. 하지만 그곳도 배급 카드 없는 사람은 받아들이지 않을 거야."

"배급 카드가 없으면 안 된다고요? 하지만 유대인들에게는 배급 카드가 발급 안 되잖아요!"

"나도 알지." 오빠는 고개를 돌려 창문 밖을 멍하니 바라봤다. 처음으로 오빠네 부부가 요양소의 노인들을 어떻게 먹여 살리는지 궁금해졌다.

"나도 알아." 오빠가 똑같은 말을 또 했다. "배급 카드는 위조할 수도 없어. 너무 자주 바뀌기도 하고 진짜인지 가짜인지 알아차리기도 아주 쉬워. 신분증하고는 다르지. 배급카드를 위조해 내는 인쇄업자를 몇 명 알기는 해. 물론 사진 찍어 주는 사람도 있어야지."

사진 찍는 사람? 인쇄업자? 오빠가 지금 무슨 말을 하는 거지? "오빠, 배급 카드는 필요한데 위조된 카드가 없다면, 그땐 어떻게 해요?"

오빠는 창문에서 천천히 시선을 떼었다. 내가 와 있다는 것도, 내가 어떤 고민을 의논하고 있는지도 다 잊은 것 같았다. "배급 카드?" 오빠의 표정과 몸짓에선 의중을 읽을 수가 없었다. "훔치면 되지."

나는 이 네덜란드 개혁교회의 목회자를 물끄러미 쳐다보았다. "그럼, 오빠가 도둑질을… 그러니까 내 말은… 훔친 배급 카드 세 장을 구할 수 있다는 말인가요?"

"그건 아니야, 코리. 난 감시당하고 있어! 내 말이 무슨 뜻인지 모르겠니? 난 일거수일투족을 감시당하고 있다고!"

오빠는 내 어깨에 팔을 두르고 조금 다정하게 말했다. "한동안은 내가 일을 계속할 수 있겠지만, 나만 의지하지 말고 네 나름대로 방도를 찾아 두는 게 좋을 거야. 나하고는 물론 다른 누구하고도 접촉을 안 할수록 좋아."

붐비는 기차 안에서 이리저리 흔들리며 집으로 돌아오면서 나는 오빠가 했던 말을 생각해 보고 또 생각해 봤다. '네 나름대로 방도를 찾아라.' 아주 전문가들이나 하는 말 같았다. 훔친 배급 카드를 구할 방도를 어떻게 찾는단 말인가? 내가 아는 사람 중에….

그 순간 한 사람이 떠올랐다.

프레드 콘스트라.

프레드는 전에 베예에 전기계량기 검침하러 오던 사람이었다. 프레드에게는 지적장애인 딸이 하나 있는데, 이제 성인이 된 이 딸은 내가 이십 년 동안 지적장애인 찬양대 지휘를 맡고 있는 교회에 출석하고 있었다. 지금 프레드는 식량 사무소에 다니고 있는데, 배급 카드 발급은 그곳에서 하고 있지 않을까?

그날 저녁, 식사를 하고 나서 자전거를 타고 프레드의 집으로 갔다. 오랜 세월 동안 내 충실한 벗이 되어 주었던 자전거는 이제 바퀴가 다 닳아 금속 휠이 드러나는 바람에 덜거덕 덜거덕 요란스럽게 바닥에 부딪치는 소리를 내면서 달렸다. 시내를 달리는 자전거들의 형편이 다 그랬다. 한 번씩 덜걱거릴 때마다 내 오십 년 인생이 떠오르며 신경을 거슬렀다.

프레드는 대머리에다 행동거지가 꼭 군인 같았다. 문을 열어 준 그는 내가 주일 예배에 대해 할 말이 있다고 하자 멍하니 나를 쳐다봤다. 그는 나더러 안으로 들어오라고 한 뒤 문을 닫고는 말했다. "자, 코리, 나를 찾아온 진짜 용건이 뭐죠?"

'주님,' 나는 속으로 기도했다. '프레드에게 이 일을 이야기하는 게 안전하지 않다면 너무 늦기 전에 이 대화를 중단시켜 주세요.'

"먼저 저희 집에 뜻밖의 손님들이 와 계시다는 것부터 말씀 드릴게요. 한 여자 분이 먼저 찾아왔고, 다음으로 한 부부가 찾아왔죠. 그리고 오늘 오후 집에 갔더니 또 한 부부가 와 있었어요." 나는 잠시 말을 멈추었다.

"모두 유대인이에요."

프레드의 표정엔 아무 변화도 없었다.

"우리가 이 사람들에게 안전한 장소는 제공해 줄 수 있어요. 하지만, 이 사람들에게 필요한 게 또 있거든요. 배급 카드요."

프레드의 눈이 미소를 짓고 있었다. "그렇군요. 이제 코리가 여기 왜 왔는지 알겠네요."

"프레드, 여분의 배급 카드를 좀 구할 방법이 있을까요? 상부에 보고하는 것 외에 몇 장 더 구할 수 있나요?"

"그건 불가능해요, 코리. 배급 카드는 아주 꼼꼼하게 관리되거든요. 체크하고 또 체크한다니까요."

마음속에 피어오르던 희망이 와르르 무너져 내렸다. 그때 프레드가 미간을 찡그리며 말했다.

"다만…."

"다만, 뭐요?"

"강탈 사건만 없다면 그렇단 말이지요. 지난 달에 유트레히트에 있는 식량 사무소에 강도가 들었어요. 범인은 잡혔지만 말입니다."

그는 잠시 아무 말이 없었다. "만일 그 일이," 프레드가 천천히 말을 이었다. "기록원과 내가 단 둘이 있는 시간인 정오에 일어나고… 그래서 우리가 손발이 묶이고 재갈이 물린 모습으로 발견된다면…." 프레드가 손가락을 탁 튕겼다. "이 일에 적임인 사람을 알고 있어요! 코리도 알 텐데…."

"말하지 마세요!" 나는 빌렘 오빠가 경고했던 말을 떠올리며 그의 말을 가로막았다. "그 사람이 누군지는 말하지 마세요. 방법도 이야기하지 말고요. 할 수 있다면 그냥 카드만 좀 구해 주세요."

프레드가 잠시 나를 물끄러미 쳐다봤다. "몇 장이나 필요한데요?"

나는 "다섯 장"이라고 말할 생각이었다. 그러나 입을 여는 순간 뜻밖에도 "백 장"이라는 말이 튀어나왔다.

일주일 뒤 다시 프레드의 집을 찾은 나는 문을 열어 주는 그의 얼굴을 보고 깜짝 놀라 숨이 막힐 뻔했다. 그는 눈가가 푸르죽죽하게 멍이 들어 있었고, 아래 입술은 갈라지고 부어올라 있었다. "내 친구가 아주 제대로 한몫 했어요." 프레드는 그 말뿐이었다.

어쨌든 그는 카드를 구해 왔다. 탁자 위에 놓인 갈색 마닐라지 봉투에 카드 백 개가 얌전하게 들어 있었다. "연속 쿠폰"은 프레드가 이미 다 뜯어 놓은 상태였다. 이 마지막 쿠폰을 매달 마지막 날에 식량 사무소에 제시하고 다음 달 카드와 교환하는 것이었다. 이 쿠폰이 있으면 프레드가 "합법적으로" 우리에게 백 개의 카드를 계속 발급해 줄 수 있는 것이었다.

하지만 프레드도 그렇고 나도 그렇고 내가 매달 그의 집으로 오는 것은 위험하다는 게 공통적인 생각이었다. 대신 프레드가 베예로 오는 건 어떨까? 전에 입던 검침원 복장을 하고 말이다.

베예의 전기 계량기는 계단 맨 아래 뒤쪽 공간에 있었다. 그날 오후 집에 돌아간 나는 전에 피터가 라디오를 감출 때 했던 것처럼 계단 발판 하나를 지렛대로 들어 올린 다음 빈 공간 하나를 마련했다. 작업을 하면서 나는 '피터가 나를 자랑스러워 할 것'이라는 생각했다. 그 용감하고 자부심 강한 아이가 곁에 없다고 생각하니 외로움이 파도처럼 밀려왔다. 카드 숨겨 둘 곳을 마침내 완벽하게 만들어 낸 뒤 한 발 물러나 바라보면서 나는 생각했다. '녀석도 인정하지 않을 수 없을 걸, 시계공이 손재주가 얼마나 뛰어나고 눈썰미가 얼마나 좋은지 말이야.' 워낙 오래된 계단이라 수직 판에 혹시 무리가 갈까 싶어 경첩은 안쪽 깊이 숨겨서 달았다. 바보처럼 너무도 기분이 좋았다.

모든 게 계획대로 돌아가는지 7월 1일에 첫 테스트를 했다. 프레드는 검침원 시절 늘 그랬던 것처럼 가게를 통해 집안으로 들어오기로 했다. 셔츠 안쪽에 카드를 숨긴 채 말이다. 그는 다섯 시 삼십 분에 오기로 했고, 벳시 언니가 골목 쪽 출입구 현관에서 잠시 사람들의 출입을 막고 있기로 했다. 그런데 뜻밖에 다섯 시 이십오 분쯤 가게 문이 열리면서 경찰관 하나가 들어섰다.

붉은 빛이 도는 짧은 주황색 머리에 키가 훤칠한 그 경찰관은 이름이 롤프 반 블리트라고 했던가? 아무튼 그 비슷한 이름이었다. 그는 백주년 기념 파티 때도 왔었지만, 그때 그가 가졌던 권력은 지금에 비하면 미미했다. 어쨌든 그가 겨울 아침에 벳시 언니에게 커피 한 잔 얻어 마시러 자주 들르는 사람이 아닌 것만은 분명했다.

롤프는 손목시계를 청소해 달라고 했다. 보아하니 대화를 나누고 싶어 하는 것 같았다. 나는 입이 바짝 말라 제대로 이야기를 할 수 없었지만, 아버지는 유쾌하게 이런저런 얘기를 하시며 시계를 분해해 살피셨다. 이제 어떻게 해야 하나? 지금 오면 안 된다고 프레드 콘스트라에게 알릴 방법이 없었다. 다섯 시 삼십 분이 되자마자 가게 문이 열리며 푸른색 작업복 차림의 프레드가 들어왔다. 내 눈에는 그의 옷 가슴 부분이 적어도 30센티미터는 불쑥 솟아 있는 것 같았다.

그는 놀랄 만큼 태연하게 아버지와 경찰관과 나를 향해 고개를 끄덕해 보이며 인사를 했다. "안녕하세요." 예의바르지만 조금 따분한 듯한 말투였다.

그는 성큼성큼 가게를 가로질러 뒷문으로 나가 문을 닫았다. 귀를 곤두세워 들어보니 그가 계단 발판 들어올리는 소리가 들렸다. '이런! 롤프의 귀에도 들렸을 게 분명해!'

가게 뒷문이 다시 열렸다. 골목길 쪽 출입구로 빠져나가지 않고 다시 가게로 어슬렁거리며 들어온 프레드의 용의주도함이 정말 놀라웠다.

"안녕히 계세요." 그가 다시 인사를 했다.

"안녕히 가세요."

그는 거리 쪽으로 난 가게 출입문 밖으로 사라졌다. 이번에는 이렇게 위기를 넘겼지만 어떤 식으로든 경보 시스템을 만들어야 했다.

클리어마크 부인의 예상치 못했던 방문 이후 베예에는 참 많은 일들이 일어났다. 배급 카드가 조달되면서 클리어마크 부인과 다음 날 찾아온 노부부, 그리고 그 다음 다음에 찾아온 사람들까지 좀더 안전한 곳으로 피신시킬 수 있었다. 하지만 겁에 질린 사람들이 계속해서 베예를 찾아왔고, 배급 카드와 안전한 피신처를 마련해 주는 것 말고도 더 복잡한 문제들이 자꾸 생겨났다. 유대인 여인이 임신을 하면 아기는 어디서 낳아야 하지? 피신 중인 유대인이 사망하면 어디에 묻어야 하나?

"네 나름대로 방법을 찾으라"고 빌렘 오빠는 말했다. 프레드 콘스트라의 이름이 퍼뜩 떠오른 그 순간부터 내 마음속에서는 으스스한 깨달음이 자꾸 커져 가고 있었다. 그것은 하를렘 사람 절반 정도가 다 우리 가족의 친구들이라는 것이었다! 우리는 산부인과 병원의 간호사도 알고 있었고, 기록물 사무소 직원도 알고 있었다. 하를렘 시내의 어느 기관, 어느 시설을 가도 아는 사람이 하나씩은 다 있었다.

물론 그 사람들의 정치적 견해가 어떤지는 다 알지 못했다. 하지만 하나님은 다 알고 계셨다! 바로 그 사실에서 나는 이상하게 가슴이 뛰는 것을 느꼈다. 내가 할 일은 그저 하나님께서 인도하시는 대로 한 걸음씩 내딛으면서 기도로 그분께 모든 결정을 맡기는 것뿐이었다. 나는 내가 영리하거나 치밀하거나 약지 못하다는 걸 잘 알고 있었다. 우리 집을 통해 도움이 필요한 사람들의 필요를 채워줄 수 있다면, 그것은 내 생각보다 훨씬 치밀하고 안전한 전략을 통해 이뤄질 터였다.

프레드가 '검침원'을 가장하여 첫 방문을 한 지 며칠이 지난 어느 날 밤, 통금 시간이 훨씬 지난 시각에 골목 쪽 출입구의 벨이 울렸다. 두려움에 질려 말을 더듬는 가엾은 사람들이 또 찾아왔나보다 하며 나는 계단을 달려 내려갔다. 그날 저녁에도 언니와 나는 손님 네 사람 정도가 밤을 보낼 수 있도록 이미 잠자리를 봐두고 있었다. 문을 열어보니 한 유대인 여인과 어린아이 셋이 서 있었다.

더 놀라운 것은, 어두운 골목길 벽 가까이에 키크가 기대어 서 있었다는 것이다. "자전거 가지고 나오세요." 젊은 키크는 언제나처럼 밑도 끝도 없이 말했다. "스웨터도 입고 나오세요. 이모가 만나 주셨으면 하는 분들이 있어요."

"지금? 통금 시간인데?" 하지만 질문해 봤자 소용없다는 걸 나는 알고 있었다. 키크의 자전거에도 타이어가 없었고, 휠 주위에 천이 감겨 있었다. 달릴 때 덜거덕거리는 소리가 나지 않도록 키크는 내 자전거 휠에도 천을 감아주었다. 잠시 후 우리는 대낮에 달려도 겁이 날 만한 속도로 칠흑 같은 하를렘 거리를 내달렸다.

"한 손으로 제 어깨를 잡으세요. 제가 길을 알거든요." 키크가 목소리를 낮춰 말했다.

우리는 캄캄한 길을 건너 다리를 올랐다가 아무것도 안 보이는 골목길을 돌았다. 큰 운하 하나를 건넌 뒤에야 나는 상류층 사람들이 사는 아에더하우트 교외에 와 있다는 걸 알게 되었다.

우리는 어슴푸레한 형체로 나무들이 늘어서 있는 어떤 집의 진입로로 들어섰다. 키크는 내 자전거를 번쩍 집어 들어 자기 자전거와 함께 현관 앞 계단에 올려놓았다. 빳빳하게 풀 먹인 앞치마를 두르고 주름장식 모자를 쓴 어린 하녀가 문을 열어 주었다. 현관홀에는 자전거들이 가득 들어차 있었다.

그때 한 사람이 눈에 띄었다. 한쪽 눈은 나를 향해 미소 짓고 있었고, 또 한쪽 눈은 문을 보고 있었으며, 커다란 배가 불쑥 앞으로 나와 있었다. 피크위크였다!

그는 키크와 나를 응접실로 안내했다. 응접실에는 사람들이 삼삼오오 모여서 커피를 마시며 이야기를 나누고 있었는데, 그렇게 기품 있어 보이는 사람들은 난생 처음이었다. 하지만 응접실에 들어서는 순간 무엇보다도 내 관심을 끈 것은, 말로 표현할 수 없을 만큼 향기로운 내음이 방 안을 가득 채우고 있었다는 것이다. 이 사람들은 진짜 커피를 마시고 있는 것일까? 그게 가능할까?

피크위크는 찬장에 놓인 커다란 은주전자에서 무언가를 한 잔 따라 주었다. 커피였다. 2년만에 마셔보는 진하고 풍성한 맛의 가슴 찌르르한 네덜란드 커피였다. 그는 자기 잔에도 커피를 더 따른 뒤 언제나 그랬듯 각설탕 다섯 개를 넣었다. 배급 같은 건 신경 안 쓰는 듯한 태도였다. 풀 먹인 앞치마에 주름장식 모자를 쓴 한 하녀가 케이크가 산처럼 쌓인 쟁반을 건네주었다.

나는 피크위크를 따라 방 안을 돌아다니며 게걸스럽게 먹고 마시고, 그가 지목하는 사람들과 악수를 나누었다. 이상하게 그들은 인사를 할 때 자기 이름을 말해 주지 않았다. 어쩌다 한 번씩 호칭만 쓰거나 "스미트 부인을 찾으세요"라고만 할 뿐이었다. 네 번째 스미트와 인사를 나누고 난 뒤 키크가 씩 웃으며 설명해 주었다. "지하운동 하는 사람들은 그 이름만 사용해요."

그러니까 이 모임이 진짜로 지하운동 하는 사람들의 모임이란 말인가! 그런데 이 사람들은 다 어디서 온 것일까? 안면이 있는 사람은 하나도 없는데. 곧이어, 내가 지금 지하운동 전국 조직망 사람들을 만나고 있다는 것을 깨닫게 되자 갑자기 등골이 서늘해졌다.

대화를 들어보니 이들이 주로 하는 일은 유럽 대륙 다른 지역에서 활동중인 영국 및 자유 네덜란드의 투쟁 세력들과 연락하는 일이었다. 또 이들은 지상에 내려온 연합군 전투기 승무원들이 북해 연안으로 갈 수 있도록 지하 루트를 확보하고 유지하는 일도 했다.

이들은 하를렘의 유대인들을 돕는 내 일에도 즉각 관심을 보였다.

피크위크가 나를 가리켜 "이곳 하를렘에서 이뤄지는 작전의 총 지휘자"라고 하는 걸 듣고 있자니 부끄러워서 쥐구멍에라도 들어가고 싶은 심정이었다. 계단 밑에 빈 공간을 만드는 것, 도움을 구하는 사람들을 그때그때 돕는 것은 결코 작전이라고 할 수가 없었다. 그에 비해 여기 모인 사람들은 잘 훈련된 유능하고 전문적인 사람들이었다.

하지만 이들은 정중하게 예의를 갖춰 나를 맞아 주었고, 악수를 할 때마다 뭐 도와줄 게 없느냐고 물었다. 물론 필요한 건 많았다. 가짜 신분증, 정부에서 공식적으로 발행한 번호판이 붙은 자동차, 위조 서명 등.

응접실 한쪽 구석에서 피크위크는 염소 수염 모양의 성근 턱수염에 체구가 작고 아주 허약해 보이는 한 남자에게 나를 소개했다. 인사를 나눈 뒤 그 남자가 정식으로 용건을 이야기하기 시작했다. "오늘 모임을 주최한 분 말씀을 들어보니 당신이 본부로 사용하고 있는 건물에 밀실이 없다고 하더군요. 그러면 모두가 위험해집니다. 도움을 받는 사람들은 물론 당신 자신과 당신을 돕는 사람들까지 말입니다. 허락해 주신다면 제가 다음 주에 댁을 한번 방문했으면 합니다만…"

몇 년 뒤에야 나는 이 사람이 유럽에서 아주 유명한 건축가라는 것을 알게 되었다. 하지만 이때 나는 이 사람을 그냥 스미트 씨로만 알고 있었다.

키크와 내가 다시 베예로 출발하기 직전, 피크위크가 슬쩍 팔짱을 끼며 말했다. "코리, 좋은 소식이 있어요. 피터가 곧 석방될 거라는군요."

삼 일 후 피터는 정말로 석방되었다. 콘크리트 감방에 갇혀 있던 두 달 동안 몸은 더 마르고 얼굴은 더 창백해졌지만 그 늠름한 기개는 전혀 꺾이지 않은 모습이었다. 놀리 언니와 티네 언니, 벳시 언니는 환영 파티를 위해 한 달치 배급 설탕을 다 쏟아부어 케이크를 구웠다.

그로부터 며칠 지나지 않은 어느 날 아침. 가게 첫 손님으로 작은 체구에 몇 가닥 안 되는 턱수염을 기른 한 남자가 찾아와 스미트라고 자기를 소개했다. 아버지는 작업용 돋보기를 벗으셨다. 아버지가 새로운 사람을 사귀는 것보다 더 좋아하는 일이 하나 있다면 그것은 전에 알던 사람을 다시 만나는 것이었다.

"스미트라…." 아버지는 열심히 기억을 더듬으셨다. "암스테르담에 내가 아는 스미트가 몇 사람 있기는 한데. 혹시 그…."

"아버지!" 내가 아버지의 말을 잘랐다. "이분은 전에 제가 말씀드렸던 그 분이에요. 우리 집 점검하러 오실 거라고 했잖아요."

"아, 건물 검열관? 그럼 그로테 하우트 스트라트에 사무실을 갖고 있는 그 스미트군요. 넌 또…."

"아버지! 이 분은 건물 검열관도 아니고 이름이 스미트 씨도 아니에요."

"스미트가 아니라고?"

스미트 씨와 내가 애써 설명했지만, 아버지는 왜 자기 이름을 놔두고 가짜 이름을 쓰는지 도무지 이해할 수 없다는 표정이었다. 스미트 씨를 가게 뒤쪽 홀로 안내하는데 아버지가 이렇게 중얼거리는 소리가 들렸다. "코닝 스트라트에 내가 아는 스미트가 있었는데…."

스미트 씨는 계단 맨 밑 칸 배급 카드를 숨겨 두는 곳을 살펴보고는 좋다고 했다. 프레드와 내가 만들어낸 경보 시스템도 그럴 듯하다고 했다. 그것은 주방 창문가에 '알피나 시계' 라고 쓰인 삼각형 모양의 나무 간판을 매달아 놓는 것이었는데, 이 간판이 제 자리에 달려 있으면 가게로 들어와도 좋다는 표시였다.

하지만 그는 주방 모서리 찬장 뒤편의 좁은 공간을 보고나서는 고개를 가로저었다. 오래 전 이 집을 재설계할 때 그 모서리에 사람 하나가 기어서 들어갈 수 있을 만한 공간이 생겨났는데, 우리는 점령 초기부터 이 공간에 귀금속이나 은화, 그밖의 귀중품들을 숨겨 놓고 있었다. 랍비만 자기 장서를 우리 집에 갖다 놓은 게 아니라 다른 유대인 가정에서도 자기들의 귀중품을 가져와 보관해 달라고 했다. 그 공간은 필요할 경우 사람 하나가 기어서 드나들 수 있을 정도였지만, 스미트 씨는 두 번 살펴볼 필요도 없다는 듯 고개를 돌려 버렸다.

"저들은 아마 이 공간부터 뒤질 겁니다. 굳이 여기 있는 걸 옮기려고 하지는 마세요. 잃어봤자 은화뿐이니까요. 우리의 관심은 사람을 구하는 거지 물건을 지키려는 게 아니잖아요."

그는 좁은 나선형 계단을 오르기 시작했다. 한 칸 한 칸 걸음을 옮기던 그는 정신이 번쩍 드는 것 같았다. 뜻밖의 위치에 층계참이 자리 잡은 것을 보고는 아주 흡족한 듯 걸음을 멈췄다.

휘어 돌아가는 벽을 두드려 보기도 했고, 앞 건물과 뒷 건물의 바닥 높이가 다른 것을 알고는 크게 웃음을 터뜨리기도 했다.

"도저히 있을 수 없는 일이에요!" 그는 기가 막히다는 듯 말했다. "있을 수도 없고, 믿을 수도 없고, 상상 불가능한 집이군요! 텐 붐 양, 모든 집들이 이렇게 지어졌다면 제가 한 걱정 덜 뻔했어요."

마침내 계단 맨 꼭대기에 이르러 내 방으로 들어선 그는 낮게 환호성을 질렀다. "바로 이거예요!"

"은신처가 높은 곳에 있을수록, 밑에서 수색하는 동안 몸을 숨길 가능성도 높아지죠." 그렇게 열심히 설명을 하고 나서 그는 창문에 기대어 그 가는 목을 쑥 빼고 밖을 내다보았다. 몇 가닥 안 되는 염소 수염이 바람에 이리저리 날렸다.

"하지만 … 여긴 제 침실인데요."

스미트 씨는 내 말을 듣는 둥 마는 둥 벌써 측량을 하고 있었다. 불안정하게 세워져 있던 육중한 옷장을 힘도 안 들이고 벽에서 떼어 놓고 내 침대도 방 한가운데로 밀어 놓았다. "여기에다 가짜 벽을 세울 거예요!" 그는 신이 나서 연필을 꺼내 뒷벽에서 약 75센티미터 쯤 거리를 두고 바닥에 선을 그었다. 그러고는 몸을 일으켜 세우고는 뚱한 표정으로 선을 내려다봤나.

"좀 크게 잡았습니다. 접이식 매트리스 하나는 들어갈 거예요. 그래요, 별로 어렵지 않을 거예요!"

여긴 내 방이라고 다시 한 번 항변하려고 했지만 스미트 씨는 내 존재마저 잊은 것 같았다. 그 뒤 며칠 간 그는 일꾼들을 데리고 연신 우리 집을 드나들었다. 그들은 노크도 하지 않았다. 한 번 올 때마다 각자 무언가를 지니고 왔다. 접혀진 신문 사이에 연장들을 끼워 가지고 왔고, 서류 가방 속에 벽돌을 숨겨 가지고 왔다. 벽체를 나무로 만드는 게 더 작업하기 쉽지 않겠느냐고 내가 조심스럽게 제안하자 그는 "나무로 한다구요?"라고 소리를 질렀다. "나무는 두드리면 속이 빈 소리가 나요. 여기 이 소리를 들어 보세요. 절대 안 됩니다. 가짜 벽은 벽돌로 세워야 해요."

벽이 완성되자 미장이가 왔고, 다음으로 목수가 왔고, 마지막으로 페인트공이 왔다. 공사를 시작한지 엿새만에 스미트 씨는 아버지, 언니, 나를 불렀다.

방문 앞에 선 우리는 놀라 입이 다물어지지 않았다. 온 방에 페인트 냄새가 진동을 했지만 방 안 어디를 봐도 페인트를 새로 바른 곳이 없었다. 사방 벽이 다 줄무늬였고, 석탄을 연료로 사용하는 하를렘 시내의 오래된 방이 다 그렇듯 그을음으로 지저분했다. 천정 둘레의 몰딩도 깨진 그대로인 채 여기저기 패이고 벗겨져서 백오십 년 동안 한 번도 손본 적 없는 모양새가 분명했다. 뒤쪽 벽에는 물이 스며들어 생긴 얼룩이 있었고, 이 방에서 반 세기를 산 나조차 이 방이 원래 이런 방이 아니라 진짜 벽에서 75센티미터나 물러나 가짜 벽이 세워진 방이라고는 도저히 믿을 수가 없었다.

가짜 벽을 따라 붙박이 책꽂이가 들어서 있었는데, 가운데가 휜 낡은 책꽂이의 판목도 벽과 마찬가지로 물이 스며들어 군데군데 부풀어 오르고 얼룩얼룩했다. 왼쪽 모서리 아래 책꽂이 맨아래 칸 밑에, 밀실로 통하는 높이 60센티미터, 넓이 60센티미터 정도의 여닫이 판자문이 숨겨져 있었다.

스미트 씨가 웅크리고 앉아 가만히 이 판자를 앞으로 당겨 열었다. 언니와 내가 무릎을 꿇고 손으로 바닥을 짚어가며 판자 뒤 좁은 방으로 들어가 보았다. 일단 안으로 들어가자 일어설 수도 있고, 앉을 수도 있고, 일인용 매트리스 위에서 한쪽 방향으로 팔을 쭉 뻗을 수도 있었다. 진짜 벽 속에 눈에 띄지 않게 교묘히 설치해 놓은 통풍구를 통해 바깥 공기가 안으로 들어왔다.

"저기에 물병을 갖다 놓으세요." 스미트 씨도 엉금엉금 뒤따라 들어오며 말했다. "물은 일주일에 한 번씩 갈아 놓으시고요. 딱딱한 비스킷하고 비타민제도 항상 준비되어 있어야 합니다. 언제든 허가받지 않은 사람이 이 집에 머물 경우, 깔고 있는 침구 외에 모든 소지품들은 다 여기에 쌓아 두어야 합니다."

우리는 다시 한 줄로 무릎을 꿇고 엉금엉금 기어서 내 방으로 나왔다. "다시 이 방으로 나오면 모든 걸 전과 똑같이 해놔야 합니다."

그는 주먹으로 책꽂이 위쪽 벽을 치며 말했다.

"게슈타포가 일 년을 뒤져보라지요. 이 밀실은 절대 못 찾아낼 겁니다."

유시
_7장

집에 돌아오긴 했지만 피터는 안전한 게 아니었다. 신체 건강한 젊은 남성이라면 누구나 마찬가지였다. 독일의 군수품 공장에 일손이 너무 딸리자 군인들이 아무 예고도 없이 불시에 어느 한 지역을 포위 급습해서는 열여섯에서 서른 살 사이의 젊은 남자들을 다 찾아내 한꺼번에 수송용 트럭에 실어가곤 했다. 이렇게 젊은이들을 번개처럼 찾아내서 잡아가는 방식을 우리는 '습격'이라고 불렀고, 그래서 젊은 청년이 있는 집들은 언제 이 습격이 있을지 몰라 늘 두려움에 떨며 지냈다.

놀리 언니와 형부는 습격 정책이 시행되자마자 주방을 개조하여 비상시 은신처를 만들었다. 언니네 집 주방 바닥 밑에는 작은 감자 저장고가 있었는데 뚜껑 식으로 된 저장고 문을 넓히고 위에는 큼지막한 러그를 깐 뒤 식탁을 그 위로 옮겨 놓은 것이다.

스미트 씨가 베예에서 작업하는 것을 본 뒤로 나는 주방 바닥 밑에 있는 이 공간이 은신처로서는 전혀 적절하지 못하다는 것을 깨달았다. 먼저 이곳은 집안에서 너무 낮은 곳에 있었다. 그래서 스미트 씨라면 아마 "저들은 이곳부터 뒤질 걸요"라고 말할 것 같았다. 하지만 수색 훈련을 받은 사람들이 지속적으로 뒤지는 게 아니라 군인들이 한 번씩 급습하는 거라 한 삼십 분 정도만 그들의 눈에 띄지 않을 장소를 마련하기만 하면 될 터였다. 그런 목적이라면 그 정도로 충분할 거라고 나는 생각했다.

플립 형부의 생일날, 똑같은 집들이 연달아 붙어 있는 이 조용한 주택가에 '습격'이 있었다. 아버지, 언니, 나는 피크위크에게서 영국 차를 100그램 정도 얻어가지고 일찌감치 놀리 언니 집에 도착했다.

우리가 도착했을 때 언니와 아날리스, 그리고 큰 딸 둘은 아직 외출에서 돌아와 있지 않았다. 한 백화점에 남성용 구두가 입고되었다는 소식에 놀리 언니는 "하루 종일 줄을 서서라도" 형부에게 구두 한 켤레를 사줄 작정이라고 했었다.

언니를 기다리며 주방에서 코키와 카트리엔과 이야기를 나누고 있는데 갑자기 피터와 피터의 형 보브가 얼굴이 하얗게 질려 방 안으로 뛰어 들어오며 말했다. "군인들이에요! 서둘러요! 아래 집에서 우리 집 쪽으로 올라오고 있어요!"

그들은 식탁을 밀어내고 러그를 걷어낸 뒤 감자 저장고의 뚜껑 문을 당겨 열었다. 보브가 먼저 들어가 엎드리고 피터가 그 위로 몸을 포갰다. 우리가 뚜껑 문을 닫고 러그를 당겨 덮은 뒤 식탁을 다시 끌어다 놓았다. 벳시 언니, 코키, 그리고 나는 덜덜 떨리는 손으로 식탁 위에 긴 식탁보를 덮고는 찻잔 다섯 개를 갖다 놓기 시작했다.

현관문이 벌컥 열리며 쾅 소리가 나자 이어서 코키가 찻잔을 떨어뜨리며 쨍 하고 깨지는 소리가 났다. 군복을 입은 독일인 둘이 총을 겨누며 주방으로 들어왔다.

"그 자리에 그대로! 움직이지 마!"

쿵쾅거리며 계단을 올라가는 군홧발 소리가 들렸다. 군인들은 여자들과 노인 하나밖에 없는 방 안을 역겨운 눈빛으로 획 둘러보았다. 그들이 만약 카트리엔에게 다가가 다그쳤다면 그녀는 아마 입을 열고 말았을 것이다. 카트리엔의 얼굴은 공포 그 자체였다. 하지만 군인들의 생각은 다른 데 있었다.

"남자들은 어디 있지?" 둘 중에 키가 작은 군인이 심한 사투리 억양의 어색한 네덜란드어로 코키에게 물었다.

"이 분들은 이모들이고요, 이 분은 제 할아버지세요. 아버지는 학교에 계시고요, 어머니는 쇼핑하러 가셨고, 그리고…."

"온 집안 식구들을 다 물은 게 아니잖아!" 남자가 독일어로 고함을 질렀다. 그러고는 곧 네덜란드어로 다시 물었다. "오빠나 남동생은 어디 있냐고?"

코키는 남자의 눈을 잠깐 응시하더니 이내 눈을 떨구었다. 나는 심장이 멎는 것 같았다. 나는 놀리 언니가 평소에 아이들을 어떻게 가르치는지 잘 알고 있었다. 하지만 다른 때는 몰라도 지금은 거짓말을 해도 좋았다!

"오빠나 남동생이 있나?" 군인이 다시 물었다.

"네." 코키가 대답했다. "셋 있어요."

"나이가 어떻게 되지?"

"스물한 살, 열아홉 살, 열여덟 살이요."

위층에서 문이 열렸다 닫히는 소리, 벽에서 가구를 끌어내는 소리가 들렸다.

"지금 다 어디 있지?" 군인이 다시 물었다.

코키는 대답 대신 몸을 굽혀 깨진 찻잔 조각을 주워 모으기 시작했다. 남자가 코키를 잡아 일으켜 세웠다. "어디 있냐고?"

"큰 오빠는 신학교에 다녀요. 밤에 못 와요, 왜냐하면…."

"나머지 둘은?"

"저 식탁 밑에 있어요."

너무 순식간에 내뱉은 말이라 나는 아무 반응을 할 수 없었다. 그저 머리로만 외칠 뿐이었다. '어떻게 저렇게 쉽게 이실직고할 수 있지?'

총부리를 겨눈 채 우리를 감시하던 군인이 식탁보 한 자락을 잡았다. 그가 고개를 한 번 끄덕이자 키가 조금 더 큰 군인이 총을 세워 들고 식탁 옆에 쭈그리고 앉았다. 그러고는 식탁보를 홱 재꼈다.

팽팽하던 긴장감이 마침내 폭발했다. 코키가 갑자기 미친 듯이 웃음을 터뜨린 것이다. 군인들이 고개를 홱 돌렸다. 이 소녀가 그들을 보고 웃는 것일까? 군인들의 표정이 일그러졌다.

"우리를 바보로 만들다니!" 키 작은 군인이 고함을 질렀다.

그는 화가 잔뜩 난 채 성큼성큼 방을 나갔고, 다른 군인들도 그를 따라 일제히 집을 빠져나갔다. 주방에 들어와 한 마디 말도 없이 서 있던 군인이 피크위크에게서 얻어온 귀한 차 봉지를 슬쩍해 간 게 아까울 뿐이었다.

그날 저녁 생일 파티는 좀 이상한 분위기로 흘렀다. 늘 그랬듯이 처음엔 진심으로 감사하는 분위기였다가 점차 신랄한 토론 비슷한 걸로 방향이 바뀌었다. 언제나 끈끈한 유대로 얽혀 있던 우리 가족들로서는 처음 있는 일이었다. 놀리 언니는 완전히 코키 편이 되어, 자기가 그 자리에 있었어도 그렇게 행동했을 거라고 했다. "진실을 말하는 사람을 완벽하게 보호해 주시는 게 하나님 방식이야!"

하지만 식탁 밑에 숨어 있던 당사자인 피터와 보브의 관점에서는 그렇게 확신할 수가 없었고, 그건 나도 마찬가지였다. 나는 놀리 언니처럼 담대하지도 않았고 언니만 한 믿음을 가지지도 못했지만, 적어도 논리적이지 않은 것은 분별할 수 있었다. "진실을 말한다고 하면서 거짓을 행하는 건 앞뒤가 안 맞잖아! 아날리스의 가짜 서류는 뭐고 카트리엔이 입고 있는 하녀복은 뭐지?"

그러자 놀리 언니는 성경구절을 인용했다. "'여호와여 내 입에 파수꾼을 세우시고 내 입술의 문을 지키소서', 시편 141편 말씀이야!" 언니는 의기양양했다.

"좋아, 그럼 라디오는? 나는 라디오를 지키려고 거짓말을 해야했다고!"

"코리, 네 입에서 어떤 말이 나오든 그건 사랑으로 하는 말이라고 나는 믿는다!" 아버지의 인자한 목소리가 흥분해서 얼굴을 붉히는 나를 가만히 꾸짖었다.

사랑. 사랑을 어떻게 나타내 보일까? 하나님은 어떻게 이런 세상에 사랑과 진실을 동시에 보여 주실 수 있으셨을까?

바로 죽으심으로써다. 그날 밤처럼 그 정답이 날카롭고 싸늘하게 느껴진 적은 없었다. 세상 역사에 선명하게 새겨진 십자가의 형상 말이다.

1943년 초, 지하조직의 기지를 거쳐 가는 수많은 유대인들에게 농촌 지역의 안전한 거처를 마련해 주기가 점점 힘들어지고 있었다. 배급 카드와 가짜 증명서가 있어도 이들 모두에게 제공해 줄 은신처가 충분치 않았다. 조만간 이 도시 안에서 은신처를 찾기 시작해야 한다는 것을 우리는 알고 있었다. 그 첫 번째 인물이 우리가 가장 아끼는 사람이라는 사실이 얼마나 슬펐는지.

상점이 한창 바쁜 어느 날 오전 시간, 벳시 언니가 가만히 가게 뒷문을 열고 들어와 말했다. "해리와 카토 부부가 왔어!"

우리는 깜짝 놀랐다. 해리는 자기 가슴에 달려 있는 노란 별 때문에 우리가 곤란해질까 봐 낮에는 절대 베예에 오는 법이 없었기 때문이다. 아버지와 나는 서둘러 벳시 언니를 따라 계단을 올라갔다.

해리 드 브리스의 상황 역시 크게 다르지 않았다. 그는 전날 밤 매국노 NSB 회원 한 사람이 자기 집을 다녀갔다고 했다. 그의 가게가 몰수되었음을 알리러 온 것이라고 했다. 해리가 자기는 그리스도인이라고 항변했지만 아무 소용이 없었다고 했다. 어떤 유대인이든 곤경을 피하려고 개종할 수도 있는 거 아니냐고 그 NSB 회원이 말하더라고 했다. 그리고 오늘 아침 군복 차림의 한 독일인이 찾아와서 정식으로 가게 몰수를 선언했다고 했다. '국가 안보상의 이익을 위해' 그의 가게를 폐업 조치한다는 것이었다.

"하지만 내가 정말 국가 안보에 해가 되는 사람이라면 저들은 내 가게를 빼앗아가는 데 그치지 않겠죠." 가엾은 해리가 말했다.

해리의 말이 맞을 게 분명했다. 하지만 시골 지역에 그에게 거처가 되어 줄 만한 곳이 정말 한 군데도 없었다. 그때 우리가 확보하고 있던 단 한 곳의 지하조직 주소는 베예에서 네 블록 쯤 떨어진 곳에 있는 드 보어라는 여인의 집이었다.

그날 오후 나는 드 보어 부인의 집을 찾아가 문을 두드렸다. 푸른색 면 작업복을 입고 침실용 슬리퍼를 신은 땅딸막한 여인이 문을 열어 주었다. 우리는 드 보어 부인에게 배급 카드를 공급해 주는 한편, 급히 맹장 수술을 받아야 할 유대인은 그곳에서 수술을 받을 수 있도록 조치하고 있었다. 드 보어 부인은 지붕 밑에 있는 생활공간을 보여 주었다. 열여덟 명의 유대인들이 그곳에 머물고 있었는데 나이가 대부분 다 이십 대 초반이었다. "너무 오래 저렇게 갇혀 지내고 있어요." 드 보어 부인이 말했다. "노래하고 춤추고 온갖 시끄러운 소리를 다 낸답니다."

"두 사람이 더 올 텐데, 부담이 되시면…"

"아니, 아니에요…. 어떻게 돌려보낼 수가 있겠어요? 오늘밤 데려오세요. 어떻게든 해볼게요."

그렇게 해서 해리와 카토는 드 보어 부인의 집 좁은 지붕밑 방에서의 생활을 시작했다. 벳시 언니는 날마다 집에서 만든 빵과 약간의 차와 소시지 등을 그들에게 가져다주었다. 하지만 언니의 방문은 단순히 해리와 카토 부부의 기운을 북돋아 주려는 게 아니었다. 언니는 두 사람이 잘못 되지는 않을까 생사 자체를 염려했다.

"해리 부부가 위험해요." 언니가 아버지와 나에게 말했다. "그 두 젊은이들은 지금 폭발 직전이에요. 오늘 오후만 해도 얼마나 소란을 피우는지 길에서도 소리가 들릴 지경이었다니까요."

걱정거리는 그뿐만이 아니었다. 춥고 음울한 날씨도 문제였다. 눈은 거의 안 왔지만 일찍 찾아온 추위가 늦게까지 가실 줄 몰랐고, 연료는 거의 바닥이 났다. 공원의 나무들과 운하 주변에 늘어서 있던 나무들이 하나둘 사라지기 시작했다. 사람들이 베어다가 요리용 화덕과 난로 땔감으로 쓰기 때문이었다.

난방이 안 된 눅눅한 방은 누구보다도 어린아이들이나 노인들에게 가장 견디기 힘들었다. 어느 날 크리스토펠스가 성경 읽는 시간에도 안 나타나고 작업실에도 나오지 않았다. 나중에 그의 하숙집 여주인이 침대에 누운 채로 죽어 있는 그를 발견했고, 발견 당시 그의 방 세면대 물이 꽁꽁 얼어붙어 있었다고 했다. 우리는 육 년 전 우리 상점 개업 백 주년 파티, 까마득한 옛날처럼 느껴지는 그날 그 노 시계공이 입었던 멋진 양복과 조끼를 꺼내 입혀 그의 장례를 치러 주었다.

봄은 더디 왔다. 우리는 드 브리스 부부가 머무는 골방에서 조촐하게 나의 쉰 번째 생일 파티를 벌였다.

그로부터 일주일 뒤인 4월 22일, 카토가 혼자서 베예로 왔다. 집안으로 들어서자마자 그녀는 울음을 터뜨렸다. "그 바보 같은 청년들이 정신이 나갔어요! 어젯밤에 여덟 명이 집을 나갔어요. 당연히 길에서 붙잡혔죠. 귀찮아서인지 구레나룻도 안 자른 행색이었거든요. 게슈타포가 힘도 안들이고 그들 입에서 정보를 다 얻어 냈답니다."

그녀는 그날 새벽 네 시에 집이 급습 당했다고 했다. 게슈타포는 카토가 유대인이 아닌 것을 알고 그녀만 풀어 주었다고 했다. "다른 사람들, 해리와 드 보어 부인, 이들은 다 어떻게 될까요?"

그 뒤 삼 일 동안 카토는 하를렘 경찰서로 갔다. 이른 아침에 경찰서로 가서 통금 시간이 될 때까지 네덜란드인이든 독일인이든 할 것 없이 아무나 붙잡고 자기 남편을 만나게 해달라고 졸랐다. 경찰서에서 쫓겨나면 길 건너편으로 가서 아무 말 없이 보도에 서서 기다렸다.

금요일 점심시간이 되기 바로 전, 상점에 손님들이 북적거리는 시간에 한 경찰관이 가게 문을 열고 들어섰다. 그는 잠시 망설이는 듯하더니 이내 가게 뒤쪽 작업실로 들어왔다. 배급 카드가 처음 전달되던 날 가게에 왔던 롤프 반 블리트 경관이었다. 그가 모자를 벗으니 붉은 빛 도는 주황색 머리카락이 또 눈에 띄었다.

"이 시계가 아직도 시간이 잘 안 맞아서요." 롤프가 말했다. 그는 손목시계를 풀어서 내 작업대 위에 올려놓고는 몸을 숙였다. 무슨 말을 하려는 거지? 내가 할 수 있는 건 그냥 듣는 것뿐이었다. "해리 드 브리스는 내일 암스테르담으로 이송될 겁니다. 만나고 싶으시면 오늘 오후 세 시에 신속히 오세요." 그러고나서 그는 이렇게 말했다. "보이나요? 초침이 숫자판 위에서 잘 안 움직이잖아요."

그날 오후 세 시. 카토와 나는 경찰서의 무거운 이중문을 열고 안으로 들어갔다. 보초를 서고 있는 당직 경관이 바로 롤프였다. "따라오십시오." 그는 퉁명스레 말했다. 그를 따라 어떤 문 하나를 통과해 천장이 높은 복도를 지났다. 그는 안에서 잠긴 철제 출입문 앞에서 걸음을 멈췄다. "여기서 기다리세요."

출입문 안쪽에서 누군가가 문을 열어 주었고 롤프가 안으로 들어갔다. 몇 분이 지나자 문이 다시 열렸고, 우리는 해리의 얼굴을 볼 수 있었다. 해리가 카토를 품에 안을 수 있도록 롤프는 뒤로 물러서 있었다.

"몇 초밖에 시간이 없어요." 롤프가 소리를 낮춰 말했다.

두 부부는 다시 떨어져 서로의 눈을 들여다보았다.

"죄송합니다. 저 사람은 이제 들어가야 해요." 롤프가 재촉을 했다.

해리는 자기 아내에게 키스를 했다. 그리고 내 손을 잡고는 엄숙하게 악수를 했다. 우리 세 사람의 눈에 눈물이 차올랐다. 해리가 비로소 입을 열었다. "저들이 우리를 어디로 데려가든, 전 그곳을 활용할 겁니다. 그곳이 바로 내가 예수님을 증거하는 장소가 될 겁니다."

롤프가 해리의 팔을 잡아끌었다.

"날마다 당신을 위해 기도할 거예요, 해리!" 쿵 닫히는 문을 향해 나는 소리를 쳤다.

누구에게도 말하지 않았지만 본능적으로 알았다. 이것이 우리 친구 불독과의 마지막 만남이라는 것을.

그날 밤 우리는 롤프 문제로 회의를 열었다. 벳시 언니와 나, 그리고 이 일을 위해 심부름꾼 노릇을 하고 있는 십대 소년소녀 열두어 명이 모였다. 롤프가 자신의 위험을 무릅쓰고 해리의 이송 소식을 알려 주었다면 그도 우리 편일지 몰랐다.

"주 예수님!" 나는 큰 소리로 기도했다. "이 일은 우리 모두는 물론 롤프에게도 위험한 일일 수 있습니다." 하지만 그렇게 기도하는 동안 이 사람에 대한 확신이 밀물처럼 밀려들었다. 선물과도 같은 이 사람에게 얼마 동안이나 도움을 받게 될 수 있을지 궁금했다.

나는 남자 아이들 중 비교적 나이가 어린 한 소년에게 다음날 롤프가 퇴근할 때 뒤를 따라가서 집이 어디인지 알아 두라고 지시했다. 조금 큰 소년들은 함부로 돌아다니다가는 공장에 끌려갈 위험이 크기 때문에 날이 어두워진 뒤에야 내보냈다. 이 소년들은 대부분 여장을 하고 다닐 때가 많았다.

그 다음 주에 나는 롤프의 집을 찾아갔다. "해리를 만난다는 게 우리에게 얼마나 중요한 일이었는지 짐작도 못하실 거예요." 사람들의 눈을 피해 무사히 그의 집에 도착한 뒤 나는 그에게 말했다. "이 진설함에 어떻게 보답을 해야 하죠?"

롤프는 그 밝은 머리칼을 손으로 쓸어 넘기며 말했다. "글쎄요, 한 가지 부탁드릴 게 있긴 한데. 경찰서 내 구치소 청소부 아줌마한테 아들 하나가 있는데 독일군에게 두 번이나 끌려갈 뻔했다고 합니다. 아줌마가 애가 타서 아들을 어디 안전한 곳으로 보내고 싶어 합니다."

"우리가 도울 수 있을 것 같네요. 그 아줌마 혹시 시계 수리할 거 있는지 알아봐 주시겠어요?"

다음 날, 우리 일을 돕겠다고 새로 자원해 온 사람 둘과 얀스 이모 방에서 이야기를 나누고 있는데 토스가 방으로 올라왔다.

지하운동 '작전'에 점점 더 많은 시간이 소요되면서 이즈음엔 토스와 아버지에게 시계포 일을 맡기는 날이 점점 많아졌다. "재미있게 생긴 아주머니가 아래층에 와 있어요." 토스가 말했다. "이름이 미셰라고 하던데요. 롤프가 보내서 왔다고 전해 달래요."

나는 식당에서 미셰를 만났다. 오랜 세월 청소를 해온 탓인지 악수를 하는데 손바닥이 가죽처럼 딱딱하고 울퉁불퉁했다. 게다가 한 뭉치나 되는 머리칼이 그녀의 턱에서 자라고 있었다. "아주 자랑스러운 아드님을 두셨다고요." 내가 말했다.

"아, 네!" 아들 이야기가 나오자 미셰의 얼굴이 환해졌다.

나는 미셰가 가지고 온 커다란 알람시계를 집어 들며 말했다. "시계는 내일 오후에 찾아가시고요, 그때 좋은 소식 전해 드릴 게요…."

그날 밤, 심부름꾼이 와서 소식을 전해 주었다. 길고 잔인한 겨울이라 은신처를 제공해 줄 농가가 얼마 되지 않는다고 했다. 그나마 튤립 농장 근처에 한 곳이 있는데, 그곳 농장주가 자신도 위험을 감수하는 만큼 그에 상응하는 보상이 필요하다고 했단다. 배급 카드에다가 숙박료(은화가 아니라 지폐로)까지 제공해야 할 터였다. 집 주인이 그런 봉사에 대해 대가를 요구하는 건 자주 있는 일이 아니었지만, 그런 요구가 있을 경우 우리는 흔쾌히 돈을 지불했다.

다음 날 아침 미세가 다시 찾아왔을 때 나는 지갑에서 지폐 하나를 꺼내어 한쪽 모서리를 찢어서 미세에게 주면서 말했다.

"이건 아드님에게 주세요. 아드님은 오늘 밤 그라븐스테넨부르크로 가야 해요. 그곳에 가면 다리 바로 옆에 나무 베어낸 자리가 하나 있을 거예요. 그 그루터기 옆에서 기다리면서 운하 쪽을 잘 보고 있으라고 하세요. 어떤 남자가 다가와 지폐를 보이면서 혹시 잔돈으로 바꿔줄 수 있냐고 물을 거예요. 그러면 아드님이 이걸로 찢어진 부분을 맞춰서 보여 주고, 아무것도 묻지 말고 그 남자를 따라가면 돼요."

벳시 언니가 식당으로 막 들어서는데 미세가 사포처럼 꺼칠꺼칠한 두 손으로 내 손을 꼭 쥐며 말했다. "이 은혜는 꼭 갚을 게요! 언제가 될지 모르지만 어떻게 해서든 꼭 은혜 갚을 길을 찾을 게요!"

언니와 나는 마주보며 미소를 나누었다. 이 조그맣고 순진한 여인이 어떻게 은혜를 갚을 수 있겠는가?

그렇게 우리의 일은 점점 확장되어 갔다. 새로운 문제가 생길 때마다 새로운 해결책 또한 찾을 수 있었다. 예를 들어 피크위크를 통해 우리는 중앙 전화교환국에서 전화선을 연결하거나 끊는 일을 관할하는 사람을 만날 수 있었다. 그는 전화 배선을 약간 바꾸고 조작해서 우리 집 전화기가 작동되게 해주었다.

뒷채 현관 홀 벽에 걸린 전화가 삼 년만에 경쾌한 벨소리를 냈을 때 얼마나 기뻤던지! 우리는 전화가 얼마나 필요했는지 모른다. 이제 우리가 우스갯소리로 "하나님의 지하운동"이라고 부르는 이 일에 팔십여 명의 네덜란드인들이 동참하고 있었다.

할머니에서부터 중년의 남성, 그리고 십대 청소년에 이르기까지 구성도 다양했다. 대부분은 서로 얼굴도 모르는 사이였다.

대면 접촉은 가능한 한 하지 않는 게 원칙이었기 때문이다. 하지만 베예는 다들 알고 있었다. 베예는 거미줄처럼 퍼져 있는 조직망의 사령부이자 중심이었고, 조직망의 올 하나하나가 다 이 매듭을 거쳐 지나갔다.

전화는 고마운 물건이기도 했지만, 조직원과 연락망이 하나하나 늘어남에 따라 새로운 위험 요소이기도 했다. 전화 벨 소리는 우리만 들을 수 있을 정도로 최대한 작게 설정해 놓았다. 하지만 전화벨이 울릴 때 누군가 홀을 지나가다가 듣는다면?

거리 위아래 사람들은 조그만 시계포에 많은 사람들이 쉼 없이 드나드는 것을 호기심어린 시선으로 지켜보며 가게가 아주 잘 되는가보다 하고 생각할 수도 있지만 과연 언제까지 그렇게 믿어줄지 그것도 문제였다. 물론 시계 수리 일은 수요가 많았다. 많은 손님들이 합법적으로 가게를 드나들었다. 하지만 초저녁에는 들어오고 나가는 사람이 너무 많았다. 통금은 이제 오후 일곱 시로 앞당겨졌고, 낮이 긴 봄철과 여름철엔 날이 채 어두워지기도 전에 통금이 시작되다 보니 조직원들이 야간에 합법적으로 거리를 돌아다닐 수 있는 시간이 전혀 없었던 것이다.

1943년 6월 1일, 한 시간 뒤면 앞당겨진 통금이 시작될 참이었다. 나는 초조한 마음으로 작업대 앞에 앉아 있었다. 이런저런 생각에 휩쓸려 일은 손에 잡히지 않았다. 여섯 명의 조직원들이 아직 돌아오지 않고 있었고, 일곱 시 전에 끝맺어야 할 일들은 많이 남아 있었다.

우선, 6월 첫 날이었기 때문에 프레드 콘스트라가 새 배급 카드를 가지고 와야 했다. 일 년 전만 해도 엄청난 일로 여겨졌던 배급 카드 백 장이 이제 우리가 필요로 하는 수많은 것들에 비하면 별 거 아닌 것이 되어 버렸다. 프레드는 우리에게 필요한 것을 공급해 주는 많은 사람들 가운데 하나일 뿐이었다. 훔쳐낸 카드가 델프트 같이 먼 곳에까지 공급될 정도였으니 말이다. 이런 식으로 얼마나 갈 수 있을까? 이 이상한 보호에 얼마나 더 의지할 수 있을까? 나는 그게 궁금했다.

골목길 쪽 출입구 벨이 울리는 바람에 생각은 거기에서 멈추었다. 벳시 언니와 내가 동시에 현관으로 갔다. 골목길에는 담요를 두른 젊은 유대인 여인이 자그마한 꾸러미를 품에 안은 채 서 있었다. 여인의 뒤에 산부인과 병원에서 인턴으로 근무하는 사람이 함께 와 있었다.

현관으로 들어선 인턴의 말이 아기가 조산으로 태어났다고 했다. 산모와 아기가 갈 데가 없다고 해서 병원에 계속 있을 수 있게 해주었는데 이미 허용된 기간이 넘어서 어쩔 수 없이 퇴원시켰다고 했다.

벳시 언니가 아기를 받아 안는 순간 프레드 콘스트라가 가게 문을 열고 들어왔다. 그는 홀에 서 있는 사람들을 보고 흠칫 놀라는 것 같았지만 곧 아무렇지도 않게 벽에 달린 전기 계량기 쪽으로 걸음을 옮겼다. 젊은 인턴은 프레드가 정말 전기 검침원인 줄 알고는 입고 있던 옷의 색깔만큼 안색이 창백해졌다. 젊은 인턴과 프레드 두 사람 다 안심시켜 주고 싶은 마음 간절했지만, 조직원들은 서로 모르면 모를수록 모두를 위해 더 안전하다는 것 때문에 그러지를 못했다. 가엾은 의사는 인사말도 채 맺지 못하고 황급히 가버렸고, 언니와 나는 프레드가 안심하고 작업을 할 수 있도록 여인과 아기를 데리고 주방으로 올라가 문을 닫았다.

언니가 저녁 식사로 준비한 수프 한 대접을 산모 앞에 떠 놓았다. 오랜 시간 푹 끓여낸 뼈 국물이었다. 아기가 기운 없는 소리로 앵앵 울기 시작했다. 아기 엄마가 수프를 먹는 동안 내가 아기를 안아 흔들어 주었다. 이제 새로운 위험이 또 한 가지 생긴 셈이었다. 이 자그마한 도피자는 시끄러운 소리를 내는 게 얼마나 어리석은 일인지 알 리가 없었으니 말이다. 많은 유대인 아이들이 베예에서 하룻밤 혹은 며칠 밤을 지내고 갔지만, 아주 어린 꼬마들까지도 마치 사냥꾼에게 쫓기는 작은 짐승처럼 기이할 만큼 조용히 머물다 가곤 했다. 그런데 태어난 지 보름밖에 안 된 이 아기는 세상이 자기를 얼마나 달가워하지 않는지 아직 알지 못했다. 이 두 사람에게는 다른 집들에서 멀리 떨어진 외딴 곳의 은신처를 구해 주어야 했다.

바로 다음 날 아침, 완벽한 해결책이 가게 안으로 뚜벅뚜벅 걸어 들어왔다. 그는 우리 가족과 친하게 지내는 목회자로, 하를렘 외곽의 작은 마을에서 목회를 하고 있었고, 그의 집은 거리에서 한참 떨어진 나무 우거진 큰 공원 안에 있었다.

"안녕하세요, 목사님." 인사를 하는 순간 내 머리 속에서 퍼즐 조각들이 딱 맞아 떨어졌다. "뭘 도와 드릴까요?"

나는 목사님이 수리해 달라고 갖고 온 시계를 들여다보았다. 아주 구하기 어려운 부품이 필요한 작업이었다. "부품 구하는 게 힘들긴 하겠지만 최선을 다해 볼게요. 목사님, 그건 그렇고 한 가지 고백할 게 있는데요."

목사님의 눈빛이 어두워졌다. "고백이라고요?"

나는 가게 뒷문을 통해 목사님을 데리고 나와 주방으로 올라갔다.

"제가 고백할 건, 저도 지금 뭔가를 찾고 있다는 거예요." 목사님은 난감하다는 듯 얼굴을 찌푸렸다. "저희 집에 지금 유대인 아기 엄마와 아기가 와 있는데 목사님 댁으로 좀 데려가 주실 수 있을까요? 그게 안 되면 두 사람은 체포될 게 거의 확실해요."

목사님의 얼굴에서 핏기가 가셨다. 그는 한 걸음 뒤로 물러서서는 이렇게 말했다. "텐 붐 양! 이렇게 불법적으로 사람을 숨겨 주는 일이나 비밀스런 일에 관여하고 있는 건 아니기 바랍니다. 이건 위험해요! 아버지를 생각하셔야죠! 언니는요? 언니는 몸도 약하지 않습니까!"

충동적으로 나는 목사님에게 잠깐 기다려 달라고 말하곤 계단을 뛰어올라갔다. 언니는 새 손님들을 빌렘 오빠가 쓰던 방에 묵게 했다. 거리에서 올려다볼 때 창문이 제일 멀리 보이는 방이었기 때문이다.

나는 아기를 잠깐 데려가겠다고 아기 엄마에게 양해를 구했다. 얼마나 조그맣던지 품에 안았는데도 아기는 거의 무게가 느껴지지 않았다.

아기를 안고 주방으로 다시 내려온 나는 아기의 얼굴을 가리고 있던 덮개를 벗겼다.

긴 침묵이 흘렀다. 목사님은 말없이 고개를 숙여 아기를 들여다보았다. 그러곤 담요를 들춰 주먹을 꼭 쥔 자그마한 손에 자기 손을 댔다. 순간 그의 얼굴에서 연민과 두려움이 서로 싸움을 벌이는 게 보였다. 그러나 그는 곧 몸을 바로 세우며 말했다. "안 돼요. 절대 안 돼요. 유대인 아이 때문에 우리 목숨을 잃을 수도 있다고요!"

언제 들어오셨는지 아버지가 문가에 서 계시다가 말했다.

"아기를 이리 다오, 코리."

아버지가 아기를 꼭 끌어안자 아버지의 흰 턱수염이 아기의 뺨을 스쳤다. 아버지는 아기처럼 푸르고 순수한 눈으로 아기의 작은 얼굴을 들여다봤다. 그러고는 고개를 들어 목사님을 보며 말했다. "이 아기 때문에 우리 목숨을 잃을 수도 있다고 말씀하셨죠. 우리 가족에게 그런 일이 생긴다면 전 그걸 최고의 영광으로 여길 겁니다."

아버지의 그 말에 목사님은 찬바람이 쌩 하게 돌아서서 방을 나가 버렸다.

그렇게 해서 우리는 별로 바람직하지 않은 해결책을 받아들이는 수밖에 없었다. 하를렘 끝자락에 피난민들을 단기간 숨겨주는 청과물 농장 한 곳이 있었다. 위치가 별로 좋은 곳은 아니었다. 그 쪽엔 게슈타포가 이미 들어가 있었기 때문이다. 하지만 당장은 다른 방도가 없었다. 그날 오후 두 사람의 조직원이 와서 여인과 아기를 그 농장으로 데려갔다.

몇 주 뒤 그 농장이 습격당했다는 소식이 전해졌다. 게슈타포가 여인이 숨어 있는 헛간으로 들이닥쳤는데, 아기가 아니라 아기 엄마가 히스테리로 비명을 지르기 시작했다고 했다. 결국 여인과 아기, 그리고 두 사람을 숨겨준 이들까지 다 잡혀갔다고 했다.

그 뒤 그들이 어떻게 되었는지 아무도 아는 이가 없었다.

전화 교환국에 우리의 친구가 있긴 했지만 우리는 베예의 전화선이 도청당하지 않는다고 확신할 수가 없었다. 그래서 우리는 시계와 관련된 말들로 우리의 메시지를 암호화하는 시스템을 만들어 냈다.

"여기 여성용 시계 수리할 게 하나 있는데요. 큰 태엽을 구할 수가 없네요. 어디 가면 구할 수 있는지 혹시 아세요?"(은신처가 필요한 유대인 여성이 한 명 있는데 정규적으로 접촉하는 곳에서는 적당한 곳을 찾을 수가 없습니다.)

"숫자판이 말썽인 시계가 하나 있어요. 숫자 하나가 헐거워져서 시계 바늘이 그 부분에서 넘어가질 못해요. 어디 이런 종류의 수리 작업 잘 하는 분 있을까요?"(누가 봐도 유대인인 걸 알 수 있게 생긴 사람이 하나 있어요. 그래서 특히 더 위험한데, 이 분 받아줄 만한 데 어디 없을까요?)

"죄송합니다만, 맡기고 가신 어린이용 시계는 수리가 불가능합니다. 영수증 가지고 계시죠?(유대인 어린아이가 은신처에서 사망했습니다. 매장 허가증이 필요해요.)

6월 중순의 어느 날 아침, 전화로 이런 메시지가 도착했다. "여기 남성용 시계 하나가 말썽인데요. 수리를 맡길 만한 데가 없습니다. 숫자판이 아주 구식이라서요…."

생김새로 봐서 유대인인 걸 금방 알 수 있는 사람이 있다는 뜻이었다. 이런 사람은 은신처를 구해 주기가 가장 힘든 경우였다. "우리 가게로 보내 주세요. 여기서 어떻게 해볼 수 있는지 제가 한번 살펴볼 게요."

그날 저녁 일곱 시가 되자마자 골목 쪽 현관 벨이 울렸다. 주방에서 장미 잎사귀와 체리 열매 꼭지로 우려낸 차를 마시고 있다가 창문으로 내려다보니 옆 얼굴만 보이는데도 그 사람이 좀 전에 전화로 말했던 구식 시계라는 걸 금방 알 수 있었다. 체형, 입은 옷하며, 서 있는 자세까지 영락없는 유대인이었다.

나는 현관으로 달려 내려가 문을 열어 주었다. "들어오세요."

삼십 대 초반의 호리호리한 체격에 미소를 머금은 얼굴, 귀는 양옆으로 툭 도드라져 나왔고 머리는 대머리에다 코끝에 아주 작은 안경을 걸친 남자가 몸을 숙여 인사를 했다. 나는 대번에 그가 마음에 들었다.

현관문을 닫자마자 남자는 자신의 담배 파이프를 꺼내들며 말했다. "제일 먼저 묻고 싶은 건, 저의 좋은 친구인 이 파이프와 작별해야 하는지 하는 겁니다. 메이어 모슬과 파이프는 쉽게 떨어질 수 있는 사이가 아니거든요. 하지만 친절하신 숙녀분, 담배 냄새가 옷에 배는 게 싫으시다면 제 친구 니코틴에게 기꺼이 작별을 고하겠습니다."

웃음이 터져 나왔다. 우리 집을 찾아온 유대인 중 이렇게 명랑한 얼굴로 첫 대면을 하면서 우리가 불편할까 신경 쓰는 사람은 그가 처음이었다.

"당연히 파이프는 계속 갖고 계셔야죠!" 내가 말했다. "저희 아버지도 시가를 피우신답니다. 요즘엔 잘 구할 수도 없지만."

"아! 요즘은 그렇죠!" 메이어 모슬은 어깨를 크게 한번 들썩였다. "사방이 야만인 천지인데 뭘 기대할 수 있겠습니까?"

나는 그를 주방으로 데리고 올라갔다. 식탁에는 모두 일곱 사람이 둘러앉아 있었다. 은신처가 마련되기를 기다리는 유대인 부부, 지하 운동 조직원 세 사람, 그리고 아버지와 벳시 언니였다. 메이어 모슬의 시선은 곧장 아버지에게로 향했다.

"아, 족장님이시군요!"

아버지를 정확히 묘사한 표현이었다. "족장이 아니라 선택된 백성들의 형제이지요!" 아버지도 유머러스하게 받아치셨다.

"시편 166편을 암송하실 수 있습니까, 어르신?"

메이어의 말에 아버지가 빙긋 웃으셨다. 물론 성경에 시편 166편은 없다. 시편은 150편에서 끝난다. 메이어의 말은 농담임에 분명했고, 성경에 관련된 농담만큼 아버지를 유쾌하게 하는 것도 없었다.

"시편 166편이라고요?"

"제가 암송해 볼까요?" 메이어가 말했다.

아버지가 고개를 끄덕하자 메이어가 정말로 성경 구절을 외우기 시작했다.

"하지만 그건 시편 100편이잖소!" 아버지가 중간에 끼어들었다. 그러고는 아버지 얼굴이 갑자기 환해졌다. 시편 66편과 시편 100편의 도입부가 똑같다는 게 생각난 것이다. 메이어는 아버지에게 시편 100편과 66편을 외워 보시라고 한 거였다. 그날 저녁 내내 아버지가 "시편 166편이라!" 하시며 껄껄 웃는 소리가 끊이지 않았다.

여덟 시 사십오 분이 되자 아버지는 책꽂이에서 놋쇠로 테두리를 두른 성경책을 꺼내셨다. 예레미아서를 펼쳐 오늘 읽을 부분을 찾으신 아버지는 갑자기 생각났다는 듯 맞은편에 앉은 메이어에게 성경책을 건넸다.

"오늘밤엔 선생께서 성경을 읽어 주신다면 영광이겠습니다."

메이어는 조심스럽게 성경을 받쳐 들고 자리에서 일어나 주머니에서 조그만 기도 모자를 꺼내 썼다. 이어 노래 같기도 하고 탄원 같기도 한 옛 선지자의 말이 그의 목청 깊숙한 곳에서 흘러나왔다. 얼마나 절절하고 실감나게 읽던지 포로 신세였던 유대 백성들의 부르짖음이 귀에 들리는 것 같았다.

나중에 들으니 메이어 모슬은 암스테르담에 있는 회당의 성가대 독창자였다고 했다. 겉으로 보기엔 더할 수 없이 쾌활해 보였지만 그는 많은 아픔을 겪은 사람이었다. 가족들은 거의 다 잡혀갔고, 아내와 아이들은 북부의 한 농장에 피신 중인데 그곳에서 유독 메이어만은 받아들이기를 거부했다고 했다. "분명한 이유가 있어서였죠." 그는 누가 봐도 유대인임을 알아볼 수 있는 그 얼굴을 한번 찡긋해 보이며 말했다.

이 호감 가는 남자가 머물 곳은 우리 집뿐이라는 사실이 점차 분명해졌다. 이상적인 은신처는 아니었지만, 지금 당장은 이보다 더 적당한 곳이 없었다.

어느 날 저녁 나는 메이어에게 말했다. “이제 이름 때문에 정체가 드러날 일도 없을 거예요.” 빌렘 오빠가 교회사를 공부하던 때 어깨 너머로 알게 된 4세기의 덕망 높은 교부 유세비우스의 이름을 나는 기억하고 있었다.

“이제부터 우리는 선생님을 유세비우스라고 부를까 하는데요.” 키크를 비롯한 우리 식구들은 위조된 여행 허가증을 전하러 왔다가 통금에 발이 묶인 몇몇 청년들과 함께 얀스 이모 방에서 시간을 보내던 중이었다.

메이어는 의자에 등을 기댄 채 천장을 바라보며 생각에 잠겼다. 그리고 잠시 후 입에 물고 있던 파이프를 내려놓으며 말했다. “유세비우스 모슬이라…. 아니에요, 어감이 별로 좋지 않아요. 아예 유세비우스 젠타일Gentile(유대인이 아닌 이방인을 뜻함) 모슬이라고 하죠?”

모두들 웃음을 터뜨렸다. “그만 웃겨요.” 벳시 언니가 말했다. “모슬이라는 성도 붙여선 안 돼요.”

키크가 아버지를 향해 짓궂게 말했다. “할아버지, 스미트는 어때요? 요즘 유행하는 이름인데.”

“그 정도가 아니던 걸!” 아버지는 키크가 장난하는 줄도 모르고 말했다. "그 이름이 인기가 아주 엄청나더구나!"

그렇게 해서 메이어는 유세비우스(유시) 스미트가 되었다.

메이어의 이름을 바꾸는 건 아주 쉬웠다. 순식간에 "유시"가 되었으니 말이다. 하지만 유시에게 유대인의 규례에 맞지 않는 음식을 먹여야 한다는 건 또 이야기가 달랐다. 문제는 우리가 음식을 가릴 처지가 아니었고 뭐든 먹을 걸 구할 수 있다는 것 자체를 황송히 여겨야 할 형편이었다는 것이다. 독일에 점령당한 지 삼 년째인 올해, 우리는 먹을거리를 구할 수만 있다면 몇 시간씩 줄을 서서 기다리는 것도 마다하지 않았다.

어느 날 신문을 보니 4번 쿠폰으로 돼지고기 소시지를 구할 수 있다고 했다. 몇 주만에 먹어 보는 고기였다. 벳시 언니는 잔치 준비를 했고, 나중에 다른 음식에 맛을 낼 때 쓰려고 소시지에서 나오는 기름 한 방울 버리지 않고 모아 두었다.

"유시!" 언니는 소시지와 감자를 섞어 만든 요리 냄비를 식탁으로 옮기며 말했다. "드디어 때가 되었군요."

유시는 탁탁 소리가 나게 파이프 재를 털어 내면서 곤혹스러움을 드러냈다. 율법에서 말하는 정결한 음식만 먹던 그, 훌륭한 가문의 맏아들의 맏아들인 그, 그 메이어 모슬 유세비우스 스미트에게 언니는 돼지고기 요리를 먹으라고 정중히 요청하고 있는 것이었다.

언니는 그의 앞에 놓인 접시에 소시지와 감자를 덜어놓으며 말했다. "맛있게 드세요."

모두들 오랫동안 고기 구경을 못한 터라 음식 냄새를 맡으니 저절로 입에 침이 고였다. 유시는 혀로 입술을 축이고는 말했다. "물론이죠, 탈무드에 보면 이런 경우에 대한 조항이 있습니다." 그는 포크로 고기를 찔러 게걸스럽게 베어 물고는 눈을 치켜뜨며 더할 수 없이 만족스런 표정을 지었다. "저녁 식사가 끝나자마자 또 먹고 싶을 것 같은데요."

오랜 망설임 끝에 유시를 받아들이고 일주일이 되기도 전에 마치 기다렸다는 듯 우리 식구는 세 사람이나 늘어났다. 가장 먼저 합류한 사람은 시계포 견습공인 예오페로, 그는 교외에 있는 부모님 집에서 날마다 출퇴근을 하다가 두 번이나 공장으로 잡혀갈 뻔했다. 두 번이나 그런 일을 당하자 예오페의 부모는 아들이 베예에서 먹고 자며 일을 해도 되겠느냐고 물었고, 우리는 좋다고 했다. 다른 두 사람은 젊은 변호사 헹크와 교사인 렌더트였다. 렌더트는 베예에 숨어 사는 사람들에게 특별히 의미 있는 도움을 주었다. 전자 경보 장치를 설치해 준 것이다.

이즈음 나는 키크 못지않게 능숙한 솜씨로 밤중에 피크위크 집에 다녀올 수 있게 되었다. 어느 날 저녁 그의 집에 가서 커피 한 잔을 막 받아들었는데, 언제나처럼 한쪽 눈이 벽으로 향한 그 친구가 나를 앉혀 놓고 한 가지 훈시를 했다.

"코넬리아!" 그는 그 육중한 체구를 감당하기엔 너무 작아 보이는 벨벳 의자에 털썩 앉으며 말했다. "집에 경보 장치가 없는 걸로 알고 있는데, 그건 정말 바보짓이에요. 경보 장치가 없으니 손님들에게 긴급 상황에 대피하는 연습도 시키지 않을 테지요." 피크위크가 베예의 상황을 그렇게 잘 알고 있는 게 늘 놀라웠다.

"저들은 언제라도 불시에 급습해 올 수 있어요. 피할 수가 없는 일이지요. 수많은 사람들이 가게에 드나들고 있고, 게다가 NSB 요원 한 사람이 길 건너 가게 위층에 살고 있잖아요."

그는 계속 이어 말했다. "밀실이 있어도 사람들이 제때 그 방으로 들어갈 수 없다면 있으나 마나예요. 내가 그 렌더트라는 사람을 아는데요, 아주 쓸 만한 전기공이죠. 그 사람에게 부탁해서 방마다 경보기를 달아 달라고 하세요. 그리고 1분 안에 아무 흔적도 없이 밀실로 숨을 수 있도록 사람들을 반복 훈련시키세요. 내가 사람을 보내서 방법을 일러 줄게요."

렌더트가 주말에 전기 작업을 했다. 우선 계단 맨 꼭대기 가까이에 경보기를 설치했다. 경보기 소리는 집안에서는 다 들을 수 있지만 밖에는 들리지 않을 정도로 크기를 조절했다. 그런 다음, 긴급 상황을 제일 먼저 알아차릴 수 있을 만한 지점마다 경보기와 연결되는 버튼을 설치했다. 하나는 주방 창문 옆의, 골목 쪽 현관문을 비추는 거울 바로 아래에 설치했다. 또 하나는 계단이 끝나는 현관문 바로 안쪽 홀에 설치했고, 세 번째 버튼은 시계포의 바르텔요리스트라트 쪽 출입문 안쪽에 설치했다. 시계포 계산대 뒤에도 하나를 달았고, 작업실의 작업대마다 하나씩, 그리고 얀스 이모 방 창문 밑에도 하나 달았다.

우리는 경보 시스템을 첫 시험 가동할 준비를 했다. 우리 집에 은신하고 있는 네 식구는 이미 하루에 두 번씩 밀실로 올라가곤 했다. 아침에는 잠옷과 침구와 세면용품을 감춰 두러 올라가고, 저녁에는 낮에 쓴 물건들을 갖다 두러 올라갔다. 사정이 있어 우리 집에서 밤을 보내게 되는 조직원들도 비옷이나 모자 등 올 때 가지고 온 물건들은 다 그 방에 갖다 두었다. 밀실을 만드느라 그러지 않아도 폭이 1미터는 좁아진 내 침실은 그렇게 들락거리는 사람들로 늘 북적였다.

밤중에 자다가 깨서 보면, 긴 겉옷에 술 달린 나이트캡을 쓴 유시가 밀실의 판자문 틈으로 낮에 입었던 옷을 집어넣고 있는 광경이 보일 때가 많았다.

반복 훈련을 하는 목적은, 사전 통고가 없을 경우 밤이나 낮 어느 일정한 때에 사람들이 얼마나 신속하게 밀실로 대피할 수 있는지 알아 보려는 것이었다. 어느 날 아침, 안색이 누르스름한 청년 하나가 찾아왔다. 나에게 훈련법을 가르치기 위해 피크위크가 보낸 사람이었다.

"스미트라고?" 청년이 자기 소개를 하자 아버지가 소리를 치셨다. "정말 놀랍구먼! 요즘 우리 집엔 스미트가 연속 찾아오는 구려. 보아하니 누구랑 많이 닮은 것 같은데…."

스미트 씨는 족보를 따져 물으려 하는 아버지에게 공손히 양해를 구하고 나를 따라 계단을 올랐다. "식사 시간 말입니다. 저들은 주로 그 시간에 습격을 많이 하죠. 한밤중도 마찬가지이고요." 그는 이 방저 방을 성큼성큼 옮겨 다니며 이 집에 우리 세 식구 말고 다른 이들이 살고 있다는 증거들을 하나하나 집어 냈다. "쓰레기통과 재떨이를 조심하세요."

그는 한 방문 앞에서 걸음을 멈추었다. "한밤중에 습격이 있을 경우엔 침대 시트와 담요를 치워야 할 뿐만 아니라 매트리스도 뒤집어

놓아야 합니다. SD가 자주 잡아 내는 허점인데요, 침대에 온기가 있는지 없는지 만져 본다는 겁니다.

스미트 씨는 우리와 점심을 함께 먹었다. 그날 식사를 함께 한 사람은 모두 열한 명으로, 지난밤 도착한 유대인 부인 한 사람, 유대인이 아닌 한 여인과 그녀의 어린 딸, 그리고 그들의 "호위자" 역할을 한 지하운동 조직원들이 포함된 숫자였다. 여자들은 점심 식사 뒤 곧 브라반트에 있는 한 농장으로 떠날 예정이었다.

벳시 언니가 스튜 접시를 모두에게 돌렸다. 고기가 들어 있지 않아도 별로 섭섭하지 않을 만큼 솜씨를 발휘해 만든 요리였다.

그때였다. 아무 예고도 없이 스미트 씨가 갑자기 의자 등받이 쪽으로 몸을 빼더니 창문 밑에 있는 버튼을 눌렀다.

계단 꼭대기에서 버저가 울렸다. 사람들이 용수철처럼 튕겨 일어나 잔과 접시를 포개들고 앞 다투어 계단으로 올라갔다. 고양이가 깜짝 놀라 커튼으로 풀쩍 뛰어올랐다.

"더 빨리!", "소리 내지 말고요!", "이거 흘렸잖아요!" 스미트 씨가 낮게 고함을 지르는 동안 아버지와 언니와 나는 세 사람이 식사중이었던 것처럼 보이게 급히 식탁과 의자를 다시 정리했다.

"아니에요, 제 자리는 남겨 두세요." 스미트 씨가 지시했다.

"점심 때 손님 한 사람 정도는 있을 수 있잖아요? 저 부인과 따님도 그냥 앉아 있어도 괜찮았어요."

이윽고 우리는 다시 자리를 잡고 앉았고, 윗층엔 정적이 감돌았다. 경보기가 울리던 순간으로부터 사 분이 지나 있었다.

1943년, 두 유대인 여성이 은신처로 대피하는 훈련을 하고 있다.

잠시 후 윗층으로 대피했던 사람들까지 모두 다시 식탁으로 모였다. 스미트 씨는 변명할 수 없는 증거들을 식탁 위에 늘어 놓았다. 계단에 떨어져 있던 숟가락 두 개와 당근 조각, '비어 있는' 침실에서 발견한 파이프 담뱃재 등이 바로 그것이었다.

모두의 시선이 유시에게로 향하자 그의 큼지막한 귀가 빨갛게 물들었다. "저것도요." 스미트 씨는 벽의 옷걸이에 걸려 있는 모녀의 모사를 가리켰다. "숨어야 할 때에는, 우선 자기가 이 집에 들어올 때 가지고 왔던 게 무엇인지 생각해 보세요. 게다가 모두들 움직이는 속도가 너무 느려요."

다음 날 밤, 내가 경보기를 또 한 번 울렸고, 이번에는 대피 시간이 1분 33초 단축되었다. 다섯 번째 연습에서는 총 소요 시간이 2분으로 줄어 들었다. 모든 과정이 1분 이내에 진행되어야 한다는 피크위크의 이상에는 미치지 못했지만, 여러 번 연습을 통해 우리는 무슨 일을 하고 있었든지 70초 안에 모든 걸 다 숨기는 법을 터득했다. 아버지와 토스와 나는 게슈타포가 가게를 통해 들어올 경우 써먹을 수 있도록 "시간을 버는 기술"을 연구했다.

저들이 골목길 쪽 출입문으로 들어올 경우에 대비해 벳시 언니도 비슷한 기술을 고안해 냈다. 그렇게 시간을 지체시키는 작전을 통해 우리는 사람의 생명을 살리는 또 한 번의 70초를 확보할 수 있기를 바랐다.

대피 연습은 사람들의 의식 속에 자리 잡고 있는 두려움(절대 입 밖에 내지는 않았지만 언제나 상존하는)을 생생한 현실로 불러일으켰다. 그래서 우리는 훈련을 전적으로 심각하게만 진행하지는 않으려 애를 썼다. "게임처럼 합시다!" 우리는 서로에게 그렇게 말하곤 했다. "기록 깨뜨리기 시합을 하자고요!" 우리 조직원 중에 옆 블록에서 빵집을 하는 사람이 있었다. 나는 매달 초 설탕 쿠폰을 그 빵집에 맡겨 놓았다가, 대피 훈련을 할 때가 되었다 싶으면 슈크림을 한 봉지 사가지고 와서(단 것이라곤 맛볼 수가 없던 때이니만큼 그만한 호사가 없었다) 내 작업대 밑에 감춰 두었다가 대피 훈련이 잘 되었을 때 상으로 내놓곤 했다.

슈크림 주문량은 매번 늘어 났다. 이 즈음, 우리 집 식구는 훈련을 처음 시작했던 사람들 외에 세 명이 더 늘어 났다. 그 세 사람은 테아 다코스타, 메타 몬산토, 메리 이탈리였다.

일흔여섯 살의 메리 이탈리는 우리 집에 머무는 손님들 중 가장 연장자였는데, 나이가 가장 많은 만큼 가장 큰 문제도 안고 있었다. 처음에 메리가 우리 집으로 들어서는 순간 천식 환자 특유의 씩씩대는 숨소리가 들렸다. 다른 손님들이 그녀를 집에 들이고 싶어 하지 않을 게 분명했다.

메리의 상태가 다른 사람들의 안전에 위협이 되기 때문에 우리는 이 문제로 회의를 열었다. 제일 걱정이 많은 일곱 사람(유시·예오페·헹크·렌더트·메타·테아·그리고 메리 본인)에 아버지, 벳시 언니, 그리고 나까지 얀스 이모 방에 모였다.

"별 일 아닌 척하는 건 의미가 없겠죠." 내가 먼저 입을 열었다. "메리 아주머니에게 문제가 좀 있잖아요. 계단을 오른 뒤에 특히 더 심해지죠. 그런데 그 문제가 우리 모두를 위험에 빠뜨릴 수 있답니다."

모두들 아무 말이 없어서, 메리의 괴로운 숨소리가 유독 더 크게 들렸다.

"제가 한마디 해도 될까요?" 유시가 물었다.

"물론이죠."

"우리가 이 댁에 이렇게 신세를 지게 된 건 저마다 이런저런 어려움이 있기 때문인 걸로 알고 있습니다. 우리는 고아나 마찬가지입니다. 다른 어느 집에서도 우리를 원치 않았어요. 비단 메리뿐만 아니라 우리 중 누구라도 나머지 사람들을 위험에 빠뜨릴 수 있습니다. 저는 메리 아주머니도 여기 머물러야 한다는 쪽입니다."

"좋아요." 변호사 헹크가 말했다. "표결로 결정합시다."

주춤주춤 손들이 올라가고 있는데 메리가 어렵게 한 마디 했나. "무기명 투표로 해요. 다른 사람 눈 때문에 난처할 수도 있잖아요."

헹크가 옆 방에서 종이 한 장을 가지고 와서 길게 아홉 조각으로 찢었다. 그는 "세 분도 받으세요"라고 하면서 아버지와 언니와 나에게도 종이를 건넸다. "우리가 발각되면 세 분도 우리와 똑같이 고초를 당할 테니까요."

그는 연필까지 돌리고 나서 말했다. "위험이 너무 크다고 생각되면 '노'라고 적으시고, 함께 머물러야 한다고 생각하시면 '예스'라고 적으세요."

잠시 연필이 사각거리는 소리가 났고, 헹크가 쪽지 접은 것을 받아 모았다. 그는 아무 말 없이 쪽지들을 펼쳐 본 다음 메리의 무릎에 올려 놓았다.

아홉 개의 쪽지 모두 "예스"라고 적혀 있었다.

이렇게 해서 우리의 '가족'이 형성되었다. 다른 사람들은 우리 집에 하루 혹은 길어야 일주일 정도 머물렀지만, 이 일곱 사람은 줄곧 함께 살며 행복한 우리 집의 중심 역할을 했다. 그런 시대, 그런 상황에서 우리의 삶이 행복할 수 있었던 것은 벳시 언니의 공이 컸다. 손님들은 활동 폭이 아주 제한되어 있었기에 벳시 언니가 주도하는 저녁 시간은 이들에게 넓은 세상으로 향하는 문이 되어 주었다. 때로 우리는 음악회를 열었다. 렌더트가 바이올린을 켰고, 정말 뛰어난 음악가였던 테아가 피아노를 맡았다. 어느 날은 벳시 언니가 "본델(네덜란드의 세익스

1943년의 베예 가족. 코리, 아버지, 벳시(오른쪽에서 세 번째), 유대인 손님들과 네덜란드 지하운동 조직원들.

피어)의 밤"을 선포하기도 했다. 그런 날이면 우리는 본델의 작품을 한 구절씩 읽었다. 언니는 일주일에 한 번씩 유시에게 히브리어 강습을 맡겼고, 또 하루는 메타에게 이탈리아어를 배우자고 했다.

저녁 활동은 짧게 끝내야 했다. 이즈음엔 전기가 저녁에 잠깐 들어올 뿐이었고, 양초는 비상시를 대비해 아껴 두어야 했기 때문이다. 전등이 깜박이며 흐릿해지면 우리는 주방으로 내려갔다. 주방에는 내 자전거가 자전거 지지대에 세워져 있었는데, 식구들 중 한 사람은 자전거에 오르고 나머지는 의자에 앉았다. 자전거에 앉은 사람은 있는 힘을 다해 페달을 밟아 헤드라이트를 밝혔고 그러면 누군가가 책을 펼쳐 어제까지 읽었던 부분을 찾아 이어서 읽기 시작했다. 페달 밟는 사람의 다리에 힘이 빠지거나 책 읽는 사람이 목이 아프면 다른 사람이 자전거에 오르거나 책을 건네받아 읽었다. 그런 식으로 해서 우리는 역사책, 소설책, 희곡책들을 독파했다.

아버지는 아홉 시 십오 분만 되면 침실로 올라가셨지만, 우리는 이 유쾌한 흐름을 깨고 싶지 않아 머뭇거리며 밤이 깊어가는 것을 아쉬워했다. 그렇게 꾸물거리다가 결국 각자의 방으로 들어가려고 할 때쯤이면 유시가 이렇게 말하곤 했다. "아, 오늘 밤에 대피 훈련 한번 했으면 좋겠네요! 슈크림 구경 못한 지가 거의 일주일이나 됐잖아요."

먹구름이 몰려오다
_8장

저녁 시간이 즐겁고 유쾌했다면, 낮 시간은 점점 긴장이 더해 갔다. 우리는 식구가 너무 많았고, 조직이 너무 방대해졌고, 연락망이 너무 널리 퍼져 있었다. 일 년 반 동안 우리는 들키지 않고 이중생활을 해왔다. 겉으로 보기에 여전히 우리는 작은 가게 위층에 노처녀 딸 둘을 데리고 사는 늙은 시계공의 집이었다. 그러나 실제의 베예는 네덜란드 땅 구석구석까지 뻗쳐 있는 지하 조직 동맹의 중심이었다. 낮이면 이곳으로 수많은 조직원이 드나들었고, 많은 보고 사항과 요구 사항들이 올라왔다. 자칫 실수를 저지르는 건 시간 문제였다.

특히 걱정되는 건 식사 시간이었다. 식구가 많다 보니 식사 때마다 의자를 비스듬히 둘러놓아야만 식구 수대로 식탁에 의자를 놓을 수 있었다. 고양이는 이런 자리 배치를 좋아했다. 유시는 고양이에게 '마헤르 샬랄 하쉬바즈'라는 히브리어 이름을 지어 주었는데, 뜻은 대략 "말썽만 부리고 먹는 것만 밝히는"이란 뜻이었다. 의자들이 촘촘히 놓여 있는 덕분에 M. S. 하쉬바즈는 사람들의 어깨를 타고 식탁을 한 바퀴 돌 수 있었다. 식사 때마다 녀석은 신나게 갸르릉 거리며 어깨를 타고 돌아다녔다.

하지만 나는 식구들이 많은 게 불안했다. 주방은 길에서 겨우 다섯 계단 위에 있어서, 키가 큰 사람은 지나가다 창문으로 들여다볼 수 있을 정도였다. 그래서 우리는 창문에 흰 커튼을 달았다. 흰 커튼은 빛이 통과되는 일종의 가리개 역할을 해주었다. 하지만 정말로 이 공간이 우리 식구들만의 공간이라고 느껴지는 건 밤이 되어 사방이 캄캄해질 때뿐이었다.

어느 날 점심 식사 때였다. 무심코 창 밖을 내다보았는데, 얇은 커튼 사이로 골목길에 누가 서 있는 게 보이는 것 같았다. 한 일 분쯤 뒤에 다시 내다보았는데 그 사람은 계속 그 자리에 있었다. 안에서 무슨 일이 벌어지는지 알고 싶은 사람이 아닌 한 거기 그렇게 머물러 있을 이유가 없었다. 나는 의자에서 일어나 커튼을 살짝 벌려 보았다.

뭔가 두려움에 얼어붙은 듯 골목길 저편에 꼼짝 않고 서 있던 사람은 뜻밖에도 놀리 언니 집에 살고 있는 카트리엔 부인이었다!

나는 계단을 뛰어 내려가 문을 열고 부인을 안으로 끌어당겼다. 8월의 더운 날씨였음에도 노부인의 손은 얼음장처럼 차가웠다. "카트리엔! 여긴 웬일이세요? 왜 거기 서 계신 거예요?"

"그 여잔 미쳤어요!" 부인은 흐느끼며 말했다. "당신 언니는 미쳤다고요!"

"놀리 언니가요? 무슨 일이 있었군요!"

"그 사람들이 왔어요! SD 말이에요. 무얼 알고 왔는지, 누가 말해 줬는지는 모르겠어요. 당신 언니하고 아날리스하고 거실에 있었는데, 당신 언니가 하는 말을 내가 들었어요!" 부인은 다시금 흐느끼기 시작했다. "내가 들었다고요!"

"무얼 들었다는 거예요?" 나는 거의 고함을 치다시피 물었다.

"당신 언니가 그 사람들에게 하는 말을 들었다고요! 그 사람들이 아날리스를 가리키며 '이 여자 유대인인가?'라고 물었어요. 그랬더니 당신 언니가 '그렇다'고 대답했어요."

무릎이 후들거렸다. 아날리스, 완벽한 호적 서류를 갖고 있던 젊고 아름다운 금발의 아날리스. 그녀는 우리를 철석같이 믿었는데! 아, 놀리 언니, 고지식할 정도로 정직한 언니가 일을 저지르고 말았구나!

"그래서 어떻게 됐어요?"

"몰라요. 난 뒷문으로 도망쳐 나왔으니까요. 그 여잔 미쳤어요!"

나는 식당에 카트리엔을 남겨 두고 자전거를 끌고 나와 놀리 언니 집을 향해 전속력으로 날렸다. 오늘은 바겐베그의 하늘이 넓어 보이질 않았다. 보스 엔 호벤 스트라트의 모퉁이를 돌아선 나는 숨을 헐떡이며 가로등 기둥에 자전거를 기대 세웠다. 턱까지 차오르는 숨을 잠시 가다듬은 나는 최대한 아무렇지 않은 척 어슬렁거리는 걸음걸이로 보도로 올라가 언니 집으로 향했다. 바로 앞 길모퉁이에 자동차가 한 대 세워져 있는 것만 빼면 모든 것이 거짓말처럼 평온했다. 나는 언니 집 앞을 그냥 지나쳐 걸었다. 흰 커튼 뒤에서는 아무 소리도 들리지 않았다. 똑같이 생긴 양 옆의 집들과 특별히 구별될 만한 점이 아무것도 없었다.

길모퉁이를 막 돌아섰을 때였다. 문이 열리면서 놀리 언니가 나왔고, 언니 뒤로 갈색 양복을 입은 남자 하나가 따라 나왔다. 일 분쯤 지나 또 한 남자가 아날리스를 반은 끌고 반은 부축하면서 데리고 나왔다. 그 젊은 여인의 얼굴은 분필처럼 희고 창백했다. 자동차가 세워진 데까지 가는 동안 그녀는 두 번이나 기절 직전까지 갔다. 네 사람이 차에 오르고 문이 쾅 닫히고 엔진이 부르릉거리더니 이내 시야에서 사라졌다. 나는 불안해서 눈물이 흐르려는 것을 애써 참으며 베예로 돌아왔다. 우리는 놀리 언니가 베예에서 모퉁이 하나를 돌면 있는 경찰서로 끌려가 구치소 독방에 갇혔다는 걸 곧 알게 되었다. 하지만 아날리스는 암스테르담에 있는 오래된 유대인 극장으로 보내졌다가 거기서 독일과 폴란드에 있는 유대인 몰살 수용소로 보내질 거라고 했다.

구치소에 갇힌 놀리 언니와 연락이 닿게 해준 사람은 미셰였다. 근심 걱정에 찌들린 얼굴에 등까지 구부정했던 여인, 우리가 저 여인에게 도움 받을 일이 뭐 있겠는가 싶었던 그 미셰 말이다. 미셰의 말이 언니는 감방에서도 의연함을 잃지 않고 감미로운 소프라노 목소리로 찬송가와 노래를 부르고 있다고 했다.

자기를 믿고 있던 사람을 배신했으면서 그 와중에 어떻게 노래가 나올 수 있을까? 미셰는 벳시 언니가 놀리 언니를 위해 아침마다 굽는 빵을 감방으로 날랐고, 놀리 언니가 제일 좋아하는, 주머니에 꽃자수가 놓인 푸른색 스웨터도 갖다 주었다.

미셰는 놀리 언니의 메시지도 우리에게 전해 주었다. 언니가 특별히 나에게 전한 말은 이랬다. "아날리스에게는 나쁜 일이 일어나지 않을 거야. 하나님은 아날리스가 독일로 끌려가게 놔두시지 않을 걸. 내가 하나님께 순종한 것 때문에 그녀가 고통당하게 만드시지는 않을 거야."

놀리 언니가 잡혀 들어간 지 엿새째 되는 날, 전화벨이 울렸다. 피크위크의 목소리였다. "아, 저 혹시 그 시계를 직접 갖다 주실 수 있겠는지요?"

무언가 전화로는 말할 수 없는 용건이 있다는 뜻이었다. 나는 즉시 자전거를 타고 아에더하우트로 향했다. 안전장치로 남성용 시계 하나를 가지고서 말이다.

응접실로 들어가 문을 닫고 나서야 피크위크는 말했다. "어젯밤 우리 쪽에서 암스테르담에 있는 유대인 극장을 기습했대요. 마흔 명의 유대인이 구조됐다는군요. 그 중에 한 젊은 여성이 놀리에게 이 소식을 꼭 알려야 한다고 했다는데요. '아날리스가 풀려났다'고 말이에요." 그는 한쪽 시선을 나에게 고정시키며 물었다. "이 메시지가 무슨 뜻인지 알겠어요?"

나는 안도감과 기쁨에 할 말을 잃고 고개만 끄덕였다. 놀리 언니는 어떻게 알았을까? 어떻게 그렇게 확신했을까?

하를렘 구치소에서 열흘을 지낸 후 놀리 언니는 암스테르담에 있는 연방 교도소로 이송됐다.

피크위크의 말에 의하면, 교도소 병원을 담당하는 독일인 의사는 수감자에게 건강상 문제가 있을 경우 석방될 수 있도록 조치해 주기도 하는 인정 많은 사람이라고 했다. 나는 그 의사를 만나러 한달음에 암스테르담으로 갔다. 하지만 그의 집에 도착해 현관홀에서 기다리는 동안 나는 생각해 보았다. 무슨 말을 해야 하나? 어떻게 해야 이 사람에게 호감을 살 수 있을까?

엄청나게 큰 도베르만 개 세 마리가 방을 왔다갔다하면서 이따금 내 다리와 손에 코를 대고 킁킁거렸다. 그때, 자전거 헤드라이트 불빛 아래서 함께 읽었던 데일 카네기의 「인간관계론」이란 책이 생각났다. 카네기가 주장한 인간관계 기술 중에 '상대방의 취미를 알아 내라'는 게 있었다. 이 의사 선생의 취미는 … 애완견 기르기가 아닐까 ….

안으로 들어갔던 하녀가 나와서 작은 응접실로 나를 안내했다.

"굉장히 멋진 분이시군요!" 나는 소파에 앉아 있는 회색빛 머리의 남자에게 독일어로 말했다.

"멋지다고요?"

"네, 이 잘 생긴 개들을 데리고 오신 걸 보니 말이에요. 가족들과 떨어져 계시니 개들이 좋은 친구가 되어 주겠죠?"

의사의 얼굴이 환해졌다. "개를 좋아하시는군요?"

내가 개에 대해 아는 것이라고는 해리 드 브리스의 불독들 뿐이었다. "불독을 제일 좋아하죠. 불독 좋아하세요?"

"사람들은 잘 모르지만 불독은 아주 정이 많은 녀석들이죠." 의사는 신이 나서 말했다.

나는 개에 대해 어디서 들었거나 책에서 본 내용을 머릿속에서 있는 대로 다 쥐어 짜내가며 십 분 정도 이야기를 나누었다. 그때 갑자기 의사가 소파에서 벌떡 일어서며 말했다. "하지만 개 이야기를 하러 여기까지 오신 건 아닐 텐데요. 하고 싶은 얘기가 뭡니까?"

나는 그와 눈을 마주쳤다. "여기 암스테르담 교도소에 저희 언니가 수감되어 있습니다. 언니가 잘 있는지 … 궁금해서요."

의사는 씩 웃으며 말했다. "그러니까, 개한테는 전혀 관심이 없는 거군요."

"지금은 관심이 있습니다." 나 역시 미소를 지어 보이며 대답했다.

"하지만 언니 문제에 훨씬 더 관심이 많죠."

"언니 이름이 뭔가요?"

"놀리 반 보어덴입니다."

의사는 방에서 나갔다가 갈색 공책 하나를 가지고 다시 들어왔다. "네, 최근에 도착한 죄수들 중에 있군요. 언니 얘기를 좀 해보시죠. 무슨 일로 수감된 거죠?"

나는 뒷일은 운에 맡긴 채 의사에게 다 털어놓았다. 유대인을 숨겨준 것이 놀리 언니의 죄목이라고 말이다. 그리고 언니는 여섯 아이의 어머니이며, 어머니의 손길이 없으면 이 아이들은 국가의 짐이 될 것이라고도 말했다(막내가 열일곱 살이라는 말은 하지 않았다).

"그렇군요, 알겠습니다." 의사는 응접실 문 쪽으로 가며 말했다. "이제 가셔도 좋습니다."

나는 놀리 언니가 잡혀 들어간 이래 가장 들뜬 기분이 되어 기차를 타고 하를렘으로 돌아왔다. 하지만 하루 이틀, 일주일이 지나고 이주일이 지났는데도 아무런 소식이 들려오지 않았다. 나는 다시 암스테르담으로 갔다. "그 도베르만 개들이 잘 지내고 있는지 보려고 왔습니다." 나는 의사에게 그렇게 말했다.

그는 지난 번처럼 반가워하지 않았다. "자꾸 이러시면 안 됩니다. 개 얘기를 하러 온 게 아니라는 거 알고 있습니다. 시간을 좀 주셔야 합니다."

우리는 그저 기다리는 수밖에 없었다.

9월의 어느 맑은 날 오후, 우리 열일곱 식구가 좁은 식탁에 간신히 둘러앉아 있을 때였다. 내 맞은편에 앉아 있던 닐스의 얼굴이 갑자기 창백해졌다. 우리 조직원인 닐스는 카트리엔이 알크마르 북부의 한 농장에 무사히 도착했다는 소식을 알려 주러 온 참이었다. 닐스는 나지막한 목소리로 침착하게 말했다.

"돌아보지 마세요. 누가 커튼 위쪽 창 밖에서 내려다보고 있어요."

커튼 위쪽이라고? 거긴 높이가 3미터는 될 텐데 어떻게? 식탁 주변이 침묵에 잠겼다.

"사다리에 올라서서 창문을 닦고 있는데요."

"창문 닦으라고 시킨 적 없는데." 벳시 언니가 말했다.

그 사람이 누구든 우리는 여기 이렇게 부동자세로, 죄인처럼 침묵을 지키며 앉아 있어야 했다. 그때 유시가 한 가지 꾀를 냈다. "생일 축하합니다!" 그가 생일 축하 노래를 부르기 시작했다. "생일 축하합니다!" 우리는 유시의 생각을 알아차리고 활기찬 목소리로 함께 노래를 불렀다. "사랑하는 할아버지…." 노래가 계속되는 동안 나는 골목길 쪽 출입구로 나가 사다리 옆에 서서 양동이와 스펀지를 들고 있는 남자를 올려다보며 물었다.

"여기서 뭐 하시는 거예요? 우리는 창문 닦아 달라고 한 적 없는데. 더구나 지금은 생일 파티 중인데요!"

남자는 바지 뒷주머니에서 종이 한 장을 꺼내 들여다보며 말했다. "여기가 카이퍼 씨 댁 아닙니까?"

"카이퍼 씨 댁은 길 건너예요. 어쨌든, 들어와서 함께 축하해 주실래요?" 남자는 고개를 가로저었다. 고맙긴 하지만 할 일이 많다고 했다. 나는 그가 사다리를 들고 바르텔요리스스트라트 건너편 카이퍼 씨의 과자점 쪽으로 가는 것을 지켜보았다.

"효과가 있었나요?" 식당으로 다시 올라가자 떠들썩한 소리로 모두들 물었다. "우릴 염탐하고 있었던 걸까요?"

나는 아무 대답도 하지 않았다. 사실 그건 나도 몰랐기 때문이다.

그게 가장 힘들었다. 확실히 아는 게 아무것도 없다는 것. 가장 확신이 들지 않는 것은, 누군가 나한테 질문했을 때 과연 내가 어떻게 나올 것인가 하는 거였다. 물론 정신이 맑을 때는 나 자신을 잘 제어할 수 있었다. 하지만 저들이 한밤중에 들이닥친다면? 그래서 우리 조직 사람들은 나와 함께 거듭거듭 반복 훈련을 했다. 닐스와 헹크와 렌더트가 한밤중에 아무 예고도 없이 불쑥 내 방으로 들이닥쳐 잠들었던 나를 깨워 질문을 퍼붓는 것이었다.

처음에는 정말로 저들이 급습을 한 줄 알았다. 밤중에 누군가가 내 방문을 쾅쾅 두드리더니 손전등을 얼굴에 확 들이대며 말했다. "일어나! 일어나라고!" 손전등 불빛 때문에 그 사람이 누군지 알아볼 수 없었다.

"유대인 아홉 명을 어디다 숨겨 줬지?"

"지금은 여섯 명뿐인데요."

순간 모든 게 고요해졌다. 전등이 켜지고 롤프가 두 손으로 머리를 쥐어뜯고 있는 게 보였다. "아, 아녜요, 아니라고요." 롤프는 자꾸 그렇게 말했다. "이 정도일 줄이야."

"한번 생각해 보세요." 롤프 뒤에 서 있던 헹크가 말했다. "게슈타포가 아주머니를 함정에 빠뜨리려고 그렇게 물을 때는 '무슨 유대인이요? 우리 집엔 유대인이 없는데요'라고 대답하셔야죠."

"한 번 더 해볼까요?"

"지금은 아니에요." 롤프가 말했다. "지금은 잠이 다 깨셨잖아요."

며칠 뒤 그들은 다시 한밤중에 들이닥쳤다. "당신이 숨겨 주고 있는 유대인들은 어디서 온 사람들이지?"

나는 잠결에 일어나 앉으며 말했다. "몰라요. 그냥 우리 집으로 찾아왔어요."

롤프가 바닥으로 모자를 내던지며 고함을 질렀다. "아니에요, 아니에요, 아니라고요! 무슨 유대인이요? 유대인은 없다고요! 모르시겠어요?"

"알아요. 잘 할 게요."

다음 번엔 좀더 정신을 바짝 차렸다. 대여섯 명 정도의 시커먼 형체가 방 안에 가득 들어찼다. "배급 카드는 어디에 숨겨 뒀지?" 한 목소리가 물었다.

물론 배급 카드는 계단 밑에 숨겨져 있다. 하지만 난 이번엔 함정에 빠지지 않을 작정이었다. 내 입에서는 교묘한 대답이 나왔다. "계단에 걸린 프리슬란트 시계 속에 있어요."

키크가 내 옆에 털썩 주저앉으며 어깨에 팔을 둘렀다. "훨씬 좋아지긴 했어요, 코리 이모. 이번엔 나름대로 노력을 하셨네요. 하지만 이 집엔 할아버지, 벳시 이모, 코리 이모 세 분의 배급 카드밖에 없다는 걸 기억하세요. 이 집에 지하조직 같은 건 없어요. 그러니까 저들이 무슨 말을 하는 건지 모르는 것처럼 행동하셔야 한다고요."

반복 훈련을 통해 나는 조금씩 나아져 갔다. 그러나 정말로 그 때가 온다면, 사실을 실토하게 만드는 훈련을 받은 진짜 게슈타포가 들이닥친다면, 그때 나는 어떻게 행동할까?

빌렘 오빠도 지하운동을 하다 보니 하를렘에 자주 오게 되었다. 걱정으로 주름진 오빠의 얼굴엔 이제 무언가 절망 비슷한 표정이 뒤섞여 있었다. 오빠가 운영하는 요양소에는 군인들이 두 번이나 들이닥쳤다고 했다. 오빠가 거짓말을 둘러대서 요양소에 있던 대부분의 유대인들이 무사히 위기를 넘기긴 했지만, 앞이 안 보이는 할머니 한 분이 끌려갔다고 했다.

"아흔한 살이나 되는 분이셨어!" 오빠는 자꾸 그 얘기를 했다. "걸음도 잘 못 걸어서 차 있는 데까지 들어서 옮겨야 할 정도였어."

오빠의 신분이 목회자이기 때문에 저들이 지금까지는 오빠 부부에게 어떤 직접적인 행동을 취하지 못했지만, 지금 오빠는 그 어느 때보다 심한 감시를 받고 있다고 했다. 하를렘에도 업무차 오는 것이란 핑계를 만들기 위해 오빠는 베예에서 매주 수요일 아침 기도 모임을 인도하기 시작했다.

점령당한 지 사 년째가 되자 정신적으로 무언가 의지할 것을 찾아다니던 사람들 중에 하를렘 주민 열두어 명이 이 기도 모임에 참석하기 시작했다. 기도회에 오는 사람들은 대부분 베예의 이중생활에 대해 전혀 모르는 사람들이었다. 좁은 계단을 오르내리며 지하운동 조직원들과 전령들을 마주침에 따라 이 사람들도 어떤 면에서 새로운 위험 요소가 될 수 있었다. 하지만 이렇게 아무것도 모르는 이들이 드나드는 게 어떤 면에서는 이득이 될지도 몰랐다. 적어도 우린 그렇기를 바랐다.

어느 날 밤 통금이 시작된 후 우리는 저녁 식탁에 둘러앉아 있었다. 텐 붐 식구 세 명, 우리 집에 같이 사는 손님 일곱 명, 적당한 거처를 찾을 때까지 임시로 머물고 있는 유대인 두 명, 모두 열두 명이 저녁을 먹고 있었는데, 시계포 출입문의 벨이 울렸다.

가게 문을 닫았는데 손님이 온 건가? 통금 시간에 바르텔요리스스트라트를 돌아다닐 만큼 배짱이 좋은 사람이 있단 말인가? 나는 주머니에서 열쇠를 꺼내며 계단을 내려가 시계포로 통하는 문을 따고 어두운 가게 안을 더듬더듬 가로질러갔다. 출입문 앞에 이른 나는 잠시 바깥 동정을 살폈다.

"누구세요?"

"저를 기억하십니까?"

문 밖에 선 남자가 독일어로 말했다. "누구신지요?" 나도 독일어로 다시 물었다.

"옛 친구인데 잠시 방문했습니다. 문 여세요!"

나는 더듬더듬 자물쇠를 풀고 조심스레 문을 당겨 열었다. 문 밖에는 제복을 입은 독일군 한 사람이 서 있었다. 그는 내가 문 뒤편의 알람 버튼을 누를 틈도 주지 않고 성큼 안으로 들어섰다. 그는 모자를 벗어들었고, 시월의 땅거미에 어슴푸레 드러난 윤곽을 보고 나는 사 년 전에 아버지가 해고했던 그 젊은 독일인 시계공을 비로소 알아보았다.

"오토!"

"알스출러 대위입니다." 그가 호칭을 고쳐 주었다. "우리의 위치가 약간 역전된 것 같군요. 텐 붐 양. 안 그렇습니까?" 그의 계급장을 언뜻 보니 대위도 아니었고 그 비슷한 계급도 아니었다. 하지만 나는 아무 말도 하지 않았다. 그는 가게 안을 휘둘러보며 말했다.

"숨 막힐 듯 좁은 공간은 여전하군요." 그가 벽에 달린 스위치로 손을 뻗었지만 내가 손으로 스위치를 덮으며 말했다.

"안 돼요! 가게에는 차광막이 없어서 불을 켜면 안 돼요!"

"그렇군요, 그럼 위층으로 올라가 옛날 이야기나 해볼까요. 그 늙은 시계 청소부는 여전한가요?"

"크리스토펠스 말인가요? 그분은 지난 겨울에 땔감 부족으로 동사하셨어요."

오토는 어깨를 한 번 들썩했다. "거 듣던 중 반가운 소리군요! 성경 읽어 주던 신앙 좋은 노인분은요?"

나는 또 다른 버튼이 설치되어 있는 계산대 쪽으로 조금씩 조금씩 몸을 움직였다. "아버지는 잘 계세요, 고마워요."

"그렇군요. 인사 드리게 위층으로 안내해 주시지 않겠어요?" 왜 굳이 위층으로 올라가려는 것일까? 이 못된 녀석은 우리 형편을 보고 쾌재를 부르고 싶어서 온 것일까, 아니면 뭔가가 의심스러워서 온 것일까? 손가락 끝에 마침내 버튼이 닿았다.

"저건 뭐죠?" 오토가 의심스럽다는 눈빛으로 고개를 홱 돌렸다.

"뭐가요?"

"저 소리요! 경보기 소리 같은 게 들렸는데."

"난 아무 소리도 못들었는데."

하지만 오토는 작업실을 통해 집안으로 들어가기 시작했다.

"잠깐만요!" 나는 그를 소리쳐 불렀다. "문 좀 잠그고 위층으로 안내해 줄 게요! 두 분이 오토를 얼마나 빨리 알아보는지 보고 싶어요."

나는 문 앞에서 최대한 시간을 끌었다. 그가 뭔가 의심하기 시작한 게 분명했다. 마침내 문을 잠근 뒤 나는 오토의 뒤를 따라 가게 뒷문을 통해 골목길 쪽 출입구 홀로 나갔다. 주방이나 계단에서는 아무 소리도 들리지 않았다. 나는 얼른 그를 앞질러 계단을 올라가 주방 문을 두드리며 말했다.

"아버지! 언니!" 반가워하는 목소리로 들리기를 바라며 나는 언니와 아버지를 불렀다. "밖에 누가 왔는지 세 번 안에, 아니, 여섯 번 안에 알아맞혀 보세요!"

"수수께끼 같은 건 안 합니다!" 오토가 나를 옆으로 밀어 내면서 문을 확 열어 젖혔다.

아버지와 언니가 식사를 하다 말고 우리를 쳐다봤다. 식탁에는 세 사람 분의 식사가 차려져 있었고, 한 쪽에는 내가 먹다 만 접시가 보였다. 너무도 완벽한 정경이라서, 방금 여기서 열두 명이 식사를 하고 있는 걸 두 눈으로 본 나조차 순진한 노인이 딸들과 저녁 식사를 하고 있을 뿐 다른 뭐가 있다고 믿기 어려울 정도였다. '알피나' 간판은 찬장 위에 세워져 있었다. 비상시 어떻게 해야 하는지 모두들 잘 기억하고 있었다.

앉으란 말도 하지 않았는데 오토는 의자 하나를 끌어내 앉으며 거만하게 말했다. "모든 게 내가 말한 대로 되지 않았나요?"

"그런 것 같군." 아버지가 인자하게 말씀하셨다.

"언니, 알스출러 대위님께 차 한 잔 갖다 드려." 내가 말했다.

오토는 언니가 따라준 차를 한 모금 마시고나서 우리를 둘러보며 말했다. "진짜 홍차를 구하셨군요! 네덜란드인들은 차를 구할 수 없을 텐데?"

나는 아차 했다. 차는 피크위크에게서 얻어온 것이었다.

"꼭 알아야겠다면 말하죠. 어떤 독일 장교에게서 얻은 거예요. 하지만 더 이상은 묻지 말아요." 나는 우리가 고위 장교와 뭔가 은밀한 거래를 하고 있다는 암시를 주려고 애썼다.

오토는 그 뒤로도 한 15분 정도를 더 뭉그적거렸다. 그리고 자신의 승리를 이제 충분히 자랑했다 싶었는지 어슬렁어슬렁 텅 빈 거리로 걸어 나갔다.

30분만에 우리는 좁은 밀실에 갇혀 불안에 떨던 아홉 사람에게 공습경보 해제를 알렸다.

10월 둘째 주, 지하운동 일들로 유난히 바쁘던 어느 날 아침, 아래층 홀에서 전화가 울렸다. 나는 급히 내려가 수화기를 집어 들었다. 전화는 늘 아버지나 벳시 언니, 혹은 내가 받았다.

“자! 나를 좀 데리러 오지 않겠어?” 수화기 저편에서 한 목소리가 들려왔다.

놀리 언니였다.

“언니! 언제, 어떻게 … 지금 어디야?”

“암스테르담 기차역이야! 기차표를 살 돈이 없잖아.”

“거기서 기다려! 오, 언니, 우리가 데리러 갈게!”

나는 자전거를 타고 언니네 집으로 달려갔다. 마침 플립 형부와 조카들이 집에 있어서 함께 하를렘 기차역으로 갔다. 기차가 암스테르담 역에 멈춰서기도 전에 놀리 언니가 시야에 들어왔다. 언니가 입은 밝은 푸른색 스웨터는 음울한 빛깔의 기관차에 푸른 하늘을 잘라다 붙인 것처럼 눈에 띄었다.

칠 주 동안의 수감 생활로 핏기를 잃긴 했지만, 언니의 얼굴은 그 어느 때보다 빛났다. 교도소 담당 의사는 언니의 저혈압 증세가 아주 심해서 그냥 둘 경우 회복이 불가능하며, 여섯 아이는 사회의 짐이 될 게 뻔하다고 말했다고 했다. 언니는 그 소식을 전하며 영문을 모르겠다는 표정을 지었다.

1943년 성탄절이 다가오고 있었다. 살짝 내린 눈만이 성탄절 시즌이 다가왔음을 알려 주었다. 집집마다 감옥에 갇혔거나 수용소에 끌려갔거나 은신처에 숨어 있는 식구가 한둘씩은 있는 것 같았다. 그래서 그런지 이번 해에는 모두들 성탄절의 진정한 의미를 마음 깊이 새기려 노력했다.

베예에서는 성탄절뿐 아니라 유대인들의 빛의 절기인 하누카도 함께 축하했다. 벳시 언니는 주방 찬장 뒤에 보관해 둔 귀중품들 속에서 하누카 촛대를 찾아내 피아노 위에 올려놓았다. 우리는 밤마다 촛불을 하나씩 더 밝혔고, 촛불이 타오르는 동안 유시는 마카비서를 읽었다. 그런 다음 우리는 좀처럼 잊지 못할 우울하고도 쓸쓸한 노래를 불렀다. 그 시간만큼은 우리 모두 유대인이 되었다.

빛의 절기 다섯째 날 밤, 피아노 옆에 모두들 모여 있는데 골목길 쪽 출입구 벨이 울렸다. 내려가서 문을 열어 보니 우리 가게 옆 안경점 주인의 아내인 부커스 부인이 눈을 맞으며 서 있었다. 부인의 남편은 야윈 몸매에 늘 수심 가득한 얼굴인 데 비해 부커스 부인은 통통한 체격에 여유 있는 표정이었지만, 오늘 밤엔 그 둥글둥글한 얼굴이 불안으로 일그러져 있었다.

"유대인들이 노래 소리를 좀 낮춰야 하지 않을까요? 벽을 통해 우리 집까지 다 들려요. 게다가 이 거리엔 이런저런 사람들이 다 돌아다니는데…."

얀스 이모 방으로 다시 올라와 부커스 부인의 말을 전하자 모두들 깜짝 놀랐다. 부커스 씨 집에서 우리 일에 대해 다 알고 있다면, 하를렘의 다른 주민들은 얼마나 많이 알고 있는 것일까?

오래지 않아 우리는 하를렘 경찰서장도 우리 일을 알고 있음을 알게 되었다. 또 눈이 오려는지 사방이 어두컴컴해지던 1월의 어느 날 아침, 지하 조직의 '본부'로 쓰이고 있는 얀스 이모의 뒷방으로 토스가 편지 한 장을 손에 쥔 채 뛰어 들어왔다. 봉투에는 하를렘 경찰서 직인이 찍혀 있었다.

봉투를 뜯었다. 경찰서장 전용 편지지에 손으로 직접 쓴 짤막한 편지가 나왔다. 처음엔 눈으로 읽다가 나중에 소리를 내서 읽었다.

"오늘 오후 세 시까지 서장실로 출두바람."

우리는 한 이십 분 동안 이 쪽지의 의미를 분석해 보았다. 어떤 식구들은 체포 작전의 서막은 아닌 것 같다고 했다. 만약 그렇다면 왜 이런 쪽지를 보내 도피할 기회를 주겠느냐는 것이었다. 하지만 가장 안전한 길은, 집을 수색당하고 감옥에 가게 될지 모르는 상황에 대비하는 것이었다. 조직원들은 한 사람 한 사람씩 집을 빠져나갔다. 베예에 유숙중인 사람들은 쓰레기통을 비우고 바느질거리를 치우면서 재빨리 밀실로 대피할 준비를 했다. 나는 뭔가 단서가 될 만한 서류들을 다 모아 오랫동안 쓰지 않던 석탄화로에 넣어 불태웠다. 고양이도 뭔가 긴장된 분위기를 느꼈는지 새쭉한 표정으로 찬장 밑에서 나오지 않았다.

그런 다음 나는 목욕을 했다. 어쩌면 이번을 마지막으로 몇 달 동안 목욕을 할 수 없을지도 몰랐다. 그리고 놀리 언니와 다른 사람들에게서 배운 대로 수감용 가방을 쌌다. 성경책, 연필, 바늘과 실, 비누(아니, 이즈음 우리가 비누라고 부르는 것), 칫솔, 빗 등을 챙겼다. 내의를 몇 벌 겹쳐 입고 스웨터도 두 개 껴입는 등 옷을 최대한 따뜻하게 입었다. 세 시가 되기 직전, 나는 아버지와 벳시 언니와 포옹을 나눈 뒤 집을 나와 눈이 녹아 질척질척한 길을 걸어 스메데스트라트로 갔다.

당직 경찰관은 우리가 오래 전부터 아는 사람이었다. 그는 내가 들고 간 편지를 보더니 호기심어린 표정으로 나를 바라보았다. "이쪽으로 오세요."

나를 안내한 경찰관은 '서장실'이라는 명판이 붙은 방문 앞에서 문을 두드렸다. 책상 뒤에는 붉은 빛이 감도는 흰머리를 앞으로 빗어내려 대머리를 감춘 한 남자가 앉아 있었다. 방 안엔 라디오가 켜져 있었다. 서장은 라디오로 손을 뻗어 볼륨을 더 키우며 말했다.

"텐 붐 양, 어서 오십시오."

"안녕하세요, 서장님."

"앉으시지요." 서장은 의자에서 일어나 내 등 뒤로 방문을 닫으며 말했다. "텐 붐 양에 대해선 다 알고 있습니다. 텐 붐 양이 하는 일에 대해 말입니다."

"시계 제조업 말씀이군요. 사실 제 일이라기보다는 아버지 일이라고 할 수 있겠죠."

서장은 씩 웃으며 말했다. "아니요, 그 일 말고 '다른' 일 말입니다."

"아, 그렇다면 정신지체아들 가르치는 일 말씀이군요. 네, 그 부분에 대해 말씀 드리자면…."

"아닙니다, 텐 붐 양." 서장이 목소리를 낮춰 말했다. "전 지금 정신지체아들 가르치는 일을 말하고 있는 게 아닙니다. 그것 말고 또 다른 일이 있지요. 이곳에도 그 일에 동조하는 사람들이 있다는 걸 알려 드리고 싶습니다."

서장은 이제 한껏 크게 미소를 짓고 있었다. 하는 수없이 나도 웃음을 지어 보였다. "자, 텐 붐 양. 제가 한 가지 부탁이 있습니다."

서장은 책상 모서리에 걸터앉아 진지한 눈빛으로 나를 바라봤다. 그러고는 겨우 들릴락 말락 할 정도로 목소리를 낮춰 말했다. 그는 자신도 지하 조직에서 일하고 있다고 했다. 그런데 경찰서의 한 정보원이 게슈타포에게 정보를 자꾸 누설하고 있다는 것이다. "그 정보원을 처치하는 것 외엔 다른 대안이 없습니다."

갑자기 등골이 서늘해졌다.

"다른 대안이 뭐겠습니까?" 서장은 계속 목소리를 낮춰 말했다. "그를 잡아넣을 수도 없습니다. 교도소란 교도소는 다 독일인들이 통제하고 있으니 말입니다. 하지만 그 사람이 여기 계속 있으면 다른 많은 사람들이 죽게 될 겁니다. 그래서 하는 말인데, 텐 붐 양, 아는 조직원 중에…."

"그를 죽일 수 있는 사람이 있냐고요?"

"네."

나는 의자에 등을 기댔다. 지하 조직의 존재를 인정하고 조직원들의 이름을 불게 만들려고 술수를 쓰는 건 아닐까?

"서장님." 초조하게 흔들리고 있는 서장의 눈을 들여다보며 마침내 나는 말했다. "저는 생명을 죽이는 게 아니라 생명을 살리는 게 제 역할이라고 늘 믿어 왔습니다. 서장님께서 곤경에 처하신 건 알겠는데, 제가 한 가지 제안을 하겠습니다. 서장님은 기도를 하시나요?"

"시절이 시절이니만큼 요즘은 누구나 다 기도하며 살지 않습니까?"

"그렇다면 하나님께서 그 사람의 마음을 움직여서 자기 동포를 배신하는 짓을 그만두게 해달라고 지금 함께 기도해요."

긴 침묵이 흘렀다. 그리고 얼마 후 서장이 고개를 끄덕이며 말했다. "저도 정말 그렇게 하고 싶군요."

그리하여 경찰서 한 가운데서, 라디오에서는 독일군의 진군을 알리는 뉴스가 요란하게 울리는 가운데 우리는 기도했다. 그 네덜란드인이 하나님 보시기에 자기가 얼마나 귀한 존재인지, 그리고 세상 모든 사람이 얼마나 값진 존재인지 깨닫게 해달라고 우리는 기도했다.

기도를 마치자 서장이 일어서며 말했다. "다시 한번 감사드립니다. 이런 부탁은 하는 게 아니었다는 걸 이제 알았습니다."

나는 교도소에 갈 준비를 하고 챙겨온 가방을 꼭 그러쥔 채 경찰서 로비를 가로질러 나와 베예로 돌아왔다.

위층으로 올라가니 모두들 모여들어 어떻게 된 건지 알고 싶어 했다. 하지만 나는 말하지 않았다. 모든 걸 다 말하지는 않았다. 사람을 죽여 달라는 부탁을 받았다는 걸 아버지와 벳시 언니에게 알리고 싶지 않았다. 그건 두 사람에게 불필요한 짐을 지우는 일이 될 것 같았다.

경찰서장과의 에피소드는 우리의 사기를 북돋아 주어야 옳았다. 고위층에 우리 편이 있으니 말이다. 하지만 그 소식은 우리에게 정반대의 효과를 낳았다. 이 사건은 우리의 비밀이 사실은 전혀 비밀이 아님을 보여 주는 하나의 사례였다. 우리가 지금까지 벌여온 일들을 모든 하를렘 사람들이 알고 있는 것 같았다.

이제 우리는 이 일을 중단해야 했다. 하지만 어떻게? 수많은 사람들의 안전이 걸려 있는 공급품과 정보의 네트워크를 계속 유지해야 하는데 누가 그 일을 하려고 할까? 은신처 한 곳을 포기하면(늘 있는 일이지만) 그곳 유대인들은 다른 주소지로 옮겨가야 하는데 그 일을 누가 주선한단 말인가? 어쩔 수 없이 우리는 이 일을 계속할 수밖에 없었다. 하지만 머지않아 재앙이 닥치리라는 걸 우리는 알고 있었다.

그 재앙은 예오페에게 가장 먼저 닥쳤다. 베예에서 안전한 거처를 구했던 열일곱 살의 견습공 말이다.

1944년 1월 말 경의 어느 늦은 오후, 롤프가 다른 이들의 눈을 피해 가만히 가게 안으로 들어왔다. 그는 예오페를 흘긋 보았고, 나는 고개를 끄덕였다. 그건 예오페도 우리 쪽 사람이니 안심하라는 뜻이었다.

"에데에 있는 한 은신처가 오늘 저녁에 급습당할 겁니다. 가서 알려 줄 수 있는 사람 누구 없을까요?"

하지만 그럴 만한 사람이 없었다. 이 늦은 시간까지 베예에 남아 있는 전령이나 호송원은 한 사람도 없었다.

"제가 갈게요." 예오페가 나섰다.

너는 경험이 없어서 안 된다고, 게다가 길에서 붙들리면 너부터 공장으로 끌려가기 십상이라고 나는 그를 말릴 참이었다. 그러나 그 순간 아무것도 모르고 있을 에데 사람들이 생각났다. 위층 옷장에 여자아이들이 입는 드레스와 스카프가 있는데 그걸로 변장을 시키면….

"그럼 어서 서두르렴." 롤프가 말했다. "지금 바로 출발해야 해." 그는 예오페에게 자세한 내용을 지시한 다음 황급히 가게를 빠져나갔다. 몇 분 후 예오페는 롱코트에 머리 수건을 두르고 모피 토시로 손을 감춘 아주 예쁘장하고 가무잡잡한 소녀의 모습으로 다시 나타났다. 이 소년이 뭔가를 예고한 것일까? 그는 문가에서 돌연 몸을 돌이켜 나에게 입을 맞추었다.

예오페는 통금이 시작되는 저녁 일곱 시까지는 돌아오기로 되어 있었다. 하지만 일곱 시가 지나도록 그는 돌아오지 않았다. 뭔가 지체되는 모양이었다. 아침까지는 돌아오겠지, 나는 그렇게 생각했다.

다음 날 아침 일찍 손님이 찾아오기는 했지만 예오페는 아니었다. 롤프가 집 안으로 들어서는 순간 나는 안 좋은 소식이 그의 어깨를 짓누르고 있다는 걸 알아차렸다.

"예오페 일 아닌가요?"

"맞습니다."

"무슨 일이 생긴 거죠?"

롤프는 지난 밤 당직 경사에게 들었다며 소식을 전해 주었다. 예오페가 에데의 은신처에 도착했을 때 게슈타포가 이미 거기 와 있었단다. 예오페가 벨을 누르니 문이 열렸고, 그 집 주인인 척하고 SD 요원이 그를 집안으로 들어오게 했다.

"코리," 롤프가 말했다. "각오하고 있어야 합니다. 게슈타포는 예오페에게서 정보를 얻어낼 겁니다. 벌써 암스테르담으로 데리고 갔어요. 그 애가 얼마나 오래 입을 다물 수 있겠어요?" 우리는 일을 중단할 것을 다시 한 번 고민했다. 그러나 역시 그럴 수 없다는 결론에 이르렀다.

그날 밤, 모두들 잠자리에 든 뒤 아버지와 벳시 언니, 그리고 나는 한참을 기도했다. 하루하루 위험이 커져감에도 불구하고 그저 앞으로 나가는 것 외에 다른 선택이 없음을 우리는 알고 있었다. 지금은 악의 시대였다. 그 시대를 피해갈 도리는 없었다. 인간이 최선의 노력을 다하다가 실패해야만 오직 하나님의 능력이 거침없이 역사할 터였다.

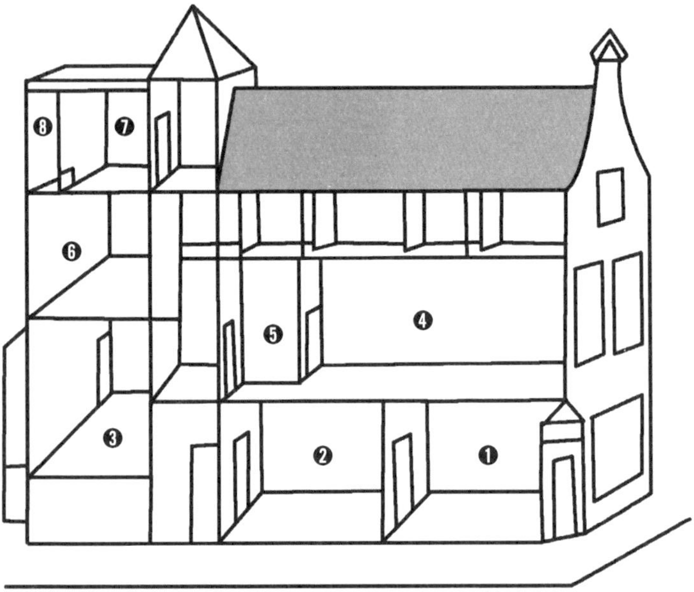

하를렘의 베예 하우스. 시계포가 딸린 이 집에서 코리 가족과 유대인들, 그리고 때로는 지하운동 조직원들이 함께 지냈다. 윗층 왼쪽 맨끝 코리의 방에 급히 피신할 수 있도록 은신처가 마련되었다. ❶ 시계포 ❷ 작업실 ❸ 식탁이 놓인 주방 ❹ 거실 ❺ 벳시의 방 ❻ 아버지 방 ❼ 코리의 방 ❽ 은신처

급습당하다
_9장

방에 누가 들어오는 소리에 힘겹게 눈을 떴다. 유시가 침구와 잠옷을 밀실에 넣어 두려는 모양이었다. 그의 뒤를 따라 메리와 테아도 보따리를 하나씩 들고 들어왔다.

나는 다시 눈을 감았다. 1944년 2월 28일 아침, 독감으로 앓아누운 지 이틀째였다. 머리가 지끈지끈 아팠고, 온 몸 마디마디가 쑤셨다. 바스락거리는 소리, 메리의 쌔근거리는 숨소리, 밀실의 판자문 스치는 소리가 들릴 때마다 비명이라도 지르고 싶었다. 헹크와 메타가 들어오는 소리가 들렸고, 유시가 밀실 문을 통해 낮에 쓸 물건들을 꺼내 건네며 웃는 소리가 들렸다.

'모두 다 나가버려! 나 좀 혼자 있게 해달라고!' 그런 말이 터져 나오려는 것을 참으려고 입술을 깨물었다.

이윽고 낮에 필요한 물건들을 다 챙긴 사람들이 줄지어 나가며 방문을 닫았다. '렌더트는 어디 있지? 왜 안 올라온 거야?'

그러다가 렌더트가 다른 몇몇 은신처에도 우리 집처럼 경보기를 설치해 주러 가서 며칠 집을 비운다는 게 생각이 났다. 나는 열에 들떠 다시 잠으로 빠져 들었다.

얼마나 시간이 흘렀을까, 정신을 차려 실눈을 뜨고 보니 벳시 언니가 침대 발치에 김이 모락모락 오르는 허브차가 담긴 잔을 들고 서 있는 게 보였다. "깨워서 미안해, 코리. 그런데 가게에 어떤 남자가 찾아왔는데, 너하고만 얘기하겠대."

"누군데?"

"에르멜로에서 왔다는데, 한 번도 본 적이 없는 사람이야."

나는 이리저리 흔들거리며 일어났다. "괜찮아, 어차피 일어나야 해. 내일이 새 배급 카드 오는 날이잖아."

뜨거운 차를 몇 모금 마신 뒤 간신히 몸을 일으켰다. 침대 옆에는 경찰서장에게 불려가던 날 꾸렸던 수감용 가방이 그대로 놓여 있었다. 사실 몇 가지를 더 꾸려 넣기는 했다. 성경책과 옷가지와 세면용품 외에 비타민과 아스피린, 그리고 벳시 언니의 빈혈 증세를 위한 철분제를 비롯해 몇 가지가 더 추가된 그 가방은 나에게 일종의 부적, 교도소에 대한 공포를 막아 주는 일종의 안전장치처럼 느껴졌다.

나는 천천히 옷을 입고 층계참으로 나갔다. 집이 빙빙 도는 것 같았다. 난간을 붙들고 기다시피 아래로 내려가고 있는데 얀스 이모 방에서 사람들 소리가 들려 깜짝 놀라 안을 들여다보았다. 그러고 보니 오늘이 수요일 아침이라는 것을 깜박하고 있었다. 빌렘 오빠가 인도하는 수요 기도회에 참석하려고 사람들이 모여 있었던 것이다. 놀리 언니가 말린 무화과 열매와 뿌리를 끓여 만든 "점령지 커피"(우리는 그걸 그렇게 불렀다)를 사람들에게 나눠주고 있는 게 보였다. 늘 그랬듯이 피터는 벌써 피아노 앞에 앉아 음악을 연주하고 있었다. 계단을 계속 돌아내려가는 중에도 사람들이 연신 내 옆을 스쳐 올라가 얀스 이모 방으로 들어갔다.

후들거리는 무릎을 붙잡으며 가게로 들어서니 옅은 갈색 머리의 한 남자가 불쑥 다가와 나를 맞았다. "텐 붐 양!"

"네?" 네덜란드의 옛 말에 눈을 보면 그 사람이 어떤 사람인지 알 수 있다는 말이 있다. 그런데 이 남자는 내 눈을 보질 않고 코와 턱 사이의 어디쯤에 애써 시선을 맞추려는 것 같았다. "시계 수리하러 오셨나요?"

"아닙니다, 텐 붐 양. 그보다 훨씬 심각한 문제입니다!" 그는 여전히 내 얼굴 주변으로 빙빙 시선을 돌리며 말했다. "제 아내가 방금 체포됐습니다. 우린 유대인들을 숨겨 주고 있었지요. 아내가 심문을 당하면 우리 모두 생명이 위태로워집니다."

"제가 어떻게 도와드려야 하는 건지 모르겠군요."

"600길더가 필요합니다. 에르멜로 경찰서에 한 경찰관이 있는데 그 정도 돈이면 매수가 가능하다고 합니다. 전 가난한 사람이라 그만한 돈이 없는데…. 제가 듣기로 텐 붐 양은 연락망이 있다고 하더군요."

"연락망이요?"

"텐 붐 양! 죽고사는 문제가 걸린 일입니다! 당장 그 돈을 마련하지 못하면 제 아내는 암스테르담으로 끌려갈 것이고, 그럼 이미 때는 늦습니다."

남자의 태도에는 뭔가 나를 주저하게 만드는 게 있었다. 하지만 섣불리 단정 지을 수도 없는 일 아닌가? "삼십 분 뒤에 다시 오세요."

처음으로 그 남자가 나와 눈을 마주쳤다.

"이 은혜는 잊지 않겠습니다."

집에는 그만한 현금이 없었기에 토스에게 은행에 가서 돈을 찾아다가 그 남자가 다시 찾아오면 돈을 주되 다른 말은 하지 말라고 일러 두었다.

그런 다음 나는 다시 계단을 오르기 시작했다. 십 분 전만 해도 열 때문에 온 몸이 불덩어리였는데 이제는 추워서 덜덜 떨렸다. 얀스 이모 방에 잠깐 들러 책상 위에 있던 서류 가방을 챙겼다. 그리고 빌렘 오빠와 다른 사람들에게 양해를 구한 뒤 내 방으로 올라왔다. 옷을 벗고, 작은 알콜 버너 위에서 쉿쉿 소리를 내며 끓고 있는 습도 조절용 주전자에 물을 더 부어 넣은 다음 다시 침대로 올라갔다. 침대에 엎드려 이름과 주소가 적힌 서류들을 좀 살펴보려고 잠깐 애를 써보았다. '이번 달 잔드보트에서는 배급 카드가 다섯 장 필요했고, 오버빈에는 한 장도 없었고, 열여덟 장 필요한 곳은….' 몸살 기운이 머릿속에서 아우성을 쳤고, 서류가 눈앞에서 빙빙 돌았다. 서류 가방이 스스르 손에서 미끄러지면서 나는 잠이 들었다.

열에 들뜬 꿈속에서 경보기가 계속 울렸다. 울리고 또 울렸다. 왜 멈추지를 않는 거지? 달리는 발자국 소리, 두런두런거리는 목소리들.

"빨리! 빨리!"

나는 벌떡 일어나 앉았다. 사람들이 내 침대 옆으로 뛰고 있었다. 고개를 돌리는 순간 테아의 뒤꿈치가 판자문 속으로 막 사라지는 게 보였다. 메타가 그 뒤를 따랐고, 그 다음 헹크가 들어갔다.

'오늘은 대피 훈련 계획이 없었는데! 훈련이 아니라면 도대체 누가?' 유시가 내 옆을 뛰어 지나갔다. 그의 얼굴은 하얗게 질려 있었고, 떨리는 손에 쥐고 있는 파이프와 재떨이가 서로 부딪혀 딸랑거리는 소리가 났다.

멍한 머릿속으로 긴급 상황이 발생했구나 하는 생각이 퍼뜩 들었다. 한 사람, 두 사람, 세 사람이 이미 밀실로 들어갔다. 유시의 검은 색 구두와 진홍색 양말이 판자문 안으로 사라졌으므로 이제 네 사람, 그런데 메리는…, 메리는 어디 있는 걸까? 그 노부인이 입을 벌린 채 가쁜 숨을 몰아쉬며 마침내 문가에 모습을 드러냈다. 나는 침대에서 벌떡 일어나 그녀를 끌어당기고 밀고 해서 방 안으로 들어오게 했다.

메리를 밀실로 밀어 넣고 판자문을 닫는데 머리가 하얗고 호리호리한 남자 하나가 벌컥 방문을 열고 뛰어 들어왔다. 피크위크의 집에서 본 적이 있는 사람이었다. 레지스탕스 전국 조직의 고위식에 있는 사람이라고 했는데 그가 우리 집에 와 있는 줄은 몰랐다. 그는 메리의 뒤를 좇아 밀실로 몸을 날렸다. 다섯 명, 여섯 명. 됐다, 랜더트는 집에 없으므로 이제 다 대피한 셈이었다.

남자의 다리가 밀실 안으로 사라지자 나는 판자문을 닫고 침대로 껑충 뛰어올라갔다. 밑에서 쾅쾅 문이 여닫치는 소리, 계단을 올라오는 둔중한 발자국 소리가 들렸다. 하지만 정작 내 피가 얼어붙게 만드는 소리는 그 소리가 아니었다. 금방이라도 숨이 넘어갈 듯 거칠게 씨근거리는 메리의 숨소리였다.

"주 예수님!" 나는 기도를 했다. "주님에게는 치유의 능력이 있습니다! 당장 메리를 고쳐 주세요!"

그러다가 서류 가방에 시선이 닿았다. 여러 사람의 이름과 주소가 적힌 서류들이 잔뜩 들어 있는 가방이었다. 나는 가방을 움켜쥐고 판자문을 급히 당겨 열어 가방을 안으로 던져 넣은 뒤 다시 닫고 수감용 가방을 문 앞에 밀어 놓았다. 그리고 다시 침대에 올라가 눕자마자 방문이 홱 열렸다.

"이름이 뭐지?"

나는 자다가 깬 것처럼 졸린 눈으로 천천히 일어나 앉았다.

"뭐라고요?"

"이름이 뭐냐고?"

"코넬리아 텐 붐인데요." 남자는 키가 크고 당당한 몸집에 기이할 정도로 얼굴이 창백했고, 평범한 푸른색 양복을 입고 있었다. 그는 고개를 돌려 계단 아래쪽을 향해 소리를 질렀다. "여기 한 명이 더 있습니다, 빌렘스."

남자는 다시 나를 보며 말했다. “일어나! 옷을 입어!” 내가 담요 밑에서 엉금엉금 기어 나오는 동안 그는 주머니에서 종이 한 장을 꺼내 훑어보았다. “그러니까 당신이 일당의 우두머리구먼!” 그는 새삼 호기심이 간다는 듯한 표정으로 나를 쳐다봤다. “이제 말씀해 보시지, 유대인들을 어디에 숨겼나?”

“무슨 말씀이신지 모르겠군요.”

남자가 웃음을 터뜨렸다. “지하 조직 일당에 대해서도 모른다고 하시겠지. 어디 한번 알아볼까!”

남자가 나에게서 시선을 떼지 않았기 때문에 나는 하는 수 없이 파자마 위에 옷을 겹쳐 입기 시작했다. 온 신경은 밀실에서 무슨 소리가 나지 않을까 하는 데 쏠려 있었다.

“신분증 좀 볼까!”

나는 목에 걸고 있던 작은 주머니를 끄집어냈다. 신분증 지갑을 꺼내는데 돌돌 말린 지폐 몇 장이 지갑과 함께 딸려 나와 바닥에 떨어졌다. 남자는 허리를 굽혀 낚아채듯 돈을 주은 뒤 자기 주머니에 집어넣었다. 그러고는 내 신분증을 받아들고 나를 쳐다봤다. 방 안엔 잠시 침묵이 흘렀다. 메리 이델리의 씨근거리는 숨소리, 왜 그 소리가 안 들리는 걸까?

남자는 신분증을 다시 내게 던지며 말했다. “얼른 옷 입어!” 하지만 그 방에서 단 일 분이라도 빨리 나가고 싶은 사람은 오히려 나였다. 서두르느라고 스웨터 단추도 엉망으로 채웠고, 구두도 그냥 발만 꾸겨넣은 채 끈도 묶지 않았다. 그러고나서 막 수감용 가방을 집으려던 순간이었다.

잠깐.

가방은 내가 경황 중에 밀어놓은 그 자리에 그대로 놓여 있었다. 밀실의 판자문 앞에 말이다. 이 남자는 지금 내 동작 하나 하나를 감시하고 있는데 만약 내가 책꽂이 밑으로 팔을 뻗어 가방을 집는다면 제발 마지막까지 눈에 띄지 말았으면 하는 곳에 이 남자의 시선이 닿지 않을까?

가방을 뒤로 한 채 돌아서서 방을 나오는 것은 세상에 태어나 내가 한 일 중에서 가장 힘든 일이었다.

나는 비틀거리며 계단을 내려왔다. 무릎이 후들거리는 것은 몸살 때문이기도 했지만 두려움 때문이기도 했다. 얀스 이모 방 앞에 군인 한 명이 보초를 서고 있었고 방문은 닫혀 있었다. 기도 모임은 끝난 건지, 빌렘 오빠와 놀리 언니와 피터는 가버린 건지 아니면 아직 안에 있는 건지 궁금했다. 아무 잘못도 없는 사람들이 얼마나 많이 얽혀 들었을까?

뒤에 따라오던 남자에게 살짝 떠밀려 계단을 내려와 식당에 이르렀다. 벽에 바짝 붙여 놓은 의자에 아버지, 벳시 언니, 토스가 앉아 있었다. 세 사람 옆으로 우리 조직원 세 사람이 앉아 있었다. 아마 내가 방으로 올라간 다음에 도착한 모양이었다. 창문 바로 밑 바닥에 '알피나' 간판이 세 조각으로 부러진 채 흩어져 있었다. 경황 중에 누군가가 창문턱에서 떼어낼 때 부서진 것 같았다.

평상복을 입은 또 한 사람의 게슈타포 요원이 식탁 위에 쌓인 은

화와 보석류 더미를 열심히 헤집고 있었다. 모서리 찬장 뒤 공간에 감춰 두었던 귀중품들이었다. 스미트의 말처럼 그들은 정말 거기부터 뒤졌던 것이다.

"이 주소지 명단에 있던 또 한 명입니다." 나를 끌고 내려온 남자가 말했다. "제 정보에 의하면 이 여자가 일당의 우두머리입니다."

빌렘스라고 불린, 식탁 앞의 남자가 나를 흘긋 보더니 자기 앞에 놓인 전리품으로 다시 고개를 돌렸다. "이제 어떻게 해야 하는지 알잖나, 캅테인."

캅테인은 내 팔을 잡아 앞장세우고 다섯 계단을 마저 내려가 시계포 뒷문으로 데려갔다. 또 한 명의 군인이 가게 뒷문 바로 안쪽을 지키고 서 있었다. 캅테인은 내 등을 쿡쿡 찌르며 가게를 가로질러 나가게 하고선 더 이상 피하지 못할 벽에다 밀어붙였다.

"유대인들은 어디 있지?"

"이 집에 유대인은 없어요."

남자는 내 뺨을 세게 한 번 갈겼다.

"배급카드는 어디에 숨겼지?"

"무슨 말인지 잘…."

캅테인은 또 한 번 나를 쳤다. 천문 시계 쪽으로 내 몸이 휘청거렸다. 채 몸을 추스리기도 전에 또 한 대, 두 대, 세 대, 내 얼굴을 향해 연신 주먹이 날아와 꽂혔다.

"유대인들은 어디 있지?"

또 다시 날아오는 주먹.

"밀실이 어디야?"

입 안에 피가 고이는 게 느껴졌다. 머리가 핑핑 돌고 귀가 울렸다. 나는 의식을 잃어 가고 있었다. "주 예수님, 나를 보호하소서!" 나는 부르짖었다.

캅테인의 주먹이 허공에서 멈칫했다.

"그 이름 또 한 번만 부르면 죽여 버리겠어!"

그는 슬그머니 팔을 내리며 말했다. "네가 말 안 하면 저 말라깽이 여자가 말하겠지."

그는 비틀거리는 나를 앞세워 다시 계단을 올라와서는 식당 벽에 붙여 놓은 의자 하나에 나를 밀어 앉혔다. 그가 이번엔 벳시 언니를 끌고 나가는 게 흐릿하게 보였다.

위에서 망치 소리가 들리고 나무 조각들이 부서져 내리는 걸로 봐서 훈련받은 수색 팀이 밀실을 찾고 있는 것 같았다. 그때였다. 골목길 쪽 출입문의 벨이 울렸다. 간판! '알피나' 간판이 제 자리에 걸려 있지 않은 걸 못 봤나? 창문 쪽을 흘긋 보는데 숨이 턱 막혔다. 창문턱에는 부서졌던 조각들을 가지런히 이어 붙인 삼각형 나무 간판이 달려 있는 것이었다.

고개를 들어보니 빌렘스가 나를 유심히 바라보고 있었지만 때는 이미 늦어 있었다. "내가 그럴 줄 알았지! 이게 신호였군, 그렇지?"

그는 계단을 뛰어 내려갔다. 위에서 들리던 망치 소리와 쿵쾅거리던 군화 발자국 소리가 멈추었다. 골목길 쪽 출입문 열리는 소리, 상대방의 환심을 사려는 듯한 빌렘스의 친절한 목소리가 들렸다.

"들어오시겠습니까?"

"소식 들으셨군요!" 여자 음성이었다. "헤르만 아저씨가 잡혀 들어갔대요!"

피크위크가? 피크위크가 아닐 거야!

"오?" 빌렘스가 하는 말이 들렸다. "누구하고 같이 있었답니까?" 그는 캐물을 수 있는 데까지 다 캐묻고 난 뒤 여자를 구금했다. 뭐가 뭔지 몰라 두려워하며 눈을 껌벅이던 여인은 벽을 따라 나란히 우리 옆에 앉았다. 시내 은신처 소식을 전해 주러 이따금씩 우리 집에 들르던 여자였다. 베예에 아무 일이 없다고 세상 사람들에게 알려 주듯 창문턱에 매달려 있는 그 간판을 나는 고통스럽게 바라봤다. 우리 집은 함정으로 변해 있었다. 오늘 하루가 저물 때까지 앞으로 얼마나 더 많은 사람들이 이 함정에 빠져들 것인가? 그리고 피크위크! 저들이 정말 피크위크를 체포한 것일까?

캅테인이 벳시 언니를 데리고 다시 식당으로 들어왔다. 언니의 입술이 부어올라 있었고 뺨에 검푸른 멍이 들어 있었다. 언니는 내 옆 의자에 풀썩 주저앉았다.

"오, 언니! 저 사람이 언니를 때렸구나!"

"응." 언니는 입에 묻은 피를 닦아내며 말했다. "저 사람 참 안쓰럽다."

캅테인은 화를 참지 못하고 방 안을 빙빙 돌고 있었다. 그의 흰 얼굴이 더 창백해 보였다. "죄수들은 다 입 다물어!" 그가 고함을 질렀다. 그때 두 남자가 무언가를 양쪽에서 들고 쿵쿵거리며 계단을 올라

식당으로 들어왔다. 계단 밑에서 라디오를 찾아 낸 것이었다.

"너희들이 준법 시민이라고?" 캅테인이 말했다. "당신! 거기 노인네 말이야. 내가 알기로 당신은 성경을 믿는 사람이던데." 그는 엄지손가락으로 책꽂이에서 낡은 성경책을 잡아당기며 말했다. "말해 보시지, 정부의 지시에 순종하는 것에 대해 이 책에서는 뭐라고 말하는지."

"하나님을 경외하라고 말하지요." 아버지가 성경 구절을 인용해 대답했다. 아버지의 입술에서 그 말은 축복이자 안도감을 주는 말로 온 방 안에 울렸다. "하나님을 경외하고 여왕을 존중하라고 말합니다."

캅테인이 아버지를 똑바로 쳐다보며 말했다. "그런 말은 없어! 성경은 그렇게 말하지 않아."

"그래요, 하나님을 경외하고 왕을 존중하라고 말하지요. 하지만 우리나라의 경우엔 여왕입니다."

"왕이든 여왕이든 그런 말은 없어!" 캅테인은 고함을 질렀다. "지금은 우리가 합법적인 정부야, 그리고 너희는 모두 범법자들이고!"

현관 벨이 또 울렸다. 몇 마디 질문과 대답이 오가고 그 사람 역시 잡혀 들어왔다. 우리 조직원인 그 청년이 앉을 자리가 채 정해지기도 전에 또 벨이 울렸다. 오늘따라 왜 이렇게 찾아오는 사람이 많은지 몰랐다. 식당에 점점 더 많은 사람들이 들어찼다. 별일 없이 그냥 얘기나 나누려고 찾아왔다가 잡혀 들어온 사람들에게 제일 미안했다. 은퇴한 노 선교사 한 분이 두려움으로 턱을 덜덜 떨며 식당으로 끌려 들어왔다. 탕탕 두드리고 쓰러지는 소리가 계속 들리는 걸로 봐서 적어도 밀실은 아직 찾아 내지 못한 것 같았다.

그런데 새로운 소리 하나가 나를 놀라 펄쩍 뛰게 만들었다. 현관홀에서 전화벨이 울린 것이다.

"저건 전화소리 아냐?" 빌렘스가 기가 막히다는 듯 소리쳤다.

그는 방 안을 휘 둘러보더니 내 손목을 홱 잡아당겨서는 아래층으로 끌고 내려갔다. 그러고는 수화기를 들어 내 귀에 대주었다.

"받아!" 그는 소리를 내지 않고 입술 모양으로 말했다.

"텐 붐 시계포입니다." 나는 일부러 굳은 목소리로 대답했다.

하지만 전화를 건 사람은 이상한 점을 눈치 채지 못한 것 같았다.

"텐 붐 양, 그쪽이 몹시 위험해요! 헤르만 슬러링이 체포됐다고요! 저들이 모든 걸 다 알았어요! 조심해야 해요!" 여자는 계속 이러쿵저러쿵 떠들어 댔고, 남자는 내 옆에서 그 말을 고스란히 다 듣고 있었다.

여자가 전화를 끊자마자 또 벨이 울렸다. 이번에는 남자였고, 내용은 똑같았다. "헤르만 아저씨가 경찰서에 끌려갔어요. 그건 저들이 모든 걸 다…."

세 번째 전화벨이 울렸고, 나는 계속해서 평소 때와 다른 딱딱한 말투로 짧게 인사를 건넸다. 전화를 건 사람이 드디어 뭐가 눈치를 챈 듯 딸각 하고 전화를 끊자 빌렘스는 수화기를 잡아챘다.

"여보세요! 여보세요!" 그는 전화기에 대고 소리를 지르다가 벽에 걸린 전화기 본체를 가볍게 흔들었다. 전화선은 불통이었다. 그는 나를 난폭하게 떼밀며 계단을 올라 다시 의자에 앉혔다. "우리 친구들이 눈치를 했군." 그가 캅테인에게 말했다. "하지만 들을 건 내가 다

들었어."

벳시 언니는 의자에서 일어나도 좋다고 허락을 받은 것 같았다. 찬장 옆에 서서 빵을 썰고 있는 걸 보니 말이다. 어느 새 점심 때가 된 모양이었다. 언니가 빵을 가져와 모두에게 나누어 주었지만 나는 고개를 가로저으며 싫다고 했다. 또 열이 오르고 있었다. 목이 아팠고 머리가 지끈거렸다.

그때 남자 하나가 방으로 들어서며 말했다. "온 집안을 다 찾아봤습니다. 빌렘스. 귀신이 만들어서 감추지 않은 한 이 집에 밀실은 없습니다."

빌렘스는 벳시 언니를 봤다가 아버지를 봤다가 또 나를 봤다.

"밀실이 분명히 있어. 사람들이 지금 거기 들어가 있다고. 그게 아니어도 결국은 실토하게 될 거야. 좋아, 집을 빙 둘러가며 보초를 세워야겠어. 놈들이 밀실에서 미라가 될 때까지 말이야."

잠시 공포스런 침묵이 흐르고 있는데 무릎에 뭔가 부드럽고 묵직한 것이 느껴졌다. 마헤르 샬랄 하쉬바즈가 내 무릎으로 뛰어들어 몸을 비벼댔다. 나는 녀석의 반짝거리는 검은 털을 쓰다듬어 주었다. 이제 이 녀석은 어떻게 될까? 나는 위층에 있는 여섯 사람에 대해서는 될수록 생각하지 않으려 했다.

현관 벨이 마지막으로 울린 지 30분이 지났다. 전화를 통해 내 메시지를 알아차린 사람이 누구였든, 경보를 울린 것이 분명했다. 소문이 퍼졌으므로 이제 어느 누구도 베예의 함정으로 걸어 들어오지 않을 터였다.

빌렘스도 나와 같은 결론에 이른 것이 분명했다. 모두들 일어나서 코트와 모자를 챙겨가지고 아래층 복도로 내려오라고 지시를 내리는 것을 보니 말이다. 그가 아버지와 벳시 언니와 나는 맨 마지막에 내려오라고 했다. 우리가 보는 앞에서 얀스 이모 방에 있던 사람들이 계단을 내려갔다. 나는 숨을 죽이고 그 사람들의 면면을 하나하나 살폈다. 기도회에 참석했던 사람들은 급습이 있기 전에 대부분 돌아간 것 같았다. 하지만 전부 돌아간 건 아니었다. 놀리 언니도 보였고, 언니 뒤로 피터도 보였다. 그리고 맨 마지막에 빌렘 오빠도 보였다.

집안에 온 가족이 다 있었던 것이다. 아버지, 아버지의 네 자녀, 그리고 손자 하나까지. 캅테인은 나를 밀치며 말했다.

"움직여."

아버지는 벽에 걸린 고리에서 모자를 집어들었다. 주방 문 밖에서 잠시 걸음을 멈춘 아버지는 벽에 걸린 프리슬란트 시계의 추를 당겨주셨다.

"시계가 멈추게 놔둬서는 안 되지." 아버지가 말했다.

아버지! 정말로 집에 돌아와서 시계의 추를 다시 당겨줄 날이 있을 거라고 생각하시는 거예요?

눈은 다 녹고 없었다. 골목길을 지나 스메데스트라트로 접어드니 양쪽 도랑에 지저분한 흙탕물이 고여 있었다. 일 분 남짓 걸었을 뿐이지만, 경찰서의 이중 출입문을 지나 안으로 들어설 때쯤, 나는 추위로 온 몸을 떨고 있었다. 롤프를 비롯해 혹시 아는 사람이 없나 해서 불안하게 로비를 둘러보았지만 아무도 눈에 띄지 않았다. 독일 군인들이 정규 경찰 병력을 임시로 대체하고 있는 것 같았다.

우리는 무리를 지어 복도를 지나고 전에 해리 드 브리스를 마지막으로 만나러 왔을 때 보았던 육중한 철제 출입문 안으로 들어갔다. 홀 끝에는 체육관으로 쓰였음직한 넓은 방이 있었다. 벽에 높이 달린 창문은 철망으로 막혀 있었고, 림과 농구 골대가 천장에 로프로 고정돼 있었다. 방 한가운데에는 책상 하나가 놓여 있었고 독일군 장교가 책상 뒤에 앉아 있었다. 바닥 한쪽에 텀블링용 매트가 여러 장 깔려 있기에 나는 그 중 한 매트 위에 맥없이 쓰러졌다.

두 시간에 걸쳐 그 장교는 우리에게 이름과 주소를 물어서 적고 그 밖의 통계를 냈다. 함께 체포된 사람들의 수를 세어 보았더니 베예 급습 때 잡혀온 사람은 모두 서른다섯 명이었다.

우리보다 먼저 잡혀온 사람들도 매트 위에 앉거나 누워 있었는데, 그 중엔 우리가 아는 얼굴들도 보였다. 혹시 피크위크가 있는지 찾아보았지만 그들 중에는 없었다. 영업상 베예에 자주 오던 동료 시계공 한 사람이 눈에 들어왔는데 그는 우리에게 일어난 일에 특히 괴로워하는 것처럼 보였다. 그는 우리 쪽으로 다가와 아버지와 내 옆에 앉았다.

얼마 뒤 독일군 장교가 방을 나갔다. 경보기가 울린 뒤 처음으로 우리끼리만 있게 된 것이다. 나는 간신히 일어나 앉은 다음 쉰 목소리로 말했다. "빨리요! 심문 때 뭐라고 말해야 할지 말을 맞춰야 해요! 그냥 사실대로 다 말할 수도 있지만…." 목이 메어 더 이상 말을 이을 수 없었다. 몸살로 머리가 혼미스러웠지만 피터가 이제까지 한 번도 본 적 없는 사나운 표정으로 나를 보고 있는 게 느껴졌다.

"하지만 아침에 빌렘 삼촌이 구약성경 말씀을 가르치고 있었다는 걸 저들이 알면 삼촌이 곤경에 빠질 수도 있어요." 피터가 나 대신 급히 말을 정리해 주었다.

그러면서 피터가 고개를 한쪽으로 까닥해 보이기에 나는 후들거리는 다리로 간신히 일어서서 그가 고갯짓으로 가리킨 쪽을 바라보았다. "코리 이모!" 피터가 소리를 죽여 말했다. "저 사람, 저 시계공 말이에요! 게슈타포에서 심어 놓은 사람이었어요." 그러면서 피터는 아이가 아플 때 엄마가 해주는 것처럼 내 머리를 토닥여 주었다. "다시 가서 누우세요, 코리 이모. 제발 아무 말씀도 하지 마시고요."

체육관의 육중한 출입문이 쾅 닫히는 소리에 잠이 깼다. 성큼성큼 걸어 들어온 사람은 롤프였다.

"모두 조용히 하십시오!" 롤프가 큰 소리로 말했다. 그러곤 빌렘 오빠 쪽으로 몸을 기울여 뭔가 속삭였지만 잘 들리지는 않았다. "화장실은 건물 뒤쪽에 있습니다." 그는 이어서 큰 소리로 말했다. "감시인과 함께 한 번에 한 사람씩 갈 수 있습니다."

빌렘 오빠가 내 옆으로 나와 앉았다. "증거가 될 만한 문서들은 잘게 찢어서 화장실 변기에 흘려보내라고 하는구나." 코트 주머니를 뒤져보았더니 종이 쪽지 몇 개, 그리고 지폐 몇 장이 들어있는 지갑이 손에 잡혔다. 주머니 속 물건들을 하나하나 헤아려보며 법정에서 이 물건들을 어떻게 설명할지 생각해 보았다. 건물 밖에 나란히 설치된 화장실 세면대에 양철 컵 하나가 줄에 매달려 있었다. 나는 세면대 수도를 틀어 물 한 컵을 벌컥벌컥 들이마셨다. 아침에 벳시 언니가 가져다준 차 한 잔을 마신 뒤로 입에 뭐가 들어가기는 처음이었다.

저녁 무렵 한 경찰관이 갓 구워 뜨끈뜨끈한 롤빵이 담긴 커다란 바구니를 들고 들어왔다. 하지만 나는 삼킬 수가 없었다. 목으로 넘길 수 있는 건 물밖에 없었지만, 물을 마시러 자꾸 밖으로 나가겠다고 하기가 난처했다.

마지막으로 물을 마시러 나갔다 왔더니 몇몇 사람이 아버지를 중심으로 둥글게 모여 저녁 기도회를 하고 있었다. 지금까지 나의 하루는 늘 그렇게 끝났었다. 그 깊고 진중한 음성으로 간절하고 확고하게 모든 것을 하나님의 돌보심에 맡기면서 말이다. 책꽂이에서 성경책을 챙겨오지는 못했지만, 아버지의 내면에는 많은 말씀들이 새겨져 있었다. "주는 나의 은신처요 방패시라 내가 주의 말씀을 바라나이다…. 나를 붙드소서 그리하시면 내가 구원을 얻고…." 말씀을 암송하는 아버지의 푸른 눈은 사람들이 가득 들어찬 그 방 너머, 하를렘 너머, 그리고 이 세상 너머를 보시는 것 같았다.

모두들 잠을 제대로 이루지 못했다. 화장실에 가는 사람들은 그때마다 바닥에 누운 사람들을 넘어 다녀야 했다. 천장 가까이 달린 창문의 철망 사이로 마침내 아침 햇살이 들어오기 시작했다. 경찰이 또 롤빵을 가져다주었다. 긴긴 오전 시간 내내 나는 벽에 기대 앉아 꾸벅꾸벅 졸았다. 오늘은 가슴 쪽이 심하게 아팠다. 정오가 되자 군인들이 방으로 들어와 모두 일어나라고 명령했다. 우리는 서둘러 일어나 코트를 걸쳐 입고 줄지어 복도를 빠져나왔다.

스메데스트라트 거리에는 경찰이 길을 가로질러 쳐 놓은 바리케이트 너머로 사람들이 빽빽이 들어차 있었다. 벳시 언니와 내가 아버지를 부축해 양 옆에서 걷고 있자니, '하를렘의 큰 어르신'이 교도소로 끌려가는 광경을 본 사람들이 공포에 질린 듯 수군거리는 소리가 커졌다. 경찰서 문 앞에 초록색 시내버스가 세워져 있었고, 맨 뒤 좌석에는 군인들이 앉아 있었다. 사람들이 버스에 오르는 동안, 길에 나와 있던 친구들과 친척들은 눈물을 흘리기도 했고 그냥 바라만 보기도 했다.

벳시 언니와 나는 아버지의 손을 꼭 잡고 버스 계단을 오르기 시작했다. 그때였다. 군인 두 사람의 부축을 받으며 모자도 쓰지 않고 코트도 입지 않은 채 비틀거리듯 우리 옆을 스쳐가는 사람이 있었다. 피크위크였다. 우리는 그 자리에서 얼어붙어 버렸다. 대머리인 그의 정수리는 상처투성이였고, 아래턱의 짧은 수염에는 피가 말라붙어 엉겨 있었다. 그는 고개를 푹 숙인 채, 우리가 탄 버스에 끌려오듯 올라탔다.

아버지와 언니와 나는 앞쪽의 2인용 좌석에 함께 끼여 앉았다. 창문 너머로 티네 언니가 사람들 틈에 섞여 있는 게 보였다. 햇살 좋은 겨울날, 공기가 햇빛을 받아 눈부시게 반짝이는 날에 우리를 태운 버스는 부릉거리며 출발했다. 경찰관들이 사람들 사이로 길을 내자 버스는 조금씩 앞으로 나아갔다. 나는 열심히 창문 밖을 내다보며 하를렘의 풍경을 눈에 담아 두었다. 그로테 마르크트를 지나면서 보니 대성당의 벽이 맑고 투명한 햇빛을 받아 수천 개의 어스름한 그늘을 드리우며 반짝거리고 있었다. 이상하게 이 순간을 전에도 본 적이 있는 듯한 기분이었다.

바로 그때 생각났다.

환상! 독일의 침공이 있던 날 밤, 나는 이 광경을 다 봤다. 빌렘 오빠, 놀리 언니, 피크위크, 그리고 피터 등 여기 있는 모든 이들이 자신의 뜻과는 상관없이 이 광장을 지나 어디론가로 끌려갔다. 모두 꿈속에서 본 광경이었다.

그날 밤 꿈속에서 함께 했던 우리는 오늘 하를렘을 떠나 돌아올 수 없는 길을 가고 있었다. 어디로 가는 것일까?

스헤브닝겐
_10장

하를렘을 벗어난 버스는 얼마 뒤 남쪽 도로로 접어들었고 차창 밖으로 바다 풍경이 이어졌다. 오른쪽으로는 나지막한 모래 언덕이 솟아 있었고, 등성이 위로 군인들의 모습이 어른거렸다. 암스테르담으로 가는 건 분명 아니었다.

두 시간의 이동 끝에 우리가 도착한 곳은 헤이그였다. 버스는 실용적으로 지어진 새 건물 앞에 멈춰 섰다. 뒤에서 수군거리는 말을 들으니 이곳이 네덜란드 전역을 관장하는 게슈타포 본부라고 했다. 피크위크만 빼고(그는 좌석에서 일어날 수가 없는 것 같았다) 모두들 버스에서 내려 그 건물에 있는 커다란 방으로 줄지어 들어갔다. 이름과 주소와 직업을 끝없이 묻고 대답하는 절차가 처음부터 다시 반복되었다.

방의 한쪽 면을 거의 차지하다시피 높고 기다랗게 마련된 책상 너머로 빌렘스와 캅테인 두 사람이 함께 앉아 있었다. 하를렘에서 이송된 죄수들이 차례로 나올 때마다 빌렘스와 캅테인 둘 중 하나가 타자기 앞에 앉은 사람에게 몸을 숙여 뭐라고 말했고, 이어서 타자기가 탁탁거리는 소리가 들렸다.

심문관의 우두머리로 보이는 사람의 시선이 갑자기 아버지에게서 멈추었다. "저 노인! 저 노인을 꼭 체포해야 했나? 이봐, 노인 양반!"

빌렘 오빠가 아버지를 책상 앞으로 모시고 갔다. 이곳 게슈타포의 우두머리인 듯한 사람이 아버지 쪽으로 몸을 숙이며 말했다. "늙은이, 당신은 집에 보내 주고 싶은데. 더 이상 말썽 안 피우겠다고 한 마디만 하면 돼."

아버지의 얼굴은 보이지 않았다. 꼿꼿한 어깨와 그 위로 후광처럼 솟은 흰 머리만 보일 뿐이었다. 하지만 아버지의 대답은 잘 들렸다.

"오늘 내가 집으로 돌아간다면," 아버지는 담담하고 분명하게 말했다. "도움이 필요해서 내 집 문을 두드리는 사람 누구에게나 다시 문을 열어 줄 거요."

순간 남자의 얼굴에서 온화한 표정이 사라졌다. "다시 줄 서! 빨리! 꾸물거리는 건 이 법정이 용납하지 않는다!"

하지만 이 법정은 오로지 꾸물거리기 위해서만 존재하는 것 같았다. 한 사람씩 책상 앞으로 나아갈 때마다 끊임없이 질문이 반복되고 끊임없이 서류를 들여다보고 끊임없이 관리들이 오고갔다. 창 밖으로는 짧은 겨울 해가 저물고 있었다. 동틀 때 롤빵과 물을 배급받은 뒤로 우리는 아무것도 먹지 못하고 있었다.

내 앞에 서 있던 벳시 언니는 그날 하루 동안 "미혼"이라는 대답을 스무 번이나 했다.

"자녀는 몇 명?" 심문관이 단조로운 어투로 물었다.

"전 미혼입니다." 언니가 같은 말을 또 반복했다.

남자는 서류에서 눈도 떼지 않고 "자녀는 몇 명이냐고!"라고 느닷없이 소리를 높였다.

"없습니다." 언니는 체념한 듯 대답했다.

해질녘에 가슴에 노란 별을 단, 키 작고 뚱뚱한 남자 하나가 우리 옆을 지나 건너편 방 끝으로 끌려갔다. 그리고 이내 들려오는 몸싸움 소리에 모두들 그쪽으로 고개를 돌렸다. 가엾은 남자는 무언가를 손에 쥔 채 놓지 않으려 했다.

"이건 내 거요!" 남자는 계속 그렇게 소리 질렀다. "이걸 빼앗을 수는 없어! 내 지갑은 못 뺏는다고!"

정신 나간 짓이 아닌가? 지금 같은 상황에서 돈으로 무얼 할 수 있다고 생각하는 것일까? 그런데도 그는 여전히 지갑을 빼앗기지 않으려 발버둥을 쳤고, 그를 에워싼 사람들은 좋은 볼거리라 생각했는지 환호를 지르며 구경하고 있었다.

"이봐, 유대인!" 그 중 한 목소리가 말했다. 그는 군홧발을 들어 그 키 작은 남자의 무릎 뒤쪽을 걷어찼다. "이게 바로 유대인에게서 물건을 빼앗는 방법이지."

소란은 더 심해졌다. 남자를 발로 걷어찰수록 실랑이는 더 격해질 뿐이었다. 소란이 계속되는 동안 나는 쓰러지지 않으려고 뭔가를 꼭 붙들고 있었다. 터무니없게도, 발길질을 당하고 있는 그 남자가 몹시 미웠다. 그렇게 무력하다는 것이, 그렇게 당하고만 있다는 것이 미웠다. 결국 그 남자가 밖으로 질질 끌려 나가는 소리가 들렸다.

이어서 내가 심문 받을 차례가 되었다. 고개를 들었을 때, 심문관 바로 뒤에 서 있는 캅테인과 눈이 마주쳤다. "이 여자는 조직의 수괴입니다." 캅테인이 심문관에게 말했다.

순간, 머릿속에서 여러 가지 생각이 오간 끝에 나는 이 사람이 나를 믿게 만드는 게 중요하다고 생각했다. "캅테인 씨의 말이 사실입니다. 여기 이 사람들은 이 일에 대해 아무것도 모릅니다. 모든 건 다 저의…."

"이름은?" 심문관이 태연하게 물었다.

"코넬리아 텐 붐입니다, 그리고 저는…."

"나이?"

"쉰둘입니다. 나머지 사람들은 아무 관련도…."

"직업?"

우리는 캄캄한 밤이 되어서야 마침내 건물에서 나올 수 있었다. 초록색 버스는 가고 없었다. 버스 대신 우리는 커다란 천으로 지붕을 씌운 군용 트럭에 짐짝처럼 태워졌다. 아버지는 군인 두 사람이 들어 올려 주어야 했다. 피크위크는 어떻게 된 건지 전혀 알 수 없었다. 아버지와 언니와 나는 짐칸 양 옆에 설치된 좁은 의자에 자리를 잡고 앉았다.

완충 장치가 없는 트럭은 폭격으로 울퉁불퉁해진 헤이그의 도로를 달리느라 거칠게 요동쳤다. 아버지가 차 모서리에 부딪히지 않도록 아버지 등에 내 팔을 두르고 있었지만 차가 요동하는 탓에 팔이 자꾸 미끄러져 내렸다. 빌렘 오빠는 뒤편에 서서 캄캄한 도시에서 뭐가 보이는지 등 뒤에 있는 사람들에게 귓속말로 전해 주고 있었다. 차는 시내를 벗어나 서쪽으로 스헤브닝겐 교외를 향해 가고 있는 것 같았다. 그렇다면 그곳이 우리의 목적지였다. 이 바닷가 마을의 이름을 딴 연방 교도소 말이다.

트럭이 덜커덩 하며 잠간 멈춰서고 삐걱거리는 쇳소리가 들렸다. 차는 몇 미터쯤 앞으로 밀려갔다가 다시 멈춰 섰다. 우리 뒤로 육중한 문이 철컹 하고 닫혔다.

트럭에서 내려서 보니 우리가 있는 곳은 높은 벽돌담으로 에워싸인 거대한 안마당이었다. 트럭은 후진해서 길쭉하고 야트막한 건물로 들어갔고, 군인들은 우리를 총부리로 쿡쿡 찌르며 건물 안으로 밀고 들어갔다. 천장에 달린 밝은 전구 불빛 때문에 잠깐 앞이 안 보였다.

"나센 게겐 마우어!"(벽을 향하여 가!)

뒤에서 떠미는 대로 가다보니 여기저기가 갈라진 회벽이 눈앞에 나타났다. 나는 고개를 돌리지 않고 눈만 움직여서 최대한 좌우를 살폈다. 빌렘 오빠가 보였고, 두 사람 건너 벳시 언니도 보였다. 반대편으로는 토스가 바로 옆에 서 있었다. 모두들 나처럼 벽을 보고 서 있었다. 아버지는 어디 계신 걸까?

하염없는 기다림이 계속되었고, 그 동안 내 앞에 있는 회벽의 흠 집들은 사람의 얼굴도 되었다가 풍경도 되었다가 동물의 형상이 되기도

했다. 그러던 중 오른쪽 어디에선가 문이 열렸다.

"여죄수들은 나를 따라와라!"

여자 간수의 목소리가 끼익 거리는 문소리처럼 금속성으로 들렸다. 벽에서 물러서면서 얼른 좌우를 둘러보며 아버지를 찾았다. 아버지는 벽에서 몇 발짝 떨어진 곳, 일자 모양 등받이 의자에 앉아 있었다. 보초 중 누군가가 아버지에게 의자를 갖다 준 것 같았다.

여자 간수는 저기 문 밖으로 이어지는 긴 복도로 벌써 내려가고 있었다. 하지만 나는 발걸음을 떼지 못하고 아버지, 빌렘 오빠, 피터, 그리고 우리의 용감한 지하조직 일꾼들을 애타게 바라보았다.

"아버지!" 나는 소리 내어 아버지를 불렀다. "하나님이 함께 하시길!"

아버지가 내 쪽으로 고개를 돌렸다. 천장에서 쏟아지는 불빛이 아버지의 안경에서 현란하게 번쩍였다.

"너희에게도 하나님이 함께 하시길, 내 딸들아." 아버지가 말했다.

나는 돌아서서 앞 사람들을 따라갔다. 내 뒤로 문이 쾅 소리를 내며 닫혔다. '아버지께도요! 아버지께도요! 오, 아버지! 아버지를 언제 다시 뵐 수 있을까요?'

벳시 언니의 손이 내 손을 한 번 잡았다가 스르르 풀려 내려갔다. 넓은 홀 한가운데를 따라 코코넛 야자 껍질로 만든 매트가 깔려 있었다. 우리는 축축한 콘크리트 바닥에서 그 매트 위로 올라섰다.

"너희들은 가장자리로 걸어." 우리 뒤에 있던 간수가 따분한 목소리로 말했다. "죄수들은 매트 위로 올라가면 안 된다."

우리는 무슨 죄라도 지은 것처럼, 특별 허락을 받은 사람만 밟을 수 있는 그 매트 위에서 얼른 내려왔다.

우리 앞쪽 복도에는 책상 하나가 놓여 있고, 그 책상 너머로 제복을 입은 한 여자가 앉아 있었다. 죄수들은 한 사람씩 책상 앞에 이르러 그날 한 천 번쯤은 언급했을 자기 이름을 또 한 번 말하고 모든 소지품을 그 책상 위에 올려놓았다. 놀리 언니와 벳시 언니, 그리고 나는 손목에 차고 있던 아름다운 시계를 풀러 놓았다. 시계를 간수에게 건네자 간수는 내 손가락에 끼워져 있는 반지도 가리켰다. 엄마가 물려주신 소박한 금반지였다. 하는 수 없이 반지도 빼서 책상 위에 올려놓고 지갑과 지폐도 내놓았다.

행렬은 복도를 따라 계속 이어졌다. 복도 양쪽 벽을 따라 폭이 좁은 철제문들이 죽 늘어서 있었다. 이윽고 여죄수들의 걸음이 멈추었다. 간수가 첫 번째 문 앞에서 잠금 장치에 열쇠를 끼워 넣었다. 덜컥 하고 빗장 풀리는 소리, 삐그덕 하고 경첩 돌아가는 소리가 들렸다. 간수는 손에 들린 명단을 보며 한 귀부인을 불러내 방 안에 가두었다. 나는 초면이지만 빌렘 오빠의 기도회에 참석했다가 잡혀온 사람이었다.

오빠의 기도회가 바로 어제였던가? 지금이 겨우 목요일밖에 안 된 건가? 베예에서의 일들이 마치 까마득한 옛날처럼 느껴졌다. 문이 쾅 닫혔다. 다른 감방 문의 잠금 장치가 또 한 번 풀리고 또 한 사람이 그 안에 갇혔다. 하를렘 사람들이 한 감방에 들어가는 경우는 없었다.

먼저 호명된 사람들 중에 벳시 언니가 있었다. 언니가 감방으로 들어갔고, 돌아보며 미처 작별 인사도 하기 전에 문이 닫혔다. 감방 둘을 더 지나면서 마침내 놀리 언니와도 헤어졌다. 천천히 앞으로 나가는 동안 줄곧 내 귓전에 감방 문 닫히는 소리가 철커덩, 철커덩 울렸다.

복도가 두 갈래로 갈라지면서 우리는 왼쪽 복도로 들어섰다. 얼마 후 다시 오른쪽으로 돌았고, 다시 왼쪽으로 돌았다. 강철과 콘크리트뿐인 세상이 끝없이 이어졌다.

"코넬리아 텐 붐."

또 한 문이 삐걱 열렸다. 감방은 깊고 좁았다. 방의 폭이 출입문 폭과 별 차이가 없을 정도였다. 일인용 접이식 침대에 한 여자가 누워 있었고, 바닥에 깔린 밀짚 깔개 위에 세 명의 여자가 앉아 있었다. "침대는 이 여자에게 줘라." 간수가 말했다. "몸이 아프다."

간수가 그렇게 말하자 뒤에서 문이 닫히기도 전에 정말로 가슴과 목을 쥐어짜는 듯한 기침이 발작적으로 터져 나왔다.

"아픈 사람을 여기 넣어 주면 어떡해요!" 한 여자가 소리를 질렀다. 여자들은 비틀거리며 일어나 그 좁은 방에서 더 이상 뒤로 물러날 수 없을 만큼 최대한 나에게서 떨어졌다.

"정말… 정말 죄송합니다." 사과를 하려고 하는데 한 목소리가 곧 내 말을 잘랐다.

"미안해 하지 않아도 돼요. 아픈 게 당신 잘못은 아니잖아요. 자, 미케스 부인, 이 분한테 침대를 내줘요." 젊은 여인이 나를 돌아보며 말했다. "모자하고 코트 이리 주세요. 내가 걸어 놓을게요."

고맙다는 표정으로 모자를 벗어 건넸더니 여인은 한쪽 벽을 따라 쭉 이어져 있는 고리에 걸린 옷가지 위에 내 모자를 얹어 놓았다. 나는 코트는 벗는 대신 추위를 막기 위해 꼭 여며 입었다. 누워 있던 여자가 침대를 비워 주었고, 나는 기침과 거친 숨을 눌러 참으며 좁은 틈을 비집고 덜덜 떨며 침대로 갔다. 좁은 침대 위에 털썩 주저앉자 더러운 밀짚 매트에서 매캐한 먼지가 피어오르면서 기침이 계속 터져 나왔다. 얼마 후 기침이 잦아들자 나는 침대에 누웠다. 불쾌한 밀짚 냄새가 콧속을 파고들었다. 얇은 짚 매트 틈으로 널빤지의 차가운 감촉이 그대로 느껴졌다.

앞으로 영원히 침대다운 침대에서는 잠잘 수 없겠구나, 그런 생각을 하다가 잠이 들었는지 눈을 떠보니 아침이었다. 문 앞에서 뭔가가 달가닥거리는 소리가 들렸다. "식사 시간이에요." 감방 동료들이 알려주기에 간신히 몸을 일으켰다. 감방 문에 달린 작고 네모난 철제 배식구 덮개가 아래로 열리면서 자그마한 선반이 되어 주었다. 그 선반 위로 밖에서 누군가가 김이 모락모락 오르는 오트밀 죽이 담긴 양철 접시들을 올려놔 주었다.

"여기 새로 온 사람이 있어요!" 미케스 부인이라고 했던 여자가 배식구 구멍으로 말했다. "다섯 명 분이 있어야 한다고요!"

양철 접시 또 하나가 선반 위에 탁 놓였다. 미케스 부인이 나를 보며 말했다. "배고프지 않다면 내가 좀 도와드리죠."

나는 접시를 집어 들어 회색빛의 멀건 죽을 들여다보다가 아무 말 없이 그 여인에게 건넸다. 식사랄 것도 없는 짧은 순간 끝에 빈 접시가 걷히고 배식구는 다시 찰칵 하고 닫혔다.

잠시 뒤, 잠금장치에 열쇠 꽂는 소리가 들리며 빗장이 풀리고 문이 열렸다. 여자들이 변기통을 문 밖으로 내놓았다. 세숫대야도 비워지고 깨끗한 물이 새로 담겨서 들어왔다. 여자들이 바닥에서 밀짚 깔개를 들어 올려 한쪽 구석에 말아놓았다. 또 한바탕 먼지가 피어오르자 걷잡을 수 없이 기침이 터졌다.

그 다음부터는 교도소 생활의 지루함이 방 안을 뒤덮어 모든 것을 잡아먹어 버렸다(무엇보다 무서운 게 바로 그 지루함이라는 걸 나는 곧 알게 되었다). 처음엔 여자들과 이야기를 나누면서 지루함을 면해 보려고 했다. 하지만 이들은 예의바른 사람들이라 서로 꽤 잘 알며 지내는 것 같으면서도, 웬일인지 내가 묻는 말엔 슬쩍 대답을 피했다. 나는 이들에 대해 별로 많은 것을 알 수가 없었다.

지난밤 나에게 말을 건넨 젊은 여성은 알고 보니 나이가 겨우 열아홉밖에 안 된 남작 부인이었다. 이 아가씨는 마치 우리에 갇힌 짐승처럼, 여섯 발짝을 걸어 문 앞까지 갔다가 다시 여섯 발짝을 걸어 제 자리로 돌아오기를 아침부터 밤에 전구불이 꺼질 때까지 하루 종일 반복했다. 미케스 부인은 오스트리아 사람으로, 어느 사무실 건물의 청소부로 일했다고 했다. 그녀는 집에서 키우던 카나리아 생각으로 자주 탄식했다. "가여운 것 같으니! 내가 없는 동안 그 작은 것이 어떻게 되었을까? 사람들은 먹이 줄 생각도 못할 텐데."

부인의 탄식을 듣다보니 나도 우리 고양이 생각을 하게 됐다. 마헤르 샬랄 하쉬바즈는 길거리로 도망쳤을까? 아니면 출입이 봉쇄된 집 안에서 굶어 죽어가고 있을까? 나는 녀석이 식탁 의자 다리 사이를 어슬렁거리거나, 늘 타고 넘어 다니던 우리의 어깨를 그리워하는 모습을 그려 보았다. 주방 위층의 상황은 생각하지 않으려 애를 썼다. 계단을 올라가 테아, 메리, 유시가 잘 있는지 확인하고 싶지만…. 아니다! 여기 이 감방에서 내가 그들을 위해 해줄 수 있는 일은 아무것도 없었다. 하나님은 그들이 거기 있음을 알고 계신다.

한 여인은 이 스헤브닝겐 교도소에서 삼 년을 살았다고 했다. 그녀는 밥을 실은 수레가 달그락거리는 소리를 가장 먼저 알아들었고, 복도를 지나는 발소리만 듣고도 그게 누군지 알아맞혔다. "저건 의료 지원실 담당 발소리예요. 누가 아픈가 봐요." "316호실의 누군가가 벌써 네 번째 심리를 받으러 나가네요."

그녀의 세상은 이 작은 방과 바깥 복도로만 이뤄져 있었다. 이렇게 좁은 시야를 갖고 사는 게 얼마나 지혜로운 것인지, 그리고 죄수들이 바깥 세상에서의 삶에 대해 궁금해 하는 질문을 왜 본능적으로 회피하는지 나도 곧 알게 되었다. 수감되고 처음 며칠간은 아버지, 벳시 언니, 빌렘 오빠, 피크위크 등이 걱정돼서 견딜 수가 없었다. 아버지가 이 음식을 드실 수 있을까? 벳시 언니의 담요도 이렇게 얇을까?

하지만 그런 걱정을 해봤자 절망뿐이기에 될수록 그런 생각을 하지 말아야 한다는 걸 곧 깨달았다. 뭔가 마음 붙일 것을 찾으려고 미케스 부인에게 카드 게임을 가르쳐 달라고 했다. 그녀는 하루에도 몇 시간씩 카드 게임을 했다. 수감자 한 사람 당 하루에 두 장씩 배급되는 화장지를 모아 네모꼴로 접어 직접 카드를 만든 그녀는 하루 종일 침대 한 모퉁이에 앉아 쉬임없이 카드를 펼쳐 놨다, 모아 들였다를 반복했다.

나는 카드 게임을 익히는 게 더뎠다. 그도 그럴 것이 베예에서는 카드 게임 같은 건 해본 적이 없었기 때문이다. 혼자 하는 카드 게임을 조금씩 배워가면서 나는 아버지가 왜 이런 걸 못하게 하셨는지 의아했다. 클로바, 스페이드, 다이아몬드라 불리는 이 도형들의 조합에 무슨 문제가 있다고….

하지만 시간이 흐르면서 나는 카드놀이에 교묘한 위험이 있음을 깨닫기 시작했다. 카드가 잘 될 때면 온 신경이 다 흥분되었다. 일종의 전조(前兆) 같은 것이었다. 카드가 잘 될 때면 하를렘에서 잡혀온 사람 중에 누군가가 석방되었구나 하는 생각이 들었다. 반대로 카드가 잘 안 되면… 누군가가 아픈 건 아닐까, 밀실에 숨었던 사람들이 발견된 건 아닐까 하는 생각이 들었다.

결국 나는 카드놀이를 그만두었다. 우선은 그렇게 오랜 시간 앉아 있기가 힘이 들었다. 밤이나 낮이나 그 얇은 밀짚 매트 위에서 이렇게 누웠다 저렇게 누웠다 하면서 어떤 자세로 누워야 통증이 사라질까 고민을 하며 지내는 날들이 점점 많아졌다.

머리는 계속 지끈거렸고, 양 팔이 수시로 쿡쿡 쑤셨고, 기침이 심해져 피까지 나왔다.

어느 날 아침, 침대 위에서 고열로 몸부림치고 있는데 감방 문이 열리며 간수가 들어섰다. 2주 전 수감되던 날 밤에 보았던, 목에서 쇳소리가 나던 그 여간수였다.

"코넬리아 텐 붐."

나는 간신히 몸을 일으켜 침대에서 내려섰다.

"모자와 코트를 가지고 날 따라오도록."

무슨 일로 그러는 건지 이 사람들은 아나 싶어서 동료들을 둘러보았다. "밖으로 나가는 거예요." 수감 생활에 이력이 붙은 그 동료가 말했다. "모자를 가지고 간 사람은 항상 밖으로 나갔어요."

코트는 이미 입고 있었으므로 모자만 고리에서 집어 들고 복도로 나섰다. 간수는 감방 문을 다시 잠근 다음 잰 걸음으로 앞서 가기 시작했다. 걸음이 얼마나 빠르던지 소중한 야자 껍질 매트를 밟지 않으려 조심하며 총총 걸음으로 쫓아가느라 숨이 찼다. 복도 양편의 감방들을 애타게 둘러보았지만 언니들이 어느 방으로 들어갔는지 기억나지 않았다.

이윽고 나는 높은 담이 둘러쳐진 넓은 안마당으로 나왔다. 하늘! 두 주만에 보는 푸른 하늘! 구름은 얼마나 높았는지! 게다가 얼마나 희고 깨끗했는지! 갑자기 엄마가 얼마나 하늘을 좋아하셨는지 생각났다.

"빨리 타!" 간수가 퉁명스레 말했다.

간수 옆에 세워진 반짝거리는 검은 색 자동차 쪽으로 다가갔더니 그녀가 뒷문을 열어 주었다. 뒷좌석에는 다른 두 사람이 이미 앉아 있었다. 한 사람은 군인이었고, 또 한 사람은 수척한 잿빛 얼굴의 여인이었다. 조수석에는 병색이 짙은 남자가 머리를 기이하게 축 늘어뜨리고 앉아 있었다. 차가 출발하자 내 옆에 앉은 여인이 피 얼룩이 묻은 손수건을 입에 대고 기침을 하기 시작했다. 이제야 알 것 같았다.

우리 세 사람은 몸이 아픈 사람들이었다. 어쩌면 병원에 가는 것인지도 몰랐다!

육중한 교도소 정문이 열리고 우리는 바깥 세상으로 나와 넓은 도시의 대로를 따라 이리저리 한참을 달렸다. 나는 창밖의 풍경을 경이롭게 바라봤다. 사람들은 거리를 걸으며 쇼윈도를 들여다보기도 하고 걸음을 멈추고 친구와 이야기를 나누기도 했다. 나도 두 주 전에는 정말 저들만큼 자유로웠던가?

차는 한 사무실 건물 앞에 멈춰 섰다. 앞 좌석에 앉아있던 남자는 운전기사와 군인이 3층까지 부축해서 올라갔다. 사람들로 북적거리는 대기실로 들어가 의자에 앉자 남자를 부축해 온 군인이 우리를 감시했다. 거의 한 시간쯤 지났을 무렵, 내가 화장실에 다녀와도 되냐고 묻자 군인은 수납처 뒤에 앉은 깔끔한 흰색 제복 차림의 간호사에게 화장실 안내를 부탁했다.

"이쪽으로 오세요." 간호사가 사근사근한 말투로 말했다. 그녀는 나를 화장실이 있는 작은 방으로 데려가더니 화장실 안까지 따라 들어와 문을 닫았다. "제가 뭐 도와드릴 거 없나요? 얼른 말씀하세요!"

나는 뜻밖의 상황에 눈을 껌벅이다가 대답했다. "있고말고요, 있어요! 성경책이요! 성경책 한 권 구해 주실 수 있을까요? 그리고… 바늘하고 실도 구해 주세요! 칫솔도요! 비누도요!

간호사는 그게 될지 모르겠다는 듯 입술을 가만히 깨물었다. "오늘은 환자가 너무 많아요. 게다가 감시하는 사람도 있어서…. 하지만 할 수 있는 데까지 해볼 게요." 그렇게 말하고 간호사는 화장실에서 나갔다.

그녀의 친절한 배려는, 화장실의 흰 타일과 반짝이는 수도꼭지만큼이나 환하게 내 마음을 비추었다. 나는 가슴이 벅차오르는 것을 느끼며 수돗물을 틀어 목과 얼굴의 더러운 때를 벅벅 문질러 닦았다.

그때 문 밖에서 군인의 목소리가 들렸다. "얼른 나와! 왜 이렇게 오래 걸리나!"

나는 급히 물기를 털어 내고 군인을 따라 대기실로 돌아왔다. 간호사는 수납처에서 좀 전과 다름없이 차분하게 업무를 볼 뿐 시선을 주지 않았다. 또 한 차례의 긴 기다림 끝에 마침내 내 이름이 불렸다. 의사는 나더러 기침을 해보라고 하고, 체온과 혈압을 잰 뒤 청진기로 진찰을 하고는 습성 늑막염에 결핵 전 증상이 보인다고 진단을 내렸다.

그는 차트에 무언가를 적었다. 그리고 한 손은 문고리를 잡고 다른 한 손을 잠깐 내 어깨에 올린 채 나지막한 목소리로 말했다. "이 진단으로 도움이 되어드릴 수 있으면 좋겠습니다."

대기실로 나가니 군인이 기다리고 서 있었다. 수납처 앞을 지나는데 아까 그 간호사가 벌떡 일어나더니 휙 하고 내 옆으로 지나갔다. 그리고 내 손에는 종이로 싼 조그만 꾸러미가 쥐어져 있었다.

나는 그것을 코트 주머니에 얼른 밀어 넣고는 군인을 따라 계단을 내려갔다. 함께 왔던 여자는 벌써 차 뒷좌석에 앉아 있었고, 조수석에 탔던 남자는 아직 보이지 않았다. 교도소로 돌아오는 내내 나는 주머니에 들어 있는 물건을 만지작거리며 윤곽을 더듬었다. "오, 주님, 이건 너무 작네요. 그래도 이게 성경책일 수도 있겠죠. 제발 성경책이었으면!"

저 앞에 교도소의 높은 담장이 불쑥 모습을 드러냈고, 이내 철문이 뒤에서 철컹 닫혔다. 발자국 소리가 저벅저벅 울리는 긴 복도를 지나 맨 끝의 내 감방으로 돌아온 나는 서둘러 주머니에서 꾸러미를 꺼냈다. 동료들이 모두 몰려들어 지켜보는 가운데 떨리는 손으로 신문지 포장을 벗겼다. 남작 부인조차 왔다갔다 하던 동작을 멈추고 들여다보았다.

전쟁 전에 쓰던 귀한 비누 두 장이 모습을 드러내자 미케스 부인은 환호가 터져 나오는 것을 막느라 손으로 자기 입을 막았다. 칫솔이나 바늘은 없었지만 안전핀 세트 한 묶음이 나왔다. 듣도 보도 못한 호사였다! 그리고 무엇보다 놀라운 것은, 비록 성경전서는 아니었지만 자그마한 소책자 네 권짜리 사복음서가 나왔다는 것이었다.

나는 비누와 안전핀을 다섯 등분해 나눠 가졌다. 네 권의 책도 마찬가지로 그렇게 나누려고 했지만 동료들이 성경은 받지 않으려 했다. "성경책 가지고 있는 게 발각되면 형량이 두 배로 늘어나고 '칼테 코스트' 벌도 받을 걸요." 교도소 생활이라면 모르는 게 없는 동료가 말했다. '칼테 코스트'는 뜨거운 음식 없이 빵만 배급되는 것으로, 납득되지 않는 이유로 걸핏하면 내려지는 처벌이었다. 조금만 시끄럽게 해도 칼테 코스트, 변기통을 조금만 늦게 내놓아도 칼테 코스트였다. 하지만 아픈 몸을 더러운 짚 매트 위에 누이면서 나는 생각했다. 내 두 손에 꼭 쥐고 있는 이 소중한 책을 위해서라면 그까짓 칼테 코스트쯤이야 별거 아니라고 말이다.

이틀 뒤 저녁, 전구불이 깜박이며 꺼져갈 무렵 감방 문이 열리며 간수가 성큼 안으로 들어왔다.

"코넬리아 텐 붐." 간수는 툭 내뱉듯 내 이름을 불렀다. "소지품 챙겨라."

나는 가당치도 않은 희망이 꿈틀거리는 것을 느끼며 간수를 물끄러미 쳐다봤다. "무슨 말씀이신지…."

"조용! 말은 금지다!"

내 '소지품'을 챙기는 데는 그리 오래 걸리지 않았다. 모자하고, 이미 여러 번 사용한 세숫대야 물에 그저 세탁 흉내만 내서 말리고 있던 속옷 한 벌이 전부였다. 주머니에 소중한 물건이 들어 있는 코트는 한 번도 벗은 적이 없었다. '왜 조용히 하라는 걸까?' 나는 궁금했다. 동료들에게 작별 인사도 하면 안 된다는 건가? 어쩌다 한 번쯤 미소라도 지어 주거나 몇 마디 설명이라도 해주면 좋으련만 간수에게는 그게 그렇게 잘못된 행동일까?

나는 동료들에게 눈인사로 작별을 고하고 등이 꼿꼿한 그 여간수를 따라 복도로 나왔다. 간수는 감방 문을 잠그고 복도를 따라 내려가기 시작했다. 하지만 방향이 내가 생각하는 것과 달랐다! 바깥으로 통하는 출입구 쪽이 아니라 미로처럼 얽힌 교도소 내 통행로 더 깊은 곳으로 들어가는 것이었다.

얼마 뒤, 간수는 여전히 말 한 마디 없이 어느 문 앞에 걸음을 멈추고는 열쇠로 문을 열었다. 내가 안으로 들어가자 등 뒤에서 문이 철컹 닫히고 철컥 하고 자물쇠 채우는 소리가 들렸다.

감방은 좀 전에 떠나온 방과 똑같았다. 길이가 여섯 걸음, 넓이가 두 걸음이었고 안쪽으로 일인용 접이식 침대가 놓여 있었다. 다만 침대가 비어 있다는 게 다를 뿐이었다. 간수의 발자국 소리가 복도 저쪽으로 멀어지자 나는 차가운 철제 감방 문에 등을 기대고 섰다. '혼자다. 이 벽 뒤에 나 혼자….'

'쓸데없는 생각을 해서는 안 된다. 아주 신중하게, 아주 현실적으로 행동해야 한다. 여섯 걸음. 침대로 가서 앉아.' 이 침대는 악취가 지난 번 것보다 훨씬 심했다. 밀짚이 발효 중인 것 같았다. 담요를 만져 보았다. 누군가가 담요 위에 구토를 해놓았다. 와락 밀쳐 버렸지만 너무 늦고 말았다. 나는 문 옆에 놓인 양동이로 달려가 엎드려 물을 토해 냈다.

그 순간 천장에 달린 전구불이 꺼졌다. 나는 더듬더듬 침대로 올라가 매트에서 나는 악취를 맡지 않으려 이를 악물고 코트로 몸을 꽁꽁 감싼 채 어둠 속에서 그렇게 몸을 웅크렸다. 감방은 견딜 수 없이 추웠고, 벽에 바람 부딪치는 소리가 들렸다. 아마 교도소 건물의 맨 가장자리 방인 것이 틀림없었다. 앞서의 방은 바람소리가 이 정도는 아니었다.

내가 무얼 잘못해서 사람들과 떨어져 있게 된 걸까? 병원에서 간호사와 이야기를 나눈 게 발각된 걸까? 아니면 하를렘 출신의 수감자 중 누군가가 심문을 당하다가 우리 조직에 관한 일들을 발설한 것일까? 어쩌면 내가 장기 독방형을 선고받은 것일지도 몰랐다.

아침이 되자 열이 더 심해졌다. 침대에서 일어나 아침밥을 가지러 갈 수도 없을 정도였다. 배식구 선반에 놓였던 접시는 손도 못 대고 한 시간쯤 지나 그냥 치워졌다.

저녁 무렵 배식구가 다시 열리면서 거친 빵 한 덩이가 보였다. 하루 종일 굶었던지라 정말로 먹고 싶었지만 몸이 여전히 말을 듣지 않았다. 복도에 있는 사람이 누구였는지 몰라도 아마 문제를 알아차린 것 같았다. 어떤 손 하나가 빵을 집어 내 쪽으로 던져 준 것이다. 빵은 침대 옆 바닥에 떨어졌고, 나는 간신히 기어 내려가 게걸스럽게 빵을 뜯어 먹었다.

열은 며칠 째 떨어지지 않았고, 저녁밥은 늘 이런 식으로 배급 받았다. 아침엔 감방 문이 끼익 열리며 푸른색 작업복을 입은 여자가 뜨거운 오트밀 죽이 담긴 접시를 침대까지 갖다 주었다. 음식뿐만 아니라 사람 얼굴 구경에도 굶주린 나는 쉰 목소리로 이야기를 좀 나눠 보려고 했다. 하지만 역시 수감자로 보이는 그 여인은 고개를 가로저으며 두려워하는 눈빛으로 복도 쪽을 흘긋거릴 뿐이었다.

하루에 한 번씩 감방 문이 열리며 의료 지원국 사람이 뭔지 모르지만 혀가 얼얼한 맛이 나는 노란색 물약을 지저분한 약 병에 담아가지고 와서 1회 분씩 주고 갔다. 그 사람이 처음 오던 날, 나는 그의 소맷부리를 잡고 늘어지며 잔뜩 잠긴 목소리로 애원했다. "제발요! 머리가 하얗게 세고 긴 수염을 기른 여든넷 할아버지 한 분 혹시 본 적 있나요? 성함은 카스퍼 텐 붐인데요! 분명 그분에게도 약을 갖다 주셨을 텐데요!"

남자는 소매를 잡아당기며 말했다. "몰라요! 난 아무것도 몰라요!"

그가 내 손을 뿌리치는 바람에 감방 문이 벽에 쾅 부딪혔고, 그 소리에 간수가 달려왔다. "독방 수감자는 말을 해서는 안 된다! 임무 수행 중인 죄수에게 또 다시 말을 걸면 앞으로 형기 내내 '칼테 코스트'를 받게 될 것이다!" 두 사람이 나가고 문이 쾅 닫혔다.

이 의료 지원 담당은 약만 갖다 주는 게 아니라 내 체온도 재서 기록했다. 체온을 잴 때면 셔츠를 벗고 팔과 옆구리 사이에 체온계를 끼워야 했다. 그렇게 해서는 정확한 체온이 측정될 것 같지 않았는데, 역시나 주말쯤 되자 배식구를 통해 짜증난 목소리가 들려 왔다. "일어나서 밥 가지고 가! 열도 다 내렸는데 또 시중을 받으려는 거야?"

내가 느끼기에 열은 내리지 않았지만, 덜덜 떨리는 몸으로 접시가 있는 곳까지 엉금엉금 기어가는 수밖에 없었다. 다 먹고 접시를 배식구에 올려놓고 나면 냄새나는 짚 매트 위에 다시 누워, 밖에서 호통이 들려올 것에 대비해 마음의 준비를 하곤 했다. "저 대단하신 귀부인, 또 누운 것 좀 보라지! 하루 종일 그렇게 누워 있을 셈이야?" 누워 있는 게 무어 그리 큰 잘못인지 나는 도통 이해할 수가 없었다. 일어나 앉아 있어도 딱히 할 일도 없는데….

혼자 있으니 이 생각 저 생각을 하게 되는 게 무엇보다 큰 문제였다. 이제는 가족과 친구들의 이름을 들어가며 기도하는 것조차 힘들었기에, 그들을 한 사람 한 사람 떠올릴 때마다 두려움과 갈망도 그만큼 컸다. "주님, 제가 사랑하는 사람들, 주님은 아시지요. 그들을 다 보고 계시지요. 오, 그들 모두에게 은혜 내려 주시기를!"

독방에 갇힌 상황에서 이런 저런 생각들은 적(敵)이었다. 그 수감용 가방…. 상상 속에서 그 가방을 얼마나 많이 열어 봤으며 그 가방 속에 두고 온 물건들을 얼마나 많이 헤집어 봤는지. 깨끗한 블라우스, 개봉도 하지 않은 아스피린 한 병, 박하 맛이 나는 치약, 그리고….

그러다 나는 자제하곤 했다. 그런 생각을 한다는 건 얼마나 우스꽝스런 일인지! 그 선택의 순간으로 다시 돌아간다면, 정말로 그 하찮은 물건들이 주는 위안을 사람 목숨보다 더 중요하게 여길 것인가? 물론 아니다. 하지만 바람이 울부짖고 몸에 열이 끓어 오르는 캄캄한 밤이면 나는 어두운 마음 한 구석에서 그 가방을 끄집어내서 온통 헤집곤 했다. 이 깔끄러운 밀짚 위에 수건 한 장만 깔았으면, 아스피린 한 알만 먹을 수 있으면….

옮긴 감방이 지난 번 감방보다 나은 게 딱 하나 있다면, 이 감방엔 창문이 있다는 것이었다. 창문엔 가로로 여섯 개, 세로로 세 개의 창살이 달려 있었다. 높이가 너무 높아서 밖을 내다볼 수는 없었지만, 창살이 만드는 그 스물여덟 개의 네모난 구멍을 통해 하늘이 보였다.

나는 그 감질나는 하늘 풍경에서 하루 종일 시선을 떼지 않았다. 흰색이나 분홍색 또는 가장자리가 황금빛으로 물든 구름이 창 밖을 지나가기도 했고, 서쪽에서 바람이 불어올 때는 파도 소리도 들을 수 있었다. 무엇보다 좋은 것은, 봄이 되어 해가 점점 높이 뜨면서 이 어둡고 좁은 방에 하루에 거의 한 시간씩 격자무늬 햇살이 스며들어온다는 것이었다. 날씨가 따듯해지고 건강도 조금씩 좋아지면서 나는 빛의 움직임을 좇아 벽을 따라가면서 얼굴과 가슴에 햇빛을 받고 서 있다가 마침내는 침대 위에까지 올라가 까치발로 딛고 마지막 한 줄기의 빛까지 다 누렸다.

몸이 회복되면서 글도 조금 더 오래 읽을 수 있게 되었다. 처음엔 성경을 한 번에 한 절씩만 읽다가 이제는 마치 굶주린 사람처럼 한 번 읽을 때마다 사복음서 전체를 한꺼번에 다 읽어 버리면서 장대한 구원의 드라마를 머릿속에 펼쳐보곤 했다.

그럴 때면 한 가지 믿겨지지 않는 생각으로 뒷목이 욱신거렸다. 이 모든 일, 곧 전쟁, 스헤브닝겐 교도소, 이 감방 등 내가 겪는 모든 일들이 과연 예기치 못하게, 우연히 일어난 일일까? 아님 이 모든 게 복음서에서 맨 처음 계시된 하나님의 역사의 일부라 할 수 있을까?(생각이 여기 이르자 나는 더욱 몰두해서 성경을 읽게 되었다.) 자그마한 우리 조직, 보잘것없는 우리의 작전이 실패한 것처럼 예수님은 철저히, 이론의 여지없이 패배하셨던 것일까?

하지만 … 복음서가 정말로 하나님의 역사와 섭리가 어떻게 전개되는지 보여주는 것이라면, 그 패배는 시작에 불과했다. 그리고 내가 갇혀 있는 이 누추하고 좁은 감방을 둘러보면서, 이런 곳에서 과연 내게도 어떤 승리가 가능할 수 있을지 궁금해졌다.

지난 번 감방에서 만난 교도소 생활 전문가 동료는 코르셋의 지지

대를 시멘트 바닥에 문질러서 일종의 나이프 같은 걸 만드는 방법을 알려 주었다. 무슨 이유에서인지 모르지만 나는 시간 감각을 잃지 않는 게 중요하다고 생각했다. 그래서 코르셋 지지대 끄트머리를 날카롭게 갈아 침대 뒷벽을 긁어 달력을 만들었다. 지루하고 긴 하루가 저물 무렵마다 네모 칸에 하나씩 표시했다. 그리고 특별한 의미가 있는 날짜도 달력 밑에 적어 두었다.

1944년 2월 28일 체포됨

1944년 2월 29일 스헤브닝겐으로 이송됨

1944년 3월 16일 독방 생활 시작

그리고 그 밑에 새로운 날짜가 적혔다.

1944년 4월 15일 교도소에서 맞은 생일

생일이라면 파티를 해야 하는데, 뭔가 흥이 나게 해줄 만한 화려한 것을 아무리 찾아봐도 없었다. 지난 번 감방에서는 최소한 밝은색 옷들이라도 있었다. 남작 부인의 빨간 모자, 미케스 부인의 노란색 블라우스 등. 그렇다보니 내가 색깔에 대해 이렇다 할 만한 취향이 없는 게 얼마나 후회스럽던지.

파티에 적어도 노래 한 곡쯤은 있어야 할 것 같아서 나는(이맘 때쯤이면 꽃이 만발했던) 〈하를렘의 신부〉라는 나무에 얽힌 노래를 골랐다. 가지마다 꽃봉오리가 부풀어 터지고, 꽃잎은 눈처럼 보도 위에 흩날린다는 내용의 동요였다.

"거기 조용히 해!" 문 밖에서 고함이 들려왔다. "독방 수감자는 말을 해서는 안 돼!"

나는 침대에 앉아 요한복음을 펼쳐 마음속 고통이 가실 때까지 읽었다.

생일 이틀 뒤, 소리가 웅웅 울리는 커다란 샤워실에 가게 되었다. 인상이 험악한 간수가 나와 동행했는데, 그 험악한 얼굴 때문에 샤워실행이 마냥 즐겁지만은 않았다. 하지만 몇 주 동안 갑갑한 독방에 갇혀 있다가 그 넓은 복도로 발을 내디딜 때의 경이로움은 그 무엇으로도 가려지지 않았다.

샤워실 문 앞에 이르니 몇몇 여자들이 자기 순서를 기다리고 있었다. 말 한 마디 용납되지 않는 침묵 속에서도 이렇게 사람과 가까이 있는 것은 기쁨이요 힘이었다. 샤워실에서 나오는 사람들의 얼굴을 유심히 살펴보았지만 벳시 언니나 놀리 언니는 없었고, 하를렘 사람도 하나 없었다. 하지만 생판 모르는 사람들도 다 내 언니 동생 같았다. 사람의 얼굴을 볼 수 있다는 것만으로도 얼마나 마음이 부요할 수 있는지!

샤워 또한 유쾌했다. 터지고 갈라진 살갗 위로 따뜻한 물이 쏟아지고 엉켜 붙은 머리카락 사이로 수증기가 스며들었다. 나는 새로운 결심 하나를 하며 내 독방으로 돌아왔다. 다음 번에 또 샤워를 하러 갈 때는 복음서 네 권 중에서 세 권을 가지고 가야겠다는 것이었다. 독방 생활을 하며 한 가지 배운 것은, 내 영혼만 풍성해질 수는 없다는 것이었다.

사실 나는 더 이상 혼자가 아니었다. 어느 날, 바삐 움직이는 작고 검은 개미 한 마리가 내 독방 안으로 들어왔다. 아침에 변기통을 문 밖으로 옮기던 중 나는 그 반가운 손님을 발견했다.

하마터면 발로 밟을 뻔하던 순간이었다. 나는 그 손님 앞에 쪼그리고 앉아 그 다리와 몸통의 경이로운 디자인에 찬탄을 했다. 그리고 내가 너무 커서 미안하다고 사과를 한 뒤 다음부터는 걸을 때 조심하겠다고 약속했다.

그 작은 손님은 바닥 틈 사이로 곧 사라졌다. 하지만 저녁에 출입문 선반에 빵을 배급받고서 부스러기를 흩어놓아 주니 그 즉시 어디에선가 튀어나와 나를 기쁘게 해주었다. 녀석은 자기 몸뚱이보다 몇 배나 큰 빵부스러기를 집어 들고 낑낑대며 바닥의 구멍 속으로 들어갔다가 다시 빵부스러기를 가지러 나왔다. 그렇게 해서 우리의 관계는 시작되었다.

이제 나는 매일 찾아오는 햇님 말고도 이 용감하고 잘 생긴 손님을 친구로 삼게 되었다. 게다가 이 친구는 곧 다른 친구들 무리까지 데리고 왔다. 세숫대야에서 빨래를 하거나 코르셋 지지대로 만든 나이프를 날카롭게 갈고 있을 때 이 개미들이 나타나면 나는 즉시 하던 일을 멈추고 이 녀석들에게 집중했다. 다른 일을 하느라 녀석들과 함께 할 수 있는 시간을 허비한다는 건 생각할 수도 없는 일이 되어 버렸다.

어느 날 저녁, 벽에 만들어 놓은 달력에 길고 길었던 또 하루가 저물었음을 나타내는 빗금을 치고 있는데 바깥 복도 저 아래 쪽에서 고함소리가 들려왔다. 간수의 것은 아니었다. 그리고 그 고함에 옆 방에 있는 누군가가 대답해 주는 소리도 들렸다. 곧이어 사방에서 이 목소리 저 목소리가 와글와글 떠들어 댔다. 죄수들이 그런 소란을 피우는 건 흔한 일이 아니었다! 간수들은 어디 간 거지?

두 시간 전 빵이 배급된 뒤 배식구가 아직 닫히지 않았기에 거기에 귀를 바짝 갖다 대고 무슨 일인지 알아보려고 했지만 떠들썩하기만 할 뿐 무슨 소리인지 알아듣기가 힘들었다. 한참을 들어보니 이 방에서 저 방으로 사람들의 이름이 전달되고 있었다. 노래를 부르는 사람도 있었고 문을 두드리는 사람도 있었다. 간수들이 모두 어디로 간 것이 틀림 없었다!

"잠깐만요, 모두들 조용히 합시다!" 가까이에서 한 목소리가 호소했다. "간수들이 돌아오기 전에 이 시간을 잘 활용하자고요!"

"무슨 일이에요?" 내가 열려 있는 배식구 사이로 물었다. "간수들은 어디 간 거죠?"

"파티에 갔대요." 아까 그 목소리가 대답했다. "오늘이 히틀러의 생일이라는군요."

그렇다면… 복도 저 아래서 사람들이 지금 외치고 있는 이름은 자기 이름임에 틀림없었다. 자기가 어느 방에 있는지 알리고 정보를 얻을 수 있는 기회였던 것이다.

"나는 코리 텐 붐이에요!" 나도 배식구 사이로 소리를 질렀다. "우리 식구들 모두 여기 어딘가에 갇혀 있어요! 오, 혹시 카스퍼 텐 붐 보신 분 없나요? 벳시 텐 붐은요? 놀리 반 보어덴! 빌렘 텐 붐!" 나는 목이 쉴 때까지 식구들의 이름을 외쳤고, 긴 복도를 따라 입에서 입으로 그 이름들이 전해지는 것을 들었다. 나도 오른쪽 방에서 들은 이름을 왼쪽 방으로 전해 주었다. 일종의 전달 시스템이 만들어진 것이다.

얼마 뒤 답변들이 거슬러 올라오기 시작했다. "반 데르 엘스트 부인은 228호에 있대요." "피셔의 팔은 훨씬 좋아졌대요." 차마 전달해 줄 수 없는 소식도 있었다. "아주 안 좋은 소식이네요. 그는 말을 잃고 그냥 감방 안에 앉아 있대요." "우리 남편 조스트에게 전해 주세요. 우리 아기가 지난 주에 죽었어요."

개인적인 소식과 함께 바깥 세상의 소문도 전달되었다. 하나같이 개인들의 소식보다 훨씬 더 낙관적인 내용들이었다.

"독일에 혁명이 일어났대요!"

"연합군이 유럽을 침공했대요!"

"전쟁이 삼 주 안에 끝난대요!"

드디어 내가 외쳤던 이름들에 대한 대답이 돌아오기 시작했다.

"벳시 텐 붐은 312호실에 있대요. 하나님은 선하시다고 전해 달라는군요."

오, 벳시 언니 맞다! 정말이지 벳시 언니다운 말이야!

"놀리 반 보어덴은 318호실에 있었는데 석방된 지 한 달 넘었대요." 석방! 아, 감사합니다, 하나님!

토스도 석방되었다고 했다!

남자 구역 소식이 전달되기까지는 시간이 조금 더 걸렸지만, 그만큼 내 가슴은 더 두근거렸다.

피터 반 보어 덴. 석방!

빌렘 텐 붐. 석방!

모두 종합해 보니 베예 급습 때 잡혀온 사람들은 벳시 언니와 나만 빼고 모두 자유의 몸이 되었다는 걸 알 수 있었다. 오직 아버지에 대해서만 아무 소식이 없었다. 웅웅거리는 복도를 향해 아버지의 이름을 외치고 또 외쳤지만, 아버지를 본 사람도, 아버지를 아는 사람도 없는 것 같았다.

한 일주일쯤 지나 감방 문이 열리고 교도소 관리 담당이 갈색 종이로 싼 꾸러미 하나를 바닥에 던져 주고 갔다. 나는 꾸러미를 집어 들어 손대중으로 무게를 재보고 이리저리 뒤집어 보았다. 갈색 종이는 찢겨서 개봉된 다음 아무렇게나 다시 여며져 있었지만, 그 뒤죽박죽된 포장을 통해서도 나는 놀리 언니의 따뜻한 손길을 금방 알아볼 수 있었다. 나는 침대에 걸터앉아 꾸러미를 풀었다.

정든 집이 친숙하고 따뜻한 문안이라도 하는 듯, 자수가 놓인 연하늘색 스웨터가 나왔다. 스웨터를 입으니 놀리 언니의 팔이 어깨를 감싼 듯한 느낌이었다. 꾸러미에는 쿠키와 비타민제도 들어 있었고, 바늘과 실, 밝은 빨간색의 수건도 나왔다. 온통 칙칙한 색깔뿐인 교도소에 있다 보면 밝은 색깔이 얼마나 그리운지 놀리 언니는 잘 알고 있는 게 분명했다! 언니는 심지어 쿠키까지도 선명한 붉은 색 셀로판지에 싸서 보냈다.

쿠키를 한 입 베어 무는데 한 가지 좋은 생각이 떠올랐다. 나는 벽에 붙어 있던 침대를 천장에 달린 알전구 밑으로 끌고 갔다. 그리고 침대 위에 올라서서 셀로판지로 전등갓을 만들어 씌웠다. 삭막한 작은 방 안이 즉시 경쾌한 붉은 빛으로 가득 찼다.

갈색 겉포장지로 쿠키를 다시 싸고 있는데 놀리 언니가 정성 들여 쓴 주소 글씨에 눈길이 닿았다. 웬일인지 글씨가 위쪽에 붙은 우표 방향으로 비스듬히 기울어져 있었다. 이상하다, 놀리 언니는 글씨를 기울여서 쓰지 않는데…. 아, 우표! 베예에서도 우표 밑에 어떤 메시지가 감춰져 전달된 적이 있었다. 그 자그마한 사각형 공간에 연필 글씨로 쓰여진 채 말이다. 상상력이 지나친 거 아닐까 하는 생각을 하며 대야에 있는 물로 우표를 적신 후 조심스럽게 뜯어냈다.

정말로 글씨가 있었다! 분명히 뭐라고 쓰여 있긴 한데 글씨가 너무 작아 잘 보이지 않는 탓에 다시 한 번 침대 위로 올라가 전구 불에 비춰 보는 수밖에 없었다.

“벽장 속 시계들은 모두 무사함.”

무사하다. 그렇다면 유시, 헹크, 마리… 이들이 다 밀실에서 빠져나왔다는 말이다! 모두들 피신했다! 모두들 자유의 몸이 되었어!

갑자기 참기 힘든 울음이 터져 나왔다. 그때 복도 아래쪽에서 묵직한 발자국 소리가 들렸다. 나는 얼른 침대에서 뛰어내려와 침대를 다시 벽 쪽으로 붙여 놓았다. 배식구가 찰칵 열렸다.

“여기 무슨 소리지?”

“아무것도 아니에요. 다시는 시끄럽게 하지 않을게요.”

구멍이 다시 찰칵 하고 닫혔다. ‘어떻게 빠져나갔을까? 군인들이 지키고 있었을 텐데 어떻게 따돌렸을까? 내가 신경 쓸 게 뭐람. 사랑하는 주님, 주님께서 거기 계셨군요! 중요한 건 그것뿐이지요….’

감방 문이 열리고 독일군 장교 한 사람이 들어오고, 여간수장이 뒤따라 들어왔다. 사람에 굶주렸던 내 시선은 다림질 잘 된 군복을 훑어 올라가 가슴에 가지런히 달린 찬란한 빛깔의 훈장에 멈추었다.

“텐 붐 양.” 장교가 나무랄 데 없는 네덜란드어로 말했다. “지금부터 몇 가지 질문을 할 텐데 잘 협조해 주길 바랍니다.”

간수장은 등받이 없는 작은 의자를 들고 있다가 얼른 장교에게 앉을 자리를 마련해 주었다. 나는 그런 그녀를 물끄러미 쳐다봤다. 이 고분고분한 사람이 여죄수 구역을 공포로 몰아넣는 그 무서운 목소리의 주인공이란 말인가?

장교는 간수장이 내준 의자에 앉으며 나에게도 침대에 앉으라는 시늉을 했다. 그 몸짓에서 교도소가 아닌 바깥 세상에 속한 무언가가 느껴졌다. 그래서인지 그가 작은 공책 하나를 꺼내 거기 적힌 이름들을 읽기 시작하는데 갑자기 구겨진 내 옷과 길게 자라 지저분한 손톱이 신경 쓰였다.

그가 불러준 이름 중엔 다행히 내가 아는 이름이 하나도 없었다. 조직 사람들을 하나같이 "스미트 씨"로 불렀던 게 얼마나 지혜로운 행동이었는지 그제야 알 것 같았다. 장교는 의자에서 일어서며 말했다. "곧 심리에 나와야 할 텐데 건강은 괜찮습니까?"

그 질문 또한 교도소 밖 세상의 평범한 예의가 느껴지는 질문이었다. "예, 좋아야죠." 장교가 나가고 간수장은 의자를 들고 총총걸음으로 그를 따라갔다.

5월 3일, 나는 침대에 앉아 바느질을 하고 있었다. 놀리 언니의 소포를 받은 뒤로 재미있는 소일거리가 생겼다. 빨간색 수건에서 실을 하나씩 뽑아 파자마에 재미있는 모양의 수를 놓는 것이었다. 파자마는 계속 겉옷 밑에 겹쳐 입고 있다가 추위가 가신 얼마 전부터 벗어 놓은 참이었다. 먼저, 주름장식의 커튼이 달린 창문을 수놓았다. 현실에선 있을 리 없는 꽃들과 잎사귀도 수놓았다. 막 오른쪽 주머니

위에 고양이 무늬를 만들기 시작했는데 갑자기 배식구가 찰칵 열렸다 닫혔다.

바닥에 편지 한 장이 떨어져 있었다.

나는 파자마를 내려놓고 얼른 편지를 집어 들었다. 놀리 언니 글씨였다. 편지를 집어 드는데 왜 손이 떨리는 것일까?

편지는 검열관이 뜯어본 뒤 보관을 거쳤다가 나에게 온 것 같았다. 소인이 벌써 일주일 전으로 찍혀 있었다. 하지만 어쨌든 나에게 온 편지, 집에서 온 편지였다. 처음으로 말이다! 그런데 이 갑작스런 두려움은 무슨 이유일까?

편지를 펼쳐들었다. "코리, 마음 단단히 먹을 수 있지?"

'아냐! 못해! 마음 단단히 못 먹어!' 소리 내지 않고 눈으로만 가까스로 편지를 읽어 내려갔다.

"이 소식을 너에게 전하기가 너무도 힘들구나. 아버지는 체포당한 뒤 겨우 열흘을 더 사셨어. 지금 아버지는 주님과 함께 계시단다…."

나는 두 손으로 편지를 받쳐든 채, 햇살이 방 안으로 스며들어와 비칠 때까지 멍하니 서 있었다. 아버지…. 나머지 부분을 읽는 동안 편지는 격자무늬의 햇살을 받아 반짝거렸다. 놀리 언니는 아버지가 어떻게, 어디서 돌아가셨는지 자세한 이야기는 하지 않았다. 심지어 어디에 묻히셨는지도 알려 주지 않았다.

야자 껍질 매트를 걷는 발걸음 소리가 들렸다. 나는 문가로 달려가 닫혀 있는 배식구에 얼굴을 대고 말했다. "잠깐만요! 제발 잠깐만요!"

발걸음이 멈추고 배식구가 열렸다. "무슨 일이야?"

"제발요. 제가 나쁜 소식을 들어서 그러는데…. 오, 제발 가지 말아요!"

"기다려." 발걸음 소리가 멀어지더니 잠시 뒤 열쇠 부딪치는 소리와 함께 발걸음 소리가 다시 가까워졌다. 감방 문이 열렸다. "자." 젊은 여간수는 물 한 잔과 함께 알약을 하나 건네주었다. "진정제다."

"제가 방금 편지를 받았는데요, 아버지가… 아버지가 돌아가셨다는군요."

간수는 나를 물끄러미 쳐다보다가 말했다. "당신 아버지?"

나는 이 젊은 사람 눈에 내가 얼마나 늙고 연약해 보일지 깨달았다. 내 눈물에 당혹스러운 듯 그녀는 문가에 잠시 그렇게 서 있었다. 그러곤 이렇게 말했다. "그 사람, 법을 어겼으니 자업자득이지!"

문이 쾅 닫히고 발걸음 소리가 멀어져 가는 것을 들으며 나는 가만히 기도했다. "사랑하는 예수님, 주님께서 여기 나와 함께 계시는데 사람에게 도움을 청한다는 게 얼마나 어리석은 짓인지요. 아버지가 이제 주님을 대면하여 뵙고 있겠군요! 엄마와도 다시 만나 그 밝은 거리를 함께 걷고 계시겠군요…."

나는 침대를 벽에서 끌어낸 뒤 달력 밑에다 또 하나의 날짜를 표시했다.

1944년 3월 9일 아버지 돌아가시다

중위
_11장

간수와 함께 복도를 따라 내려갔다. 처음 와 보는 곳이었다. 신성불가침의 야자껍질 매트를 밟지 않으려 나는 간수의 약간 오른쪽 뒤에서 따라갔다. 오른쪽으로 돌아 짧은 계단을 내려와 다시 오른쪽으로…. 이 교도소는 마치 끝없이 이어지는 미로 같았다. 그렇게 돌고 돌아 마침내 우리는 작은 안마당으로 나왔다. 밖에는 가랑비가 내리고 있었다. 5월 말의 쌀쌀한 아침, 수감된 지 석 달만에 나는 첫 번째 심리를 받게 되었다.

마당 삼면으로 창문마다 격자 무늬 창살로 막힌 높다란 건물들이 둘러 있고, 맞은편에는 높은 벽을 따라 작은 막사들이 줄지어 서 있었다. 바로 여기서 그 악명 높은 심문이 진행됐다. 히틀러의 생일날 밤에 전해 들었던 소식들을 생각하니 호흡이 가빠지고 숨쉬기가 어려웠다.

'주 예수님, 주님 역시 심문을 받으셨지요. 제가 어떻게 해야 하는지 알려 주세요.'

그때 무언가가 눈에 들어왔다. 네 번째 막사를 누가 사용하는지 모르지만 막사 가장자리를 따라 튤립이 심겨 있었다. 꽃은 다 시들고 기다란 줄기와 누런 잎사귀들만 남아 있었다. 하지만…. '사랑하는 주님, 저 네 번째 막사에서 심리를 받게 해주세요!' 나는 기도하고 있었다.

간수는 잠시 걸음을 멈추고는 어깨에 두르고 있던 긴 군용 망토의 끈을 풀었다. 그런 다음 우산처럼 머리 위로 펼친 채 자갈이 깔린 길을 자그락자그락 걷기 시작했다. 첫 번째 막사를 지나고 두 번째를 지나고 세 번째를 지났다. 간수는 튤립 화단이 있는 막사 앞에 걸음을 멈추고 문을 톡톡 두드렸다.

"네, 들어오세요!" 안에서 남자의 목소리가 들렸다.

막사의 문을 열고 들어간 간수는 한쪽 팔을 앞으로 쭉 내밀어 나치 경례를 하고는 신속히 방을 나갔다. 막사 안의 남자는 가죽 케이스에 든 권총을 차고 있었고, 군복 가슴에는 훈장 여러 개가 달려 있었다. 그가 모자를 벗자 나는 전에 내 방을 찾아왔던 예의바른 남자의 얼굴을 알아볼 수 있었다.

"나는 람스 중위입니다." 그가 내 등 뒤로 막사의 문을 닫으며 말했다. "추운가 보군요! 불을 좀 피우겠습니다."

그는 배불뚝이 모양의 난로에 석탄을 채워 넣고 불을 피웠다. 평범한 독일인 가정의 가장이 자기 집에 찾아온 손님을 친절하게 맞이하는 듯한 태도였다. 이 모든 게 교묘하게 계산된 함정이면 어떡하지?

이 친절하고 인간적인 태도는 도대체 뭔가? 정에 굶주린 사람에게서 뭔가를 알아내려면 거칠고 가혹한 방식보다 이렇게 하는 게 낫다는 걸 알고 이러는 것일까? '오 주님, 제가 마음이 약해 남에게 잘 속아 넘어가는 것 때문에 혹여 다른 사람의 생명을 위태롭게 만드는 일이 없게 하소서.'

"올 봄엔 오늘 같은 날씨는 많지 않았으면 좋겠군요." 그는 내가 앉을 수 있게 의자를 내주며 말했다.

나는 그가 내주는 의자에 앉으면서도 경계심을 풀지 않으려 애썼다. 석 달 만에 등받이도 있고 팔걸이도 있는 의자에 앉으니 영 어색했다. 난로의 열기가 금방 실내를 따뜻하게 데웠다. 방심하면 안 된다고 생각하면서도 나도 모르게 긴장이 풀리기 시작했다. 나는 용기를 내서 밖의 튤립 화단 이야기를 조심스레 꺼냈다. "꽃대가 저렇게 큰 걸 보니 꽃이 아주 예뻤겠군요."

"아, 그랬죠!" 화단 이야기가 나오자 그는 바보처럼 좋아했다. "내가 키워 본 꽃 중에 최고였습니다. 우리 집 화단에도 늘 네덜란드의 튤립을 키웁니다."

잠시 꽃 이야기를 나눈 뒤 이윽고 그가 말했다. "당신을 돕고 싶습니다, 텐 붐 양. 하지만 그 전에 모든 걸 다 말씀해 주셔야 합니다. 내가 뭔가 도움을 드릴 수는 있지만, 나에게 아무것도 숨기는 게 없을 경우에 한해서입니다."

그러면 그렇지. 내가 반신반의했던 이 모든 다정함, 친절함은 다 나에게서 정보를 얻어내기 위한 장치였다. 물론, 왜 아니겠는가. 그는 자기 나름대로 할 일이 있는 전문가였다. 하지만 나 역시도 대단하지는 않지만 나름 전문가였다. 심문은 한 시간 가량 계속됐다. 하지만 그가 사용한 심리적 수법들은 우리 조직의 청년들이 이미 나에게 반복 훈련을 시킨 것들이었다. 아주 어려운 시험을 대비해 벼락치기로 공부를 했는데 정작 시험에서는 아주 기초적인 내용들만 테스트 받는 기분이었다. 심리 과정에서 확실히 드러난 것은, 저들이 베예를 그 동안 네덜란드 전역에서 일어난 배급 카드 도난 사건의 본거지로 여기고 있다는 것이었다. 하지만 그런 이야기는 금시초문이었다. 훔쳐온 배급 카드를 한 달에 한 번씩 전달받아 다시 전달해 주는 것 외에 나는 그 작전의 상세한 내용에 대해 아무 것도 몰랐다. 동문서답인 내 답변으로 내가 정말 그 일에 대해 아무것도 모르고 있다는 게 확연히 나타났는지 언젠가부터 람스 중위는 받아 적기를 멈췄다.

"다른 활동들 말입니다, 텐 붐 양. 그에 대해서는 해줄 말이 없습니까?"

"다른 활동들이요? 아, 교회에서 정신지체아들 가르친 것 말씀이시군요." 나는 박약아들에게 성경을 가르치던 일에 대해 열심히 설명했다.

중위의 얼굴에 못마땅한 기색이 역력해졌다. "쓸데없이 시간과 에너지를 낭비했군요!" 그가 마침내 언성을 높이며 말했다. "회심을 시키려면 그런 얼치기 같은 모자란 놈들 수십 명보다 제정신 박힌 사람 하나가 더 낫지 않습니까!"

나는 중위의 반짝거리는 청회색 눈동자를 들여다보았다. 그의 말에는 진짜 국가 사회주의 철학이 담겨 있었다. 그런데 놀라운 것은, 나도 모르게 이렇게 대담하게 말했다는 것이다. "진실을 말해 드릴까요, 람스 중위님?"

"이 심리는 말입니다, 텐 붐 양. 나에게 제대로 협조한다는 전제 아래 열리는 겁니다."

"진실은요," 나는 침을 꿀꺽 삼키며 말했다. "하나님의 관점은 때로 우리의 관점과 다를 때가 있다는 거예요. 달라도 너무 달라서, 그런 일들에 대해 깨닫게 하는 교훈을 주시기 전엔 우리가 그걸 짐작도 할 수 없다는 것이지요."

나치 장교 앞에서 이런 식으로 말하는 건 미친 짓이라는 걸 나는 알고 있었다. 하지만 그가 아무 말도 않고 있기에 나는 한술 더 떴다. "성경에서 저는, 하나님이 우리를 소중히 여기시되 우리가 가진 힘이나 좋은 머리 때문이 아니라 그저 하나님께서 우리를 그렇게 소중한 존재로 만드셨기 때문이라는 걸 배웠습니다. 누가 알까요, 하나님 보시기엔 어떤 얼치기가 시계공보다, 혹은 한 장교보다 더 귀할 수도 있다는 걸."

그 순간 람스 중위가 벌떡 일어섰다. "오늘은 여기까지 하겠습니다." 그는 잰걸음으로 문가로 가서 소리쳤다. "간수!"

자갈길 위로 걸어오는 발자국 소리가 들렸다.

"죄수를 감방으로 데리고 가도록."

간수의 뒤를 따라 긴 복도를 걸어오면서 나는 큰 실수를 저질렀다는 것을 깨달았다. 말을 너무 많이 한 것이다. 그 장교가 내 사건에 관심을 갖게 만들 수도 있었을 텐데 내가 그 기회를 망쳐 버린 셈이다.

그런데 다음 날 아침 뜻밖에도 람스 중위가 직접 내 감방 문을 따고 들어와 나를 심문장까지 호송해 갔다. 나더러 앞장을 서라고 하는 것으로 보아 이 사람은 죄수들은 매트 위에 올라가면 안 된다는 규정을 모르는 게 분명했다. 나는 무슨 죄라도 짓는 것처럼 야자매트를 밟으며 간수들의 눈을 피해 복도를 지나갔다.

이번엔 마당에 밝은 햇살이 비치고 있었다. "오늘은 밖에서 진행하도록 하겠습니다. 안색이 창백하네요. 볕을 제대로 못 쬐어서 그런 것 같습니다."

나는 고마운 마음으로 그의 뒤를 따라 좁은 마당 제일 끝 모퉁이로 갔다. 따사롭고 고요한 대기를 느끼며 우리는 벽에 의자를 기대어 놓고 앉았다. "지난 밤엔 잠을 설쳤습니다." 중위가 말했다. "텐 붐 양이 말씀하신 책 생각을 하느라고요. 그 책엔 정말 그렇게 전혀 다른 이야기가 있나요? 그밖에 다른 이야기는 또 뭐가 있습니까?"

나는 대답 대신 눈을 감았다. 감긴 눈꺼풀 위로도 햇빛은 충분히 눈부셨다. "성경은 이렇게 말해요." 나는 천천히 이야기를 시작했다. "이 세상에 한 빛이 왔고, 그래서 우리는 이제 어둠 속을 걸을 필요가 없다고요. 중위님의 삶에는 어둠이 있나요?"

아주 긴 침묵이 흘렀다.

"큰 어둠이 있지요." 마침내 그가 말했다. "전 이곳에서 제가 하는 일을 감당할 수가 없습니다."

그러고는 느닷없이 브레멘에 두고 온 자기 아내와 아이들 이야기,

자기 집 정원과 애완견, 여름날의 하이킹 등에 대해 이야기했다. "브레멘은 지난 주에 또 폭격을 당했습니다. 아침마다 저는 저 자신에게 묻습니다. 모두들 살아있을까, 라고요."

"가족들을 늘 지켜보고 있는 분이 계십니다, 람스 중위님. 예수님이 곧 빛이라고 성경은 제게 알려 줍니다. 중위님이 느끼는 것과 같은 그런 어둠 속에서도 환하게 반짝일 수 있는 빛 말입니다." 중위는 모자의 챙을 당겨 눈 위까지 깊숙이 눌러 썼다. 모자에 달린 해적 문양 배지가 햇빛에 반짝거렸다. 그는 들릴락말락 하는 낮은 목소리로 말했다. "당신은 제 마음속에 있는 어둠을 어떻게 볼 수 있습니까…."

심리는 그 뒤 이틀 동안 오전마다 계속되었다. 중위는 나의 지하조직 활동을 심문한다는 명목을 앞세웠지만 정작 내 어릴 적 이야기를 듣고 싶어하는 것 같았다. 엄마, 아버지, 이모들 이야기는 듣고도 또 듣고 싶어했다. 그는 아버지가 바로 여기 스헤브닝겐에서 돌아가셨다는 이야기를 듣고 분개했다. 그가 가지고 있는 내 사건 기록에는 아버지에 대한 언급이 전혀 없었다.

그가 가진 기록으로 한 가지 의문에 대해 확실한 답변을 얻을 수 있었다. 바로 내가 독방에 갇힌 이유였다. "죄수의 질병이 다른 수감자에게 전염될 위험이 높다"는 것이었다. 나는 람스 중위가 손가락으로 가리키는 그 짤막한 타이핑 글씨를 뚫어지게 쳐다봤다. 내가 독방에 수감된 건 내 몸 상태 때문이었지 내가 중죄인이라서 처벌을 가중시키기 위함이 아니었던 것이다. 바람이 윙윙거리던 그 신신 밤들, 험악한 인상의 간수들, 말을 하면 안 된다는 힘겨운 규칙 등이 떠올랐다.

"하지만 뭔가를 더 잘못해서 벌을 받는 것도 아니었는데 왜 간수들은 나에게 그렇게 화를 냈을까요? 왜 말을 하면 안 된다고 했을까요?"

중위는 서류철을 정리하면서 말했다. "텐 붐 양, 교도소에도 여느 기관들과 마찬가지로 일정한 규칙과 따라야 할 행동 규범이 있습니다. 단지 그때문이었고, 거기에 전염을 막기 위한 조치가 있었을 뿐입니다."

"하지만 내 병은 전염되는 게 아니라고요! 내 건강은 점점 더 좋아지고 있고, 내 언니는 아주 가까이 있어요! 람스 중위님, 벳시 언니를 한 번만 볼 수 있다면 좋겠어요! 단 몇 분만이라도 이야기를 나눌 수 있다면 좋겠어요!"

중위는 책상에 놓인 서류에서 한동안 시선을 떼지 못했다. 그의 표정에서 고민을 읽을 수 있었다. "텐 붐 양의 눈에는 제가 힘이 있는 사람으로 보일 수도 있을 겁니다. 군복을 입고 있고, 아랫사람들도 거느리고 있으니까요. 하지만 제가 근무하는 곳은 교도소입니다. 교도소는 저의 권한보다 힘이 세지요."

네 번째이자 마지막 심리 날, 우리는 다시 막사 안으로 들어갔고, 나는 심리 보고서에 서명을 했다. 중위는 완성된 보고서를 모아 가지고 나갔고 방 안에는 나 혼자 남았다. 진실을 알려고 그렇게 간절하게 애썼던 이 사람에게 작별을 고하기가 아쉬웠다. 그는 자신의 근원적인 고민과 의문을 제대로 해소했을까? 그는 무엇보다 주님에 대한 신앙을 고백하는 그리스도인들이 고통을 당한다는 사실에 힘들어했던 것 같다. "지금 같은 때 어떻게 하나님을 믿을 수 있지요?" 그는 그렇게 묻곤 했다. "대체 어떤 하나님이 그렇게 늙고 힘없는 노인을 여기이 스헤브닝겐 같은 곳에서 돌아가시게 한답니까?"

나는 의자에서 일어나 작은 난로에 손을 내밀어 불을 쬐었다.

아버지가 왜 이런 곳에서 돌아가셨는지 이해할 수 없는 건 나도 마찬가지였다. 이해할 수 없는 건 나도 많았다.

그때 갑자기 어려운 질문을 할 때마다 아버지가 해주셨던 말이 생각났다. "세상엔 … 너무 엄청나서 … 네가 감당할 수 없는 지식도 있단다. 네가 그걸 감당할 수 있을 때가 되면 아버지께서 알려 주실 거야." 맞아! 여행 가방 이야기를 람스 중위에게 해줘야겠어. 우리 아버지 이야기를 좋아했잖아.

하지만 중위가 다시 막사로 돌아왔을 때는 간수가 동행하고 있었다. "죄수 텐 붐은 심리를 마쳤으니 감방으로 돌아간다." 중위가 말했다.

막 문을 나서는데 람스 중위가 내 쪽으로 몸을 기울이며 말했다.

"F열 복도에서는 천천히 걸으세요."

천천히 걸으라고? 무슨 말이지? 간수는 양 옆에 감방이 죽 이어져 있는 복도를 빠른 걸음으로 성큼성큼 걸었기 때문에 간수와 보조를 맞추기 위해서는 나도 총총걸음을 해야 했다. 우리 앞에서 관리 담당이 한 감방 문을 열고 있었다. 나는 최대한 용기를 내 간수 뒤로 좀 처졌다. 가슴이 두방망이질 쳤다. 저 방이 벳시 언니 방일 것이다. 나는 알고 있었다!

그 방 앞을 막 지나는 순간, 벳시 언니의 등이 복도를 향하고 있는 게 보였다. 뒤로 둥글게 말아 올린 언니의 아름다운 밤색 머리만 잠깐 볼 수 있을 뿐이었다. 감방의 다른 여인들은 무슨 일인가 하는 표정으로 복도를 내다보고 있었지만, 언니는 여전히 무릎에 놓인 무언가에 열중하고 있을 뿐이었다. 하지만 나는 언니가 스헤브닝겐에도 안락한 집을 만들어 놓은 것을 보았다.

믿어지지도 않고 있을 법하지도 않은 일이지만 언니의 감방은 매혹적이었다. 내키지 않는 발걸음을 조금씩 옮겨가며 그저 몇 가지만 자세히 봤을 뿐인데도 그랬다. 밀짚 매트는 한쪽에 아무렇게나 쌓여 있는 게 아니라 하나씩 돌돌 말려서 마치 작은 기둥처럼 벽을 따라 세워져 있었고, 그 위에는 여성용 모자가 하나씩 올려져 있었다. 벽을 따라서 머리에 쓰는 스카프 하나가 길게 걸려 있었고, 작은 선반 위에는 몇 가지 음식물 꾸러미가 진열되어 있었다. "빨간색 비스킷 통은 여기 가운데로!" 하는 벳시 언니의 목소리가 들리는 것 같았다. 고리에 걸린 코트조차 그 방을 찾는 이들을 환영하는 듯, 옆에 걸린 코트의 어깨에 소매가 걸쳐져 있어 마치 어린아이들이 줄지어 춤추는 것 같은 모양이었다.

"슈넬러! 아버 슈넬!(빨리! 빨리!)"

나는 소스라치게 놀라 얼른 간수의 뒤를 좇았다. 기껏해야 한 2초 정도 스쳐보았을 뿐이지만, 그래도 벳시 언니의 명랑한 기운이 느껴졌다.

오전 내내 여기저기서 문이 여닫히는 소리가 들렸다. 얼마 뒤 내 방 앞에서도 열쇠 쟁그렁거리는 소리가 들렸고, 새 제복을 차려 입은 젊은 간수가 들어왔다.

"죄수는 일어서!" 새처럼 짹짹거리는 목소리였다. 나는 깜박거리는 그녀의 커다란 눈망울을 바라보았다. 이 젊은 아가씨는 뭔가, 혹은 누군가를 끔찍이 두려워하고 있었다.

그때 그림자 하나가 문가를 가득 채우며 어떤 여자가 방으로 들어섰다. 세상에 그렇게 키 큰 여자는 난생 처음이었다. 전형적인 미인상에, 얼굴과 키가 마치 여신 같은 분위기를 풍겼다. 하지만 살아있는 여신이 아니라 대리석 조각 같은 여신이었다. 그녀의 눈빛에는 감정이라고는 일절 실려 있지 않았다.

"이 방에도 시트가 없군." 그녀는 독일어로 간수에게 말했다. "금요일까지 시트를 두 장 갖다 주고, 2주에 한 번씩 갈도록 하라."

얼음처럼 차가운 눈매로 여인은 침대뿐만 아니라 내 꾀죄죄한 몰골까지도 정확하게 감정했다. "죄수는 샤워를 얼마나 자주 하나?

간수는 침을 삼키며 대답했다. "일주일에 한 번 합니다, 간수장님."

일주일에 한 번이라고! 한 달에 한 번이 더 정확한 답변인데!

"일주일에 두 번씩 하게 해주도록."

침대 시트! 규칙적인 샤워! 지내기가 좀 나아지려는 걸까? 신임 간수장은 방 안으로 두 걸음 걸어 들어왔다. 그녀는 침대에 올라서지 않고도 천장에 달린 전구에 손이 닿았다. "떼라!" 내가 붙인 붉은 색 셀로판지 전등갓이 떼어졌다. 간수장은 놀리 언니가 보낸 두 번째 소포 속에 들어 있던 비스킷 상자를 가리켰다.

"감방 안에 상자는 안 된다!" 키 작은 간수는 마치 그게 오래 전부터 있어 온 규칙이기라도 한 양 화를 내며 네덜란드어로 말했다.

나는 어떻게 해야 할지 몰라 상자 안에 들어 있던 비스킷을 침대 위에 꺼내 놓았다. 간수장의 말 없는 지시에 따라 비타민 병도 비우고 박하사탕 봉지도 비웠다.

녹슨 경첩이 끼익 거리는 것 같은 목소리로 끊임없이 고함을 지르며 꾸짖기만 했던 전임(前任) 간수장과 달리 이 여자는 무시무시한 침묵으로 모든 일을 처리했다. 그녀는 침대 매트리스 밑에 손을 넣어 보라고 간수에게 몸짓으로 지시했다. 나는 심장이 벌렁거렸다. 사람들에게 나눠 주고 아직 남아 있는 성경책이 거기 감춰져 있기 때문이었다. 간수는 무릎을 꿇고 앉아 매트리스 밑을 손으로 쭉 훑었다. 너무 긴장해서 그런 건지 아니면 다른 어떤 신비스런 이유가 있어서였는지 그녀는 아무것도 찾아내지 못하고 빈 손으로 몸을 일으켰다.

그러고나서 그들은 방을 나갔다.

나는 멍하니 서서 침대 위에 아무렇게나 흩어져 있는 음식물을 바라보았다. 이 여자는 벳시 언니가 있는 방에도 가서, 그곳을 다시 사방 벽과 교도소 침대 하나밖에 없는 곳으로 만들어 버릴 게 틀림없었다. 스헤브닝겐에 서늘한 바람이 불어와 모든 걸 깨끗하게 하고, 질서 있게 하고, 죽이고 있었다.

6월 중순의 어느 날 오후, 이 키 크고 꼬장꼬장한 간수장이 내 감방 문을 열고 람스 중위를 들여보냈다. 중위의 얼굴이 하도 엄숙해 보이는 바람에 반가운 인사말이 나오려다 말고 꿀꺽 목으로 넘어갔다.

"제 방으로 좀 가시죠." 그는 짤막히 말했다. "공증인이 와 있습니다."

그는 나를 전혀 모르는 사람 대하듯 했다. "공증인이요?" 바보처럼 내가 물었다.

"부친의 유언이 공개됩니다." 그는 어서 서두르라는 듯한 손짓을 했다. 별 거 아닌 일 때문에 그렇지 않아도 바쁜 하루가 더 복잡해진다는 듯한 태도였다. "법이 그렇습니다. 유언이 공개될 때는 가족이 입회해야 합니다."

그는 벌써 복도로 나가 걸음을 옮기고 있었다. 나는 허둥지둥하며 그를 따라나섰다. 내 옆에는 간수장이 입을 꽉 다문 채 성큼성큼 걷고 있었다. '법? 무슨 법? 독일 점령 정부가 언제부터 네덜란드의 법적 질차에 관심이 있었지? 가족. 가족이 입회해야 한다…. 아니야, 그건 생각하지 말자!'

마당으로 통하는 문에 이르자 간수장은 무표정한 얼굴에 꼿꼿한 자세로 획 돌아서서는 다시 복도를 따라 걸어갔다. 나는 람스 중위를 따라 눈부신 초여름 오후의 햇살 아래로 내려섰다. 네 번째 막사 앞에 이르자 그는 내게 문을 열어 주었다. 어두한 방 안에 들어서서 채 시야가 밝아지기도 전에 누군가가 나를 꽉 끌어안았다. 빌렘 오빠였다.

"코리! 코리! 우리 막둥이!" 오빠가 나를 그렇게 부른 건 오십 년만이었다.

이어서 놀리 언니가 한 팔로는 나를, 다른 한 팔로는 벳시 언니를 감싸 안았다. 얼마나 세게 감싸 안던지 우리를 영원히 떼어놓지 않을 성 싶었다. 벳시 언니! 놀리 언니! 빌렘 오빠! 누구 이름을 먼저 불러야 할지 몰랐다. 그 작은 방에 티네 언니도 와 있었고 플립 형부까지 와 있었다! 그리고 또 한 남자가 있었는데, 잠시 뒤 흥분을 가라앉히고 나서 찬찬히 보니 시계포 운영과 관련해서 법적 문제를 상의할 때 우리 집에 들르곤 하던 하를렘의 공증인이었다. 우리는 서로를 잡은 팔을 놓지 않고 왁자지껄하게 그 동안 궁금했던 것을 한꺼번에 묻고 대답하기 시작했다.

벳시 언니는 야위고 창백했다. 하지만 그보다 더 나를 놀라게 한 건 빌렘 오빠였다. 오빠의 얼굴은 누렇게 뜬 데다 몹시 수척하고, 무슨 통증이 있어 보였다. 티네 언니 말에 따르면 오빠는 그런 모습으로 스헤브닝겐에서 석방되어 돌아왔다고 했다. 오빠가 있던 감방에는 모두 여덟 사람이 있었는데 그 중 두 사람이 오빠가 있는 동안에 황달로 세상을 떠났다고 했다.

아, 오빠! 나는 오빠의 그런 몰골을 차마 볼 수가 없었다. 그래서 오빠를 정면으로 바라보지 않아도 되도록 오빠 옆에 서서 팔짱을 끼었다. 그렇게 서 있으니 속 깊은 곳에서 울려나오는 듯한 오빠의 목소리가 더 가까이 전해져서 좋았다. 오빠는 자기가 아프다는 것을 깨닫지 못하는 것 같았다. 온통 키크 염려뿐이었으니 말이다. 금발의 그 잘생긴 조카는 지난 달에 한 미국인 낙하산병이 북해(北海)까지 가는 걸 도와주다가 체포당했다고 했다. 모두들 그가 교도소행 기차에 실려 독일로 압송되었을 것이라 추측하고 있었다.

아버지에 대해서는 마지막 며칠간의 행적 몇 가지를 더 알게 되었다. 아버지는 감방 안에서 병이 나서 자동차편으로 헤이그에 있는 시립 병원으로 이송되신 것이 분명했다. 그런데 병원에는 침상이 부족했고, 그래서 결국 병원 복도에 누워 계시다 돌아가셨다. 무슨 이유에선지 아무런 기록도 없이, 신분을 알 수 있는 그 어떤 단서도 없이 말이다. 병원 관계자들은 이름도 알 수 없는 이 노인을 빈민 묘지에 매장했다고 한다. 식구들은 병원 측에서 아버지의 무덤 위치를 찾아준 것으로 믿고 있었다.

이야기 중에 람스 중위 쪽을 흘긋 보았더니 우리를 등진 채 불 꺼진 차가운 난로를 내려다보며 서 있었다. 나는 놀리 언니가 나와 포옹을 하면서 손에 쥐어 준 꾸러미를 재빨리 펼쳐 보았다. 뛰는 가슴이 내게 말해 주었다. 성경이라고. 작은 크기의 성경전서가 작은 주머니 안에 들어 있었고, 주머니에는 전에 신분증을 넣어가지고 다닐 때처럼 목에 걸 수 있는 끈이 달려 있었다. 나는 얼른 끈을 목에 걸고 주머니를 등 뒤로 돌려 블라우스 밑으로 집어넣었다. 언니에게 뭐라고 말해야 할지 아무 생각이 나지 않았다. 지난 번 샤워 차례를 기다리면서 마지막 남아 있던 복음서까지 다른 이에게 내준 터라 고마움이 더했다.

"자세한 건 몰라요." 빌렘 오빠는 목소리를 낮춰 벳시 언니에게 말했다. "보초를 서던 군인들이 베예에서 물러가고 경찰이 대신 배치된 지 며칠만이었어요." 나흘쯤 되던 날 밤, 서장이 롤프를 비롯해 우리 조직원인 또 한 사람의 경찰관에게 임무를 맡긴 것 같다고 했다. 두 사람은 밀실에 은신해 있던 유대인들이 모두 무사한 걸 발견했고, 비좁은 곳에 갇혀 굶주린 상태이긴 했지만 어쨌든 모두를 다른 은신처로 피신시켰다고 했다.

"지금은요?" 내가 오빠의 등 뒤로 가만히 물었다. "지금도 다 잘 있대요?"

오빠는 호수같이 깊은 눈으로 내 눈을 들여다보았다. 오빠는 인정하기 힘든 사실을 덮어 가리는 데는 소질이 없는 사람이었다. "모두들 잘 있단다, 코리. 모두들. 메리만 빼고." 나이 많은 메리 이탈리는 어느 날 거리를 걷고 있다가 체포되었다고 했다. 어디로 끌려갔는지, 왜 훤한 대낮에 그렇게 위험하게 돌아다녔는지 아무도 아는 사람이 없었다.

"시간 다 됐습니다." 말없이 난로만 내려다보고 있던 람스 중위가 공증인을 돌아보며 고개를 끄덕였다. "유언장 공개를 시작하시죠."

유언장은 짤막한 비공식적 문서였다. 베예는 벳시 언니와 내가 원하는 한 우리 두 사람이 계속 살되 집이나 시계포를 팔아서 현금이 생길 경우, 아버지는 당신이 우리 네 자녀를 모두 똑같이 사랑했다는 것을 기억해 주길 바란다고 하셨다. 그리고 하나님의 계속적인 돌보심에 우리를 기쁘게 맡긴다고 하셨다.

유언장 공개가 끝나고 잠깐의 침묵이 이어진 뒤 우리는 약속이라도 한 듯 갑자기 고개를 숙였다. 그리고 빌렘 오빠가 기도를 하기 시작했다. "주 예수님, 이 선한 분의 보호 아래 우리가 한데 모일 수 있는 시간을 허락해 주심에 감사와 찬양을 드립니다. 어떻게 해야 이 분에게 보답할 수 있을까요? 우리에게는 이 분에게 도움이 되어드릴 만한 아무런 힘이 없습니다. 주님, 아버지에게서 받은 유산을 이 분과도 나눌 수 있게 하소서. 이 분과 이 분의 가족들까지 주님의 영원한 돌보심 아래 두시옵소서."

밖에서 간수가 자갈길을 걸어오는 소리가 들렸다.

부흐트
_12장

"소지품 챙겨라! 소개(疏開) 준비! 모든 소지품을 베갯잇에 모아라!" 간수들의 고함 소리가 긴 복도를 따라 위 아래로 울렸다. 나는 격한 흥분에 휩싸여 감방 한 가운데 서 있었다. 소개라니! 그렇다면… 그렇다면 무슨 일이 일어나고 있는 게 분명했다! 드디어 감옥을 떠나는 것이다! 연합군의 반격이 거세진 게 분명했다.

나는 짚 뭉치로 속을 채워 넣은 베개에서 얼른 커버를 벗겨냈다. 거친 면 조각에 불과했지만, 그래도 두 주 전에 이 베갯잇이 지급된 뒤 얼마나 호사를 누렸는지. 짚 매트에 얼굴이 긁히지 않아도 되고 악취 또한 막아 주었으니 말이다. 간수장이 약속한 침대 시트가 한 번도 지급되지 않았다는 게 전혀 문제가 안 될 정도였다.

나는 떨리는 손으로 몇 안 되는 소지품들을 베갯잇에 챙겨 넣었다.

푸른색 스웨터, 앞뒤로 여러 가지 문양의 자수가 놓인 파자마, 칫솔, 빗, 화장지로 싼 크래커 몇 조각 등. 성경책은 읽을 때를 제외하고는 항상 주머니에 넣어 목에 건 뒤 등 뒤로 돌려놓고 있었다.

나는 코트를 입고 모자를 쓴 뒤 양 손에 베갯잇 꾸러미를 움켜쥐고 문 앞에 섰다. 이른 아침이라 배식구 선반에는 아침밥 접시가 아직 수거되지 않은 그대로였다. 떠날 준비는 순식간에 끝났다.

한 시간이 지났다. 나는 침대에 앉았다. 두 시간이 지났다. 세 시간이 지났다. 6월 말이라 감방 안은 따뜻했다. 나는 모자와 코트를 벗어 침대 옆에 개어 놓았다.

시간은 계속 흘러갔다. 개미 구멍에서 시선을 떼지 않고 그 작은 친구들이 마지막으로 찾아와 주기를 기대했지만 녀석들은 나타나지 않았다. 내가 이른 아침부터 부산을 떠는 바람에 아마 녀석들이 놀란 것 같았다. 베갯잇에 손을 넣어 크래커 하나를 꺼내 잘게 부숴 흩어 놓았다. 그래도 녀석들은 나타나지 않았다. 자기 집에 안전하게 숨어 있는 것 같았다.

그러다 갑자기 이 역시 하나의 메시지라는 생각이 들었다. 이웃 사람들 간의 말없는 마지막 소통 말이다. 나에게도 상황이 안 좋을 때 피할 수 있는 피난처가 있다. 예수님이 바로 그 피난처요, 피할 수 있는 반석이었다. 나는 미세하게 갈라진 바닥 틈을 손가락으로 꾹 눌러 보았다.

감방 벽에 오후 햇살이 들기 시작해 천천히 방을 가로지르며 움직였다. 그때 갑자기 복도에서 철커덩하는 소리가 들렸다. 감방 문이 긁히는 소리, 빗장 열리는 소리. "나와라! 얼른! 모두 밖으로 나와라! 대화는 금지!"

나는 모자와 코트를 움켜쥐었다.

내 방문도 삐걱 열렸다. "오열 종대." 간수는 어느새 옆방 문을 열고 있었다.

나는 복도로 나와 섰다. 사방이 사람들로 바글바글했다. 이 복도에 이렇게 많은 여자들이 나와 있는 건 상상도 못한 일이었다. 우리는 서로 표정으로 이야기를 나누었다. "침…공…이… 에요." 입 모양으로 그렇게들 말했고, 소리 없는 말이 마치 전기에 감전되듯, 모여 선 여자들의 입에서 입으로 전해졌다. 연합군의 네덜란드 침공이 시작된 게 분명했다! 그게 아니라면 교도소를 비울 이유가 뭐겠는가!

'우리를 어디로 데려갈까? 어디로 가는 것일까? 독일은 아니겠지! 제발 예수님, 독일은 아니기를!'

명령이 떨어졌고, 우리는 소지품들로 불룩해진 베갯잇 보따리를 하나씩 든 채 서늘하고 긴 복도를 따라 천천히 걷기 시작했다. 잠시 후 우리는 교도소 정문 안쪽의 넓은 마당으로 내려왔고, 또 한 차례의 긴 기다림이 시작되었다. 하지만 등 뒤로 늦은 오후의 햇살을 받고 서 있게 되어서인지 이번 기다림은 비교적 유쾌했다. 오른쪽 저 멀리로 남자 구역 건물 기둥이 보였다. 하지만 아무리 목을 길게 빼고 찾아 보아도 벳시 언니의 모습은 보이지 않았다.

마침내 거대한 정문이 열리고 회색빛 호송버스가 줄지어 들어왔다. 나는 세 번째 버스에 올랐다. 버스 안에는 좌석도 없었고, 창문엔 짙게 페인트칠이 되어 있었다. 버스는 출발하자마자 무섭게 요동을 치며 달리기 시작했지만 사람들이 빽빽이 들어 차 있어 넘어질 공간도 없었다. 이윽고 삐거덕 소리를 내며 버스가 멈춰 섰고, 우리가 내린 곳은 시 외곽의 어느 화물 운송창이었다.

우리는 다시 줄을 지어 섰다. 간수들은 긴장이 밴 음성으로 날카롭게 호령했다. 우리는 고개를 앞으로 향하고 눈은 정면을 응시해야 했다. 뒤쪽으로는 버스들이 속속 도착해 사람들을 내려놓고 다시 붕붕거리며 출발하는 소리가 들렸다. 그다지 심하진 않았지만 속이 쓰린 걸로 봐서 저녁 먹을 시간이 지난 지 오래된 것 같았다.

그때 왼쪽 앞, 이제 막 도착한 죄수들 틈에서 밤색의 틀어 올린 머리가 눈에 띄었다. 벳시 언니였다! 어떡해서든, 무슨 방법으로든 언니 쪽으로 가야 했다! 이 하루가 얼른 지나가기를 바라고 있던 나는 이제 어두워질 때까지 이 자리에 계속 있게 해달라고 기도했다.

기나긴 6월의 하루가 서서히 저물어갔다. 천둥이 우르릉거리며 빗방울 몇 개가 떨어졌다. 얼마 뒤, 불도 밝히지 않은 기차가 우리 앞에 있는 철로를 따라 천천히 진입했다. 기차는 쿵 소리를 내며 멈춰 섰다가 약간 앞으로 나간 후 다시 멈췄다. 잠시 후 기차는 또 후진을 했다. 기차는 한 시간 남짓 그렇게 앞뒤로 오가기를 반복했다.

기차에 오르라는 명령이 내려진 것은 날이 칠흑같이 어두워졌을 때였다. 죄수들의 대열이 앞쪽으로 움직이기 시작했다. 뒤에서 간수들이 고함을 지르며 욕설을 퍼부었다. 이렇게 많은 죄수들을 한꺼번에 이송하느라 신경이 날카로워진 것 같았다. 나는 사람들 사이를 헤치며 왼쪽으로 밀고 나갔다. 수많은 팔꿈치와 어깨에 부딪치면서도 나는 계속 허우적거리며 나갔다. 그리고 기차 계단 바로 앞에 이르러 드디어 벳시 언니의 손을 잡을 수 있었다.

언니와 나는 함께 기차에 올라탔고, 붐비는 사람들 사이에 함께 자리를 잡고 앉아 감사의 눈물을 흘렸다. 스헤브닝겐에서의 4개월은 내 53년 인생에서 난생 처음으로 언니와 헤어져 있던 시간이었다. 언니만 내 곁에 있으면 무슨 일이든 감당해 낼 수 있을 것 같았다.

기차는 사람들을 잔뜩 실은 채 대피선로 위에 몇 시간을 그대로 서 있었다. 하지만 언니와 나는 전혀 지루하지 않았다. 이야기할 게 너무도 많았기 때문이다. 언니는 감방 동료들에 대해 하나하나 이야기해 주었고, 나도 감방의 내 친구들과 녀석들이 비상시마다 허겁지겁 숨어들어가던 작은 구멍에 대해 들려 주었다. 늘 그랬듯 벳시 언니는 자기가 가지고 있는 것을 다른 사람들에게 다 주었다고 했다. 놀리 언니가 몰래 전해 준 성경책은 각 권 별로 나누어서 주위 사람들에게 돌렸다고 했다.

기차는 새벽 두세 시쯤 되어서야 비로소 움직이기 시작했다. 차창에 얼굴을 바짝 대고 밖을 내다보았지만 아무 빛도 보이지 않았고 달은 구름에 가려 있었다. 모두의 마음에 가장 먼저 떠오른 생각은 '여기가 독일인가?' 하는 것이었다. 탑 하나가 어렴풋이 보였는데, 벳시 언니는 그게 델프트 성당이 틀림없다고 했다. 한 시간쯤 후, 딸깍거리는 소리가 나며 기차의 흔들림이 달라졌다. 철교를 건너고 있었던 것이다. 아주 긴 철교였다! 몇 분이 지났는데도 여전히 다리 건너편에 이르지 못한 것 같았다. 언니와 나는 서로를 마주보았다. 무어다이크 다리였다! 그렇다면 기차는 남쪽으로 가고 있는 셈이었다. 동쪽으로 독일을 향해 가는 게 아니라 남쪽으로 브라반트를 향해 가는 것이었다. 그날 밤 우리는 두 번째로 기쁨의 눈물을 흘렸다.

나는 기차의 나무 등판에 고개를 기대고 눈을 감은 채 전에 기차 편으로 브라반트에 갔던 기억을 되살려 보았다. 기차가 요동을 치자 엄마는 아버지의 손을 잡았었다. 그때도 6월이었다. 오빠의 첫 설교, 사택 뒷 마당, 카렐의 6월….

그 해 6월을 생각하며 아마 잠이 들었던 것 같다. 눈을 떠보니 기차가 멈춰 서 있었다. 여기저기서 우리를 향한 고함 소리가 들려왔다. "쉬넬러! 아버 쉬넬!(빨리! 빨리!)" 등골이 오싹한 섬광이 차창을 비췄다. 언니와 나는 비틀거리는 걸음으로 사람들을 따라 통로를 지나 철제 계단에 내려섰다. 기차는 숲 한가운데 멈춰선 것 같았다. 나무에 달린 투광 조명이 거칠게 포장된 넓은 도로를 비추고 있었고, 총을 겨눈 군인들이 도로를 따라 줄지어 서 있었다.

간수들의 고함 소리에 따라 언니와 나는 총부리들 사이로 걷기 시작했다. "쉬넬러! 간격을 벌리지 마라! 대열을 유지하라! 5열 종대로!" 언니의 숨소리가 점점 가빠졌지만 저들은 여전히 더 빨리 걸으라고 재촉했다. 이곳엔 큰 비가 내렸는지 도로 여기저기에 깊은 물웅덩이가 고여 있었다. 우리 앞에 가던 머리가 하얗게 센 여자가 물웅덩이를 밟지 않으려 옆으로 피해서 걷자 군인 하나가 총 개머리판으로 여자의 등을 후려쳤다. 나는 언니의 베갯잇 보따리와 내 보따리를 한 손에 쥐고 다른 한 팔로 언니의 팔짱을 낀 채 언니를 잡아당기며 걸었다.

악몽 같은 행군은 2킬로미터쯤 계속됐다. 얼마 뒤 우리는 나무 막사가 줄지어 서 있는 곳에 이르렀다. 막사 주변으로는 철조망이 둘러쳐져 있었고, 우리가 들어간 막사 안에는 침대도 없이 긴 탁자와 등받이 없는 걸상들이 놓여 있었다. 언니와 나는 걸상 하나에 무너지듯 주저앉았다. 팔 밑으로 불규칙한 언니의 심장 박동이 느껴졌다. 녹초가 된 우리는 탁자에 엎드려 잠이 들었다.

잠이 깨어 보니 막사 창문으로 햇살이 스며들고 있었다. 목도 마르고 배도 고팠다. 전날 아침 스헤브닝겐에서 이른 아침식사를 한 뒤 아무것도 먹거나 마신 게 없었다. 하지만 막사 안에는 그날 하루 종일 간수 한 사람 보이지 않았고 관리들도 없었다. 그러다가 해가 서쪽 하늘에 걸릴 무렵 어떤 죄수 한 사람이 어디에선가 김이 무럭무럭 나는 걸쭉한 음식이 담긴 커다란 통을 가지고 왔고, 우리는 게걸스럽게 그것을 먹어치웠다.

그렇게 해서 이곳에서의 우리의 생활이 시작되었다. 우리는 가까이 있는 작은 마을 이름을 따서 이곳을 부흐트라고 불렀다. 네덜란드의 일반 교도소였던 스헤브닝겐과 달리 부흐트는 정치범들을 수용하기 위해 점령군이 특별히 지은 곳이었다. 우리가 갔을 때 그곳은 아직 완공된 상태가 아니라 그냥 외부와 격리된 구역 정도였다. 가장 큰 문제는 무료함이었다. 길게 늘어서 있는 탁자 둘레에 붙박혀 앉아 있는 것 말고는 아무 할 일이 없었다. 스헤브닝겐에서 복도 순찰을 돌던 젊은 간수들이 우리를 감시했지만, 그들은 감방에 갇힌 죄수들을 감시하는 데만 익숙해져 있는 사람들이라 여기 부흐트에서는 어찌할 바를 모르는 것 같았다. 이곳에서 그들이 질서를 유지하는 방식은 외설스러운 욕설을 퍼붓거나 모든 죄수들을 똑같이 징벌하는 것뿐이었다. 식사 배급은 반으로 줄었고, 점호는 더욱 엄격해졌고, 24시간 내내 대화 금지였다.

우리를 감시하는 사람들 중에서 위협을 하거나 목소리를 높이지 않는 사람은 단 한 사람뿐이었다. 스헤브닝겐에서 온 키 크고 말수 적은 간수장 바로 그 여자였다. 그 여자는 부흐트에 온 지 사흘째 되는 날 새벽 점호 때 모습을 드러냈고, 그녀가 나타나자 질서 비슷한 무언가가 우리의 반항적이고 단정치 못한 대열을 단번에 휘어잡았다. 그 차갑고 푸른 눈동자가 우리를 쓱 훑고 지나가면 줄은 곧아지고 손은 저절로 차렷 자세가 되고 두런거리는 소리도 그쳤다.

우리들 사이에서 그녀는 '장군'이라는 별명으로 통했다. 어느 날 긴 점호 때 우리와 같은 대열에 있던 한 임신한 여인이 쓰러지며 쿵 하고 의자 모서리에 머리를 부딪쳤다. 죄수들을 호명하던 '장군'은 잠시 멈칫했을 뿐 여전히 무표정한 얼굴로 호명을 계속했다.

부흐트의 이 야외 수용소에 온 지 거의 두 주쯤 되었을 때였다. 아침 점호 때 벳시 언니와 나, 그리고 다른 열두어 명의 죄수들의 이름이 불렸다. 나머지 사람들을 해산시킨 뒤 장군은 타자기로 인쇄한 서류를 나눠주면서 다 작성해서 아홉 시까지 행정 막사로 제출하라고 했다.

주방에서 일하는 한 죄수(본 수용소에서 차출되어 온 장기수)가 웃는 얼굴로 수프를 퍼주면서 귓속말을 했다. "당신은 석방될 거예요! 그 분홍색 서류를 작성한다는 건 곧 풀려난다는 의미예요!"

언니와 나는 못 미더워하며 우리 손에 들린 그 서류를 들여다보았다. 석방이라고? 여길 떠나서 집으로 갈 수 있다고? 사람들이 몰려와서 축하의 말을 건네며 우리를 안아주었다. 스헤브닝겐에서 언니와 한 감방에 있던 여자들은 대놓고 눈물을 흘렸다. 이 사람들을 다 뒤로하고 떠나야 하다니 이 얼마나 잔인한 일인지!

"전쟁은 머지 않아 끝날 거예요." 우리는 그들에게 말했다. 그리고 베갯잇 속에 들어 있는 물건들을 다 털어서 사람들에게 나눠주었다.

아홉 시 훨씬 전부터 우리는 행정 막사의 넓은 대기실에서 서서 기다렸다. 얼마 뒤 우리는 안쪽 사무실로 불려 들어갔고, 우리가 제출한 서류는 검토를 거쳐 도장을 받고 한 남자 간수에게 넘겨졌다. 우리는 그 간수를 따라 또 다른 사무실로 들어갔다. 몇 시간에 걸쳐 절차가 진행되는 동안 우리는 이 방에서 저 방으로, 이 관리에게서 저 관리에게로 불려 다니며 질문에 대답하고 지문을 찍고 그 다음 장소로 이동했다. 그러는 사이 인원이 점점 불어나, 철조망을 두른 높다란 쇠사슬 울타리 옆에는 거의 사오십 명 되는 사람들이 함께 줄을 서서 기다리게 되었다. 울타리 저쪽은 흰색 자작나무 숲이었고, 머리 위로는 브라반트의 푸른 하늘이 펼쳐져 있었다. 우리 역시 그 넓고 자유로운 세상에 속해 있었다.

다음 막사로 들어가니 책상이 줄지어 놓여 있었고 그 뒤로 여식원들이 앉아 있었다. 그 중 한 사람이 나에게 갈색 봉투 하나를 건네주었다. 내용물을 꺼내는 순간 나는 꿈인가 생시인가 했다. 내 손 위에 놓인 것은 내 알피나 시계였다. 엄마의 반지도 있었다. 지폐들도 그대로였다. 스헤브닝겐에 도착하던 그날 밤 이후 볼 수 없었던 것들이었다. 돈…, 그래, 상점이 있고 전차들이 오가는 세계에 속한 것. 이제 우리는 이 돈을 가지고 기차역으로 갈 수 있었다. 부디 하를렘행 표 두 장 값은 되어야 할 텐데….

우리는 구불구불한 철조망 사이로 난 길을 줄지어 걸어 넓은 문을 지나 나지막한 양철 지붕 막사 단지로 들어섰다. 그곳엔 더 많은 사람들이 줄지어 서 있었다. 이전보다 더 오래 기다려야 했고, 이 책상에서 저 책상으로 더 많이 끌려 다녀야 했다. 하지만 수용소 생활과 이 절차들이 나에게는 벌써 비현실적인 세상으로 여겨졌다.

층고가 높은 책상 앞에 섰는데 젊은 남자 직원이 말했다. "개인 소지품은 C창구에 모두 맡겨라."

"하지만 방금 돌려받았는데요!"

"시계, 지갑, 장신구…."

자기 의지라고는 전혀 없는 기계처럼 나는 시계와 반지와 돈을 빗장이 쳐진 그 작은 창구 안으로 밀어 넣었다. 창구 안에서 제복 차림의 여자가 그것들을 금속 상자에 쓸어담았다. "옆으로 비키고! 다음!"

그럼… 우리는 석방되는 게 아닌가? 막사 밖으로 나가자 혈색 좋은 장교 하나가 우리를 두 줄로 세워 넓은 연병장을 가로질러 행군시켰다. 연병장 끝에는 머리를 빡빡 깎고 줄무늬의 멜빵 달린 작업복을 입은 일단의 남자들이 참호를 파고 있었다. 이건 또 뭘까? 하루 종일 줄을 서서 기다린 것이 무슨 의미라도 있다면 그게 과연 뭘까? 피로로 인해 언니의 얼굴은 창백했고, 걸을 때마다 비틀거렸다.

다른 울타리를 통해 우리는 낮은 콘크리트 건물로 삼면이 에워싸여 있는 마당으로 들어섰다. 군용 망토를 두른 젊은 여자가 우리를 기다리고 있었다.

"일동 정지!" 붉은 얼굴의 장교가 고함쳤다. "벙커의 역할에 대해 신참자들에게 설명해 주시지요."

여간수는 박물관 안내인처럼 심드렁하게 이야기를 시작했다. "벙커는 수용소 규칙에 적응하지 못하는 자들의 적응을 돕기 위한 곳이다. 방은 체육관 라커 정도 크기로, 좀 작긴 해도 안락하다. 교육 과정을 단축하기 위해 양 손은 머리 위로 묶고…."

공포스러운 설명이 계속되는 동안, 두 명의 간수가 어떤 남자의 형상으로 보이는 것을 양쪽에서 들고 벙커에서 나왔다. 다리를 움직이는 것으로 보아 남자는 살아 있었지만, 의식이 있어서 다리를 움직이는 것 같지는 않았다. 남자는 눈이 움푹 꺼진 채 눈동자가 뒤집혀 있었다.

여간수는 여전히 무심하고 느릿한 말투로 설명을 계속했다. "벙커에서 진행되는 적응 교육을 모든 죄수들이 다 고마워하는 것 같지는 않다."

다시 행군하라는 명령에 나는 벳시 언니의 팔을 꽉 잡았다. 언니를 부축하기 위해서라기보다는 오히려 내 몸을 가누기 위해서라는 게 맞았다. 아버지의 여행 가방 비유가 다시 필요했다. 차마 눈으로 볼 수 없는, 도저히 감당할 수 없는 가혹한 광경이었으니 말이다. '하늘에 계신 아버지, 저를 위해 이 가방을 들어 주세요!'

우리는 양편에 막사들이 늘어서 있는 넓은 거리로 장교를 따라가다가 회색빛의 평범한 오두막 중 하나에 이르러 걸음을 멈췄다. 무한정 서서 기다리고 소망하던 긴긴 하루의 끝이 바로 거기였다. 부흐트 수용소의 메인 캠프에 이른 것이다.

이곳 막사는 탁자와 걸상 외에 2단 침대가 있다는 것만 빼면 오늘 아침에 떠나온 막사와 거의 다를 게 없어 보였다. 막사에 도착한 뒤에도 앉는 건 여전히 허락되지 않았다. 여간수가 우리 기록을 명단과 꼼꼼히 대조하는 동안 우리는 미칠 듯 지루하고 피곤한 기다림을 또 한 번 견뎌야 했다.

"언니!" 나는 비통한 목소리로 벳시 언니를 불렀다. "얼마나 걸릴까?"

"아마 오래, 오래 걸릴 거야. 어쩌면 몇 년이 걸릴지도 모르지. 하지만 그저 살아가는 것 말고 더 좋은 수가 있겠니?"

나는 고개를 돌려 언니를 바라보았다. "도대체 무슨 말이야?"

"이 여자들 말이야. 벙커에 있던 그 아가씨도 그렇고. 코리, 사람이 누굴 미워하는 법을 배울 수 있다면 사랑하는 법도 배울 수 있을 거야! 너하고 나, 우리가 방법을 찾아야 돼. 얼마나 오래 걸리든…."

흥분을 해서인지 목소리를 낮춰야 한다는 것도 잊은 채 언니는 말을 이었고, 가만히 듣고 있자니 언니는 간수들 이야기를 하고 있었다. 나는 우리 앞의 책상에 앉아 있는 여간수를 곁눈질했다. 내 눈에는 회색 제복과 챙 달린 모자가 보였지만, 언니는 상처 입은 한 영혼을 보고 있었던 것이다.

처음은 아니었지만 언니라는 이 사람은 도대체 어떤 사람일까 하는 생각이 들었다. 나는 힘들기만 할 뿐인 길을 터덜터덜 걷고 있는데 언니는 그런 내 옆에서 과연 어떤 길을 가고 있는 것일까?

며칠 후 언니와 나는 작업 할당을 받기 위해 불려나갔다. 간수는 언니의 창백한 얼굴과 건드리면 쓰러질 것 같은 몸매를 흘긋 보더니 한심하다는 듯한 표정으로 막사로 돌아가라는 손짓을 했다. 나이 많은 이들과 몸이 약한 이들은 막사에서 죄수복을 짓는 일을 했다. 이곳 부흐트의 여죄수복은 멜빵과 가슴받이가 달린 푸른색의 작업복으로, 다리 부분에 붉은 세로줄 무늬가 있는 실용적이고 편안한 옷이었다. 이곳에 온 뒤로 우리는 체포되던 날 이후 줄곧 입고 있던 사복을 벗고 이 옷으로 갈아입었다.

나는 좀 힘든 일을 해도 될 만큼 튼튼하게 보였는지 필립스 공장으로 출근하라는 지시를 받았다. '공장'이라고는 했지만 나중에 알고 보니 수용소 단지 안에 있는 또 하나의 대형 막사에 지나지 않았다. 이른 아침이었는데도 불구하고 널빤지 지붕 밑의 타르가 뜨거운 6월의 태양 아래 지글지글 끓기 시작했다. 나는 호송하는 사람을 따라 대형 작업실로 들어갔다. 작업실에는 수백 명의 남녀가 작디작은 무선 통신기 부품들이 한 가득 쌓여있는 긴 널빤지 작업대 앞에 앉아 있었다. 죄수들이 작업에 몰두하고 있는 동안 남자 장교 한 사람과 여자 장교 한 사람이 걸상 사이 통로를 왔다갔다 했다.

나에게는 맨 앞쪽 가까이에 있는 자리가 배정되었고, 작은 유리 막대의 길이를 잰 뒤 크기별로 쌓아서 정리하는 일이 주어졌다. 작업은 단조로웠다. 지붕에서 내리쬐는 열기 때문에 마치 무언가가 머리를 짓누르는 것 같았다. 양 옆에 앉은 사람들과 이름이나 고향 정도는 서로 묻고 알려 주고 싶었지만, 방 안에서 들리는 소리라고는 금속 부품들이 부딪치는 소리와 장교의 군화가 바닥에 닿을 때마다 삐걱거리는 소리뿐이었다. 그들은 내 자리 건너편에 있는 출입문 쪽으로 와서 말했다.

"지난 주에 생산량이 또 늘었다." 남자 장교가 머리를 빡빡 밀고 줄무늬 작업복을 입은 키 크고 호리호리한 남자 죄수에게 독일어로 말했다. "생산량이 증대된 것에 대해 상부에서 치하가 있을 것이다. 하지만 배선에 결함이 있다고 계속 불만이 접수되고 있다. 생산량도 증대되어야 하지만, 품질 또한 향상되어야 한다."

그 빡빡머리 남자는 죄송하다는 듯한 표정을 지었다. "배급을 좀더 받을 수 있다면 말입니다, 장교님." 그는 나지막하게 중얼거렸다. "배급이 줄어든 뒤부터 달라지는 게 눈에 보입니다. 모두들 졸기만 하고 집중을 못합니다." 그 남자의 음성을 들으니 네덜란드 억양이 약간 살아 있는 빌렘 오빠의 중후하고 세련된 독일어가 생각났다.

"그럼 깨워야지! 벌점이 주어진다는 것을 명심시켜라! 군인들은 전선에서 배급을 절반만 받으면서 싸우고 있는데, 이 게을러빠진…."

순간 여자 장교가 눈을 부릅뜨자 그는 말을 멈추고 혀로 입술을 축였다. "아, 그건… 물론 예를 들면 그렇다는 거고. 전선에 배급이 줄었다는 소문은 당연히 사실이 아니다. 그러므로 네가 책임지고 생산량 증대와 품질 향상에 힘을 써주기 바란다!" 그렇게 말한 뒤 두 사람은 으스대며 방에서 나갔다.

작업반장은 잠시 문가에 서서 그들이 멀어지는 것을 지켜보았다. 그러고는 천천히 왼손을 들어 올렸다가 내리면서 자기 옆구리를 찰싹 때렸다. 그러자 조용하던 작업실은 삽시간에 딴 세상이 되었다. 작업대 아래서 글 쓰는 종이가 나왔고, 책이 나왔고, 뜨개실과 바늘이 나왔고, 비스킷 깡통도 나왔다. 사람들은 자기 자리에서 일어나 친구들끼리 삼삼오오 모여 이야기꽃을 피웠다. 내 주변에도 대여섯 명이 몰려들어 이름이 뭐냐, 어디에서 왔냐, 전쟁 소식 들은 것 없느냐고 묻기 시작했다.

한 30분 정도 그렇게 다른 작업대들을 돌아다니며 이야기를 나누었을 때쯤, 작업반장이 오늘 할당량을 채워야 하므로 이제 모두 자기 자리로 돌아가라고 했다. 작업반장의 이름은 무어만이었고, 전에 로마 가톨릭 소년학교의 교장을 지낸 사람이라고 했다. 출근한 지 삼 일째 되던 날 그가 내 작업대로 와서 말을 걸었다. 내가 유리 막대를 정리해서 쌓는 단조로운 작업뿐만 아니라 막사 안의 모든 조립 라인을 관심을 갖고 지켜본다는 말을 전해 들은 것이었다. "여자분들 중 우리가 여기서 하는 일에 관심을 보인 사람은 당신이 처음입니다."

"전 아주 관심이 많아요. 전 시계공이거든요."

그는 새삼 흥미롭다는 표정으로 나를 쳐다보았다. "그렇다면 더 좋아하실 작업이 있습니다." 그러더니 그는 내 자리 맞은편 끝, 릴레이 스위치의 최종 조립이 완성되는 곳으로 나를 데리고 갔다. 시계 수리만큼 힘든 건 아니지만 그래도 복잡하고 정밀한 작업이었다. 그리고 무어만 씨의 말이 맞았다. 나는 그 작업이 재미있었고, 덕분에 하루 열한 시간이라는 작업 시간이 비교적 빨리 지나갔다.

나뿐만 아니라 모든 필립스 일꾼들에게 무어만 씨는 작업반장이라기보다 친절한 오빠나 형처럼 행동했다. 어쩌다 그를 지켜보면 그는 자기 책임 하에 있는 수백 명 일꾼들 사이를 쉼 없이 왔다갔다 하며 조언해 주고, 힘을 북돋아주고, 지친 사람에게는 조금 쉬운 일을 찾아 주고, 들떠 있는 사람에게는 조금 힘든 일을 배정해 주는 걸 볼 수 있었다. 부흐트에 온 지 한 달쯤 지났을 때 나는 벳시 언니와 내가 도착하던 바로 그 주에 스무 살 먹은 그의 아들이 이곳 수용소에서 총살당했다는 것을 알게 되었다. 그가 사람들을 돌보고 살피는 모습에서는 그런 비극의 흔적을 전혀 찾아볼 수 없었다. 그는 처음 몇 주 동안은 자주 내 자리를 찾아왔다. 하지만 그건 내가 일을 잘 하고 있는지 살피기 위해서라기보다는 내 마음 상태가 어떤지 알아 보기 위해서였다. 그러나 결국 그의 시선이 향하는 곳은 내 앞에 줄지어 놓여 있는 릴레이 스위치들이었다.

"시계공 숙녀분! 지금 누구를 위해 이 일을 하고 있는지 기억 못하시나요? 이 무선 통신기는 저들의 전투기에 쓰일 거랍니다!" 그러고는 내 건너편으로 손을 뻗어 와이어 뭉치에서 한 가닥을 홱 뽑아 내거나 아니면 이미 조립된 스위치에서 작은 튜브 하나를 비틀어놓곤 했다.

"이제 다시 납땜을 하되 좀 부실하게 하세요. 너무 빨리 해도 안 돼요! 아직 정오도 안 됐는데 벌써 오늘 할당량을 넘겼잖아요."

점심시간은 벳시 언니와 함께였다면 아마 하루 중 가장 좋은 시간이 되었을 것이다. 하지만 필립스 노동자들은 작업이 끝나는 오후 여섯 시 전에는 공장 단지를 나갈 수가 없었다. 주방에서 일하는 죄수들은 밀과 콩으로 만든 걸쭉한 죽을 커다란 양동이에 담아 질질 끌고 왔다. 맛은 없었지만 그래도 영양가는 있었다. 최근 들어 배급량이 줄어든 것 같았지만, 그래도 점심밥이 아예 없었던 스헤브닝겐의 식사보다는 질도 좋고 양도 많았다.

점심을 먹은 뒤에는 30분 동안 자유로이 필립스 공장 단지 안을 거닐며 상쾌한 공기와 브라반트의 햇살을 즐길 수 있었다. 나는 주로 울타리 주변에 적당한 자리를 찾아서는 햇볕을 받아 따뜻해진 땅바닥에 누워 낮잠을 청하곤 했다(이즈음엔 새벽 다섯 시 점호로 하루가 시작되었다). 수용소 주변 농장에서 달콤한 여름 향기가 바람에 실려 날아왔다. 이따금 카렐과 함께 손을 마주 잡고 시골길을 걷는 꿈을 꾸기도 했다.

저녁 여섯 시에 또 한번 점호가 있었고, 점호를 마치면 각자 자기 숙소가 있는 막사로 돌아갔다. 벳시 언니는 늘 우리 막사 문 앞에서 나를 기다리고 있었다. 우리는 마치 일주일만에 만난 사람들처럼 저녁마다 할 이야기가 너무 많았다.

"내 옆 자리에 앉는 그 벨기에 총각 처녀 있잖아, 언니? 오늘 오후에 약혼했어!"

"헤르마 부인 있잖니, 손녀딸이 독일로 잡혀갔다는 소식을 들었어. 오늘 내가 함께 기도하자고 했더니 흔쾌히 응해 주었단다."

하루는 벳시 언니가 정말 깜짝 놀랄 소식을 전해 주었다. "에르멜로에서 온 한 부인이 오늘 바느질 반으로 이송되어 왔거든. 내가 내 소개를 했더니 그 부인이 '당신도 당했군요!'라고 하더구나."

"그게 무슨 뜻인데?"

"코리, 우리가 체포되던 날 어떤 남자가 가게에 찾아왔던 거 기억나니? 너 그때 몸이 아파 누워 있어서 내가 깨우러 갔었잖아."

물론 나도 똑똑히 기억하고 있었다. 나와 눈을 마주치지 않으려 했던 그 남자의 이상한 눈빛, 고열보다 더 불편했던 뱃속 등 모든 게 생생했다.

"에르멜로 사람들은 다 그 남자를 알고 있었던 것 같아. 점령당하던 첫 날부터 게슈타포에게 협력했대. 그 부인의 남동생 둘도 레지스탕스에 가담하고 있었는데 그 남자가 신고했고, 마지막엔 그 부인과 남편까지 신고했다는구나." 에르멜로 사람들이 결국 눈치를 채니까 그는 하를렘으로 와서 빌렘스와 캅테인 두 사람과 팀을 이뤘다고 했다. 그 사람의 이름은 얀 보겔이었다.

그 이름을 듣자 마음속에서 불길이 활활 타오르는 것 같았다. 아버지의 마지막 시간들…. 병원 복도에 누워 영문도 모른 채 홀로 돌아가신 것이 생각났다. 지하조직 사업이 그렇게 갑자기 중단된 것도 생각났다. 메리 이탈리가 길거리에서 체포된 것도 생각났다. 얀 보겔이 지금 내 앞에 있다면 그를 죽일 수도 있을 것 같았다.

언니는 작업복 품 안에서 작은 헝겊 주머니를 꺼내어 내게 내밀었다. 하지만 나는 고개를 가로저었다. 이 무렵에는 언니가 성경책을 가지고 있었다. 성경을 읽고 가르칠 기회가 필립스 막사에 있는 나보다는 언니에게 더 많았기 때문이다. 저녁이면 우리는 우리 벙커로 사람들을 모아놓고 기도 모임을 갖곤 했다.

"오늘 밤 기도모임은 언니가 인도해. 난 두통이 있어."

사실, 아픈 건 머리만이 아니었다. 우리에게 그토록 엄청난 짓을 저지른 그 남자에 대한 격한 감정으로 내 온 존재가 아팠다. 그날 밤 나는 한숨도 못 잤고, 다음 날 작업대에 앉았는데 정신이 혼미해서 옆 사람들이 하는 말이 거의 들리지 않을 정도였다. 주말쯤에 나는 몸과 마음이 완전히 병이 나버렸다. 무어만 씨가 내 작업대 앞에 와서 무슨 일이 있느냐고 물었다.

"일이요? 네, 일이 있지요!" 나는 그날 있었던 일을 그에게 다 이야기했다. 얀 보겔이라는 사람이 자기 조국을 어떻게 배신했는지 무어만 씨를 비롯해 거기 있는 네덜란드 사람들에게 낱낱이 이야기해 주었다.

이번 일에서 내가 당혹스러웠던 것은 다름 아닌 벳시 언니였다. 언니도 내가 겪은 일을 다 겪었으면서도 나와 달리 분노 같은 건 느끼지 않는 것 같았다. "언니!" 어느 날 밤, 내가 이리 뒤척, 저리 뒤척 하는 것 때문에 언니 역시 잠을 못 이루고 있다는 걸 알고 어둠 속에서 가만히 언니를 불렀다. 수용소에 날마다 새로운 수감자들이 밀어닥치고 있어서 우리는 이 일인용 간이 침대 하나를 세 사람이 같이 쓰고 있었다. "언니는 얀 보겔에 대해 아무 감정이 없어? 신경 쓰이지 않아?"

"물론 신경 쓰이지, 코리! 끔찍이 신경 쓰인단다! 그 사람을 알게 된 이후 늘 그 사람이 안쓰러워. 그래서 이름이 떠오를 때마다 그 사람을 위해 기도하고 있단다. 그 사람 지금 얼마나 괴로워하고 있겠니!"

수많은 여자들의 한숨 소리, 코고는 소리, 부스럭거리는 소리와 함께 어둠이 내려앉은 대형 막사 안에서 나는 오래도록 말없이 누워 있었다. 나와 평생을 함께 살아온 이 언니란 사람은 어쩜 나와는 다른 세계에 속한 것 같다는 생각이 다시 한 번 들었다. 언니는 나 또한 얀 보겔과 다름없는 죄인이라는 사실을 가만히 나에게 일깨워 주고 있는 건 아닐까? 그 사람과 나는 모든 것을 다 아시는 하나님 앞에 똑같이 살인죄를 짓고 서 있는 건 아닐까? 나는 마음과 혀로 그 남자를 죽였으니 말이다.

"주 예수님," 나는 울퉁불퉁한 침대 커버에 대고 가만히 기도했다. "저의 죄를 사해 달라고 주님께 기도하는 것처럼 저도 얀 보겔을 용서합니다. 저는 그 사람에게 큰 해를 입혔습니다. 이제 그와 그의 가족에게 은혜를 내려주소서.

그날 밤, 우리를 배신한 사람의 이름을 알게 된 이후 처음으로 아침 점호 휘슬이 울릴 때까지 깊은 잠을 잘 수 있었다.

부흐트에서의 나날은 좋은 일과 나쁜 일이 뒤섞인 종잡을 수 없는 시간이었다. 아침 점호는 잔인할 만큼 길 때가 많았다. 아주 사소한 규칙이라도 위반했을 때, 예를 들어 단 한 사람이라도 저녁 점호에 늦는다거나 할 때에는 막사 전체가 그 벌로 새벽 네 시나 세 시 반에 아침 점호를 받아야 했고 등이 아프고 다리에 경련이 생길 때까지 열병 대형으로 서 있어야 했다. 하지만 날이 밝을 무렵의 여름 공기는 따사롭고 신선했다. 동쪽에서 분홍빛과 금빛의 일출이 넓은 브라반트의 하늘을 조금씩 물들일 때면 언니와 나는 경외감으로 두 손을 꽉 맞붙들곤 했다.

다섯 시 삼십 분이면 검은 빵과 쓰고 뜨거운 커피로 아침 식사를 한 다음 줄을 맞춰 각자의 일터로 향했다. 나는 매일 아침 기대하는 마음으로 필립스 공장까지의 하이킹을 맞이했다. 가는 길에는 철조망 하나를 사이에 두고 이슬이 반짝이는 작은 숲가를 지나기도 했다. 남자 수용소 구역을 지나기도 했는데, 많은 여자들이 그 빡빡머리에 줄무늬 작업복 차림 남자들의 대열 속에서 혹여 남편이나 아들을 알아볼 수 있을까 싶어 긴장하는 시간이기도 했다.

부흐트에서 겪는 여러 가지 모순 중에 이런 것도 있었다. 나는 다시 사람들과 함께 있게 된 것에 대해 끝없이, 날마다 감사했다. 하지만 내가 독방에 갇혀 있으면서 깨닫지 못한 것이 하나 있었는데, 그것은 함께할 사람이 있다는 것은 그 사람의 슬픔도 함께해야 한다는 의미라는 것이었다. 우리 막사에는 남편이나 아들과 함께 이 수용소에 들어온 여자들이 많았다. 남자 구역의 생활은 여자들보다 훨씬 고되고 힘들었고, 처형당하는 사람도 많았다. 우리는 그런 일을 당하는 여자들과 함께 고통을 나누었다. 거의 날마다 일제 사격 소리가 들려왔고, 그때마다 여자들은 고통스러워하며 귀엣말을 나누었다. 이번엔 몇 명일까? 누가 당한 것일까?

내 옆 작업대에 앉는 여자는 플로르라는 이름의 열성 공산주의자였다. 플로르 부부는 체포되기 전 어찌어찌해서 두 아이만은 간신히 친구들에게 보낼 수 있었단다. 하지만 그녀는 하루 종일 큰 소리로 아이들과 남편을 걱정했다. 결핵을 앓고 있는 그녀의 남편은 필립스 단지 옆 로프 만드는 공장에서 일하고 있었는데, 매일 정오마다 이들은 두 구역을 가로지르는 철조망 사이로 간신히 몇 마디 대화를 나누곤 했다. 플로르는 9월에 셋째 아이를 출산할 예정인 임신부의 몸이면서도 아침에 배급되는 빵을 먹지 않고 갖고 있다가 남편을 만날 때 철조망 사이로 건네주곤 했다. 내가 보기에 그녀는 출산을 앞둔 몸으로서는 위험하다 싶을 정도로 여위었다. 그래서 내 몫의 빵을 그녀에게 몇 번 갖다주기도 했지만, 그녀는 그것조차 남편에게 준다고 챙겨 두곤 했다.

슬픔과 불안에도 불구하고(그곳에 있는 사람치고 슬픔과 불안이 없는 사람은 없었다) 필립스 막사에는 웃음도 있었다. 늘 호통 치며 거드름을 피우는 한 중위를 흉내 내는 것도 재미있었고, 까막잡기 게임도 즐거웠다. 우린 돌림노래도 불렀다.

"먹구름이다! 먹구름!" 감독관이 오고 있다는 신호는 창문을 마주 보고 앉은 사람이 해야 할 역할이었다. 공장 막사는 드넓은 필립스 단지 한가운데 자리잡고 있었기 때문에 수용소 관리가 우리 막사로 오려면 이 공간을 반드시 지나와야 했다. 사람이 오고 있다는 신호가 떨어지면 모두들 순식간에 자기 자리로 돌아갔고, 이어서 무선 통신기 부품을 민첩하게 매만지는 소리만 들렸다.

어느 날 아침, 아직 암호가 채 전달되지도 않았는데 건장한 체구의 한 여자 감독관이 출입문으로 들어섰다. 여자는 사나운 얼굴로 우리 쪽을 쳐다봤다. 자기가 등장하는 것을 두고 '먹구름'이라 한 것 때문에 여자의 얼굴이 붉으락푸르락해졌다. 여자는 한 십오 분 동안 고함을 치고 소리를 지르다가 오늘 정오의 야외 휴식 시간은 없다고 선언했다. 그 일이 있은 뒤 우리는 누가 들어도 비교적 기분이 나쁘지 않을 다른 암호를 만들었다. '열다섯'이었다.

예를 들어, "다이얼 열다섯 개 조립했어요!" 하는 식이다.

덥고 지루한 오후, 장난도 잡담도 시들해지고 저마다 자기 생각에 몰두해 앉아 있었다. 나는 작업대 한편에 9월 1일까지 숫자를 표시해 두었다. 그날 특별히 무슨 공식적인 일이 있는 것은 아니고, 배급 카드와 관련해 죄를 지은 사람은 보통 6개월 형을 산다는 플로르 부인의 말을 들었기 때문이었다. 만일 내 죄목이 배급 카드와 관련된 것이라면, 스헤브닝겐에서 지낸 시간까지 다 포함할 경우 9월 1일이 우리의 석방일이 될 터였다!

어느 날 저녁, 8월이 반이나 지나갔다고 들떠서 이야기하자 언니가 이렇게 주의를 주었다. "코리, 확실한 것도 아니잖아." 내가 느끼기에 벳시 언니에게는 이게 별로 중요하지 않은 것 같았다. 소등이 되기 몇 분 전, 침대에 앉아 내 작업복의 터진 솔기를 꿰매고 있는 벳시 언니를 바라보았다. 베예의 식당 램프 불빛 아래 앉아 바느질을 하던 그 모습 그대로였다. 언니가 그렇게 앉아 있는 모습만 보면 소나무 판자 바닥 위에 줄줄이 놓인 철제 접이식 침대가 아니라 우리 집의 높은 등받이 의자와 발치에 깔린 카펫이 떠올랐다. 막사에 도착하던 첫 주에 언니는 자기 작업복의 목 부분에 고리 몇 개를 더 단 뒤 옷깃을 바짝 세워 여몄다. 그 단정하고 예의바른 매무새를 보고 나는 언니가 우리 집 복도에 늘어선 배고픈 사람들에게 따뜻한 수프를 대접할 때와 마찬가지로 이곳 부흐트에서 성경 말씀을 한 번도 들어보지 못한 사람들에게 성경을 읽어주는 일에 아주 만족하고 있는 것 같다는 느낌을 받았다.

하지만 나는 어서 9월 1일이 되었으면 하는 마음뿐이었다.

그런데 뜻밖에도 그때까지 기다리지 않아도 될 만한 상황이 발생했다. 이렌느 공주 부대PIB, Princess Irene Brigade가 지금 프랑스에서 벨기에쪽으로 이동하고 있다는 소문이 돌았다. 이 부대는 5월 전쟁 당시 영국으로 피했던 네덜란드 군대의 일부였는데, 지금 조국을 되찾기 위해 진군하고 있다는 것이었다.

간수들이 눈에 띄게 긴장하는 모습이 보였다. 점호는 고통 그 자체였다. 자기 자리에 늦게 도착하는 노인이나 병자는 무지막지하게 매를 맞았다. 심지어 '홍등가 특공대'까지 징벌을 받았다. 이들 젊은 여성들은 보통 교도소에서 환영받는 죄수들이었다. 대부분 암스테르담 홍등가 출신 윤락녀인 이들이 교도소에 온 것은 매춘을 하기 위해서가 아니라(매춘은 나라를 위한 의무로 칭송받았다) 독일 군인들에게 성병을 옮기기 위해서였다. 어찌됐든 평상시 이들은 남자 간수들에게 당차고 쾌활한 태도로 행동했다. 그런데 이제 이들까지도 자로 잰 듯 정확하게 줄을 서고 부동자세로 몇 시간씩 서 있어야 했다.

사격 부대의 총성은 날이 갈수록 자주 들려왔다. 어느 날 점심시간이 끝나고 작업 시작을 알리는 벨이 울렸는데도 내 옆자리의 플로르 부인이 보이질 않았다. 바깥의 밝은 햇빛 아래 있다가 어둠침침한 공장 안으로 들어오면 시간이 조금 지나야 사물이 제대로 분별되기 시작한다. 그날도 한참이 지나서야 나는 검은 빵이 그녀의 걸상에 그대로 놓여 있는 것을 보았다. 그 빵을 전해 줄 남편이 이제 없었던 것이다.

그렇게 우리는 희망과 공포 사이에서 줄다리기를 하며 시간이 가기를 기다렸다. 우리는 오로지 소문에 매달려 살았다. PIB 소문은 더 이상 들려오지 않았다. 그들은 도착하지 않았다. 은밀하게 모이는 우리의 기도 모임에 관심 없던 여자들도 이제 우리 침대 주변으로 몰려와 성경에 무슨 징조나 예언 같은 게 없느냐고 물었다.

9월 1일 아침, 플로르 부인이 딸을 낳았다. 아기는 겨우 네 시간을 살다 떠났다.

며칠 뒤 우리는 멀리서 들리는 폭발음에 잠이 깼다. 점호 휘슬이 울리려면 아직 멀었지만 온 막사 여자들이 일어나 어둠 속에서 침대 사이로 몰려다니며 전전긍긍했다. 폭탄일까? 대포 소리일까? PIB가 브라반트에 도착한 게 분명했다. 바로 오늘 부흐트로 올지도 몰라!

간수들이 와서 험악한 얼굴로 위협했지만 우리를 전혀 제압하지 못했다. 모두들 마음은 벌써 집으로 향하고 있었고, 집에 가면 무얼 제일 먼저 할까 하는 이야기뿐이었다. "화분의 식물들은 다 죽었겠지." 벳시 언니가 말했다. "하지만 놀리네 집에서 좀 꺾어오면 되지, 뭐! 햇빛이 잘 들어오게 창문도 닦아야 할 거야."

필립스 공장에 출근하자 무어만 씨가 우리를 진정시키려 애를 썼다. "그건 폭탄 소리가 아니에요. 대포 소리도 분명 아니고요. 파괴 작전이에요. 독일군이죠. 아마 다리를 폭파하고 있는 것 같아요. 그건 곧 공격이 있을 걸 예상한다는 뜻이긴 하지만, 이곳이 공격당하진 않을 거예요. 몇 주가 더 지나야 할지도 모르고요."

그의 말에 조금 기가 꺾이긴 했지만, 폭발음은 점점 더 가까워졌고 이제 어떤 것도 우리의 희망을 꺾지 못했다. 폭발음이 너무 크게 들리는 나머지 귀가 아플 정도였다.

"모두들 아래턱을 벌려요!" 무어만 씨가 막사 사람들에게 말했다. "입을 벌리고 있어야 고막이 상하는 걸 막을 수 있어요." 우리는 출입문과 창문을 닫고 공장 안에서 점심을 먹었다. 점심시간이 끝나고 작업을 다시 시작한 지 한 시간쯤 되었을 때 (아니, 작업대에 앉긴 했지만 모두들 일을 할 수가 없었다) 모두들 숙소로 돌아가라는 지시가 내려졌다. 사태가 갑자기 긴박하게 돌아가자 필립스에서 남편이나 연인과 함께 일하던 여자들은 서로를 부둥켜 안았다.

벳시 언니는 막사 밖에서 나를 기다리고 있었다. "코리! PIB가 온 거야? 우리 이제 자유야?"

"아직 아냐, 언니. 잘 모르겠어. 아, 언니, 왜 이렇게 겁이 나지?"

남자 수용소의 확성기에서 점호를 알리는 신호가 울렸다. 여자 막사엔 아무런 지시도 내려지지 않았고 우리는 갈팡질팡하면서 왜 이 시간에 점호를 하는 건지 이유를 알려고 애를 썼다. 남자 막사의 확성기에서 이름을 호명하는 소리가 들렸지만 너무 멀어서 잘 알아들을 수가 없었다.

갑자기 불길한 예감이 여자들을 사로잡았다. 죽음 같은 침묵이 이 거대한 수용소 양편에 내려앉았다. 확성기는 잠잠해졌다. 우리는 아무 말 없이 서로의 얼굴만 바라볼 뿐이었고, 두려워서 숨조차 쉬기 힘들었다.

그때 소총 소리가 허공을 갈랐다. 여자들이 흐느껴 울기 시작했다. 두 번째 사격 소리. 세 번째 사격 소리. 처형은 두 시간 동안 계속됐다. 누군가가 총성 소리를 세어 보았다고 했다. 그날 칠백 명이 넘는 남자 죄수들이 죽임을 당했다.

그날 밤 우리 막사 여자들은 거의 잠을 이루지 못했다. 다음 날 아침엔 점호도 없었고, 오전 여섯 시쯤 되어서야 개인 소지품을 다 챙기라는 지시가 내려왔다. 언니와 나는 스헤브닝겐에서 가져온 베갯잇에다 물건들을 다 담았다. 칫솔, 바늘과 실, 적십자에서 보내온 꾸러미에 들어 있던 작은 다비타몬 오일병, 놀리 언니의 푸른색 스웨터 등 10주 전 격리 수용소를 떠나올 때 우리가 지니고 온 것은 그것뿐이었다. 벳시 언니가 등 뒤로 매고 있던 성경책 주머니는 내 등으로 옮겨 맸다. 언니는 너무 말라서 양 어깨 사이로 성경책 주머니가 불룩해 보였기 때문이다.

마당으로 줄지어 나가니 군인들이 덮개 없는 트럭 짐칸에서 담요를 꺼내 나눠주고 있었다. 언니와 나는 예쁘고 부드러운 새 담요 두 개를 받았다. 내 것은 푸른색 줄무늬가 있는 흰 담요였고 언니 것은 붉은색 줄무늬가 있는 흰 담요였다. 어디 부잣집에서 약탈해 온 물건임이 분명했다.

정오 쯤해서 수용소 밖으로의 이동이 시작되었다. 막사들이 늘어선 칙칙한 황갈색 거리를 빠져나와, 벙커를 지나, 철조망으로 에워싸여 미로같이 얽히고설킨 단지를 나와 마침내 숲 사이의 거친 흙길로 들어선 우리는 6월의 비 내리는 밤을 비틀거리며 걸었다. 언니는 내 팔에 힘겹게 매달려 있었다. 좀 멀리 걸을 때면 늘 그렇듯 언니는 숨쉬기를 힘들어 했다.

"뛰어라! 빨리! 속보로!"

나는 언니의 어깨 밑으로 팔을 넣어 언니를 거의 들어 옮기다시피 하면서 4, 5킬로미터를 걸었다. 마침내 흙길이 끝났고, 우리는 단선 철로가 마주보이는 곳에 줄지어 섰다. 길에는 천여 명이 넘는 여자들이 빽빽이 들어차 있었다. 길을 따라 저쪽 멀리로 남자 죄수들도 한쪽 편에 서 있었다. 빽빽 밀어서 가을 햇살에 반짝이는 머리들만 보고는 누가 누구인지 알아볼 수가 없었다.

처음에는 우리를 태울 기차가 아직 도착하지 않은 줄 알았다. 하지만 철로 위에 서 있던 화차(貨車)가 바로 우리가 타고 갈 기차라는 걸 곧 알게 되었다. 남자들은 이미 총부리에 옆구리를 찔려가며 기차에 오르고 있었다. 계단이 없는 화물차라서 모두들 기어오르다시피 하고 있었다. 기관차는 보이지 않았고, 차체가 높은 유럽풍의 이 작은 화차들만 양쪽으로 끝이 보이지 않을 만큼 길게 연결되어 있었으며, 지붕에는 일정한 간격을 두고 기관총이 설치되어 있었다. 군인들이 철로를 따라 다가와서 육중한 미닫이문을 하나씩 힘껏 당겨 열어 주었다. 문이 열리자 컴컴한 화차 내부가 입을 딱 벌리고 나타났다. 여자들도 떠밀려 가며 차에 오르기 시작했다.

담요와 베갯잇 꾸러미를 꼭 여며 쥔 채 언니와 나는 사람들에게 휩쓸렸다. 빠른 걸음으로 행진해 온 뒤라 언니의 가슴은 여전히 울렁거리고 있었다. 나는 언니를 밀어 올려 기차에 태웠다.

어두컴컴한 기차에 올라타니 처음엔 아무것도 분별이 안 되었다. 얼마 뒤 한쪽 구석에 높다랗고 울퉁불퉁한 어떤 형체가 보였다. 빵 더미였다. 납작한 모양의 검은 빵 덩어리가 차곡차곡 쌓여 있었다. 오랜 여행이 될 거라는 의미였다.

좁은 기차 칸에 점점 사람이 불어났다. 우리는 뒤쪽 벽으로 떼밀렸다. 서른 명이나 마흔 명쯤 타면 딱 좋을 공간이었지만 군인들은 욕을 하고 총부리로 찔러대며 계속해서 여자들을 기차에 태웠다. 한가운데서 비명이 터졌지만 혼잡은 점점 심해졌다. 여든 명쯤 들어찬 뒤에야 문이 쿵 닫히며 빗장 걸리는 소리가 들렸다.

여자들은 흐느껴 울었다. 기절하는 이들도 많았지만 워낙 촘촘히 들어서 있는 탓에 기절 상태에서도 여전히 서 있을 수밖에 없었다. 가운데 있는 사람들이 질식하거나 밟혀 죽을 게 확실해지자 우리는 머리를 썼다. 썰매 선수들이 썰매 경주를 할 때의 자세처럼, 줄지어서 뒷사람의 가랑이 사이에 반은 앉고 반은 누운 자세를 취하는 것이다. 그렇게 해서 우리는 겨우 기차 바닥에 몸을 붙일 수 있었다.

"내가 지금 감사하는 게 뭔지 아니?" 옴짝달싹 하기도 힘든 그 혼란 와중에 언니가 평온한 목소리로 그렇게 물어 얼마나 놀랐는지 모른다. "아버지가 지금 천국에 계시다는 거야!"

아버지, 그래! 아버지가 돌아가셨다고 울 일만은 아니었군요!

미동도 않는 기차 위로 해가 비치자 사방이 꽉 막힌 기차 안의 온도가 올라가기 시작했고 공기도 점점 답답해졌다. 내 옆의 누군가가 오래된 나무 벽에 박힌 못 하나를 뽑아내고 있었다. 마침내 못이 뽑혔고, 여자는 뽑혀 나온 못으로 구멍을 파 넓히기 시작했다. 옆에 있던 다른 여자들도 덕분에 바깥 공기를 마실 수 있었고, 잠시 뒤 우리는 돌아가면서 한 번씩 그 못 구멍을 통해 바깥 공기를 마시기 시작했다.

몇 시간이 지나자 기차가 갑자기 흔들리면서 움직이기 시작했다. 그러나 기차는 움직임과 거의 동시에 다시 멈춰 섰고, 조금 뒤 다시 슬금슬금 앞으로 나갔다. 그 뒤로 밤이 될 때까지 기차는 계속 멈췄다 출발했다 덜커덩 섰다가 갑자기 움직이기를 반복했다. 내가 바깥 공기를 마실 순서가 되었을 때 구멍을 통해 밖을 내다보니 달빛 속에서 기차 승무원들이 기차 레일의 뒤틀린 부분을 들어 옮기고 있는 게 보였다. 철도가 파괴된 게 분명했다. 나는 사람들에게 이 소식을 전했다. 어쩌면 저들은 파괴된 철로를 복구하지 못할 수도 있었다. 그래서 어쩌면 우리는 네덜란드 땅에서 해방을 맞이할지도 모르는 일이었다.

언니의 이마를 손으로 짚어보니 불처럼 뜨거웠다. 내 뒤에 있던 '홍등가' 아가씨가 고맙게도 바짝 몸을 당겨 공간을 넓혀 주어서 언니는 내 무릎에 거의 평평하게 누울 수 있었다. 나도 내 뒤의 그 친절한 아가씨 어깨에 고개를 기대고 잠깐씩 졸았다. 한 번은 꿈속에서 폭풍우가 쳤다. 얀스 이모 방 창문에 우박이 떨어지는 소리가 들렸고, 그 소리에 놀라 눈을 떴다. 정말로 우박이 쏟아지고 있었다. 기차 옆구리에서 왈각달각 거리는 소리가 들렸다.

모두들 잠이 깨어 두런거렸다. 또 한 차례 우박이 쏟아졌다.

그때였다. 기차 지붕에서 기관총 발사하는 소리가 들렸다.

"총알이에요!" 누군가가 소리쳤다. "기차가 공격당하고 있어요."

자그마한 돌멩이들이 기차 옆구리에 날아와 부딪치는 것 같은 소리가 또 들렸고, 기관총이 다시 이에 응수했다. PIB가 마침내 도착한 것일까? 총소리가 잦아들었다. 기차는 한 시간 가량 미동도 않고 있다가 천천히 조금씩 앞으로 나가기 시작했다.

동틀 무렵 누군가가 소리쳤다. 기차가 지금 에머리히 국경 마을을 통과하고 있다고. 독일에 도착한 것이다.

라벤스브뤼크
_13장

기차는 이틀 낮밤을 더 달려 두려움의 땅 점점 더 깊은 곳으로 우리를 데려갔다. 구석에 쌓인 빵을 이따금 한 덩어리씩 전달받아 먹기는 했지만, 기차 안에 기본적인 위생 설비는 하나도 없었고 실내 공기는 빵조차 씹어 삼킬 수 없을 만큼 혼탁했다.

몸을 움직일 수 없는 것이나 불결함보다 더 끔찍한 것은, 점점 더 간절해지는 한 가지 갈망이었다. 그것은 바로 마실 것에 대한 갈망이었다. 기차가 두 번인가 세 번 멈춰 섰을 때, 문이 조금 열리면서 물이 담긴 들통이 전달되긴 했다. 하지만 그간의 시간을 통해 우리는 짐승이 되어 있었고, 계획을 세우거나 질서를 잡을 수 없는 상태였다. 결국 물은 문 가까이 있는 사람들이 다 마셔 버리곤 했다.

나흘째 되는 날 아침, 마침내 기차가 다시 멈춰서면서 문이 활짝 열렸다. 우리는 어린 아기들처럼 손과 무릎으로 엉금엉금 기어서 기차에서 내렸다. 눈앞에는 푸른 호수가 펼쳐져 있었다. 저 멀리 플라타너스 나무들 사이로 하얀 교회당 첨탑이 솟아 있었다.

아직 기력이 남아 있는 사람들이 양동이로 호숫물을 길어왔다. 우리는 갈라지고 부풀어오른 입술로 물을 마셨다. 기차는 처음 출발할 때보다 짧아져 있었다. 남자 죄수들을 실은 화차가 사라지고 안 보였다. 몇 안 되는 군인들(그 중엔 열다섯 살 정도밖에 안 되어 보이는 아이도 있었다)만이 천여 명의 여자들을 감시했다. 사실 군인들이 그보다 많을 필요도 없었다. 우리는 저항하는 건 고사하고 걸을 힘조차 없었기 때문이다.

잠시 뒤 군인들은 우리를 출발시켰다. 모두들 제각기 흩어져서 걸었지만 군인들은 아무 말도 하지 않았다. 길은 호숫가를 따라 1.5킬로미터쯤 이어졌고, 이어서 왼쪽으로 돌아 언덕을 올라가야 했다. 언니가 언덕을 오를 수 있을지 걱정되었지만, 나무와 하늘 풍경이 기운을 불어넣어 주었는지 언니는 내 부축을 받을 뿐만 아니라 나를 부축해 주기도 했다. 마을 주민들이 걷거나 마차를 타고 많이 지나갔다. 뺨이 발그레하고 건강해 보이는 어린아이들이 특히 예뻐 보였다. 내가 빤히 쳐다보자 아이들도 호기심으로 눈이 둥그래져서 나를 바라봤다. 하지만 어른들은 우리를 쳐다보지 않았고, 우리가 다가가자 오히려 고개를 돌려버렸다.

언덕 꼭대기에 오르니 초록색의 독일 땅 풍경 위에 새겨진 거대한 상흔 같은 것이 보였다. 회색빛의 야트막한 막사들로 이뤄진 도시였다. 콘크리트 벽이 도시를 에워싸고 있었고, 벽에는 일정한 간격을 두고 감시탑이 서 있었다. 한가운데에 있는 네모난 굴뚝에서 가느다란 회색 연기가 피어올라 푸른 하늘로 퍼지고 있었다.

"라벤스브뤼크다!"

마치 저주의 말을 속삭이는 것처럼 뒤로 또 뒤로 이 탄식이 연이어 전달되었다. 라벤스브뤼크는 악명 높은 여자 집단 처형장으로, 하를렘에서도 그 이름을 들어본 적이 있을 정도였다. 저 야트막한 콘크리트 건물, 밝은 햇빛 속으로 사라지는 저 연기…. 안돼! 나는 그 풍경을 보지 않으려 했다. 언니와 나는 비틀비틀 언덕에 주저앉았다. 어깨죽지 사이로 성경책이 부딪치는 게 느껴졌다. 하나님의 좋은 소식. 바로 이런 세상을 향해 하나님은 그 소식을 전하셨던 것인가?

언덕을 내려가 건물 가까이 다가가니 벽을 따라 전선이 설치되었다는 것을 경고하기 위해 띄엄띄엄 해적 표시 간판이 붙어 있는 게 보였다. 육중한 철문이 건물 안쪽으로 열렸고, 우리는 그 사이로 걸어 들어갔다. 그을음이 내려앉아 거무죽죽한 막사들이 우리 앞에 드넓게 펼쳐져 있었다. 벽 안쪽에 허리 높이의 수도꼭지가 줄지어 붙어 있었다. 우리는 수도꼭지 앞으로 몰려들어 손과 팔과 다리, 심지어 머리까지 물줄기 밑으로 들이밀면서 기차에서 몸에 밴 악취를 씻어 냈다. 짙은 푸른색 제복을 입은 일단의 여간수들이 달려와 우리를 잡아당기고 고함을 지르면서 짤막하고 단단한 채찍을 휘둘렀다.

그들은 결국 우리를 수돗가에서 밀어낸 뒤 양 옆에 막사들이 늘어서 있는 길로 몰고 갔다. 이 수용소는 부흐트보다 더 으스스해 보였다. 부흐트에서는 행군할 때 적어도 들판이나 숲은 마음껏 볼 수 있었다. 하지만 여기는 동서남북이 다 콘크리트 벽으로 가로막혀 있었다. 수용소는 인공적으로 만든 거대한 골짜기에 푹 들어앉아 있었고, 사방으로 철조망이 둘러쳐진 높은 벽이 솟아 있었다.

곧 우리 앞에 굵은 삼베 천으로 만든 거대한 텐트가 나타났다. 텐트 아래 천여 평이 좀 넘을 듯한 땅에는 밀짚이 흩뿌려져 있었다. 언니와 나는 가장자리에 자리를 잡고 감사하는 마음으로 밀짚 위에 주저앉았다. 하지만 우리는 앉음과 동시에 벌떡 일어나고 말았다. 이였다! 밀짚은 말 그대로 이가 반이었다. 언니와 나는 담요와 베갯잇 보따리를 움켜쥔 채 이가 득시글거리는 짚 바닥에서 한참을 멀찍이 떨어져 서 있었다. 하지만 결국은 벌레들이 꿈틀거리는 밀짚 위에 담요를 깔고 그 위에 앉을 수밖에 없었다.

부흐트에서 가위를 가지고 온 여자들이 몇몇 있었다. 거대한 텐트 아래 곳곳에서 여자들이 서로 머리를 잘라 주었다. 언니와 나에게도 누군가가 가위를 건네주었다. 물론 언니와 나도 머리를 잘라야 했다. 이런 곳에서 긴 머리를 고수한다는 건 어리석은 짓이었다. 밤색으로 물결치는 언니의 머리를 자르면서 나는 울었다.

저녁 무렵 우리가 앉아 있던 텐트 한쪽 끝에서 소동이 벌어졌다. SS 호위대가 텐트를 가로질러 오더니 여자들을 텐트 밖으로 몰아내는 것이었다. 우리는 그들에게 밟히지 않으려고 얼른 다리를 모으고 담요를 치웠다. 호위대는 텐트 밖 약 백 미터쯤 되는 곳까지 우리를 몰아냈다. 우리는 어떻게 해야 할지 몰라 그냥 서성거렸다. 죄수들이 또 도착한 것인지, 우리를 텐트에서 몰아낸 이유가 뭔지 아무도 몰랐다. 여자들은 딱딱한 석탄재 콘크리트 바닥에 담요를 펴기 시작했다. 언니와 나는 지금 서 있는 이곳에서 밤을 보내야 한다는 사실을 서서히 깨달았다. 우리는 담요 하나를 바닥에 평평히 깔고 누운 뒤 또 하나의 담요는 머리 위까지 당겨 덮었다.

"내 갈 길 멀고 밤은 깊은데…." 언니의 부드러운 소프라노 음성이 주변의 다른 모든 목소리 가운데서 두드러졌다. "빛 되신 주…."

천둥이 치고 비가 쏟아지는 바람에 우리는 한밤중까지 깨어 있었다. 담요는 빗물에 젖었고, 누운 자리 밑으로도 물이 고였다. 아침이 되어서 보니 사방이 다 질퍽한 늪으로 변해 있었다. 손도, 입은 옷도, 얼굴도 석탄재 범벅이었다.

젖은 담요를 비틀어 짜고 있는데 줄을 서서 커피를 배급받으라는 명령이 내려왔다. 커피는 아니고 색깔만 비슷한 옅은 물이었지만, 그래도 우리는 두 줄로 서서 임시 주방에서 나눠주는 그 물을 감지덕지 받아 마셨다. 커피와 함께 얇게 썬 검은 빵도 한 조각씩 나눠주었고, 오후 늦게 순무로 만든 수프 한 국자와 삶은 감자 작은 것 한 알씩을 더 주었다.

그 사이에 우리는 밤을 보낸 그 진흙 웅덩이 연병장에 계속 차려 자세로 서 있어야 했다. 우리가 서 있는 곳은 거대한 수용소 한 쪽 모서리 근처로, 외부 벽과 가까워서 담장 위에 삼중으로 감긴 전선이 담장을 따라 둘러쳐져 있는 것이 다 보일 정도였다. 두 번째 날을 꼬박 그런 식으로 보낸 뒤 밤이 되자 어제와 똑같이 서 있던 자리에 그대로 담요를 펴고 누웠다. 비가 또 내리지는 않았지만 땅은 아직 젖어 있었고 담요도 여전히 축축했다. 언니는 기침을 하기 시작했다. 내 베갯잇 보따리에서 놀리 언니의 푸른색 스웨터를 꺼내 언니에게 둘러 주고 비타민 오일 몇 방울을 따라주었다. 하지만 아침이 되자 언니는 장(腸) 경련으로 몹시 고통스러워했다. 그 두 번째 날 언니는 화장실로 쓰이고 있는 도랑에 다녀오게 해달라고 우리 줄 맨 앞의 융통성 없는 줄반장 여자에게 하루 종일 조르고 또 졸라야 했다.

셋째 날 밤, 또 다시 하늘을 보며 누우려고 준비를 하고 있는데 새로 도착한 죄수들은 처리 센터에 보고하라는 지시가 내려왔다. 십 분쯤 걸어서 처리 센터 건물에 도착했다. 복도를 따라 조금씩 이동하다가 들어간 곳은 엄청나게 큰 접견실이었다. 지나치게 밝은 천장 조명 아래서 우리는 참담한 광경을 보았다. 여자들이 한 사람 한 사람씩 책상 앞으로 다가가면, 거기 앉아 있는 관리들 앞에 자기 담요와 베갯잇 보따리, 그밖에 몸에 지니고 있는 것을 일체 다 내놓아야 했다. 책상 위에는 여자들이 내놓은 물건들이 잔뜩 쌓여 있었다. 줄을 따라 몇 책상을 건너가면 이제 입고 있는 옷까지 모두 벗어 두 번째 더미 위에 쌓아놓고, 벌거벗은 채 열두어 명쯤 되는 남자 SS 대원들의 감시의 눈초리를 받으며 샤워실로 들어가야 했다. 샤워를 마치고 나오면 얇은 죄수복 한 벌과 신발 한 컬레만 신었다. 더 이상은 아무것도 없었다.

하지만 언니에게는 그 스웨터가 꼭 있어야 했다! 그리고 비타민도 필요했다! 무엇보다 우리에게는 성경책이 있어야 했다. 이런 곳에서 성경책 없이 어떻게 살아간단 말인가? 하지만 이렇게 감시하는 눈이 많은데 어떻게 작업복 밑의 성경책을 들키지 않을 수 있을까?

첫 번째 책상 앞에 거의 이르렀다. 나는 애타는 심정으로 베갯잇 보따리를 뒤져 비타민 병을 꺼내 주먹에 움켜쥐었다. 책상 앞에 이른 우리는 내키지 않는 몸짓으로 이미 산더미를 이룬 물건들 위에 우리 물건들을 쏟아놓았다. "사랑하는 하나님," 나는 속으로 기도했다. "하나님께서 이 귀한 책을 우리에게 주셨고 검문과 검사를 통과할 수 있도록 숨겨 주셨지요, 이 책을 통해 그토록 여러 번…."

벳시 언니가 비틀거리며 내게 기대는 게 느껴져서 돌아봤더니 언니는 공포에 질려 있었다. 얼굴이 백짓장이 된 채 입술을 앙다물고 있는 게 보였다. 간수 하나가 지나가기에 화장실이 어디냐고 독일어로 물어보았다. 간수는 눈길도 주지 않은 채 고갯 짓으로 샤워실 방향을 가리켰다.

언니와 나는 머뭇머뭇 줄에서 빠져나와 샤워실로 갔다. 문을 여니 머리 위로 수도꼭지가 줄줄이 달려 있는 커다란 방에서 축축한 물 냄새가 훅 끼쳤다. 샤워실은 텅 빈 채, 오십여 명의 벌거벗은 여인들이 몸을 덜덜 떨면서 또 한 차례 들이닥치기를 기다리고 있었다.

"저기…." 문을 지키고 서 있는 SS 대원에게 물었다. "화장실이 어디지요?"

그 역시 우리를 쳐다보지도 않고 "볼일은 배구수에 봐!"라고 대꾸했다. 안으로 들어서자 그가 뒤에서 쾅 하고 문을 닫았다. 텅 빈 샤워실에 언니와 나 둘뿐이었다. 잠시 후면 우리는 입은 옷뿐만 아니라 능에 걸고 있는 주머니까지 다 벗어내 놓고 이 방으로 다시 들어올 터였다. 문 바로 안쪽에는 샤워를 끝내고 입어야 할 옷들이 쌓여 있었다. 앞판에서 뒷판으로 X자 모양으로 천이 잘려나가고 다른 색깔 천으로 그곳을 덧댄 것만 빼면 보통의 여자 원피스와 다를 게 없는 옷이었다.

그때 저쪽 구석에 또 뭔가가 눈에 띄었다. 오래된 나무 걸상 더미였다. 흰 곰팡이가 피어 지저분했고 바퀴벌레들이 기어 다니고 있었지만, 내 눈에 그 의자는 천국 그 자체였다.

"스웨터! 스웨터 벗어!" 나는 목에 걸고 있는 주머니 줄을 더듬더듬 찾으며 목소리를 낮춰 말했다. 언니가 스웨터를 벗어 건네주었고, 나는 성경책과 비타민 오일 병을 재빨리 스웨터로 감싸 꾸러미를 만든 뒤 걸상 뒤로 조심스럽게 구겨 넣었다.

십 분쯤 뒤에 다른 여자들 틈에 휩쓸려 다시 그 방으로 들어왔을 때, 우리는 가난하지 않았다. 오히려 부자였다. 라벤스브뤼크의 하나님이시기도 한 그분의 보살핌을 받고 있다는 이 새로운 증거가 있기에 우리는 부요했다.

얼음같이 차가운 물이 쏟아지는 수도꼭지 아래 서 있으려니 이에게 물린 피부가 부드러워지는 느낌이었다. 샤워를 마친 후 우리는 물이 뚝뚝 떨어지는 몸으로 죄수복 주변으로 몰려들어 이것저것 대 보면서 자기에게 비교적 잘 맞을 듯해 보이는 것으로 골라들었다. 벳시 언니가 푸른색 스웨터를 입게 될 경우 그걸 잘 덮어 가려 줄 만한 헐렁한 긴 소매 원피스가 눈에 띄었다. 내 것도 한 벌 골라서 꿰어 입은 뒤 나는 걸상 뒤로 가서 아까 숨겨 두었던 꾸러미를 얼른 목 안쪽으로 밀어넣었다.

앞섶이 그로테 마르크트 건너편에서 볼 수 있는 배 밑바닥처럼 불룩해졌다. 꾸러미를 평평하게 펼치고 내리 누르고 스웨터를 잡아당겨 허리에 둘렀지만 얇은 면 원피스 밑에 이 꾸러미는 사실상 전혀 감춰지지 않았다. 하지만 꾸러미를 감추려 애를 쓰면서도 아무래도 상관없다고 하는 터무니없는 생각이 자꾸 들었다. 왜냐하면 이건 내가 애쓴다고 해서 될 일이 아니라 하나님께서 하시는 일이기 때문이었다. 내가 할 일은 곧장 앞으로 가는 것뿐이었다.

대열을 지어 샤워실 밖으로 다시 나오자 SS 대원들이 두 손으로 죄수들의 몸을 앞뒤 양 옆으로 훑었다. 내 앞의 여자는 세 번이나 수색을 당했다. 내 뒤에 서 있던 벳시 언니도 수색을 당했다. 하지만 내 몸에는 아무도 손을 대지 않았다.

건물로 들어가는 비상구가 두 번째 난관이었다. 여간수들이 죽 늘어서서 죄수들을 또 한 사람씩 검색하고 있었다. 느릿느릿 간수들 앞으로 다가갔는데 담당 감독관이 내 어깨를 거칠게 밀어냈다. "옆으로 가! 줄을 막고 있잖아!"

그렇게 해서 그날 새벽 언니와 나는 8호 막사에 도착했다. 성경책뿐만 아니라 성경의 주인공이신 하나님의 능력에 대한 새로운 체험을 가지고 말이다. 우리에게 배당된 침대에는 다른 여죄수 세 명이 벌써 잠들어 있었다. 언니와 내가 들어가자 그들이 최대한 자리를 좁혀 우리가 누울 자리를 마련해 주었다. 하지만 침대 매트리스가 기울어져 있어서 나는 자꾸 바닥으로 미끄러져 내렸다. 하는 수없이 어깨와 팔꿈치를 가지런히 모은 채 다섯 명 모두 침대에 가로로 비스듬히 누웠다. 막사의 담요는 비에 젖어 버려두고 온 이전 담요에 비하면 형편없는 누더기였다. 하지만 좁은 침대에 다닥다닥 붙어서 누워 있으니 서로의 체온으로 따뜻하기는 했다. 언니는 긴 소매 원피스 속에 푸른색 스웨터를 겹쳐 입은 채 나와 다른 여자 죄수들 사이에 꼭 끼어 누웠다. 온기 덕분에 떨림이 조금씩 진정되자 언니는 잠이 들었다. 나는 쉬이 잠들지 못하고 누워 서치라이트가 뒤쪽 벽에 규칙적으로 긴 원을 그리는 것을 지켜보고, 멀리서 군인들이 방벽을 따라 순찰 도는 소리를 들었다.

라벤스브뤼크의 아침 점호는 부흐트보다 삼십 분 빨랐다. 오전 네 시 삼십 분, 우리는 어두컴컴한 미명의 한기 속에 밖에 나가 서 있어야 했다. 횡대 열 명, 종대 열 명 모두 백 명의 여자들이 한 블록을 이루어 열병 자세로 점호를 받았다. 때로는 이 점호를 마치고 막사 안으로 들어가자마자 또 휘슬 소리가 울리는 경우도 있었다.

"일동 밖으로! 점호 대형으로!"

8호 막사는 격리된 단지 안에 있었다. 우리 막사 옆에는 징벌 막사가 있었는데, 아마도 신참 죄수들에게 겁을 주려는 의도로 일부러 그렇게 배치한 것 같았다. 징벌 막사에서 하루 종일, 심지어 밤이 될 때까지 들려오는 소리는 지옥 그 자체였다. 그건 화를 내는 소리도 아니고, 인간의 어떤 감정에서 우러나오는 소리도 아니었다. 그 소리는 그 어떤 감정과도 무관한 잔혹함이 느껴지는, 일정한 리듬에 맞춰 사람을 내리치는 소리, 일정한 속도를 유지하는 비명 소리였다. 우리는 떨리는 두 손을 허리에 붙이고 10열로 선 채로 제발 자기 귀를 틀어막았으면, 저 소리를 멈추게 할 수 있었으면 하고 바랐다.

해산 지시가 내려지는 순간 우리는 8호 막사 출입문으로 앞다투어 서로의 뒤꿈치를 밟으며 어서 안으로 들어가려고, 분별력이 있는 세상으로 돌아가려고 기를 썼다.

모든 게 점점 힘들어졌다. 사방 벽으로 둘러싸인 이 공간 안에서 너무 비참한 일이 벌어지고 있었고 의미 없어 보이는 고통을 너무 많이 겪고 있었다. 자고 일어나면 또 뭔가 이해할 수 없는 일이 벌어졌고, 또 무언가는 너무 힘들어졌다. '주 예수님, 이 짐도 들어주실 건가요?' 그렇게 기도하는 날들이 많아졌다.

세상이 점점 이상해지면서 한 가지 점점 확실해지는 게 있었다. 그것은 바로 우리 두 사람이 이곳에 와 있는 이유였다. 다른 이들이 왜 고통을 당하는지 우리는 알 수 없었다. 우리로 말하자면, 아침부터 밤에 불이 꺼질 때까지, 줄을 서서 점호를 받을 때 외에는 언제나, 성경에서 도움과 소망을 바라며 모여드는 사람들의 구심점이었다. 모닥불 주변으로 모여드는 부랑자들처럼 우리는 성경을 중심으로 모여 그 온기와 빛에 우리 마음을 드러내 놓았다. 우리를 에워싼 밤의 어두움이 더해 갈수록 하나님 말씀은 더 밝고 더 진실하고 더 아름답게 타올랐다. "누가 우리를 그리스도의 사랑에서 끊으리요 환난이나 곤고나 핍박이나 기근이나 적신이나 위험이나 칼이랴… 그러나 이 모든 일에 우리를 사랑하시는 이로 말미암아 우리가 넉넉히 이기느니라."

언니가 성경을 읽을 때 사람들을 둘러보면 얼굴에서 얼굴로 빛이 피어오르는 것을 볼 수 있었다. 넉넉히 이긴다…. 이것은 소망이 아니었다. 분명한 현실이었다. 우리는 이것을 알고 있었고, 순간순간 체험하고 있었다. 가난, 증오, 배고픔 가운데서 말이다. "넉넉히 이길 것이라"가 아니었다. 우리는 이미 이긴 상태였다! 라벤스브뤼크에서의 생활은 서로 다른 두 개의 차원에서 이루어졌다. 사실 그것은 공존할 수 없는 삶이었다. 하나는 눈으로 볼 수 있는 외적인 삶으로, 이 삶은 날이 갈수록 끔찍해졌다. 다른 하나는 하나님과 함께하는 삶으로, 이 삶은 날마다 더 좋아졌고, 진리 위에 진리, 영광 위에 영광이었다.

이따금씩 떨리는 손으로 성경을 그 작은 주머니에서 꺼낼 때면 그렇게 신비스러울 수가 없었다. 성경은 새로웠다. 방금 기록된 것 같았다. 잉크가 말라 있다는 게 놀라울 때도 있었다. 성경 말씀을 늘 믿기는 했지만, 지금과 같은 상황에선 성경을 읽는 게 믿음과는 아무 상관도 없었다. 성경은 그저 현실을 적어 놓은 것일 뿐이었다. 지옥과 천국, 인간이 어떻게 행동하고 하나님이 어떻게 역사하시는지에 대한 기록 말이다. 나는 예수님이 잡혀가시던 이야기를 한 천 번쯤은 읽었다. 군인들이 그분을 얼마나 때리고, 비웃고, 채찍질했는지 읽고 또 읽었다. 그런데 그런 일이 이제 실제 사람의 얼굴과 목소리를 입고 현실로 재현되고 있었다.

매주 금요일, 굴욕적으로 건강 진단을 받는 날이었다. 대기실로 쓰이는 병원 복도는 난방도 안 되어 있었고, 가을의 한기가 벽마다 스며

들어 있었다. 그렇게 쌀쌀한데도 우리는 팔로 자기 몸을 감싸는 것도 허락이 안 된 채 시종일관 꼿꼿한 차려 자세로 줄을 지어 간수들 앞으로 지나가야 했다. 그럴 때면 간수들은 뭐가 좋은지 이를 드러내며 웃었다. 나무토막처럼 마른 다리, 굶주려서 불룩 튀어나온 배를 보고 도대체 무슨 쾌감을 느낄 수 있는 건지 이해가 되지 않았다. 사랑 받지 못하고 돌봄 받지 못하는 인간의 몸보다 더 비참한 광경은 없을 것이다. 더 이해할 수 없는 것은, 굳이 옷을 다 벗어야 할 이유가 뭐냐는 것이었다. 줄을 서서 기다리다가 진찰실로 들어가면 한 의사가 목구멍을 들여다보고, 치과 의사로 추정되는 또 한 의사가 이를 살펴보고 세 번째 의사가 손가락 사이사이를 살폈다. 그게 다였다. 그렇게 건강진단이 끝나면 다시 줄줄이 그 길고 썰렁한 복도를 내려와 출입문 앞에서 X자가 표시된 죄수복을 걸쳐 입었다.

그런데 여느 금요일 아침과 다름없이 병원 복도에 서서 덜덜 떨며 순서를 기다리고 있던 어느 날, 성경의 또 한 페이지가 살아서 움직이기 시작했다.

예수님도 발가벗기운 채 십자가에 달리셨다.

그때까지 난 몰랐다. 아니 의식하지 못했었다. 그림이나 조각상 속의 예수님은 최소한 헝겊 조각 하나쯤은 덮고 있었다. 하지만 그건 그 화가나 조각가가 예수님께 보내는 존경과 경의라는 것을 문득 깨달았다. 아 그러나, 그 당시, 그 금요일 아침엔 누구도 예수님께 경의를 표하지 않았다. 그리고 지금, 이 복도에 있는 사람들 얼굴에서도 경의 같은 건 찾아볼 수 없었다.

나는 앞에 서 있는 언니 쪽으로 고개를 숙였다. 푸르죽죽한 살갗 아래로 언니의 양 어깨 죽지가 날카롭고 가녀리게 솟아 있었다.

"언니, 사람들이 예수님의 옷도 빼앗아갔지."

언니가 흠칫 놀라 하는 말이 들렸다. "오, 코리. 그분은 이것마저도 경험하셨구나…."

해 뜨는 시간이 날마다 조금씩 늦어졌고, 새벽의 한기가 물러가기까지 시간도 점점 더 오래 걸렸다. 상설 막사로 옮기면 상황이 좀 나아질 것이라고 모두들 서로에게 기운을 북돋아 주었다. 담요도 각자 하나씩 갖게 될 것이고, 침대도 하나씩 쓰게 될 것이라고 말이다. 우리는 저마다 자기에게 가장 필요한 것을 갖게 되는 꿈을 꾸었다.

나에게 가장 필요한 것은 언니가 기침할 때 약을 구할 수 있는 의무실이었다. "막사를 옮기면 담당 간호사가 있을 거야." 그 말을 너무 자주 했더니 나 자신도 그렇게 믿게 될 정도였다. 아침마다 언니 몫의 검은 빵에 다비타몬 오일을 한 방울씩 떨어뜨려 주기는 했지만, 그 작은 병 하나로 얼마나 더 오래 버틸 수 있을까? "더구나 누가 재채기를 할 때마다 자꾸 나눠 주니 말야." 나는 언니에게 그렇게 투덜대곤 했다.

상설 막사로의 이동은 10월 둘째 주에 있었다. 우리는 석탄재 콘크리트로 덮인 넓은 대로를 따라 10열로 행군을 하다가 막사들이 늘어서 있는 좁은 도로로 접어들었다. 중간중간 행군을 멈추고 호명되는 번호에 따라 막사를 배치 받았다. 라벤스브뤼크에서는 절대 이름을 부르지 않았다. 마침내 언니와 내 번호가 호명되었다. "66729번,

66730번." 우리는 다른 열두어 명의 여자들과 함께 대열에서 빠져나왔다. 29호 막사의 회색빛 길쭉한 전경이 우리를 맞았다. 유리창은 절반 정도가 깨져나가고 넝마로 대신 가려 놓은 것 같았다. 한가운데 있는 문을 통해 안으로 들어가니 넓은 방 안에 이백여 명 남짓의 여자들이 고개를 숙이고 앉아 뜨개질을 하고 있었다. 사이사이의 탁자 위에는 군복색 양모 양말들이 쌓여 있었다.

열려 있는 양 옆의 문은 훨씬 더 넓은 두 개의 방으로 연결되었다. 지금까지 봐온 것 중 가장 넓은 숙소였다. 언니와 나는 안내인을 따라 오른쪽 문으로 들어갔다. 넝마로 막아 놓은 창문에 빛이 가려 넓은 방이 어슴푸레하게 보였다. 냄새로 짐작하건대 우선 이 방은 불결했다. 어디선가 하수도가 넘치는 것 같았고, 침구는 더럽고 악취가 났다. 눈이 방 안 어둠에 익숙해질 무렵 우리는 방에 개인용 침대가 없다는 걸 알게 되었다. 침대 대신 커다란 사각형 교각 같은 것이 3층으로 쌓여 나란히 맞물려 있고, 이쪽 끝에서 저쪽 끝 사이에 통로 역할을 하는 좁은 틈새가 하나 벌어져 있었다.

우리는 한 줄로 서서 안내인을 따라갔다(통로가 너무 좁아 두 줄로 지나갈 수가 없었다). 사방에서 우리 키보다 높이 솟아 있는 이 단상들로 인한 밀실공포증과 싸우면서 말이다. 방은 거대했지만 사람은 거의 보이지 않았다. 모두들 이런 저런 작업에 불려나간 것이 분명했다. 마침내 안내인이 촘촘히 놓인 커다란 단상 침대 한 곳의 맨 가운데 2층 자리를 손가락으로 가리켰다. 그 사람이 가리킨 곳으로 가려면 우선 침대 1층에 올라서서 2층으로 기어 올라가야 했다. 그런 다음 밀짚이 깔려 있는 다른 침상 세 개를 엉금엉금 지나야 우리 자리에 이를 수 있었다. 몇 사람이나 이 침상을 쓰는 것일까? 머리 위 3층 단상이 너무 낮아서 앉아 있을 수도 없었다. 악취를 풍기는 밀짚 때문에 욕지기가 나오려는 것을 애써 참으며 바닥에 등을 대고 누웠다. 우리와 함께 도착한 다른 여자들도 각자 자기 자리를 찾느라 두런거리는 소리가 들렸다.

나는 벌떡 일어나 앉다가 3층 가로 판자에 머리를 쿵 부딪쳤다. 뭔가가 내 다리를 깨문 것이다.

"벼룩이야!" 비명이 절로 나왔다. "언니, 벼룩투성이야!" 우리는 또 머리를 부딪칠까 봐 고개를 푹 숙이고 침상들 위로 엉금엉금 기어나와 통로로 풀쩍 뛰어내렸다. 그러곤 옆 걸음으로 손바닥만한 빛이 새어 들어오고 있는 쪽으로 나왔다.

"이것 봐! 여기 또 한 마리 있어!" 나는 울먹이며 말했다. "언니, 이런 곳에서 어떻게 살지?"

"보여 주세요. 어떻게 살아야 할지 보여 주세요." 언니는 꼭 누구와 이야기를 하는 것처럼 그렇게 말했다. 하지만 그게 기도라는 걸 나는 나중에야 알았다. 이제 언니에게는 기도와 그 외 생활의 구별이 점점 사라지고 있는 것 같았다.

"코리!" 언니가 흥분한 목소리로 말했다. "응답을 주셨어! 늘 그러셨던 것처럼, 우리가 구하기도 전에 말이야! 답은 오늘 아침 읽은 말씀 속에 있어. 어디였지? 그 부분을 다시 읽어 봐!" 나는 혹시 간수가 있지 않은지 어둠침침한 통로 쪽을 한번 살핀 뒤 성경 주머니에서 성경책을 꺼냈다. "데살로니가전서였어." 스헤브닝겐을 떠나온 뒤로 우리는 신약성경을 세 번째 통독하는 중이었다. 나는 희미한 빛에 비춰가며 책장을 넘겼다. "여기야. '마음이 약한 자들을 격려하고 힘이 없는 자들을 붙들어 주며 모든 사람에게 오래 참으라 삼가 누가 누구에게 든지 악으로 악을 갚지 말게 하고 서로 대하든지 모든 사람을 대하든지 항상 선을 따르라…." 꼭 라벤스브뤼크를 향해 하는 말씀 같았다.

"계속 읽어봐." 언니가 말했다. "그게 다가 아니었잖아."

"응. '항상 기뻐하라 쉬지 말고 기도하라 범사에 감사하라 이는 그리스도 예수 안에서 너희를 향하신 하나님의 뜻이니라.'"

"그거야, 코리! 그게 하나님의 응답이야. '범사에 감사하라'는 말씀! 우리가 할 수 있는 건 그거야. 지금부터 이 새 막사와 관련된 모든 일에 대해 하나하나 하나님께 감사하기로 하자!" 나는 언니를 물끄러미 쳐다보다가 어둡고 더러운 냄새 나는 방을 둘러보았다.

"예를 들면?"

"예를 들면 이 방에 함께 배정된 것."

나는 화가 나는 걸 참으려 입술을 깨물었다. "아, 네, 주님!"

"예를 들면 네가 지금 손에 들고 있는 것."

나는 성경책을 내려다보았다. "네, 감사합니다, 사랑하는 주님. 여기 들어올 때 수색을 받지 않게 해주셔서요! 이 방에 있는 모든 여자들, 이 책을 통해 주님을 만나게 될 모든 사람들을 인해서 감사드립니다."

"네." 언니가 말했다. "이곳에 사람이 아주 많다는 것도 감사드립니다. 이렇게 사람들이 촘촘히 들어차 있으니 그만큼 많은 사람들이 성경 말씀을 듣게 되겠네요!" 언니는 기대에 찬 표정으로 나를 바라보며 재촉했다. "코리!"

"네, 좋아요. 미어터지고, 붐비고, 꽉 막히고, 만원이고, 숨이 막힐 정도로 사람이 많은 것에 대해 감사드립니다."

"감사드립니다." 언니가 고요한 목소리로 기도를 이어갔다.

"벼룩에 대해서, 그리고…."

벼룩에 대해 감사한다니! 이건 너무 심했다. "언니, 아무리 그래도 난 벼룩에 대해서까지 감사할 수는 없어."

"범사에 감사하라고 했잖니. 유쾌한 상황에서만 감사하라고 하지 않았어. 벼룩도 하나님께서 우리에게 허락하신 이곳의 일부야."

그렇게 우리는 층층 침대들 사이에 서서 벼룩에 대해 감사드렸다. 하지만 이번엔 벳시 언니가 틀린 거라고 나는 확신했다.

28호 막사 여자들은 여섯 시가 지나자 막사로 돌아오기 시작했다. 기나긴 강제 노역에 지치고 땀에 절고 더러워진 모습들이었다. 한 침대를 쓰게 된 동료들에게서 듣자 하니 이 건물은 사백 명을 수용하도록 설계된 건물이라고 했다. 그런데 지금은 천사백 명이 수용되어 있고, 게다가 폴란드·프랑스·벨기에·오스트리아·네덜란드 등지 수용소의 죄수들이 독일 땅 중심부로 소개(疏開)됨에 따라 매주 더 많은 사람들이 밀어닥치고 있다는 것이었다.

원래 4인용으로 만들어진 우리 침상은 이제 언니와 나를 포함해 아홉 명이 함께 쓰게 되었다. 다른 침상 사람들도 마찬가지였지만, 언니와 나 때문에 공간이 더 좁아졌다고 투덜거리는 이들도 있었다. 이 넓은 방을 가득 채우고 있는 사람들에게 변기는 여덟 개가 전부였고 그마저도 오물이 차고 넘치며 악취를 풍겼다. 볼일을 보러 가려면 엉금엉금 기는 자세로 우리 침상의 동료들뿐만 아니라 다른 침상 사람들까지 타고 넘어 통로로 내려가야 했고, 그렇게 왔다갔다 하는 와중에 그러지 않아도 아래로 꺼져 있는 침상 바닥에 하중이 더해져 금방이라도 밑에 있는 사람들 위로 무너져 내릴 것처럼 위태위태했다.

첫째 날 밤에 실제로 그런 일이 몇 번 벌어졌다. 방 어디선가 뭔가 부서지는 소리, 비명 소리, 뭔가에 짓눌린 듯한 울부짖음이 들려왔다.

상판이 그나마 온전한 침대도 위층에서 조그만 움직이면 온갖 먼지와 밀짚 부스러기가 밑에서 잠자고 있는 사람에게로 쏟아졌고, 이어서 욕설들이 오갔다. 8호 막사에는 죄수들 대부분이 네덜란드인이었다. 그런데 이곳에는 공용 언어도 없었고, 기진맥진한 데다가 먹을 것 부족에 시달리는 사람들 사이에 이런저런 다툼이 끊이지 않았다.

창문에서 제일 가까운 침상에서 자고 있던 여자들이 추위 때문에 창문을 쾅 닫자 또 싸움이 벌어졌다. 창문 닫는 소리가 나자마자 여러 목소리가 일제히 창문을 다시 열라고 했다. 그쪽 침대 위아래 층에서 말다툼이 시작됐고, 이어 서로 드잡이를 하고 뺨을 때리고 흐느껴 우는 소리가 들렸다.

어둠 속에서 언니가 내 손을 꼭 쥐는 게 느껴졌다. "주 예수님," 언니는 소리 내어 기도했다. "이 방에 주님의 평화를 보내 주소서. 이곳엔 기도하는 이들이 없습니다. 그건 이 방이 다 알고 있지요. 하지만 주님께서 임하시는 곳에 싸움의 영은 존재할 수 없습니다…."

느리지만 눈에 띄는 변화가 일어나기 시작했다. 화가 나서 고함치고 욕하는 소리들이 조금씩 잦아들었다.

"나하고 협상을 하나 하자!" 스칸디나비아 억양이 강한 독일어로 한 여자가 말했다 "여기 담요가 있으니 네가 여기로 와서 자고, 내가 그 창문 옆 자리로 갈게!"

"네 몸의 이도 같이 오고?" 누군가가 킬킬거리며 받아쳤다. "됐네요."

"좋은 방법이 있어!" 세 번째 목소리에서는 프랑스어 특유의 억양이 느껴졌다. "창문을 반만 열어 놓는 거야. 그러면 그렇게 춥지도 않고 답답하지도 않을 거야."

웃음소리가 잔물결처럼 온 방으로 퍼져나갔다. 나는 침상에 엎드려 밀짚 악취를 맡으며 생각했다. 내가 감사할 수 있는 게 한 가지 더 있다고 말이다. 그건 바로 벳시 언니가 28호 막사에 왔다는 것이었다.

이곳에서도 아침 점호는 격리 막사에서와 마찬가지로 오전 네 시 반에 있었다. 네 시에 휘슬 소리에 잠을 깨면 옷과 머리에서 지푸라기를 털어낼 틈도 없이 빵과 커피 배급을 받기 위해 방 한가운데로 우르르 몰려가기 시작했다. 늦게 온 사람에게는 아무것도 없었다.

인원 점검은 병원 건물로 이어지는 넓은 길인 라거스트라세에서 했다. 그곳에서 다른 막사 사람들과 합류해 점호를 받았는데, 그 당시 모인 인원은 약 35,000명 가량으로, 사람들은 희뿌연 가로등 불빛 아래 끝이 보이지 않을 만큼 늘어섰다. 차가운 석탄재 콘크리트 바닥 위에 그렇게 서 있노라면 발의 감각이 점점 사라졌다.

아침 점호 뒤 작업을 하는 죄수들은 일을 나갔다. 언니와 나는 몇 주 동안 지멘스 공장에서 일을 했다. 이 거대한 분쇄기 공장 단지와 철도 터미널은 수용소에서 2.5킬로미터 거리에 있었다. 수천여 죄수들로 구성된 '지멘스 부대Siemens Brigade'는 전기가 흐르는 철조망 밑의 철제 출입문을 지나 나무와 풀밭과 지평선이 보이는 세상으로 나왔다. 작은 호수 언저리를 지날 때쯤이면 해가 떠올랐고, 황금색으로 물든 늦가을 들판 정경에 우리는 가슴이 부풀었다.

하지만 지멘스에서의 작업은 비참함 그 자체였다. 언니와 나는 커다란 금속판이 실려 있는 무거운 손수레를 철로 측선까지 밀고 가서 내려놓고 다시 공장으로 돌아와 물건을 받는 일을 되풀이해야 했다. 그 격한 노동은 하루 열한 시간씩 계속됐다. 점심이라고는 정오에 삶은 감자 한 알과 멀건 수프를 배급받는 게 전부였다. 수용소 안에서 일하는 사람들은 그나마도 없었다.

수용소로 돌아오는 길에는 다리가 부어오르고 아파서 걸음을 떼어놓을 수 없었다. 순찰하는 군인들이 고함을 지르고 욕을 퍼부었지만, 우리는 한 걸음에 몇 센티미터씩 발을 질질 끌며 움직일 뿐이었다. 지나가는 동네 사람들은 여전히 우리와 시선을 마주치지 않았다.

막사로 돌아오면 또 줄을 서서(줄을 서고, 기다리고 하는 일이 과연 언제 끝나기는 하는 걸까?) 방 한가운데서 나눠 주는 순무 수프를 배급받았다. 수프를 먹고 나면, 사람들이 밀어닥치기 전에 서둘러 숙소 뒤편으로 가서 우리 식의 '예배'를 드렸다. 우리 침상 쪽은 성경을 읽을 수 있을 만큼 밝지가 않았지만, 여기 이 뒤편엔 작은 전구 하나가 달려 있어 벽 쪽으로 흐릿한 빛을 던져주었고, 게다가 이곳엔 좀더 많은 사람들이 모일 수 있었다.

28호 막사에서 드리는 예배는 다른 곳에서는 볼 수 없는 예배였다. 먼저 로마 가톨릭 교인들이 라틴어로 성모 마리아 송가를 암송하고, 루터교인들이 속삭이는 듯한 소리로 찬송을 부르고, 동방 정교인들이 나지막하게 성가를 불렀다. 순서가 진행되면서 사람들이 하나둘씩 더 모여들어 근처의 침상들을 가득 채우고 가장자리에 기대서기도 하면서 침상들이 흔들거리고 삐걱거렸다.

찬양이 끝나면 벳시 언니나 내가 성경을 펼쳐들었다. 네덜란드어 성경은 네덜란드인들만 알아들을 수 있기 때문에 우리는 본문 말씀을 독일어로 해석해 큰 소리로 읽어 주었다. 그러면 통로에 늘어서 있는 사람들이 그 생명의 말씀을 각각 프랑스어, 폴란드어, 러시아어, 체코어 그리고 다시 네덜란드어 등으로 번역해 전달했다. 희미한 전구불빛 아래의 이 저녁 모임은 마치 천국을 미리 살짝 보여주는 것 같았다. 그럴 때마다 나는 하를렘을 생각했고, 각자의 단단한 울타리와 교리의 장벽 뒤에 세워진 실제의 교회들을 생각했다. 그리고 어둠 속에서야말로 하나님의 진리가 가장 명쾌하게 빛난다는 것을 다시금 깨닫곤 했다.

처음에 이 모임을 시작할 때 언니와 나는 상당히 겁을 냈었다. 하지만 밤이면 밤마다 모임이 이어졌고, 그 시간엔 방에 들어오는 간수도 없었기에 우리는 점차 대담해졌다. 이제 이 모임에 함께하려는 이들이 너무 많아져서 우리는 저녁 점호 후에 두 번째 예배를 드렸다. 라거스트라세에서의 저녁 점호 때는 삼엄한 감시를 받았고, 따뜻한 울 망토를 두른 간수들이 쉼 없이 우리 옆을 지나다녔다. 막사의 가운데 방에서도 마찬가지였다. 대여섯 명의 간수들이나 수용소 경찰이 늘 상주했다. 하지만 숙소로 쓰이는 이 큰 방에는 감시하는 눈길이 거의 없었다. 왜 그런지 그 이유는 알 수 없었다.

또 한 가지 이상한 일이 일어났다. 다비타몬 오일 병에서 계속 오일이 나오는 것이었다. 아주 작은 병이었고 하루에도 여러 번씩 썼기 때문에 남은 게 거의 없어야 했나. 게다가 이제는 벳시 언니뿐만 아니라 우리 침상의 다른 사람들까지 오일을 받아 쓰고 있었으니 말이다.

나는 늘 이것을 숨겨 두려 했다. 언니가 날이 갈수록 허약해지고 있었기 때문이다! 하지만 몸이 아픈 건 다른 사람들도 마찬가지였다. 열에 들끓는 사람들의 눈을 보면서, 오한에 덜덜 떠는 사람의 손을 보면서 '안 된다'고 말하기는 정말 힘들었다. 제일 약한 사람을 위해 아껴 두려고 애를 썼지만, 그 약한 사람의 숫자도 열다섯 명, 스무 명, 스물다섯 명으로 계속 늘어났다.

그런데, 그 작은 병을 기울일 때마다 마개 끝 부분에 오일이 한 방울씩 나타나는 것이었다. 그건 있을 수가 없는 일이었다! 햇빛에 병을 비추어 오일이 얼마나 남았는지 보려고 했지만, 병이 짙은 갈색이라 안을 들여다볼 수가 없었다.

"성경에 어떤 여인도 기름병에 기름이 떨어지지 않았다고 했잖아." 언니가 말했다. 언니는 열왕기를 펼쳐 엘리야에게 방을 내어준 사르밧의 가난한 과부 여인 이야기를 읽기 시작했다. "여호와께서 엘리야를 통하여 하신 말씀같이 통의 가루가 떨어지지 아니하고 병의 기름이 없어지지 아니하니라."

물론 성경에는 놀라운 일들이 많이 일어났다. 하지만 수천 년 전에 그런 일이 일어났다는 것과 바로 오늘 우리에게 그런 일이 일어나는 걸 믿는 건 또 별개의 일이었다. 그런데 그 일이 오늘도, 다음 날도, 또 다음 날도 계속 일어났고, 경외심에 사로잡힌 여자들은 내 주위에 몰려서서 배급받은 빵 위로 기름방울이 떨어지는 것을 지켜보았다.

위층 침상에서 밀짚 부스러기가 우수수 떨어지는 내 침상에 누워 나는 우리에게 아낌없이 부어지는 이 기적을 이해해 보려고 며칠 밤을 애를 썼다. "아마 오일 분자 한두 개만 그 작은 구멍을 통과해 나왔다가 공기 중에서 팽창하는 걸지 몰라!" 언니에게 그렇게 말했다.

어둠 속에서 언니의 부드러운 웃음소리가 들렸다. "굳이 그렇게 설명하려고 애쓰지 마, 코리. 우리를 사랑하시는 아버지께서 깜짝 선물로 주시는 거라고 그냥 받아들여."

어느 날 저녁 배급을 받기 위해 줄을 서 있는데, 미엔이라는 여자가 사람들을 헤치고 우리에게 다가왔다. "제가 뭘 가져왔는지 보세요!"

미엔은 부흐트에서 만난 아리땁고 젊은 네덜란드 여성이었다. 병원 일을 배정받은 그녀는 직원실에서 슬쩍 해낸 귀한 물건들을 자주 막사로 가져오곤 했다. 깨진 유리창을 틀어막는 데 쓰는 신문지, 간호사가 손도 대지 않고 남긴 빵 한 조각 등이 그녀가 가지고 오는 것들이었다. 오늘은 작은 헝겊 주머니를 내밀기에 조심스레 안을 들여다보았다.

"비타민이야!" 나는 그렇게 소리 지르다가 혹시 가까이에 감시관이 있을까 봐 흠칫해서 주위를 둘러보았다. "효모 혼합물이네!(이것도 일종의 비타민이다)" 목소리를 낮춰 말했다.

"네!" 미엔도 작은 목소리로 대답했다. "커다란 병이 몇 개 있거든요. 병마다 조금씩 똑같은 양을 덜어왔어요."

우리는 갑자기 부자가 된 것을 놀라워하며 저녁으로 배급된 멀건 순무 수프 접시를 허겁지겁 비웠다. 저녁을 먹고 침상으로 간 나는 밀짚 속에서 다비타몬 병을 꺼냈다. "병에 있는 것부터 다 써야지."

그러나 그날 밤, 아무리 병을 뒤집었다 세웠다 해도, 아무리 세게 흔들어도 오일은 더 이상 나오지 않았다.

11월 첫째 날, 죄수들에게 코트가 한 벌씩 배급되었다. 언니 것과 내 것은 둘 다 러시아제로, 칼라와 소매 부분에 뭔가가 뜯겨 나간 듯 실밥이 붙어 있는 걸로 봐서 원래 모피 장식이 달렸던 옷 같았다.

지멘스 공장으로 작업 나가는 것은 중단되었다. 이즈음 거의 매일 밤 아주 가까운 곳에서 폭격 소리가 들리곤 했는데 공장도 공습을 당한 것이라고 우리 나름대로 추측했다. 언니와 나는 수용소 담 바로 안쪽의 울퉁불퉁한 바닥을 평평하게 하는 작업에 소집되었다. 이 역시 허리가 부러질 듯한 중노동이었다. 무거운 걸 들려고 허리를 굽힐 때 가끔씩 가슴이 이상하게 답답했다. 밤에는 다리에 경련이 일기도 했다.

하지만 가장 큰 문제는 벳시 언니의 기력이 점점 더 떨어진다는 것이었다. 간밤에 큰 비가 내린 어느 날 아침, 작업장에 나가 보니 바닥에 물이 흥건했다. 언니와 나는 원래 흙을 많이 들어 옮길 수가 없었다. 그런데 오늘따라 언니는 삽에 흙을 거의 담질 못했고, 흙을 쌓아 놓는 나지막한 언덕배기까지 가는 데도 몇 번이나 비틀거렸다.

"쉬넬러(빨리)!" 간수가 언니를 향해 소리를 질렀다. "좀더 빨리 못 하나?"

'저들은 왜 저렇게 늘 고함을 치는 것일까?' 나는 그렇게 생각하며 검은 진흙 속으로 삽을 꽂았다. '왜 그냥 보통 사람들처럼 말을 하지 못하는 걸까? 천천히 허리를 펴는데, 등에 흐르던 땀이 갑자기 말라

붙는 느낌이었다. 베예에서 이런 광기어린 소리를 맨 처음 들었던 게 생각났다. 베예. 얀스 이모의 방에서였다. 그 소리는 조개 모양 스피커에서 울리는 고함 소리에 벳시 언니가 벌떡 일어나 꺼버렸던 기억이 났다.

“이 게으름뱅이! 게으른 돼지 같으니!”

간수가 언니의 손에서 삽을 낚아채, 삼삼오오 땅을 파고 있는 사람들 사이로 뛰어다니며 언니가 있는 힘을 다해 퍼올린 한줌의 흙을 보여주었다.

“귀부인께서 뭘 들어 옮기시고 있는지 봐라! 아주 무리를 하고 계셔!”

다른 간수들, 심지어 몇몇 죄수들까지 웃음을 터뜨렸다. 신이 난 간수는 언니의 비틀거리는 걸음걸이까지 흉내 내기 시작했다. 오늘 우리 작업에는 남자 간수도 한 사람 와 있었다. 남자가 있으면 여자 간수들은 늘 활기에 넘쳤다.

웃음소리가 점점 커지자 나는 살인적인 분노가 치솟는 것을 느꼈다. 간수들은 젊고 영양 상태도 좋았다. 벳시 언니가 늙고 굶주린 게 언니 잘못이란 말인가? 그러나 내가 놀란 건, 벳시 언니도 같이 웃고 있었다는 것이다.

“그래요, 영락없이 나네요.” 언니는 그렇게 말했다. “하지만 손바닥만큼 퍼서 비틀거리며 나르더라도 그냥 두는 게 좋을 걸요. 안 그러면 그것마저도 그만둘 테니까요.”

간수의 토실토실한 뺨이 갑자기 빨개졌다. “그만두고 말고는 내가 결정해!" 그러고는 벨트에서 가죽 채찍을 휙 뽑아내서 언니의 뺨과 목을 내리쳤다.

나는 나도 모르게 삽을 움켜쥐고 그 간수에게로 돌진했다.

누군가가 그런 나를 주목하기도 전에 언니가 내 앞을 가로막았다. "코리!" 언니는 내 팔을 옆구리로 끌어내리며 애원했다. "코리, 일을 계속해!" 언니는 내 손에서 삽을 잡아당겨 진흙 속에 찔러넣었다. 간수는 경멸하는 듯한 표정으로 언니의 삽을 우리 쪽으로 획 던졌다. 나는 여전히 멍한 상태로 그 삽을 집어 들었다. 언니의 옷깃에 붉은 얼룩이 보였고, 목에 채찍 맞은 자국이 부풀어 오르기 시작했다.

언니는 내가 언니를 쳐다보고 있는 걸 알고는 새처럼 여윈 손으로 채찍 자국을 가렸다. "이건 보지 마, 코리. 예수님만 바라 봐." 잠시 뒤 언니가 손을 치웠다. 손에 검붉은 피가 묻어 있었다.

11월 중순이 되어 차가운 비가 본격적으로 내리기 시작했다. 온종일 비가 억수같이 쏟아지자 실내 벽에도 습기 때문에 물방울이 맺혔다. 라거스트라세는 빗물 마를 날이 없었다. 날이 반짝 개일 때도 길에는 물웅덩이가 패여 있었다. 대열을 지어 걸을 때는 물웅덩이가 있어도 돌아가서는 안 되었다. 때로는 발목까지 차는 물웅덩이 속에 서 있을 때도 많았고, 밤이 되면 막사 안은 구두의 가죽 썩는 냄새가 진동했다.

벳시 언니의 기침엔 이제 피까지 섞여 나왔다. 병원에 입원 진료를 요청했지만 체온이 39도밖에 안 된다고, 그래서 입원 허가가 안 된다고 했다. 각 막사마다 간호사와 진료 시설이 있으면 좋겠다는 내 환상이 얼마나 순진했던 건가! 병원 건물에 소위 진료소라 불리는 크고 텅빈 방엔 수용소 전체 환자들이 모여들었고, 그마저도 차가운 비 속에 몇 시간씩 서서 기다린 뒤에야 입장이 될 때가 많았다.

나는 아파서 고통스러워하는 여자들로 가득한 그 음산한 곳이 싫었지만, 벳시 언니의 상태가 점점 나빠지고 있어서 자꾸 이곳에 오지 않을 수가 없었다. 언니는 나와 달리 이 방에 혐오감을 느끼지 않았다. 언니에게 이 방은 다른 모든 곳과 마찬가지로 그저 예수님 얘기를 할 수 있는 또 하나의 환경일 뿐이었다. 어디를 가든, 일터에서든, 줄을 서서 배급을 받을 때든, 숙소에서든 언니는 예수님이 우리 가까이 계시며 우리 삶 속에 들어오기를 갈망하신다고 주변 사람들에게 전했다. 육신은 점점 약해졌지만 언니의 믿음은 점점 더 단단해지는 것 같았다. "병원 진료는 아주 중요한 기회야, 코리! 이 사람들 중에 천국 입구까지 온 사람들도 있어"라는 게 언니 생각이었다.

어느 날 밤, 마침내 언니의 열이 40도까지 올랐다. 역시나 한참을 기다린 후에야 간호사가 나타나 언니를 비롯해 열두 명쯤 되는 다른 환자들을 제대로 된 병원으로 데리고 갔다. 거기서도 오래 기다린 끝에 결국 언니는 입원 판정이 났다. 나는 병원 입구까지 따라갔다가 혼자서 터벅터벅 막사로 돌아왔다.

언제나처럼 숙소 출입구에 서서 방 안 풍경을 바라보노라니 개미탑이 생각났다. 하루 동안의 힘겨운 노동을 마치고 이미 잠든 여자들도 있었지만 대부분은 잠을 못 이룬 채 뒤척거리고 있었고, 어떤 이들은 변기 순서를 기다리고 있었고, 또 어떤 이들은 자기 몸이나 옆 사람 몸에서 이를 잡고 있기도 했다. 나는 움찔움찔 몸을 뒤틀어가며 가까스로 방금 기도 모임이 끝난 방 뒤쪽으로 갔다. 언니와 나는 진료가 있는 날 밤에는 비엘 마커 부인에게 성경책을 맡겨놓고 갔다. 헤이그 출신의 신실한 로마 가톨릭 교인인 비엘마커 부인은 네덜란드어를 독일어, 프랑스어, 그리스어로 통역할 수 있었다. 내가 다가가자 사람들이 몰려들어 벳시 언니는 어떻게 됐느냐고 물었다. "언니는 어때요? 병원에 얼마나 있어야 된대요?"

소등 신호가 울리자 사람들은 앞다투어 침상에 오르기 시작했다. 나도 2층 침상으로 올라가 이미 자리를 잡고 누운 사람들을 기어 넘었다. 벳시 언니가 이 방에 온 뒤 얼마나 많은 것이 달라졌는지! 전에 이 시간은 드잡이와 욕설이 난무하는 시간이었지만, 오늘밤 이 거대한 숙소엔 사방에서 "미안해요!" "실례해요!" "괜찮아요!"라는 말들로 소란스러웠다.

어둠 속에서 내 침상을 찾은 뒤 가운데 자리에 비비고 누웠다. 서치라이트가 출입문부터 시작해 온 방을 한번 훑은 뒤 뭔가가 움직거리는 구역에서 한동안 머물렀다. 누군가가 팔꿈치로 등을 찔렀고, 또 어떤 여자가 코앞으로 발을 들이밀었다. 손을 뻗으면 언제든 닿을 수 있던 언니는 옆에 없었다. 이렇게 빽빽이 들어찬 사람들 틈에서 어떻게 그렇게 철저하고도 참담하게 외로울 수 있는 것일까?

푸른색 스웨터
_14장

아침, 라거스트라세에는 차갑고 축축한 습기가 배어 있었다. 벳시 언니가 이런 날씨에 밖에 서서 점호를 받지 않아도 된다는 게 감사했다. 라벤스브뤼크에는 하루 종일 안개가 담요처럼 덮여 있었다. 소리도 잘 안 들리고 해는 전혀 안 보이는 음산한 날이었다. 나는 감자를 나르는 작업을 했다. 바구니에 감자를 담아 긴 도랑으로 들어 나른 후 다가올 주위에 얼지 않도록 흙을 덮어 주는 일이었다. 힘든 노동을 하면 뼈에서 진정제 같은 게 나오는 것 같아서 좋았다. 게다가 간수가 안 볼 때 생감자를 베어 먹을 수도 있었다.

다음 날도 수용소엔 여전히 안개가 자욱했다. 나는 언니가 없는 외로움을 견딜 수가 없었다. 점호를 마치고 해산하사마자 나는 무모한 짓을 벌였다. 병원으로 들어가려면 출입문 안쪽에 있는 초소를 거쳐야 하지만, 미엔이 초소를 거치지 않고 안으로 들어가는 방법을 알려 주었다. 병원 건물 뒤쪽에 화장실이 있는데, 거기 너무 뒤틀려서 꽉 닫히지 않는 커다란 창문 하나가 있다고 했다. 병원 방문이 허락되지 않는 탓에 환자 지인들은 흔히 그 창문을 통해 병원 안으로 들어간다는 것이었다.

짙은 안개 덕분에 들키지 않고 그 창문 있는 데까지 쉽게 갔다. 창문을 통해 안으로 기어들어가니 악취가 코를 찔렀다. 나는 손으로 코를 감싸 쥐었다. 뚜껑도 없고 칸막이도 없는 변기들이 오물로 가득 넘쳐흐르는 채 한쪽 벽을 따라 죽 늘어서 있었다. 나는 문으로 달려가다가 걸음을 멈췄다. 온 몸이 오싹했다. 반대쪽 벽에 발가벗은 열두어 구의 시체가 바닥에 등을 대고 나란히 누워 있었다. 어떤 이는 눈을 뜨고 있어서 마치 천장을 뚫어지게 응시하고 있는 것 같았다.

공포에 질려 엉거주춤 서 있는데 남자들이 침대 시트로 감싼 보따리 같은 것을 양쪽에서 들고 문을 밀고 들어왔다. 남자들은 내 쪽으로 눈길조차 주지 않았다. 아마 나를 환자로 생각하는 것 같았다. 나는 고개를 숙이고 밖으로 나와 잠깐 그대로 서 있었다. 방금 본 광경 때문인지 뱃속이 단단히 뭉치는 것 같았다. 나는 무작정 왼쪽으로 걷기 시작했다.

병원은 넓은 방과 출입문들이 뒤얽힌 미로 같았다. 화장실로 돌아가는 길도 벌써 잃어버리고 말았다. 돌아가기 전에 감자 작업장 일이 다 끝나 버리면 어떡하지? 그때 낯익은 복도 풍경이 눈에 들어왔다. 나는 뛰다시피 돌아다니며 이 방 저 방을 열어 봤다. 그러다가 마침내 나는 언니를 두고 갔던 병실을 찾았다! 병원 관계자는 한 사람도 눈에 보이지 않았다. 나는 접이식 침대들 사이로 난 통로를 지나며 환자들 얼굴을 하나하나 살폈다.

"코리!"

언니는 창문 옆 침상에 앉아 있었다. 비교적 건강해 보였고, 눈빛도 밝았고, 홀쭉한 뺨에 홍조도 돌았다. 간호사나 의사는 아직 만나보지 못했지만 실내에 가만히 누워 있는 것만으로도 벌써 몸이 달라졌다고 언니는 말했다.

사흘 뒤 언니는 28호 막사로 돌아왔다. 여전히 진찰 한 번 못 받고 약 한 봉도 먹지 못한 상태였고, 이마를 짚어보니 아직 열이 있었다. 하지만 언니가 다시 내 옆에 와 있다는 기쁨이 불안감을 눌러 버렸다.

무엇보다 반가운 건, 입원했다 나온 결과 언니는 앞으로 계속 '뜨개질 부대'에서 일하게 되었다는 것이었다. 이 막사에 처음 배치되던 날, 가운데 방 탁자에 모여 앉아 있던 여자들이 바로 그 부대였다. 뜨개질은 제일 몸이 약한 죄수들에게 배당되는 일이었는데, 이제 그 수가 불어나 공간이 부족하자 자기 숙소에서도 그 일을 할 수 있게 되었다.

숙소에서 작업을 하면 가운데 이전보다 감시의 눈길을 덜 받았고, 그래서 언니는 주변 사람들에게 말씀을 전하는 일에 대부분의 시간을 보냈다. 뜨개질 선수인 언니는 정오가 되기도 전에 이미 할당량을 다 채웠다. 일을 끝내면 성경책을 가지고 이 침상 저 침상을 돌아다니면서 하루에 몇 시간씩 동료들에게 성경을 읽어 주었다.

어느 날 저녁, 나는 수용소 밖으로 나가 땔감을 주워 모아오는 작업을 마치고 늦은 시간에 막사로 돌아왔다. 각 방에 있는 화로에 땔감으로 쓸 나무토막이나 잔가지들을 구해 오는 작업이었지만, 눈이 살짝 내린 상태라 나무를 구하는 게 쉽지 않았다. 언니가 언제나처럼 나를 기다리고 있었고, 우리는 저녁 배식을 받기 위해 함께 줄을 섰다. 그날따라 유달리 언니의 눈이 반짝거렸다.

"언니, 기분이 아주 좋아 보이네."

"이 넓은 방에서 어떻게 우리가 이렇게 자유롭게 움직일 수 있는 건지 도저히 이해할 수 없다고 했잖니. 근데, 오늘 그 이유를 알았단다."

그날 오후 뜨개질 부대 여자들 사이에 양말 크기를 두고 혼동이 생겨서 감독관에게 좀 와서 해결해 달라고 했단다. "그런데 감독관이 안 오려 하는 거야. 감독관도 이 방에 안 들어오려 하고, 간수들도 마찬가지였어. 왜 그런지 알아?"

언니의 목소리에는 의기양양함이 넘쳤다. "벼룩 때문이야! 감독관이 '그 방엔 벼룩이 득실거리잖아!'라고 하더래."

언니의 말을 듣고 보니 이 방에 들어와서 처음 몇 시간 동안의 일이 생각났다. 내가 보기엔 아무짝에도 쓸모없는 벌레에 대해서까지 언니가 하나님께 감사 기도를 했던 것이 생각났다.

언니는 비록 밖에서 하는 힘든 노동은 면제받았지만, 그래도 하루 두 번씩의 점호에는 계속 들어가야 했다. 12월이 되어 기온이 떨어지자 점호 시간은 인내심을 시험하는 시간이 되어 갔고, 이 시험을 통과하지 못하는 사람들이 많아졌다. 얼어붙은 가로등마다 한기(寒氣) 때문에 둥근 후광이 생기던 어느 어두컴컴한 새벽, 우리보다 두 줄 앞에 서 있던 젊은 여자가 갑자기 옷을 입은 채 실례를 하고 말았다. 그녀는 지적장애를 앓고 있었다. 그러자 간수가 달려와 두꺼운 가죽 채찍을 휘둘렀고, 젊은 여자는 고통과 공포에 휩싸여 비명을 질렀다. 언제나 그렇듯 이렇게 순진무구한 사람들이 매질을 당할 때는 특히 더 끔찍했다. 감독관은 비명에도 불구하고 채찍질을 계속했다. 그 감독관은 늘 반짝거리는 옷을 입고 다녀서 우리가 '뱀'이라는 별명으로 불렀다. 감독관이 채찍질을 하느라 팔을 들 때마다 긴 양모 망토 밑으로 가로등 불빛에 반짝이는 옷이 보였다. 비명을 지르던 여자가 결국 시커먼 석탄재 바닥에 쓰러져 누워 버리자 오히려 다행이라는 생각이 들었다.

"언니!" '뱀'이 멀리 사라진 것을 확인하고 나는 언니에게 말했다. "이 사람들을 위해 우리가 할 수 있는 일이 뭘까? 나중에 말이야, 이 사람들에게 집을 마련해 주고 돌봐주고 사랑해 줄 수 없을까?"

"코리, 난 우리가 그런 일을 할 수 있게 해달라고 날마다 기도하고 있단다. 사랑은 그 무엇보다 위대하다는 걸 보여줄 수 있게 해달라고 말이야."

그날 아침 땔감 모으기 작업에 나가기 전 나는 깨달았다. 나는 지적장애인들을 생각하면서 한 말인데 언니는 그들을 핍박하는 이들을 생각하면서 대답했다는 것을 말이다.

며칠 뒤 땔감 모으기 작업을 하는 죄수들 모두 건강 진단을 받기 위해 병원으로 소집되었다. 나는 출입문 바로 안쪽에 옷을 벗어 놓고, 벌거벗은 여자들이 늘어서 있는 줄 뒤에 가서 섰다. 그런데 놀랍게도 이번엔 의사가 청진기로 아주 세심하게 진짜 진찰을 하고 있었다.

"왜 이러는 걸까요?" 앞에 있는 여자에게 물어 보았다.

"이송하려고 검진하는 거죠." 여자는 고개를 돌리지 않고 가만히 대답했다. "군수품 공장으로 가게 될 거예요."

이송이라니! 그럴 수는 없었다! 저들은 나를 보내서는 안 되었다! '사랑하는 주님, 저 사람들이 저와 언니를 떼어놓지 못하게 해주세요!'

하지만 나는 심장, 폐, 두피, 인후 등의 검진을 차례차례 통과했고, 여전히 줄을 서서 다음 순서를 기다려야 했다. 그 과정에서 많은 사람들이 탈락했지만, 줄에 남은 사람들도 그다지 더 건강해 보이지는 않았다. 배가 불룩하게 부풀어 오르고, 가슴은 말라붙고, 다리는 새처럼 가는 사람들까지 공장으로 끌고가다니 독일 땅에 얼마나 일손이 딸리는지 알 것 같았다!

나는 지저분한 흰색 코트를 입은 여자 의사 앞에 섰다. 의사는 나를 벽에 걸린 차트 앞으로 돌려 세웠다. 맨 어깨에 닿는 의사의 손이 차가웠다. "맨 아랫줄 글자를 읽어 봐."

"하, 하나도 안 보이는데요." '주님, 용서해 주세요!' "맨 위에 있는 글자만 보여요. 대문자 E네요." 맨 위에 있는 글자는 사실 F였다.

의사는 나를 처음 보는 사람처럼 쳐다보았다. "그보다는 잘 보일 텐데! 퇴짜 맞고 싶은 건가?"

라벤스브뤼크에서 군수 공장으로 이송되는 것은 하나의 특권으로 여겨졌다. 공장은 음식이나 생활 조건이 이곳 수용소보다 훨씬 좋다고들 했다.

"아, 네, 선생님! 제 언니가 이곳 라벤스브뤼크에 있어요! 언니는 건강이 안 좋아요! 언니를 두고 갈 수는 없어요!"

의사는 책상 앞에 앉아 종이에 뭐라고 휘갈겨 썼다. "내일 다시 와서 안경을 맞추도록."

다시 줄을 선 나는 파란색의 작은 쪽지를 펼쳤다. 66730번 죄수는 다음 날 아침 여섯 시 삼십 분에 출두하여 시력 검사를 받으라고 적혀 있었다. 여섯 시 삼십 분이면 이송되는 사람들이 차에 오를 시간이었다.

다음 날 아침, 라거스트라세로 거대한 호송차량이 덜거덕거리며 밀려들어올 때쯤 나는 병원 복도에 서서 안과 진료 순서를 기다리고 있었다. 신료를 담당하고 있는 젊은 남자는 아마도 자격을 갖춘 안과 의사 같았지만, 그가 가진 장비라고는 테가 달린 안경들이 들어 있는 상자 하나뿐이었다. 금테를 두른 이중초점 안경도 있었고 어린이용 뿔테 안경도 있었다. 나에게 맞는 안경은 하나도 없었고, 결국 작업장으로 돌아가라는 지시가 내려졌다.

하지만 일단 이송 대상으로 구분되었던 나는 작업을 다시 배정받은 게 없었다. 나는 불안한 마음으로 28호 막사로 돌아왔다. 가운데 방으로 들어서니 뜨개질을 하고 있는 죄수들을 감시하던 감독관이 나를 올려다보며 물었다.

"번호는?"

번호를 말해 주자 여자는 까만색 표지의 책에 번호를 써넣고는 말했다. "실하고 패턴지 가지고 숙소에 적당한 자리를 찾아가서 작업하라. 여긴 자리가 없다." 그러고는 감독관은 탁자 위에 쌓인 완성품 양말 더미로 시선을 돌렸다.

나는 방 한가운데 눈을 껌벅거리며 서 있다가 진회색의 실타래 하나를 집어 들고 얼른 숙소 출입구로 내달렸다. 그렇게 해서 라벤스브뤼크 시절 중 가장 단란하고 가장 즐거운 몇 주간의 생활이 시작되었다. 언니와 나는 하나님의 벼룩들이 들끓는 성소에 나란히 앉아 온 방 사람들에게 하나님의 말씀을 전했다. 죽음이 임박한 사람의 침상 옆에 앉아 그 사람에게 천국으로 갈 수 있는 길을 알려주었다. 모든 것을 다 잃은 여자들이 소망으로 점점 부자가 되어가는 것을 지켜보았다. 28호 막사의 뜨개질꾼들은 중병을 앓고 있는 라벤스브뤼크라는 거대한 몸에서 기도하는 심장이 되어 수용소 내 모든 사람들을 위해 중보 기도를 했다. 죄수들은 물론 간수들을 위해서까지 말이다. 물론 간수들을 위해서는 벳시 언니가 자꾸 옆구리를 찔러 대니까 하는 거긴 했지만. 우리는 수용소 담을 넘어 독일과 유럽, 더 나아가 세상의 치유를 위해 기도했다. 엄마가 한때 그 무력한 육신에 갇혀 계실 때 그러셨던 것처럼.

기도할 때 하나님은 전쟁이 끝난 뒤의 세상에 대해 우리에게 말씀해 주셨다. 그건 정말 특별한 일이었다. 휘슬 소리와 확성기 소리가 모든 결정을 대신해 주는 이런 곳에서 하나님께서는 앞으로 우리가 해야 할 일들을 보여주셨다.

언니는 우리에게 주어지는 응답에 대해 언제나 명확한 입장이었다. 언니는 우리가 집을 그것도 아주 큰 집(베예보다 훨씬 더 큰)을 갖게 될 것이며, 수용소 생활에 몸과 마음을 다친 사람들이 그 집으로 와서 정상적인 세상에서 다시 정상적인 삶을 살 수 있는 준비를 갖추게 될 것이라고 생각했다.

"아주 예쁜 집이 될 거야, 코리! 마루는 전부 나무로 깔고, 벽에는 조각을 새겨 넣고, 아래로 휘돌아 내려가는 넓은 계단을 가운데에 만들거야. 아, 그리고 마당도 있어야지! 사방으로 마당을 둬서 꽃을 심을 거야. 꽃을 가꾸는 게 이 사람들에게도 크게 도움이 될 거야, 코리!"

언니가 그런 이야기를 할 때면 나는 놀란 눈으로 언니를 물끄러미 바라보곤 했다. 언니는 마치 눈에 보이는 풍경을 설명하는 것처럼 말했다. 그 넓고 구불한 계단과 그 넓은 정원이 현실이고, 이 비좁고 지저분한 막사는 꿈인 것처럼 말이다.

하지만 28호 막사 생활은 꿈이 아니었다. 이것은 진짜, 고통스러울 만큼의, 끝없는 현실이었다. 쌓이고 쌓인 절망감이 점호 시간마다 나를 집어삼키려 위협했다.

어느 날 아침, 28호 막사 여자 세 명이 추위를 피하려고 막사 안에서 몇 분을 미적거렸다. 막사 여자들은 그 다음 주 내내 점호 때마다 전원이 한 시간씩 더 일찍 나와 차려 자세로 서 있는 벌을 받았다. 새벽 세 시 삼십 분에 막사에서 라거스트라세로 나오면 아직 가로등조차 켜져 있지 않았다.

그렇게 점호 전에 미리 나와 벌을 받고 있을 때, 나는 당시로서는 정말 믿고 싶지 않았던 광경을 목격했다. 긴 도로 저쪽 끝에서 헤드라이트가 나타나 쌓인 눈 위로 흔들거렸다. 짐칸 덮개가 열려 있는 트럭들이 다가오면서 눈과 흙이 뒤섞인 진흙탕 물을 튀겼다. 트럭은 병원 정문 앞에 멈춰 섰다. 병원 문이 열리고 간호사가 할머니 한 분을 부축하며 나왔다. 할머니는 다리가 휘어 있어 걸을 때마다 절뚝거렸다. 간호사는 할머니를 조심스레 트럭 짐칸에 태웠다. 그 할머니를 시작으로, 나이든 사람, 몸이 아픈 사람들이 간호사나 병원 일꾼들의 팔에 기대어 병원에서 쏟아져 나오기 시작했다. 맨 마지막으로 잡역부들이 들것을 들고 나왔다.

우리는 그 모든 광경을 세세히 목격했다. 머릿속이 혼란스러웠다. 물론 환자 과밀 상태가 어느 수준에 이르면, 제일 병이 깊은 사람부터 차례로 큰 네모 굴뚝이 달린 벽돌 건물로 옮겨진다는 건 이미 알고 있었다. 하지만 우리 앞에 있는 이 여자들, 이들이 바로 그 대상이라니 있을 수 없는 일이었다. 무엇보다 이해가 안 되는 것은 간호사들의 친절한 태도였다. 방금 출발한 트럭의 간호사는 자기 환자가 정말로 걱정되는 듯, 심지어 상냥하다 할 만큼 허리를 굽혀 환자를 돌보았다. 지금 저 여자는 마음속으로 무슨 생각을 하고 있는 것일까?

그러는 사이 날씨는 점점 더 추워졌다. 어느 날 밤, 저녁 점호 때 라거스트라세 저 아래쪽 어딘가에서 점호를 받기 위해 줄을 서 있던 사람들이 박자에 맞춰 발을 구르기 시작했다. 다른 사람들이 이에 가세하면서 발 구르는 소리는 점점 더 커졌다. 간수들은 우리를 제지하지 않았고, 마침내 온 거리가 다 제자리 걷기를 하면서 다 찢어져 해진 구두로 얼어붙은 땅을 두드렸다. 추위로 감각을 잃은 발과 다리는 덕분에 다시 혈액 순환이 원활해졌다. 이때부터 이 소리는 곧 저녁 점호 소리가 되었다. 길고 어두운 도로에서 수천 명이 발을 구르는 소리 말이다.

추위가 더해 가면서 수용소 생활의 특별한 유혹도 점점 더 강해졌다. 그것은 바로 자기 자신만 생각하려는 유혹이었다. 이 유혹은 형태도 간교하고 종류도 많았다. 그 한 예로 우리는 점호 때 어떻게든 대열 중간에 들어가 서려고 했다. 중간에 서면 바람을 좀 막을 수 있었기 때문이다.

나는 그게 자기중심적 행동이라는 걸 알고 있었다. 언니와 내가 대열 중간에 서면 다른 누군가가 가장자리에 서야 했다. 하지만 이것을 적당히 둘러대기는 얼마나 쉬운지! 나는 오로지 벳시 언니를 위해 이러는 거라고 스스로 변명했다. 우리는 중요한 사명을 감당하고 있으므로 필히 건강해야 한다고 합리화했다. 폴란드는 네덜란드보다 겨울이 추우므로 폴란드 출신 여자들은 우리보다 추위를 잘 견딜 거라고 그럴듯한 이유를 만들어 냈다.

이기심에도 나름대로의 생명력이 있다. 미엔이 가져오는 효모 혼합 가루가 자꾸 줄어드는 것을 보다 못한 나는 소등 시간이 지난 뒤에만 밀짚 밑에서 이것을 꺼냈다. 다른 이들이 보면 달라고 할 것 같았기 때문이다. 언니의 건강이 더 중요하지 않느냐고 나는 변명했다. '하나님, 보시다시피 언니는 이 사람들을 위해 많은 일을 할 수 있는 사람이에요. 전쟁이 끝난 후 언니가 마련한다던 그 집을 기억하세요!'

이런 태도가 아주 옳은 것은 아니지만, 그렇다고 그렇게 나쁜 것도 아니지 않은가? 우리가 라벤스브뤼크에서 날마다 목격하는 잔혹함과 살인과 극악무도한 행위들에 비하면 훨씬 낫지 않은가? 하지만 그것은 사탄이 그의 나라에서 잘 써먹는 계략이기도 했다. 자기만의 어쩔 수 없는 사정이라 믿으며 악을 아무것도 아닌 듯 여기게 만드는 것 말이다.

악성 종양은 퍼져나가기 마련이다. 12월 둘째 주, 28호 막사의 모든 죄수들에게 여분의 담요가 한 장씩 지급되었다. 다음 날, 체코슬로바키아에서 소개(疏開)된 대규모의 죄수들이 라벤스브뤼크에 도착했다. 그 중 한 사람이 우리 침상으로 배정되었는데, 그 사람에게는 담요가 없었다. 벳시 언니는 우리 몫의 담요 한 장을 그 여자에게 주어야 한다고 주장했다. 그래서 그날 저녁엔 내 담요를 그 여자에게 '빌려' 주었다. 그 여자에게 아주 '준' 것은 아니었다. 그 담요의 소유권은 나에게 있다는 것이 나의 속마음이었다.

이즈음부터 내 사역에서 알게 모르게 기쁨과 능력이 사라진 것은 우연의 일치였을까? 내 기도에는 기계적인 울림밖에 없었다. 성경을 읽는 것도 지루하고 활기가 없었다. 그런 나 대신 언니가 성경을 봉독하려 애를 썼지만, 기침 때문에 언니도 성경을 크게 읽을 수가 없었다.

그래서 나는 나의 예배와 기도가 진실성을 되찾을 수 있도록 몸부림을 쳤다. 가랑비가 내리는 어느 으스스한 날 오후, 창문으로 성경책 글씨가 겨우 보일 만큼의 빛이 새어 들어오자 나는 바울이 "육체의 가시"에 관해 말한 부분을 읽기 시작했다. 그 육체의 가시가 무엇이었는지는 모르지만, 여하튼 바울은 그 연약함을 없애 달라고 하나님께 세 번 간구했다고 했다. 그리고 그때마다 하나님께서는 '나를 의지하라'고 말씀하셨다. 그리하여 마침내 바울은 자신의 바로 그 연약함이 오히려 감사의 제목이라고 결론을 내렸다(이 부분은 마치 성경책 속에서 글자들이 살아 튀어오르는 것 같았다). 왜냐하면 이제 바울은 자기 사역에 나타나는 그 어떤 이적이나 기적도 자신의 능력에서 나오는 것이 아님을 알게 되었기 때문이다. 그것은 바울의 능력이 아니라, 모두 그리스도의 능력이었다.

바로 그때였다.

28호 막사의 어둠 속에서 진리가 밝은 태양처럼 빛을 발했다. 춥다는 이유로 대열 가운데로 조금씩 파고 들어가는 게 나의 진짜 죄는 아니었다. 내가 저지르고 있던 진짜 죄는, 사람들을 돕고 변화시키는 힘이 바로 나에게서 나온다고 여겼다는 것이다. 사람들을 변화시키는 건 나의 완전함이 아니라 그리스도였다.

짧은 겨울 해가 저물고 있었다. 나를 깨우친 그 말씀을 더 이상 감춰 두고 있을 수가 없었다. 나는 성경책을 덮고 사람들이 모여 있는 곳으로 갔다. 그리고 나 자신에 관한 진실을 털어놓았다. 나의 이기심, 나를 찌르는 가시, 사랑이 부족한 나를. 그날 밤, 나의 예배에는 진정한 기쁨이 회복되었다.

점호 때마다 바람은 점점 더 살을 에는 듯했다. 미엔은 기회가 있을 때마다 병원 직원실에서 신문지를 슬쩍해 왔고, 우리는 입고 있는 옷 안에 신문지를 넣어 추위를 막았다. 벳시 언니가 입고 있는 놀리 언니의 푸른색 스웨터는 신문지 잉크 때문에 검정색이 되고 말았다.

추위는 벳시 언니의 다리에도 영향을 끼치는 것 같았다. 언니가 아침에 다리를 전혀 움직이지 못해서 두 사람이 양쪽에서 언니를 부축해야 할 때도 있었다. 언니를 부축하는 건 힘들지 않았다. 몸무게가 어린아이 정도였으니 말이다. 그렇게 해서 점호를 받으러 나가기는 하지만 언니는 우리처럼 발을 굴러서 혈액 순환을 도울 수가 없었다. 그래서 숙소로 돌아오면 언니의 손과 발을 문질러 주곤 했다. 하지만, 언니 손발의 냉기 때문에 내 손까지 얼어붙을 뿐이었다.

성탄절을 며칠 앞둔 어느 날 아침, 잠에서 깬 언니는 다리도 팔도 움직이지 못했다. 나는 사람들 틈을 뚫고 가운데 방으로 갔다. '뱀'이 그날 담당 감독관이었다.

"제발요, 벳시 언니가 아파요! 제발 병원에 갈 수 있게 해주세요!"

"차려 자세로 서서 네 번호를 말하라."

"66730 죄수가 보고합니다. 제 언니가 아픕니다."

"모든 죄수들은 번호로 보고해야 한다. 언니가 아프면 진료 소집 대상자로 등록하라."

우리 침상 윗층의 마리케 드 그라프라는 네덜란드 여자가 언니를 양 손으로 안듯이 들어 밖으로 옮기도록 도와주었다. 박자에 맞춰 발 구르기가 이미 시작되고 있었다. 병원에 도착한 우리는 놀라서 걸음을 멈추었다. 가로등 불빛 아래서 보니 진료 소집을 위해 늘어선 사람들의 줄이 건물 가장자리까지 이어진 뒤 모퉁이를 돌아 끝이 보이지 않을 정도였다. 길 옆의 쌓인 눈 위에는 세 구의 시체가 쓰러진 그대로 방치돼 있었다.

마리케와 나는 아무 말 없이 언니를 그대로 들어 안고 라거스트라세로 돌아왔다. 점호가 끝난 뒤 우리는 언니를 다시 침상으로 데리고 왔다. 언니는 말이 느리고 어눌해졌지만, 그래도 뭔가 말하려고 애쓰고 있었다.

"수용소, 코리 … 집단 수용소. 하지만 우리는 … 책임이 있어…." 부슨 발인시 알아듣기 위해 나는 고개를 숙여 언니의 얼굴에 귀를 갖다 댔다. 수용소는 독일에 있었다. 수용소는 이제 감옥이 아니라 이 증오와 폭력의 철학으로 뒤틀린 사람들이 와서 그와는 다른 삶의 방식을 배울 수 있는 집이었다. 그 집엔 벽도, 철조망도 없었고, 막사의 창틀 아래엔 화초 상자가 있었다. "화초가 자라는 걸 보면 … 사람들에게 아주 유익할 거야. 꽃을 보며 사랑하는 법을 배울 수 있을 테니까….”

이제 나는 안다. 언니가 말하는 '사람들'이 누구인지. 그건 바로 독일인들이었다. 나는 그날 아침 막사 문에 서 있던 '뱀'을 생각했다. “번호를 말하라. 모든 죄수들은 번호로 보고를 해야 한다.”

나는 조막만해진 언니의 얼굴을 들여다보았다. “독일에 있는 이 수용소를 우리 집으로 삼아야겠지, 언니? 네덜란드의 커다란 집 대신?”

“오, 아니야!” 언니는 충격을 받은 것 같았다. “먼저 우리 집이 있어야지. 그 집은 벌써 예비되어 우리를 기다리고 있어…. 아주 높은, 높은 창문이 있는 집! 햇살이 스며들어오고….” 발작적인 기침이 언니를 사로잡았다. 가까스로 기침이 멈추었을 때 언니가 누운 밀짚은 피로 얼룩져 있었다. 언니는 그날 하루 종일 졸다 깼다를 반복했다. 밤에도 발작적으로 졸다가 몇 차례 깨어나 흥분한 목소리로 네덜란드나 독일에서 우리가 할 일에 대해 이런 저런 시시콜콜한 이야기를 하곤 했다.

“막사는 회색이지만 코리, 모두 초록색으로 칠해야겠어! 봄날처럼 밝고 가벼운 초록색으로.”

“우리 언제나 함께할 거지, 언니? 이 모든 일을 함께할 거지? 자신 있지, 언니?”

“언제나 함께, 코리! 너하고 나 … 언제나 함께.”

다음 날 아침 점호 사이렌이 울리자 마리케와 나는 다시 언니를 침상에서 들어 내렸다. 바깥 쪽 문에 '뱀'이 서 있었다. 언니를 들어 안은 채 문을 지나려 하는데 뱀이 우리 앞을 가로막고 섰다. “다시 숙소로 데리고 가라.”

"모든 죄수들은…"

"데리고 가라니까!"

우리는 의아해 하면서 언니를 다시 침상에 데려다 눕혔다. 진눈깨비가 내리고 창문이 덜컹거렸다. 28호 막사의 분위기가 이 잔인한 간수에게까지 영향을 끼친 것일까? 점호를 마치고 해산 신호가 나자마자 나는 숙소로 달려 돌아왔다. 거기, 우리 침상 옆에 '뱀'이 서 있었다. 그녀 옆에는 병원에서 온 당번병 두 사람이 들것을 내려놓는 중이었다. 우리가 다가가자 뱀은 무슨 죄를 짓다 들키기라도 한 표정으로 몸을 꼿꼿이 세웠다. "죄수 이송 준비 완료." 그녀는 그렇게 짧게 내뱉었다.

나는 그 여자를 좀더 자세히 바라보았다. 언니가 줄을 서지 않고도 진료 소집을 받을 수 있게 해주려고 이 여자가 벼룩과 이가 득실대는 이곳으로 들어왔단 말인가? 그녀는 내가 들것 뒤를 따라나서는 것도 막지 않았다. 뜨개질 군단 사람 몇몇이 가운데 큰 방으로 들어오고 있었다. 그들 옆을 지나가는데 한 폴란드 친구가 무릎을 꿇고 성호를 그었다.

밖으로 나가니 진눈깨비가 얼굴을 때렸다. 나는 언니 얼굴에 진눈깨비가 떨어지지 않도록 들것 옆에 바짝 붙어 섰다. 우리는 길게 늘어선 환자들을 지나 문을 통과해 커다란 병동 안으로 들어갔다. 당번병들이 들것을 바닥에 내려놓자 언니가 무슨 말을 하려고 하는 것 같아 나는 몸을 숙였다. "우리가 여기서 알게 된 것을 사람들에게 말해 줘야 해. 세상에 하나님이 이르지 못할 만큼 깊은 구덩이는 없다는 걸 사람들에게 말해 줘야 해. 그들은 우리 말에 귀 기울일 거야, 코리. 왜냐하면 우리가 여기 살아봤기 때문이지."

나는 한 움큼도 안 되어 보이는 언니의 몸을 물끄러미 응시했다. "그래, 정말로 그 모든 일이 일어나면, 언니!"

"지금, 바로 지금이야. 오, 머지 않았어! 1월쯤이면, 코리. 우린 석방될 거야!"

한 간호사가 나를 쳐다보았다. 나는 출입문 쪽으로 물러서서 저들이 언니를 창문 가까이에 있는 좁은 침상에 눕히는 걸 지켜보았다. 나는 그 길로 방을 나와 건물 뒤편으로 돌아갔다. 창문 틈으로 벳시 언니가 보였다. 언니와 나는 미소와 함께 소리 없는 대화를 나누었다. 수용소 경찰관이 빨리 이동하라며 나를 소리쳐 부를 때까지.

그날 정오쯤, 나는 뜨개질하던 것을 내려놓고 가운데 방으로 나갔다. "66730 죄수가 보고합니다. 병원에 다녀오는 것을 허락해 주시기 바랍니다." 나는 부동자세로 서서 딱딱하게 말했다.

'뱀'이 나를 흘긋 보더니 통행증을 휘갈겨 써주었다. 밖에는 여전히 진눈깨비가 흩날리고 있었다. 병동 문에 이르렀지만 사나운 간호사는 통행증을 가지고 있는데도 불구하고 나를 들여보내 주려 하지 않았다. 하는 수없이 나는 벳시 언니의 침상 옆 창문가로 다시 갔다. 나는 간호사가 나가기를 기다렸다가 창문을 가만히 두드렸다.

언니가 눈을 떴다. 그리고 천천히 내 쪽으로 고개를 돌렸다.

"괜찮아?" 나는 소리를 내지 않고 입모양으로만 말했다. 언니는 고개를 끄덕였다.

"몸조리 잘 해야 해."

언니가 입술을 움직여 뭐라고 대답을 했지만 무슨 말인지 알아들을 수 없었다. 언니는 또 다시 뭐라고 말을 했다. 나는 고개를 한쪽으로 기울여 언니와 머리를 나란히 했다. 핏기 없는 언니의 입술이 다시 움직였다. "할 일이 너무 많아…."

오후와 저녁엔 '뱀'이 비번이었다. 당번을 맡은 다른 간수들에게 거듭해서 외출을 청했지만 허가증을 또 받지는 못했다. 다음 날 아침 점호가 끝나자마자 나는 허가도 받지 않은 채 무조건 병원으로 향했다.

창문가에 이른 나는 손으로 햇빛을 가리며 안을 들여다보았다. 나와 언니 사이에 간호사가 서 있었다. 나는 얼른 몸을 웅크렸다가 잠시 뒤 다시 안을 들여다보았다. 그 사이에 간호사가 한 사람 더 와 있었고, 두 사람 때문에 언니는 여전히 보이지 않았다. 얼마 뒤 두 사람은 각각 침대 머리맡과 발치 쪽으로 갔다.

나는 침대에 누워 있는 '무언가'를 바라보았다. 그것은 오래된 노란색 상아로 만든 조각상이었다. 아무 천도 걸치지 않은 조각상은 깡마른 탓에 갈비뼈 하나하나와 치아의 골격까지 그대로 드러났다.

순간 나는 깨달았다. 그게 벳시 언니라는 걸.

간호사들은 양 손으로 침대 시트 모서리를 잡았다. 그러곤 시트를 번쩍 들어 올려 방에서 나갔다. 그제서야 내 안에서 심장이 다시 뛰기 시작했다.

'언니! 언니는 할 일이 너무 많은데! 이럴 수는 없는네….'

저들이 언니를 어디로 데려가는 것일까? 어디로 간 거지? 나는 돌아서서 건물 벽을 따라 달리기 시작했다. 숨을 쉴 때마다 가슴이 아파왔다.

그러다가 문득 그 화장실이 생각났다. '건물 뒤쪽의 그 창문… 거기일 거야….'

내 발은 기계적으로 건물 뒤쪽으로 돌아가고 있었다. 창문가에 도착한 나는 창턱에 손을 얹고 걸음을 멈췄다. '언니가 여기 있을까? 저들이 언니를 저 바닥에 뉘여 놓았을까?'

나는 주변을 다시 걷기 시작했다. 한참을 걸었지만 가슴의 통증은 여전했다. 그리고 번번이 내 발은 나를 그 화장실 창문으로 다시 데려다놓았다. 나는 들어가고 싶지 않았다. 보고 싶지도 않았다. 언니는 거기 있을 리 없었다.

나는 조금 더 걸었다. 수용소 경찰관을 몇 명이나 지나쳤지만, 이상하게 아무도 나를 제지하거나 어딜 가는 거냐고 묻지 않았다.

"코리!"

고개를 돌려 보니 미엔이 달려오고 있었다. "코리! 사방으로 찾아다녔어요! 오, 코리, 어서 가요!"

미엔이 내 팔을 잡아 병원 건물 뒤쪽으로 끌어당겼다.

어디로 데려가려는 것인지 알아차린 나는 팔을 비틀어 뺐다. "알아요, 미엔. 벌써 알고 있다고요."

미엔은 내 말을 못 들은 것 같았다. 그녀는 다시 내 팔을 잡아당기며 화장실 창문 쪽으로 데리고 가서는 창틀 안으로 나를 밀어 넣었다. 악취가 풍기는 화장실 안에 간호사가 서 있었다. 깜짝 놀라 뒷걸음질을 쳤지만 뒤에는 미엔이 서 있었다.

“동생이에요.” 미엔이 간호사에게 말했다.

나는 고개를 옆으로 돌렸다. 저쪽 벽에 줄지어 누워 있는 시신들을 보고 싶지 않았다. 미엔이 내 어깨에 팔을 두르고는 화장실 한쪽으로 데려갔다. 마침내 우리는 그 참담한 광경 앞에 멈춰 섰다.

“코리! 언니를 좀 봐요.”

나는 눈을 들어 언니의 얼굴을 보았다. ‘주 예수님! 무슨 짓을 하신 거예요? 오 주님, 무슨 말씀을 하고 계신 거죠? 저에게 무얼 주고 계신 거예요?’

거기 벳시 언니가 누워 있었다. 마치 잠자는 듯 눈을 감고, 편안하고 온화한 얼굴로. 근심으로 생긴 주름살, 슬픔으로 생긴 주름살, 굶주림과 질병으로 깊이 패였던 볼은 다 사라지고 없었다. 내 앞에 있는 언니는 하를렘 시절의 행복하고 생기 넘치는 벳시 언니였다. 언니는 더 강해졌다! 더 자유로워졌다! 내 앞의 언니는 천국의 벳시 언니, 기쁨으로 충만하고 더할 수 없이 건강한 언니였다. 머리칼조차도 마치 천사가 매만져 준 것처럼 우아하고 단정했다.

한참을 그렇게 서 있던 나는 이제 어떻게 해야 하느냐는 표정으로 미엔을 돌아보았다. 간호사는 아무 말 없이 화장실에서 나갔다. 다만 “홀 쪽으로 나가도 돼요”라며 화장실 출입문을 직접 열어 주었다.

나는 언니의 빛나는 얼굴을 다시 한 번 바라보았다. 그런 다음 미엔과 함께 화장실을 나왔다. 통로에는 옷가지가 산더미처럼 쌓여 있었고, 맨 위에 놀리 언니의 푸른색 스웨터가 놓여 있었다.

나는 걸음을 멈추고 스웨터를 집어 들었다. 낡아서 너덜너덜 해진 데다가 신문지 잉크로 얼룩덜룩했지만, 그것은 유일하게 남아 있는 벳시 언니의 흔적이었다. 미엔이 내 팔을 잡으며 말했다. "거긴 손대지 마세요! 시커먼 이가 들끓어요! 불에 다 태울 거예요."

그렇게 나는 언니와 나를 이어주는 유일한 물건까지 뒤로 했다. 그게 좋았다. 그러는 게 더 나았다. 이제 나와 벳시 언니를 이어 주는 것은 천국의 소망뿐이었다.

세 가지 비전
_15장

언니를 좋아했던 사람들을 하나하나 찾아다니며 언니의 얼굴이 얼마나 평화롭고 기뻐 보였는지 설명하노라니 그 얼굴에 나타났던 아름다움이 며칠 동안 내 머릿속을 떠나지 않았다.

언니가 세상을 떠난 지 이틀 뒤, 아침 점호 때 문제가 생겼다. 사람이 하나 모자랐던 것이다. 다른 막사는 해산했지만 28호 막사 사람들은 계속 대열을 유지하고 서 있어야 했다. 확성기에서 삑 하는 소리가 나더니 이내 한 목소리가 흘러나왔다. 여자 하나가 없어졌고, 그래서 그 사람을 찾을 때까지 전 막사가 라거스트라세에 집합해 있어야 한다는 것이었다. 왼발, 오른발, 왼발, 오른발, 우리는 지친 다리에서 추위를 몰아내느라 하염없이 발을 굴렀다. 해가 떠올랐지만, 파리한 겨울 햇살은 우리 몸을 따뜻하게 해주지 못했다. 발을 내려다보았더니

다리와 발목이 기괴하게 부어오르고 있었다. 정오경이 되자 두 다리에 전혀 감각이 없어졌다. 벳시 언니, 언니는 오늘 얼마나 행복할까! 춥지도 않고, 배고프지도 않고, 그 무엇의 방해도 받지 않고 예수님의 얼굴을 볼 수 있으니 말이야!

해산 명령은 오후가 되어서야 내려졌다. 나중에 알고 보니 실종된 여자는 침상 맨 위층에서 죽은 채 발견되었다고 했다.

다음 날 아침, 점호 중에 확성기에서 내 이름이 흘러나왔다. "코넬리아 텐 붐!"

처음에 나는 멍하니 서 있었다. 너무 오랫동안 66730번 죄수로 불리다보니 내 이름에 반응하는 법도 잊은 것이었다. 나는 앞으로 걸어 나갔다.

"한쪽으로 서라!"

무슨 일일까? 왜 나를 지목한 걸까? 내가 성경책을 갖고 있다는 걸 누가 밀고한 걸까?

점호는 좀처럼 끝나지 않았다. 내가 선 곳에서는 라거스트라세 전체가 다 보였다. 수만 명의 여자들이 끝이 보이지 않을 만큼 늘어서 있었고, 그들이 내뿜는 입김이 어두컴컴한 새벽 공기 속에 하얗게 떠다녔다.

드디어 해산을 알리는 사이렌이 울렸다. 간수가 자기를 따라오라는 시늉을 했다. 나는 눈이 녹아 질척한 흙탕물 위를 철벅철벅 걸으며, 장화를 신고 성큼성큼 걷고 있는 간수와 멀어지지 않으려 애썼다. 전날 긴 점호 때 부어오른 다리와 발이 여전히 아팠고, 구두는 구두

끈의 힘으로 간신히 발에 끼워져 있었다.

절뚝거리며 간수의 뒤를 따라간 나는 병원 건물에서 볼 때 라거스트라세의 맞은 편 끝에 있는 행정 막사로 들어갔다. 커다란 책상 앞에 몇몇 죄수들이 줄을 서 있었다. 책상 뒤에 앉은 한 장교가 종이에 직인을 찍어 앞에 서 있는 여자 죄수에게 건네주었다.

"엔트라센!" 남자가 말했다.

엔트라센? 석방이라고? 그럼, 저 여자는 이제 자유란 말인가? 여기 있는 … 모두가 다?

장교가 또 한 이름을 불렀고, 그러자 죄수 하나가 책상 앞으로 다가갔다. 서명하고, 직인 찍고.

"석방!"

마침내 "코넬리아 텐 붐!"이 호명되었다. 나는 책상 앞으로 다가가 흔들리지 않으려고 살짝 기대섰다. 그는 서류에 뭔가를 적고 도장을 찍었다. 그리고 그 서류는 내 손에 쥐어졌다. 종이엔 내 이름과 생일이 적혀 있었고, 맨 위에 검은 글씨로 '석방 확인서'라고 씌어 있었다.

나는 멍한 상태로 다른 사람들을 좇아 왼쪽에 있는 문으로 들어갔다. 그 방에 있는 또 다른 책상에서 철도 통행권을 건네주었다. 독일에서 네덜란드 접경까지 갈 수 있는 표였다. 기차표를 받은 뒤 방을 나서자 한 간수가 복도를 가리키며 이쪽으로 가라고 했다. 복도를 따라가다 또 한 방으로 들어갔더니 앞서 온 죄수들이 머리 위로 옷을 당겨 벗은 뒤 뒤쪽 벽에 기대어 줄을 서고 있었다.

"옷은 여기 벗어 두세요!" 그곳에서 일하는 한 죄수가 미소 띤 얼굴로 내게 말했다. “석방을 위한 신체검사예요.” 여자가 설명을 해주었다.

나는 목에 걸고 있던 성경책 주머니도 함께 벗어 옷 속에 둘둘 만 뒤, 쌓여 있는 옷더미 맨 아래에 끼워 넣고 줄을 섰다. 맨 살이 드러난 등 뒤로 벽의 거친 결이 느껴졌다. ‘석방’이라는 말 때문인지 이상하게도 교도소에서의 이 절차가 다른 때보다 수십 배는 더 싫었다. 언니와 나는 얼마나 자주 이렇게 서 있었던가. 이제 곧 자유로워진다는 생각에 마음이 들떠서인지 이렇게 벌거벗은 채 검사를 받는다는 수치스러움이 어느 때보다 컸다.

마침내 의사가 방으로 들어왔다. 군복 차림의 주근깨투성이 청년이었다. 그는 경멸이 가득한 눈빛을 굳이 감추지 않은 채, 줄 서 있는 여자들을 쭉 훑어보았다. 우리는 한 사람 한 사람씩 허리도 숙여 보고, 뒤로 돌아보기도 하고, 손가락을 펼쳐 보이기도 해야 했다. 마침내 내 앞에 이른 그의 시선이 위에서부터 아래를 훑다가 내 발에 멈추었다. 그는 멸시하는 얼굴로 입술을 오무렸다.

“부종(浮腫). 병원행.”

의사는 그렇게 말하고 방을 나갔다. 나는 검진을 통과하지 못한 또 한 여자와 함께 주섬주섬 옷을 꿰입은 후 안내를 맡은 죄수를 따라 건물을 나섰다. 날은 이미 밝았고, 음울한 잿빛 하늘엔 눈발이 날리고 있었다. 우리는 라거스트라세에서 출발하여 끝없이 이어진 막사들을 지났다.

“그럼… 우린… 석방이 안 되는 건가요?”

"석방될 거예요, 부은 다리가 가라앉으면 곧 석방될 거예요. 저들은 건강이 좋은 상태여야만 석방을 시키거든요." 그러면서 여자는 나와 함께 걷고 있는 또 한 죄수를 쳐다봤다. 그 죄수는 피부와 눈이 노랗다 못해 거무스름했다.

진료를 기다리는 사람들의 줄이 병원 건물 모퉁이를 돌아 길게 늘어서 있었지만 우리는 곧장 안으로 들어가 뒤쪽의 병동에 이르렀다. 병실은 2층 침대가 가득 들어차 있었다. 나는 온 몸이 물집투성이인 한 여자 옆의 2층 침상을 배정받았다. 다행히 벽이 가까운 자리라 부어오른 다리를 벽에 대고 있을 수 있었다. 지금 중요한 것은 그것뿐이었다. 얼른 부기를 가라앉혀서 검진을 통과하는 것 말이다.

자유를 향한 소망에 한 줄기 서광이 비춰긴 했지만, 그것이 라벤스브뤼크의 모든 이들에게 변화의 새로운 빛을 비춘 것인지, 아니면 라벤스브뤼크는 여전히 세상에서 가장 야만스러운 곳인지 나로서는 알 수 없었다.

이곳 병원에서 겪는 고통 역시 상상 이상이었다. 이병실에는 교도소행 열차를 타고 오던 중에 폭격을 당해 간신히 살아남은 사람들이 있었다. 팔다리가 잘려나가 끔찍한 고통에 시달리는 여자들도 있었지만, 이들이 신음소리를 낼 때마다 몇몇 간호사들은 조롱하듯 그 소리를 흉내냈다.

다른 환자들도 마찬가지였다. 그들은 옆 사람의 고통에 돌덩이처럼 무관심했다. 그 무관심이야말로 집단 수용소의 가장 치명적인 전염병이었다. 나는 그 병이 나 자신에게까지 퍼진 것을 느꼈다. '있는 대로 감정에 휘둘려서야 어떻게 여기서 살아남을 수 있단 말인가?'라는 생각을 나도 모르게 하고 있었으니 말이다. 수족을 못 쓰는 사람과 의식이 없는 사람은 여러 환자들로 비좁은 침상에서 이리저리 밀리다가 자꾸 굴러 떨어졌다. 내가 입원한 첫날밤에도 침대 2층에서 네 사람이나 떨어져 죽었다. 그런 참혹한 광경에 일일이 마음 아파하느니 아무것도 보지 말고 아무 생각도 하지 말고 그냥 내 문제나 신경 쓰는 편이 나았다.

하지만 소리가 들리는 걸 막을 길은 없었다. 여자들은 밤새도록 내가 모르는 독일어 한 마디를 부르짖었다. "쉬버!" 귀에 거슬리는 목소리로 여자들은 거듭거듭 소리 질렀다. "쉬버!"

알고 보니 그건 이동용 변기를 찾는 소리였다. 병실 옆에 붙은 지저분한 화장실까지 가야 했지만 이 방 여자들은 대부분 거기까지 갈 수 없는 상태였다. 벽에 기대고 있던 다리를 내리는 게 마음 내키진 않았지만 결국 나는 침대에서 내려와 변기를 찾는 여자들의 시중을 들어주었다. 고마워하는 환자들의 말이 가슴을 아프게 했다. "누구세요? 누구신데 이런 일을 하세요?" 잔인하고 냉담한 게 정상이고 별것 아닌 친절이 오히려 놀라운 일이 되는 현실이었다.

창문으로 어슴푸레 겨울해가 떠오르는 걸 보면서 나는 오늘이 성탄절이라는 걸 깨달았다.

아침마다 나는 라거스트라세에서 발구름 소리가 들려오는 병원 프론트 진료소로 가서 검진을 받았다. 검진 결과는 매번 '발과 발목 부종'이었다. 진료소 환자들 중엔 나처럼 석방이 결정된 죄수들이 많았다. 그 중엔 석방이 결정되고 몇 달이 지난 이들도 있었다. 그들의 석방 확인서와 철도 통행권은 하도 여러 번 펼쳤다 접었다 하는 바람에 거의 넝마 조각이 되어 있었다. '언니가 살아 있다면 어땠을까? 분명 형기(刑期)는 같이 끝났을 거야. 하지만 언니는 신체검사를 절대, 절대 통과하지 못했겠지. 언니가 여기 나와 함께 있다면 어땠을까? 만약에 나만 검진에 통과하고 언니는…."

"하나님 나라에 '만약'은 없단다." 언니의 부드러운 목소리가 들리는 것 같았다. '하나님의 타이밍은 완벽해. 하나님의 뜻이야말로 우리의 피난처야. 주 예수님, 저를 늘 주님의 뜻 가운데 두소서! 하나님의 뜻을 벗어나 미친 사람처럼 엉뚱한 곳을 헤매고 다니는 일이 없게 하소서.'

나는 성경책을 넘겨줄 사람을 찾아보았다. 네덜란드로 돌아가면 성경책은 얼마든지, 백 권이라도 구할 수 있을 터였다. 병실에는 네덜란드어 성경을 읽을 줄 아는 사람이 많지 않았지만 마침내 위트레흐트 출신의 젊은 여자에게 성경을 줄 수 있게 되었다. 성경책 주머니의 줄을 목에 걸어 주자 여자는 진심으로 고마워했다.

병실에서 생활한 지 엿새째 되던 날 밤, 변기 두 개가 갑자기, 감쪽

같이 사라졌다. 맨 가운데 줄 침상 2층을 헝가리 집시 여인 둘이 쓰고 있었는데, 늘 투덜거리는 소리를 입에 달고 살아서 병실을 소란스럽게 만드는 사람들이었다. 나는 절대 그 여자들의 침상 옆으로 지나다니지 않았다. 그 중 한 여자가 누구든 가까이 오기만 하면 괴저증이 있는 자기 발을 그 사람 얼굴 앞에 쑥 내밀곤 했기 때문이다. 그때 누군가가 그 집시 여인들이 화장실까지 가기 싫어서 변기를 자기들 담요 밑에 감춰 두었다고 소리를 질렀다. 나는 그 여자들의 침상으로 가서 변기를 달라고 간청했다. 그들이 독일어를 알아듣는지 어떤지도 잘 모르면서 말이다.

그때 어둠 속에서 갑자기 뭔가 축축하고 끈적끈적한 것이 내 얼굴을 휘감았다. 집시 여자가 자기 발을 감고 있던 붕대를 풀어 내 얼굴에 던진 것이었다. 나는 울면서 화장실로 달려가 벽에 달린 수도꼭지 밑에서 얼굴을 씻어내고 또 씻어냈다. 그리고 그 쪽으로는 절대 눈길도 주지 않겠다고 마음먹었다. 그 더러운 변기 따위야 내가 알 바 아니었다! 나는 참을 수가 없었다.

그러나 결국 나는 다시 그 여자들에게로 갔다. 지난 세월 동안 나는 참을 수 있는 일과 참을 수 없는 일에 대해 많은 것을 깨우쳐 알고 있었다. 그 수모를 당하고도 내가 또 자기들 침상 쪽으로 다가오는 것을 보자 집시 여자들은 하는 수 없다는 듯 변기 두 개를 바닥에 집어던졌다.

다음 날 아침, 진료소 당직 의사가 내 석방 확인서에 승인 도장을 찍어 주었다. 그렇게 오래 끌던 일들이 어느새 당황스러울 만큼 빠른 속도로 진행되었다. 도장을 받은 뒤, 외부로 통하는 수용소 정문 가까이의 의류 창고에서 옷 한 벌을 갖춰 입었다. 속옷, 모직 스커트, 정말로 예쁜 실크 블라우스, 거의 새 것이나 다름없는 튼튼한 구두, 모자, 코트 등. 그리고 서명해야 할 서류 한 장을 건네받았다. 라벤스브뤼크에서 몸이 아픈 적도 없고, 사고를 당한 적도 없고, 좋은 처우를 받았다고 진술하는 서류였다. 물론 서명을 했다.

또 다른 건물로 가서 하루치의 빵을 배급받고, 삼 일분 식량 쿠폰도 받았다. 시계와 네덜란드 돈, 그리고 엄마의 반지도 돌려받았다. 그리고 열 명 남짓한 다른 여자들과 함께 수용소 정문 앞에 다다랐다.

무거운 철문이 빙 돌아 열리고, 한 여간수의 뒤를 따라 우리는 열을 지어 정문을 통과했다. 작은 언덕에 오르니 호수가 보였다. 호수는 이쪽 끝에서 저쪽 끝까지 얼어붙어 있었다. 소나무와 저 멀리 교회당 뾰족탑이 겨울 햇살을 받아 성탄절 카드 속 풍경처럼 반짝거렸다.

믿어지지가 않았다. 그냥 지멘스 공장에 가고 있을 뿐이고, 밤이 되면 다시 수용소로 돌아가는 것일지도 몰랐다. 하지만 언덕 꼭대기에 오른 우리는 왼쪽으로 돌아 작은 마을 중심부로 향했다. 꽉 끼는 새 구두 속에서 발이 부어오르는 것이 느껴졌지만, 입술을 깨물고 성큼성큼 걸었다. 앞서 가는 간수가 뒤돌아서서 나를 손가락질하며 경멸하는 표정으로 "부종! 다시 수용소로 돌려보내!"라고 말하는 상상을 하면서.

간수는 작은 기차역에 우리를 남겨 두고 뒤도 안 돌아보고 가버렸다. 모두들 베를린까지 간 다음 거기서 헤어져 각자의 고향으로 가야 할 것 같았다. 우리는 차가운 철제 벤치에 앉아 한참을 기다렸다.

모든 게 여전히 현실 같지가 않았다. 익숙한 것은 오직 한 가지, 빈 속에서 배고픔이 느껴진다는 것이었다. 참을 수 있는 데까지 참으면서 배급받은 빵을 아끼려고 해봤지만, 결국 나는 코트 주머니에 손을 넣었다. 그런데 꾸러미가 없었다. 나는 튕기듯 일어나 벤치 밑에도 찾아보고 역 안에서 내가 돌아다녔던 곳을 되짚어 가보기도 했다. 내가 어디에 떨어뜨린 것인지 아니면 누가 훔쳐간 것인지 하여튼 빵은 없었고 배급 쿠폰도 함께 사라지고 없었다.

이윽고 기차가 역으로 들어왔고, 우리는 기를 쓰고 몰려갔다. 하지만 그것은 군인들만 탈 수 있는 기차였다. 늦은 오후가 되서야 우편열차를 간신히 얻어 탔지만, 식량 화물을 실어야 한다고 해서 겨우 두 정거장만에 다시 기차에서 내려야 했다. 여정(旅程)은 길고 지루하게 진행되었다. 자정이 지나서야 우리는 폭격으로 뼈대만 남아 있는 종점 베를린 역에 도착했다.

그날이 1945년 1월 1일이었다. 벳시 언니의 말이 옳았다. 언니와 나는 교도소를 나온 것이다….

혼란스럽고 두려운 마음으로 휑뎅그렁한 역사 안을 두리번거리고 있는데 부서진 채광창에서 눈발이 날려 들어왔다. 울첸 행 기차를 타야 한다는 건 알고 있었지만, 오랫동안 이래라 저래라 지시만 받고 살아서 그런지 나 스스로는 도저히 뭘 어떻게 해야 할지 알 수가 없었다. 결국 지나는 사람에게 물었더니 한참 떨어진 승강장을 가르쳐 주었다. 딱딱한 새 구두 속의 발은 이제 한 걸음 옮길 때마다 고통이었다. 간신히 승강장에 도착해 보니 목적지를 알리는 표지판엔 '울첸'이 아니라 '올슈틴'이라 적혀 있었다. 울첸과는 정반대 방향에 있는 폴란드의 작은 도시였다. 하는 수없이 그 딱딱한 콘크리트 바닥을 다시 건너가야 했다.

내 앞에 한 노인이 지붕도 없는 역사(驛舍)에서 뺨이 발갛게 언 채 폭격의 잔해들을 쓸어 모으고 있었다. 울첸 행 기차를 어디에서 타느냐고 묻자 노인은 내 팔을 잡고 승강장까지 직접 데려다주었다. "나도 네덜란드에 가본 적이 있지요." 노인은 옛 일을 추억하듯 한 표정으로 말했다. "아내가 살아 있을 때 말입니다. 바다가 보이는 곳에 머물렀었지요."

나는 선로에 이미 들어와 있는 기차에 올랐다. 몇 시간이 지나도록 다른 승객들은 하나도 보이지 않았지만 기차에서 내릴 수가 없었다. 내렸다가는 다시 찾아올 수 없을 것 같아서였다. 기차가 출발할 때쯤 되자 배가 고파서 현기증이 났다. 베를린 외곽의 첫 번째 정거장에서 내린 나는 다른 승객들을 좇아 기차역의 카페로 들어갔다. 계산대 뒤에 서 있는 여자에게 네덜란드 돈을 보여주면서 배급 쿠폰을 잃어 버렸다고 하자 여자가 고함을 질렀다.

"뻔한 수작이군! 경찰 부르기 전에 당장 나가지 못해!"

여행은 끝없이 이어졌다. 갈 길은 먼데 기차는 굼벵이처럼 움직였다. 철로가 아예 없어져버린 곳도 있었고, 그래서 한없이 멀리 돌아가기도 했고, 기차를 여러 번 갈아타기도 했다. 공습을 당할까 무서워 정차하지 않고 그냥 지나치는 역도 많았고, 그럴 경우엔 시골 지역에서 화물과 승객들을 내리고 실었다.

그러는 동안, 차창 밖으로는 한때 아름다웠던 독일 땅 풍경이 스쳐 지나갔다. 불이 나서 검게 타버린 숲, 폐허가 된 마을을 굽어보고 서 있는 적막한 교회당 서까래 등. 브레멘에서는 특히 더 눈물이 났다. 그 황량한 땅에서 나이든 여자가 벽돌 더미를 들쑤시고 있는 것이 보였다.

울첸에 도착한 뒤 기차를 갈아타기까지는 꽤 오랜 시간을 기다려야 했다. 밤늦은 시각 기차역은 황량했다. 사람 없는 커피숍의 바에 앉아 졸다가 나도 모르게 앞에 있는 작은 탁자에 엎드렸던 것 같다. 갑자기 누군가가 내 귀에 대고 고함을 지르는 바람에 나는 바닥으로 벌렁 나자빠질 뻔했다.

"여긴 침대가 아니야!" 직원이 사나운 표정으로 고래고래 소리를 질렀다. "우리 탁자에서 자면 안 된다고!"

드디어 기차가 도착했다. 몇 번을 타고내린 끝에 나는 한 세관 창고 앞에 줄을 섰다. 그 작은 역사(驛舍)에는 '뉴바이찬즈'라는 표지판이 붙어 있었다. 역 건물을 나서는데 푸른색 모자를 쓰고 위아래가 붙은 푸른색 작업복을 입은 남자가 다가와 말했다. "저 좀 보세요! 그 다리로는 얼마 못 갈 겁니다. 제 팔을 잡으세요." 그는 네덜란드어를 쓰고 있었다.

나는 그에게 매달려 절뚝절뚝 철로를 건너 또 다른 기차가 기다리고 있는 승강장으로 갔다. 기관차는 벌써 연기를 내뿜으며 출발을 준비하고 있었다. 마침내 네덜란드 땅에 들어와 있었다.

기차는 덜컹거리며 앞으로 나갔다. 눈에 덮인 평평한 들판이 차창 밖으로 미끄러져 지나갔다. 고향이었다. 여전히 독일에 점령당해 있는 네덜란드 땅, 철로를 따라 여전히 독일 군인들이 띄엄띄엄 서 있는 곳. 그러나 어쨌든 고향 땅이었다.

기차는 국경에서 멀지 않은 네덜란드의 도시, 흐로닝언까지만 운행했다. 그 너머로는 철로가 파괴되었고, 공무(公務)로 가는 게 아닌 한 모든 여행이 금지된 상태였다. 나는 마지막 남은 힘을 다 그러모아 역 근처의 한 병원으로 절뚝거리며 갔다.

눈부시게 흰 제복을 입은 간호사가 나를 자그마한 사무실로 안내했다. 내가 전후사정을 이야기하자 간호사는 방을 나갔다가 차 한 잔과 노르스름한 빵이 담긴 쟁반을 들고 돌아왔다. "버터는 일부러 뺐어요." 간호사가 말했다. "영양실조 상태라 음식을 조심해서 드셔야 해요."

뜨거운 차를 목으로 넘기는데 눈물이 뚝뚝 떨어졌다. 실로 오랜만에 나를 염려해 주는 누군가를 만난 것이다. 간호사는 병원에 빈 병상은 없지만 직원 하나가 출타 중이니 그 직원의 방을 쓰라고 했다. "방금 욕조에 뜨거운 물을 틀어놓고 왔어요."

나는 행복한 꿈에 잠겨 어슴푸레 빛이 드는 복도로 간호사를 따라갔다. 커다란 욕실에 들어서니 반짝이는 흰 욕조에서 김이 모락모락 솟아오르고 있었다. 세상에 태어나서 그 목욕만큼 기분 좋은 건 없었던 것 같다. 나는 턱까지 잠기도록 욕조 깊이 들어앉아 따뜻한 물이 딱딱하게 딱지 앉은 내 피부를 부드럽게 달래 주는 걸 느꼈다. "5분만 더 있을 게요!" 간호사가 욕실 문을 톡톡 두드릴 때마다 나는 그렇게 간청했다.

얼마 뒤 나는 그녀가 건네주는 나이트가운을 받아 입고 나를 기다리고 있는 한 방으로 따라갔다. 침대 시트. 위에서 아래까지 새하얀 시트. 너무 감격스러워서 손으로 쓰다듬어 볼 엄두조차 나지 않았다. 간호사는 내 부어오른 발밑으로 베개를 고여 주고 나갔다. 나는 잠들지 않으려고 애를 썼다. 누군가의 보살핌을 받으며 여기 이렇게 누워 있는 기쁨이 너무 커서 단 일 분이라도 잠을 자느라 그 기쁨을 놓치고 싶지 않았다.

나는 흐로닝언의 그 병원에 열흘을 머물렀다. 그동안 기력이 점차 회복되는 게 느껴졌다. 식사 때마다 나는 간호사들 전용 식당에서 그들과 함께 밥을 먹었다. 첫 날, 은식기와 유리잔이 놓인 긴 식탁을 보고 나는 놀라서 뒷걸음질을 쳤다.

"파티를 하시는군요! 저는 제 방에 가서 먹을 게요!" 나는 아직 사람들과 어울려 웃고 떠들 준비가 안 돼 있었다.

내 옆의 젊은 여자가 큰 소리로 웃으며 의자를 뒤로 빼주었다. "파티 아니에요! 그냥 저녁 식사예요. 음식도 변변치 않은 걸요."

자리에 앉은 나는 반짝이는 나이프와 포크, 식탁보를 보며 눈을 깜박거렸다. 나도 한때 일 년 내내 이런 것들로 식사를 한 적이 있었던가? 나는 야만인이 난생 처음 문명사회로 나와 밥을 먹는 것처럼, 다른 이들이 빵과 치즈를 옆 사람에게 건네고 느긋하게 커피를 젓는 것을 지켜보며 천천히 그들을 따라했다.

놀리 언니와 빌렘 오빠가 사무치게 그리웠다. 하지만 장거리 통행이 금지된 마당에 뭘 어떻게 할 수 있겠는가? 전화 통화 역시 그 어느 때보다 엄하게 규제되고 있었지만, 병원 구내 교환국에서 일하는 젊은 여자가 마침내 힐베르쉼의 전화 교환수에게 벳시 언니의 죽음과 나의 석방 소식을 전하는 데 성공했다.

병원 생활을 시작한 지 두 번째 주에 접어든 어느 날, 병원 당국에서 식료품을 싣고 남쪽으로 가는 트럭을 얻어 탈 수 있게 조처해 주었다. 불법 여행이었으므로 트럭은 한밤중에 헤드라이트도 켜지 않고 달렸다. 식료품은 독일로 가는 화물에서 빼돌린 것들이었다. 희뿌옇게 날이 밝을 무렵 트럭은 빌렘 오빠의 커다란 벽돌 요양소 건물 앞에 멈춰 섰다. 문을 두드리자 키 크고 어깨가 넓은 소녀가 문을 열어 주었고, 내가 누군지 알리자 소녀는 부리나케 안으로 달려 들어갔다.

티네 언니와 두 조카가 곧 달려 나와 나를 얼싸안았다. 오빠는 조금 뒤 지팡이에 몸을 의지한 채 절뚝거리며 복도를 걸어 나왔다. 우리는 한참동안 서로를 부둥켜안았고, 오빠를 안은 채 나는 벳시 언니의 병과 죽음에 대해 자세히 이야기해 주었다.

"키크에 대해서도 차라리 이런 소식을 들을 수 있다면 좋으련만. 벳시 누나와 아버지와 함께 있는 게 그 아이에게도 좋았을 텐데." 오빠는 천천히 그렇게 말했다. 키 크고 잘생긴 금발의 이 아들은 독일로 이송된 뒤로 전혀 소식을 알 수 없다고 했다. 캄캄한 거리를 자전거로 달려 피크위크의 집으로 갈 때 내 어깨를 잡고 길 안내를 해주던 녀석이 기억났다. 우리 일이 발각될 경우 어떻게 말해야 하는지 참을성 있게 지도해 주던 것도 생각났다. "배급 카드 같은 건 없는 거예요, 코리 이모! 유대인도 없고요." 키크! 그 젊고 용감한 아이도 늙고 굼뜬 사람과 다름없이 어딘가에서 고통당하고 있는 것일까?

힐베르숨에 두 주 동안 머물면서 나는 그곳에 처음 도착하던 순간 내 눈으로 목격한 것에 적응하려고 애를 썼다. 빌렘 오빠는 죽어가고 있었다. 오빠 자신만 그 사실을 모르는 것 같았다. 절뚝거리며 집안을 오가면서 자기가 돌보고 있는 병든 사람들을 오히려 위로하고 있었으니 말이다. 오빠가 돌보는 환자는 오십 명 가량이었지만, 간호 보조사, 주방 일꾼, 비서 등 요양소 일을 돕는 젊은 여자들은 몇 명인지 헤아릴 수조차 없었다. 며칠이 지난 뒤에야 나는 이 여자들이 강제 노동에 징발되는 것을 피해 숨어 있는 사람들이라는 것을 알게 되었다. 이즈음에는 점점 더 가차 없이 젊은 여자들을 징발해 간다고 했다.

오빠를 만나긴 했지만, 나는 하를렘에 돌아가야만 안정을 찾을 수 있을 것 같았다. 하를렘에 가면 물론 놀리 언니가 있다. 하지만 나를 부른 것은 바로 베예, 그 집 자체에 있는 무언가였다. 그것이 나를 손짓해 부르고, 집으로 오라고 말하고 있었다.

이번에도 문제는 어떻게 거길 가느냐 하는 것이었다. 오빠가 요양소 일과 관련해 공무용 차량을 쓸 수 있긴 했지만 힐베르쉼 지역 안에서만 운행이 가능했다. 하지만 여기저기 전화를 걸어 수소문하던 오빠는 마침내 차량이 마련되었다고 알려주었다.

길을 가면서 보니 도로는 황량했다. 하를렘에서 나를 데리러 오는 차와 만나기로 한 지점까지 가는 동안 길에서 우리를 지나친 차는 겨우 두 대뿐이었다. 길 가장자리에 쌓인 눈 위에 차를 세우고 보니 저 앞에 정부의 공무용 번호판을 달고 뒤쪽 차창에 커튼을 드리운 길쭉한 검은색 리무진이 보였다. 나는 오빠에게 작별 인사를 한 뒤, 지시받은 대로 재빨리 그 리무진 뒷좌석에 올라탔다. 커튼이 드리워져 어둑한 차 안에서도 내 옆에 앉은 그 꼴사나운 배불뚝이 남자를 못 알아볼 수는 없었다.

"헤르만 아저씨!"

"귀여운 코넬리아." 그의 커다란 손이 내 두 손을 꼭 감싸쥐었다. "하나님께서 코넬리아를 다시 만나게 해주시는군요."

피크위크를 마지막으로 본 것은, 헤이그의 교도소행 버스에서 가엾게도 그 대머리에 상처를 입고 피를 흘리면서 두 군인 사이에 앉아 있던 모습이었다. 그런 그가 지금 내 옆에 있었다. 그 일만 생각하면 나는 마음이 아프고 안쓰러운데, 마치 그건 굳이 기억할 필요조차 없는 사소한 일이라는 듯 멀쩡한 모습으로 앉아 있었다.

늘 그랬듯이 그는 하를렘에서 일어난 모든 일들을 아주 잘 알고 있는 것 같았다. 제복을 입은 운전기사가 텅 빈 도로를 질주하는 동안 그는 그동안 미치도록 궁금했던 것들을 하나하나 자세히 알려주었다. 우리 집에 숨어 있던 유대인들은 모두 안전하고, 길거리에서 체포된 메리 이탈리만 폴란드로 보내졌다고 했다. 우리 지하 조직은 지금도 여전히 활동중이라고 했다. 비록 청년 조직원 여러 명이 피신중이긴 했지만.

그는 베예가 많이 달라졌을 거라고 주의를 주었다. 경찰의 감시가 해제된 뒤 집 없는 가족들이 잇달아 베예에 들어와 살았다고 했다. 하지만 가게 위층의 살림집은 비어 있을 것이라고 했다. 충성스런 토스는 스헤브닝겐에서 풀려난 뒤 베예의 봉쇄가 풀리기 전부터 시계포 영업을 다시 시작했다고 했다. 우리 집 옆 안경점 주인인 부커스 씨가 자기 가게에 공간을 내주었고, 토스는 거기서 시계 수리 주문을 받은 뒤 우리 시계공들이 각자 집에서 작업할 수 있도록 일감을 나눠주었다고 한다.

차 안의 어두움에 눈이 익숙해지자 친구의 얼굴을 좀더 자세히 볼 수 있었다. 그때 두들겨 맞은 후유증으로 그렇잖아도 보기 흉한 머리에 혹이 한두 개 더 생긴 것 같았고 이도 빠지고 없었다. 하지만 그 육중한 몸매, 사람 좋은 웃음을 흘리고 다니는 그 못생긴 얼굴은 하나도 달라진 게 없었다.

리무진은 이제 하를렘의 좁은 도로들을 빠져나가고 있었다. 스파르네 다리를 지났다. 성 바보 성당의 그림자가 드리워진 그로테 마르크트를 가로질러 바르텔요리스스트라트로 접어들었다. 나는 차가 미처 멈춰서기도 전에 뛰어내려 골목길을 내달렸다. 그리고 쪽문을 통해 안으로 들어가 놀리 언니의 품에 안겼다. 언니는 딸들을 데리고 와서 그날 오전 내내 먼지를 쓸어내고 창문을 닦고 침대 시트를 바람에 말리면서 나를 맞을 준비를 했다고 했다. 놀리 언니의 어깨 너머로 토스가 가게 뒷문가에 서 있는 게 보였다. 토스의 얼굴은 웃음 반 울음 반이었다. 웃는 건 내가 집에 돌아왔기 때문이고, 우는 건 토스가 사랑을 허락했던 단 두 사람, 아버지와 벳시 언니가 다시는 돌아올 수 없다는 것 때문이었다.

우리는 집안과 가게로 두루 몰려다니며 이것저것 살피고 어루만졌다. "벳시 언니가 이 잔들을 어떻게 놓았었는지 기억나?" "유시가 담배 파이프 여기에 두고 다닌다고 메타가 잔소리하던 것 생각나?" 나는 식당 바깥 쪽 층계참에 서서 프리슬란트 시계의 부드러운 나무결을 쓰다듬었다. 캅테인을 바로 뒤에 하고 아버지가 이 시계 앞에서 걸음을 멈추셨던 광경이 눈에 보이는 듯했다.

"시계가 멈추게 놔둬서는 안 되지…."

나는 시계의 유리 덮개를 열고 시침과 분침을 내 손목시계 시간과 똑같이 맞춘 뒤 천천히 추를 낭겨 주었다. 나는 집에 돌아왔다. 삶은, 이 시계처럼 다시 시작되었다. 오전엔 가게 작업실에서 시계를 수리하고, 정오엔 타이어 없는 자전거를 타고 덜커덕거리며 보스 엔 호벤 스트라트를 달릴 것이다.

그런데… 이상하게 마음이 편하지가 않았다. 여전히 나는 뭔가를 기다리고, 찾고 있었다. 나는 며칠 동안 집 근처 골목길과 운하 둑을 돌아다니며 마헤르 샬랄 하쉬바즈의 이름을 불러댔다. 우리 집에서 세 집 건너에 있는 채소 가게 노부인의 말이, 우리가 체포되던 날 밤 고양이가 자기 집 문 앞에서 야옹거리고 있기에 집안으로 들여놓았다고 했다. 그 뒤 몇 달 동안 동네 어린아이들이 번갈아가며 "할아버지네 고양이"에게 먹이를 갖다 주었다고 했다. 음식 찌꺼기 통에서 먹을 만한 걸 뒤져서 가져오기도 하고 자기들 먹을 것도 변변치 않은데 엄마들 몰래 그것까지 조금씩 덜어서 주기도 했단다. 덕분에 하쉬바즈는 여전히 매끄러운 털과 토실토실한 몸매를 유지할 수 있었다고 했다.

그런데 10월 중순 쯤의 어느 날 밤, 노부인이 아무리 불러도 고양이는 나타나지 않았고 그 뒤로는 녀석을 볼 수가 없었다고 했다. 그 말을 듣고 더 열심히 찾아보았지만 결과는 실망뿐이었다. 이 궁핍한 네덜란드의 한겨울, 아무리 찾아다니며 불러보아도 고양이 한 마리, 개 한 마리도 나타나지 않았다.

내가 잃어버린 건 고양이만이 아니었다. 베예에는 그 빈 방을 채워 줄 사람들이 필요했다. 헤이그에서 게슈타포 대장에게 아버지가 했던 말이 생각났다. "도움이 필요해서 내 집 문을 두드리는 사람 누구에게나 다시 문을 열어 줄거요…" 이 동네에서 그 누구보다 도움의 손길이 필요한 이들은 지적장애인들이었다. 나치 점령이 시작된 뒤로 이들은 가족들에 의해 뒷방으로 격리되어 살았고, 학교와 훈련센터는 문을 닫았으며, 정부가 부적격자로 규정한 탓에 모두들 이들의 존재를 덮어 감추고 있었다. 지금도 이들은 밖에 나와 다닐 수 없었지만, 우리 집에서라면 내가 가게 일을 하면서 시간을 내어 이들에게 조금이나마 새로운 환경과 프로그램을 제공해 줄 수 있을 것 같았다.

그럼에도 내 불안감은 계속됐다. 나는 집에 돌아왔고 바쁘게 일을 하고 있었다. 그런데 일을 하려고 작업대에 앉으면 그냥 한 시간씩 멍하니 허공을 바라보고 앉았을 때가 많았다. 토스가 찾아낸 수리공(아버지 밑에서 훈련받은)은 실력이 뛰어났다. 그래서 내가 가게에서 보내는 시간은 점점 줄어들었다. 무엇인지, 혹은 누구인지 모르지만 하여튼 나는 가게에 없는 그 무엇을 찾고 있었다.

내가 찾는 것은 위층에도 없었다. 내 보호를 받고 있는 그 착한 사람들을 사랑하기는 했지만 옛날과 달리 이제 이 집 자체가 나의 가정은 아니었다. 벳시 언니를 생각하며 창턱마다 화분을 갖다 놓았지만, 물주는 것을 잊는 바람에 꽃들은 다 말라죽고 말았다.

어쩌면 나는 지하운동을 그리워하는 것인지도 몰랐다. 전국적으로 활동망을 가진 조직에서 내게 뭔가를 요청했을 때 나는 기꺼이 이에 응했다. 그들은 하를렘 구치소에 수감되어 있는 한 죄수를 석방시키기 위해 가짜 서류를 만들어 내게 가지고 왔다. 나는 골목 하나만 돌아가면 있는 경찰서로 가서 그 낯익은 나무문을 열고 들어가 그 서류를 전해 주기만 하면 되었다. 그보다 더 간단한 일이 어디 있을까.

그러나 경찰서로 들어가 등 뒤에서 문이 닫히자 가슴이 두방망이질치기 시작했다. 다시 나갈 수 없게 되면 어떡하지? 덫에 걸린 거라면?

"무슨 일로 오셨습니까?" 접수처 뒤에서 밝은 오렌지색 머리의 젊은 부서장이 걸어 나오며 물었다. "약속이 되어 있으신가요?" 롤프였다. 그런데 이 사람이 왜 이렇게 뻣뻣하게 구는 걸까? 내가 체포된 걸까? 나를 감방에 집어넣으려는 것일까? "롤프! 저 모르시겠어요?" 내가 물었다.

그는 기억을 되살리기라도 하려는 듯 나를 유심히 들여다보았다. "물론 알죠!" 그가 친절히 대답했다. "시계포 부인이시죠! 한동안 가게 문을 닫았다는 소식은 들었습니다."

나는 멍하니 그를 쳐다보았다. 롤프가 왜 이렇게 모른 척 하는 걸까…. 순간 정신이 퍼뜩 든 나는 지금 그와 내가 있는 곳이 어디인지 깨달았다. 중앙로비에는 대여섯 명의 독일 군인들이 이쪽을 쳐다보고 있었다. 그런 상황에서 내가 우리 조직원 한 사람의 이름을 부르며 반가워하고, 그 사람과 내가 특별한 관계에 있다는 걸 드러내 보이는 행동을 해서 지하조직의 기본 수칙을 어긴 것이었다…. 나는 혀로 입술을 축였다. 어떻게 이렇게 바보 같을 수 있을까?

롤프는 내가 떨리는 손으로 건넨 위조 서류를 받아들고 쭉 훑어보았다. "이 서류는 서장님과 군 지휘관의 결재를 받아야 합니다. 내일 오후 네 시에 이 서류를 갖고 다시 한 번 와주시겠습니까? 서장님 참석하시는 회의가…."

나는 뒷말은 더 듣지도 않고 "내일 오후"라는 말이 떨어짐과 동시에 그냥 밖으로 달려나왔다. 거리에 서서 한숨을 돌리자 덜덜 떨리던 무릎이 비로소 잠잠해졌다. 내가 전혀 대담하지도, 영리하지도 않다는 증거를 대보라고 한다면 지금 내 모습이 바로 그 증거였다. 혹 지금까지 한 번이라도 대담하거나 노련한 모습을 보인 적이 있다면 그건 내 고유의 성품이 아니라 하나님의 선물이었다. 어떤 일을 하는 데 필요한 재능을 그냥 그분에게서 빌렸을 뿐인 것이다. 방금 보았다시피 이제 그런 노련함이 없다는 사실로 볼 때 이런 일은 이제 하나님께서 나에게 맡기시는 일이 아니라는 게 확실해졌다.

나는 어깨가 축 쳐진 채 베예로 돌아왔다. 바로 그 순간이었다. 골목길로 막 들어서는 순간, 나는 내가 찾고 있는 게 무엇인지 깨달았다.

그것은 벳시 언니였다.

라벤스브뤼크의 병원 창문으로 달려가 언니가 영원히 그곳을 떠났다는 것을 알게 된 그날 이후, 날마다, 매 순간 내가 그리워했던 건 바로 벳시 언니였다. 여기 하를렘에서, 여기 시계포에서, 그리고 언니가 그렇게 아끼고 사랑했던 이 집에서 내가 다시 찾으려 했던 것도 벳시 언니였다.

하지만 언니는 여기 없었다. 언니가 죽기 전에 했던 말이 생각났다. "사람들에게 말해 줘야 해, 코리. 우리가 여기서 알게 된 것을 사람들에게 말해 줘야 해…." 처음이었다. 그 말이 떠오른 건.

바로 그 주부터 나는 이야기를 시작했다. 이것이 하나님께서 나에게 주시는 새로운 일이라면, 무엇을 말해야 할지도 알려 주시고 그 말을 할 수 있는 용기도 주실 터였다. 나는 타이어 없는 자전거로 하를렘 거리와 교외를 덜커덕거리며 달리면서 기쁨이 절망보다 더 깊다는 메시지를 전하고 다녔다.

아무 희망도 없는 1945년 봄, 사람들에게는 그런 소식이 필요했다. 이맘때쯤이면 '하를렘의 신부' 나무에서 피어오르는 향기가 대기 중에 가득차야 하지만, 나무란 나무는 다 베여서 땔감으로 쓰였고, 너무 커서 뽑아낼 수 없는 그루터기만 남아 있을 뿐이었다. 들판엔 빨갛고 노란 튤립들이 마치 카페트를 깔아놓은 듯 피어 있어야 하건만, 구근은 다 파헤쳐져 식용으로 쓰이고 말았다. 집집마다 비극적인 사연이 없는 집이 없었다. 나는 그 절망적인 시절의 교회와 집회장과 가정을 찾아다니며 벳시 언니와 내가 라벤스브뤼크에서 알게 된 진리들을 전했다.

그런 모임 때마다 나는 벳시 언니의 첫 번째 비전 이야기를 빼놓지 않았다. 상처받은 사람들이 찾아와서 두려움 없이 다시 살아가는 법을 배울 수 있는 집을 만드는 데 대한 비전 말이다. 그날도 그런 이야기를 전하고 모임을 마칠 즈음, 호리호리한 몸매의 한 귀부인이 나를 찾아왔다. 가까이서 보니 누구인지 알 것 같았다. 비에렌스 드 한 부인이었다. 블로멘달 교외에 있는 부인의 집은 네덜란드에서 가장 아름다운 집 중 하나로 손꼽히고 있었다. 나는 그 집을 한 번도 본 적은 없고, 그 집이 위치한 커다란 공원 가장자리에 있는 나무들만 보았을 뿐이었다. 그래서 이 우아한 옷차림의 귀부인이 다가와 바르텔요리스트라트의 오래된 작은 집에 아직도 살고 있느냐고 물었을 때 나는 깜짝 놀라지 않을 수 없었다.

"그건 어떻게… 네, 아직 살고 있습니다만…."

"제 어머니께서 그 집 이야기를 자주 하셨어요. 댁의 이모를 만나러 자주 거기 가셨거든요. 자선 사업을 하셨다지요, 아마?"

그러자 모든 게 한꺼번에 떠올랐다. 골목길 쪽 출입문이 열리면, 깃털 살랑이는 소리와 함께 비단옷자락이 날렵하게 집안으로 들어섰다. 긴 드레스와 깃털 모자가 좁은 계단 양 가장자리를 스치고 지나갔다. 그러면 얀스 이모는 공놀이할 생각 같은 건 아예 접어 두게 만드는 표정으로 방문 앞에 서 있었다.

"저는 과부예요." 비에렌스 부인이 말했다. "하지만 아들 다섯이 레지스탕스 활동을 하고 있죠. 넷은 아직 살아 있고, 잘 있어요. 막내만 독일로 잡혀간 뒤 소식을 모르고 있죠. 방금 하신 말씀을 듣고 있는데 뭔가가 자꾸 제 안에서 이렇게 말을 했어요, '얀은 돌아올 거다. 그러면 너는 감사의 표시로 벳시 텐 붐의 꿈을 이뤄주기 위해 네 집을 개방하렴.'"

보름 뒤, 한 소년이 찾아와 편지 한 장을 전해 주고 갔다. 좋은 향기가 나는 편지지에 보랏빛 잉크로 비스듬히 기울여 쓴 글은 단 한 줄, "얀이 돌아왔어요"였다.

비에렌스 드 한 부인은 저택을 에워싸고 있는 사유지 입구까지 나와 직접 나를 맞아 주었다. 우리는 오래된 참나무가 하늘이 보이지 않을 만큼 양쪽으로 빽빽이 들어찬 가로수 길을 함께 걸어 올라갔다. 마지막 굽이를 돌자 넓은 잔디밭 한 가운데 방 쉰여섯 개짜리 대저택이 모습을 드러냈다. 나이든 정원사 두 사람이 화단에 곡괭이질을 하고 있었다.

"정원을 그냥 방치해 두었었죠." 비에렌스 드 한 부인이 말했다. "이제 다시 가꿀 생각이에요. 수용소에서 풀려난 사람들이 꽃을 가꾸면 심신을 치유하는 데 도움이 되지 않을까요?'

나는 아무 대답도 하지 않았다. 대신 박공지붕과 조각 유리 장식창을 물끄러미 바라봤다. 저렇게 높은, 높은 창문….

"집안은…." 나는 목이 잠겼다. "집안은 마룻바닥이 깔려 있고, 중앙 홀 둘레에 커다란 회랑(回廊)이 있고, 벽에는 부조 장식이 새겨져 있나요?"

비에렌스 드 한 부인은 깜짝 놀라 나를 쳐다봤다. "우리 집에 와보셨군요! 제가 기억이 잘…."

"아니에요, 얘기를 들었어요."

나는 더 이상 말을 잇지 못했다. 나 자신도 이해할 수 없는 것을 어떻게 남에게 설명을 한단 말인가?

"아, 와보셨던 분에게 들으셨군요." 부인은 내가 왜 당혹스러워하는지 알지 못한 채 그냥 그렇게 추측했다.

"네, 와봤던 사람에게서 들었어요."

5월 둘째 주, 연합군이 네덜란드를 되찾았다. 집집마다 창문에 네덜란드 국기가 내걸리고, 자유를 되찾은 라디오에서는 밤낮으로 '빌헬무스'가 흘러나왔다. 캐나다 군대가 국경 근처에 비축해 두었던 식량을 각 도시마다 급히 실어 날랐다.

6월에 수백 명의 사람들이 처음으로 블로멘달의 그 아름다운 저택에 도착했다. 말없는 사람이든 혹은 전쟁통에 자기가 잃은 것에 대해 쉼 없이 떠들어대는 사람이든, 기가 죽은 사람이든 혹은 사납고 공격적인 사람이든, 모두들 전쟁의 피해를 입은 사람들이었다. 강제 수용소 출신만 모인 것은 아니었다. 그 중엔 이곳 네덜란드 땅의 다락방이나 벽장 속에서 이삼 년, 심지어 사 년까지 숨어 지내던 이들도 있었다.

첫 번째로 도착한 이들 중에 우리 동네 시계포 주인이었던 칸 씨의 부인도 있었다. 칸 씨는 지하 조직에서 소개해 준 집에 머물다 돌아가시고 칸 부인 혼자 우리에게로 왔다. 허리는 굽고 머리는 백발이 된 이 여인은 무슨 소리만 들리면 깜짝깜짝 놀라곤 했다. 그밖에도 폭격에 몸과 영혼이 상한 사람, 전쟁 때문에 가족을 잃었거나 모든 게 뒤바뀐 사람 등이 블로멘달로 모여들었다. 1947년에는 인도네시아에서 일본의 포로로 잡혀 있던 네덜란드인들도 받아들이기 시작했다.

그 어느 것도 미리 계획한 일은 아니었지만, 블로멘달의 이 집은 독일 땅에 잡혀 있던 사람들에게 최적의 환경이라는 게 입증되었다. 이 사람들은 자기가 당한 특별한 불행을 기억 속에 되살리고 되씹는 경향이 있었다. 그런데 블로멘달에 오면서 불행과 고통을 자기 혼자만 당한 게 아니라는 걸 알게 되었다. 어떤 일을 당한 사람이든 치유의 열쇠는 똑같았다. 이들은 저마다 용서해야 할 상처를 안고 있었다. 자기를 밀고한 이웃사람, 잔인한 간수, 잔혹 행위를 즐기던 군인 등.

이상한 점이 하나 있었다. 이들이 용서하기 힘들어하는 사람은 독일인이나 일본인이 아니었다는 것이다. 이들이 가장 용서하기 힘들어 하는 사람은 동족이면서 적의 편에 섰던 네덜란드인이었다. 머리를 박박 깎은 채 남의 시선을 피해 다니는 NSB 사람들을 길거리에서 자주 볼 수 있었다. 이 부역자들은 이제 살던 집에서 쫓겨나고 일자리도 구하지 못하고 거리에서 뭇사람들에게 야유를 당하는 가련한 신세가 되었다.

처음에는 이들도 블로멘달로 불러들여 이들에게 피해를 당한 사람들과 함께 살게 하면서 서로가 서로를 측은히 여길 수 있게 해야 하는 것 아닌가 생각했다. 하지만 상처를 회복하려고 애쓰는 사람들에게는 시기상조였다. 두 번 정도 이를 시도해 봤지만 공공연한 싸움만 벌어진 채 끝이 났다. 그래서 지적장애인들을 위한 학교가 다시 문을 열고 이들이 가정으로 돌아가자마자 나는 이들이 떠나 비어 있는 베예를 NSB 사람들에게 개방했다.

전후(戰後)의 그 시절, 그렇게 우리는 이것저것 실험을 해보고 실수도 하면서 배워갔다. 의사, 심리학자, 영양학자들은 전쟁 피해자들을 돕는 기관이라면 어디든지 찾아다니며 무료 봉사를 했는데, 이들은 브로멘달의 느슨한 운영 방식에 종종 놀라움을 표시하곤 했다. 아침 저녁으로 드리는 예배 시간에 사람들은 함부로 이리저리 돌아다녔고, 식사 예절은 엉망진창이었고, 어떤 사람은 매일 새벽 세 시에 밖으로 나가 하를렘 거리를 돌아다녔다. 휘슬을 불어 제지할 수도 없었고, 꾸짖을 수도 없었고, 문을 닫아 걸 수도, 통금 시간을 만들 수도 없었다.

사람들은 자기 내면에 있는 깊은 고통을 제 각각의 방식으로 제 각각의 시간에 그렇게 해소했다. 벳시 언니가 예견했던 것처럼, 고통을 가라앉히는 일은 대개 정원에서 시작되었다. 꽃이 피고 채소가 자라감에 따라 비통한 과거 이야기는 점점 줄어들고 사람들은 내일 날씨 이야기를 점점 더 많이 하게 되었다. 이들이 세상을 보는 시야가 넓어지자 나는 이들에게 베예에 살고 있는 사람들 이야기를 자주 해주었다. 그들에겐 찾아오는 사람 하나 없고, 편지 한 통 보내주는 이 없다고 말이다. NSB 사람들 이야기에도 더 이상 독선적으로 분노를 터뜨리지 않는 것을 보고 나는 이들의 치유가 멀지 않았음을 알게 되었다. 그들이 "코리가 말하는 그 사람들 말이에요…. 그 사람들 혹시 집에서 가꾼 당근 좋아할까요?"라고 말하던 날, 나는 기적이 일어났음을 알게 되었다.

나는 계속 강연을 하러 다녔다. 그것은 블로멘달의 집을 운영할 후원금을 모으기 위해서이기도 했고, 시간이 지나면서 벳시 언니 이야기를 듣고 싶어 하는 사람들이 점점 더 늘어났기 때문이기도 했다. 나는 네덜란드 전역은 물론 유럽의 다른 나라와 미국에도 갔다.

그러나 가장 강연을 하고 싶은 곳은 독일이었다. 독일은 온 땅이 폐허가 되고 도시들은 잿더미가 되었지만, 그보다 더 끔찍한 것은 사람들의 생각과 마음도 재가 되었다는 것이었다. 국경선만 넘어가도 그

땅에 드리워진 엄청난 무게를 느낄 수 있었다.

그 사람을 만난 건 뮌헨의 한 교회에서였다. 라벤스브뤼크의 행정처리 센터 샤워실 입구에서 보초를 서던 바로 그 SS 대원. 석방된 이후로 교도소 사람을 만난 건 그가 처음이었다. 갑자기 그날의 모든 광경이 선연하게 떠올랐다. 빙글빙글 웃는 얼굴로 조롱하던 방 안 가득한 남자들, 벗어서 쌓아놓은 옷더미, 고통으로 하얗게 질린 벳시 언니의 얼굴.

사람들이 하나둘 빠져나가던 예배당에서 그는 내게 다가와 환한 얼굴로 고개 숙여 인사하며 말했다. "메시지 정말 감사합니다. 말씀하신 것처럼, 하나님께서 제 죄를 모두 씻어 없애셨다고 생각하니 얼마나 감사한지요!"

그는 내 손을 덥석 잡아 흔들었다. 나는, 브로멘달 사람들에게 그렇게 용서를 역설했던 나는, 그의 손을 마주잡아 줄 수가 없었다.

내 안에서 분노와 복수심이 들끓는 것을 느끼며 나는 그게 얼마나 큰 죄인지 생각했다. 예수 그리스도는 이 사람을 위해 죽으셨다. 그런데 내가 그 이상을 요구할 수 있는가? 나는 이렇게 기도했다. '주 예수님, 저를 용서해 주시고, 이 사람을 용서할 수 있게 도와주세요.'

나는 웃어 보이려 애썼다. 그런데 그럴 수가 없었다. 아무 감정도 느껴지지 않았다. 동정이나 자비심의 아주 작은 불씨조차 느껴지지 않았다. 그래서 나는 속으로 다시 한 번 기도했다. '예수님, 이 사람을 용서할 수가 없습니다. 주님의 용서를 주소서.'

순간, 내가 그의 손을 잡자 정말 믿을 수 없는 일이 일어났다. 내 어깨에서 팔, 그리고 손을 거쳐 무언가가 흘러 그에게로 전해졌고, 내 마음으로는 이 사람을 향한 사랑이, 나로서도 어찌 할 수 없는 압도적인 사랑이 솟구쳐 들어왔다.

많은 사랑이 필요했다. 전후(戰後) 독일에서 가장 시급한 것은 집이었다. 집 없는 사람이 구백만 명에 이른다고들 했다. 그들은 돌무더기 위에서, 반쯤 부서진 건물에서, 혹은 버려진 군용 트럭에서 생활했다. 한 교회가 나에게 강연 요청을 해왔다. 버려진 공장 건물에서 살고 있는 백여 가정을 상대로 메시지를 전해 달라는 것이었다. 사람들은 침대 시트와 담요를 내걸어 자기 구역을 설정해 놓고 살고 있었다. 그렇게 엉성하게 칸막이는 했지만 소리까지 막아줄 수는 없었다. 아기 울음소리, 귀가 멍멍할 정도로 크게 틀어놓은 라디오 소리, 식구들끼리 싸우며 화가 나서 내뱉는 말 등이 다 들렸다. 이런 형편에 있는 사람들에게 하나님이 실재하심을 말해 놓고 교회에서 제공하는 시 외곽의 조용한 숙소로 나만 혼자 돌아가도 되는 것일까? 그럴 수 없었다. 메시지를 전하기 전에 먼저 이들 속에 섞여 살아야 했다.

그렇게 그 공장에서 몇 달째 살고 있을 때 한 구호기관 책임자가 나를 찾아왔다. 그는 네덜란드에서 내가 펼치고 있는 회복 사업 이야기를 들었고, 관심을 갖게 되었다고 했다. 나는 그런 일에 전문적인 훈련을 받은 적이 없다고 말하려는 찰나 그의 입에서 나온 말이 나를 침묵시켰다.

"저희가 적당한 장소 한 곳을 구했는데요. 전에 강제 수용소로 쓰이던 곳을 최근에 정부로부터 양도 받았습니다."

우리는 다름슈타트로 가서 수용소를 둘러보았다. 건물 주위로는 아직도 녹슨 철조망이 둘러쳐져 있었다. 나는 칙칙한 회색빛 막사 사이의 석탄재 깔린 길을 천천히 걸어 올라갔다. 삐걱 거리는 막사 문 하나를 열고 철제 접이식 침대 사이로 한 걸음을 내디뎠다.

"창틀 아래에 화초 상자 말이에요." 나는 말했다. "창문마다 그걸 설치해야겠어요. 물론 철조망은 다 걷어내야죠. 페인트칠도 해야겠어요. 초록색 페인트로요. 가벼운 초록색, 봄에 새로 솟아나는 것들의 색깔로요…."

그 뒤 이야기
_엘리자베스 셰릴

독일 루터파 교회 소속의 한 위원회와 함께 일하게 된 코리는 1946년 다름슈타트 수용소에 재활의 집을 열었다. 이 기관은 1960년까지 그 역할을 하다가 전후 다시 번영하기 시작한 독일에 새로운 건축 공간을 제공해 주기 위해 해체되었다.

브로멘달의 집은 독일에 잡혀갔던 사람들을 비롯해 그 밖의 전쟁 피해자들만을 대상으로 봉사하다가 1950년부터 기관의 보호를 필요로 하는 일반인들도 받아들이기 시작했다. 이 집은 새로 마련한 자체 건물에서 지금도 운영중이며, 유럽 각처에서 온 환자들이 입소해 있다. 1967년부터는 네덜란드 개혁교회에서 운영을 맡고 있다.

빌렘은 1946년 12월, 결핵성 척추염으로 사망했다. 그는 구약시대의 제사 제도를 연구한 마지막 저서를 남겼다. 통증 때문에 책상에 앉지 못하고 선 채로 이 책을 집필했다고 한다.

세상을 떠나기 직전 그는 아내인 티네에게 이런 말을 남겼다. “키크는 잘 있어…. 아주 잘 있어.” 이들 가족은 1953년이 되어서야 이 스무 살 아들이 1944년 베르겐 벨슨의 집단 수용소에서 사망했다는 것을 알게 되었다. 힐베르섬에는 키크를 기념하는 “텐 붐 거리ten Boom Street”가 조성되었다.

피터 반 보어덴은 전쟁을 겪은 후 하나님을 섬기는 일에 자신의 음악적 재능을 헌신했다. 그는 시편과 잠언에 곡을 붙인 것을 비롯해 많은 경건 음악을 작곡했을 뿐만 아니라 국제적인 음악 사역에도 나섰다. 아내와 다섯 자녀들과 함께 가족 찬양단을 결성해 유럽과 중동 지역을 두루 다니며 하나님의 메시지를 전했다.

1959년 코리는 일단의 사람들과 함께 당시 동독 땅이었던 라벤스브뤼크를 방문해 벳시를 비롯해 그 곳에서 사망한 96,000여 명의 여성들을 추모했다. 그곳에서 코리는 자신이 석방된 것이 사무직원의 업무 착오 때문이었으며, 자신이 석방된 지 일주일 후 또래 여죄수들은 모두 가스실에서 최후를 맞았음을 알게 되었다.

1968년, 나는 코리가 다름슈타트에서 강연한다는 소식을 들었다. 그때 코리는 일흔여섯의 나이에도 불구하고 “사람들에게 말해야 한다”는 벳시의 신념에 따라 쉼없이 이곳저곳을 다니고 있었다. 코리는 모두 61개국을 돌아다녔고, 그 중엔 철의 장막 안쪽의 여행 불가 지역들도 포함되었다. 빅토리아 호수 주변의 아프리카 학생들, 쿠바 설탕 농장의 농부들, 영국 교도소의 죄수들, 우즈베키스탄의 공장 노동자 등, 누구를 상대로 강연하든 코리는 자기 두 자매가 라벤스브뤼크에서 알게 된 진리를 전했다. 예수님은 실패를 영광으로 바꾸실 수 있다고 말이다.

존과 나는 몇몇 지역을 코리와 동행하기도 했다. 이 책을 쓰려면 충분한 여유를 갖고 코리에게 이것저것 이야기를 들어야 하는데, 그녀에게서 그런 시간을 얻어낼 유일한 방법이 여행에 동행하는 것밖에 없었기 때문이다. 오스트리아에서였는지 헝가리에서였는지, 아무튼 아무 일정이 없는 저녁 시간에도 호텔 방에 차분하게 마주앉아 옛날이야기를 듣기가 힘들었다. 코리는 과거 일을 물을 때마다 시간이 아까워 조바심을 냈다. 그녀의 관심사는 온통 다음날 아침에 있을 그 지역 목회자들과의 조찬 모임, 혹은 곧 있을 청년 집회뿐이었다. "오, 하나님께서 자기들을 사랑하신다는 것을 알면 그 아이들은 정말 행복해할 거예요!"

대화다운 대화를 나눌 수 있던 것은 코리가 뉴욕 채퍼쿠아에 있는 우리 집에 머물렀을 때다. 우리 아이들은 코리를 아주 좋아했다. 코리는 자기를 웃음거리로 만들어 버리는 재주가 있었다. 예를 들어 코리가 난생 처음 먹어본다는 초콜릿 아이스크림 콘이 계속 녹아 흘러서 손으로, 블라우스로, 구두로 뚝뚝 떨어지자 아이들은 그걸 보고 난리법석이었다. "아니에요, 코리 할머니! 밑부분을 핥아야죠. 잘 보세요… 이렇게요!"

무엇보다도 아이들은 코리가 아이들 하나하나를 마치 최고 지위의 교회 지도자나 어느 도시의 시장님 대하듯 중요하게 대해 준다는 걸 좋아했다. 그리고 추상적인 신학적 개념을 아주 단순하고 구체적으로 풀어서 이야기해 주는 것도 좋아했다. 열세 살 먹은 우리 딸 리즈가 나와 함께 코리가 짐 푸는 것을 도울 때의 일이 기억난다. 리즈는 코리의 가방 밑바닥에서 곱게 접힌 옷을 하나 꺼냈다. 옷에는 아주 서툰 솜씨로 자수가 놓여 있었다. 바늘땀은 비뚤배뚤에다 색깔도 부조화였고, 바느질도 느슨하고 마구 얽혀 있었다.

"무얼 수놓으신 거예요?" 리즈가 어리둥절한 표정으로 코리에게 물었다.

"아, 그건 내가 한 게 아니란다. 세상에서 가장 훌륭한 수예가의 작품이지."

뭐가 뭔지 모를 대답에 리즈는 그럴 리가 없다는 표정이었다.

"리즈, 넌 지금 안쪽을 보고 있잖니!" 코리는 리즈 손에서 그 형편없는 작품을 받아들며 말했다. "우리 인생이 꼭 이렇지, 우리의 제한된 관점에서 본다면 말이야."

그러면서 코리는 옷을 흔들어 펼친 뒤 뒤집어 보였다. 그러자 붉은색, 자주색. 금색으로 수놓은 장엄한 왕관 문양이 드러났다. "우리 인생이라는 옷을 하나님 앞에 뒤집어 보이면, 하나님은 바로 이걸 보시게 되는 거란다!"

팔십 대 중반에 접어들어 건강이 나빠지자 코리는 선교 여행을 중단해야 했다. 친구들은 코리가 노후를 편히 보낼 수 있도록 캘리포니아 오렌지 카운티에 주택 한 채를 마련해 주었다. 세상을 떠나기 전 오 년 동안은 말조차 제대로 할 수 없을 정도로 건강이 안 좋았지만,

코리는 병상에 누워서도 하나님 사랑을 증거하는 일을 멈추지 않았다. 코리를 격려해 주러 많은 이들이 찾아왔지만, 그녀의 조용한 병실을 나설 때면 사람들은 오히려 자기 영혼이 신비롭고 영광스럽게 새로워진 것을 느끼곤 했다.

그녀의 아흔한 번째 생일이던 1983년 4월 15일 밤 열한 시, 코리는 늘 입에 달고 살던 말처럼 마침내 "집으로 갔다."

코리의 모험담이 연재되던 〈가이드포스트〉지 독자들을 위해, 그리고 무엇보다도 나 자신을 위해 나는 그녀의 사망 소식을 접했을 때의 내 소회를 다음과 같이 글로 적어 보았다.

캘리포니아에서 전화가 왔을 때 나는 코리를 위해 잘된 일이라고 기뻐하려 애를 썼다. 그녀는 "집으로 돌아가기를" 그토록 오래 기다려 왔으니 말이다. 하지만 이 땅의 관점에서 볼 때 죽음은 곧 작별을 고한다는 의미이다. 나는 상실감을 어쩌지 못하고 집안 이곳저곳을 돌아다니며 지난 몇 년 동안 그녀가 우리에게 주었던 물건들을 하나하나 쓰다듬어 보았다. 오래된 놋쇠 주전자, 작은 사각형 액자, 그보다 좀더 작은 둥근 액자.

우리 친구가 전해 주고 간 큰 진리를 떠올리게 하는 작은 물건들….

주전자는 우선순위에 대해 말을 해주었다. 벳시는 어느 날 아침 시장에 가는 길에 고물상에서 찌그러지고 그을음투성이인 이 주전자를 발견했다고 한다. 벳시는 고기 살 돈으로 이 주전자를 사가지고 왔다.

"언니!" 코리는 시계포에서 2층으로 올라오며 말했다. "이 고물을 어디다 쓰려고 그래? 이거 봐, 물을 담을 수도 없잖아."

"물주전자로 쓰려고 산 거 아냐." 벳시는 단호하게 대답했다.

"그럼 뭐에 쓰게?"

"아무 데도 안 써. 코리, 그을음을 벗겨낼 때까지 좀 기다려 봐! 이 주전자 주둥이에 아침 해가 빛나는 거 안 보이니?"

"오늘 저녁엔 구운 고기 대신 스튜를 만들었어." 벳시는 서둘러 저녁을 차리며 말했다. "사실 아버지 드시기엔 스튜가 훨씬 더 좋아. 그리고 난 오늘 배가 별로 안 고파. 아, 코리, 이 주전자는 우리가 오늘 저녁에 무얼 먹었는지 다 잊은 뒤에도 오래도록 반짝거리겠지!"

정말 그랬다. 그 주전자는 베예에서 은신처를 찾은 겁에 질린 사람들을 위해 환하게 빛났다. 집단 수용소에서 홀로 돌아온, 러시아로 중국으로 베트남으로 지칠 줄 모르고 다니다 돌아온 코리를 위해 변함없이 빛났다. 그리고 오늘 우리 집에서도 빛이 나고 있다. "영혼을 무엇으로 먹이느냐는 육신을 무엇으로 먹이느냐 만큼 중요하다"고 말하면서.

사각형 액자에는 삼각형 두 개를 엇갈린 별 모양으로 오려낸 노란색 천 조각이 들어 있다. 별을 가로질러 검은 색으로 JOOD라는 글씨가 씌어 있다. '유대인'이라는 뜻의 네덜란드어이다. 내가 네덜란드에서 코리 이야기를 취재하고 있을 때 코리가 나를 메이어 모슬의 집에 데려간 적이 있다. 그는 나치 점령 때 "유세비우스"라는 이름으로 불린 사람이다. 차를 마시는 동안 코리와 유시는 추억에 잠겼다.

코리는 대피 훈련 때를 기억하면서 유시에게 말했다. "파이프는 가지고 갔는데, 재떨이는 자꾸 잊어버리곤 하셨죠. 그래서 제가 늘 재떨이를 들고 뒤따라갔잖아요."

유시는 찻잔을 내려놓고 방 저쪽에 있는 커다란 찬장 쪽으로 갔다. 그리고 맨 밑 서랍을 열어, 차곡차곡 쌓인 식탁보 밑에서 별 모양의 노란 천 조각을 꺼냈다.

"내가 왜 이걸 버리지 않고 갖고 있는지 나 자신도 잘 몰랐죠. 그런데 이제 알았어요. 이걸 코리 당신에게 주어야 한다는 걸."

그날 오후 우리는 이 액자를 구해서 유시의 별을 넣어 두었다. 수년 동안 그 액자는 코리의 집 벽에 걸려 있다가 이제는 우리 집 벽에 걸려 있다. 십자가처럼 씁쓸하면서도 달콤한 상징으로서 말이다. 그 별은 나에게 말한다. "살아가면서 가장 감당하기 힘든 일이 무엇이든, 사랑은 그것을 아름다움으로 변화시킬 수 있다"고.

그보다 좀 작은 원형 액자는? 그 액자에도 천 조각이 끼워져 있다. 평범한 흰색 면, 속옷 만드는 데 쓰는 그런 천이다. 실제로 그건 속옷 조각이다. 게슈타포가 급습했을 당시 코리가 입고 있던 속셔츠 조각이다.

체포된 뒤 맨 처음 끌려갔던 스헤브닝겐 교도소의 독방에 홀로 갇혀 있을 때, 아무것도 할 일이 없는 상태가 계속되자 코리는 점점 용기를 잃어갔다. 놀리가 실과 바늘을 몰래 들여보내 주었지만, 실은 곧

하를렘에 있는 코리의 집은 1970년대에 박물관으로 잠깐 개방되었다. 사진에서 코리가 은신처 앞에 서 있다. 벽의 구멍은 관람객들이 은신처 내부를 좀더 쉽게 들여다볼 수 있게 뚫어놓은 것이다. 은신처의 원래 입구는 벽장 맨 아래칸에 있다. 코리 텐 붐의 집은 1988년에 많은 이들에게 감동을 주는 박물관으로 다시 개장되었다.
© the Corrie ten Boom House Foundation

바닥이 났다. 그러자 코리는 속셔츠를 생각해 냈다. 코리는 셔츠 가장자리의 솔기를 풀었다. 그게 바로 이거였다! 동물, 집, 얼굴들… 코리는 풀어낸 실로 셔츠에 수를 놓았다.

둥근 사진틀에 들어 있는 건 꽃 디자인이다. 가장자리가 기품 있게 말려 올라갔고, 우아한 줄기엔 잎사귀 여섯 개가 달려 있다. 꽃을 보려면 좀더 자세히 들여다보아야 한다(실이 바탕천과 똑같은 색이기 때문에). 셔츠는 코리가 우리에게 준 물건 중 가장 비싼 것은 아니다. 하지만 이제 그녀가 이 세상에 없다는 걸 가장 분명하게 말해 주는 물건이 되었다.

이렇게 돌고 도는 이 흰색 천의 쓰임새는 나에게 이걸 말해 주었다. 우리가 가장 초라한 기분일 때, 친구를 잃었을 때, 꿈을 이루지 못했을 때, 인생을 아름답게 만들 만한 아무것도 남지 않은 것처럼 보일 때, 바로 그때 하나님께서 이렇게 말씀하신다고. '너는 네가 생각하는 것보다 부요하다.'

텐 붐 일가 가계도 및 연보
_부록

이 책에 실린 텐 붐 일가의 연보와 가계도는 작가이자 연구원인 에밀리 S. 스미스의 연구 결과물이다. 이 자료 덕분에 독자들은 코리 집안의 인물 관계를 추적해 볼 수 있고, 가족 구성원들의 출생과 사망 날짜를 비롯해 다양한 사실들을 확인해 볼 수 있으며, 코리 생애의 여러 사건들과 선교 여행 시기를 아주 상세히 알 수 있게 되었다.

이 연보와 가계도는 에밀리 S. 스미스의 〈은신처를 방문하다: 코리 텐 붐의 인생을 변화시킨 경험들A Visit to the Hiding Place : The Life-Changing Experiences of Corrie ten Boom〉에 등장하며, 이 책은 네덜란드 하를렘에 있는 코리 텐 붐 하우스 재단에서 발행했다. 이 귀중한 자료를 사용할 수 있게 해준 에밀리와 프리츠 뉴스트라텐 재단 이사에게 감사드린다.

베예는 텐 붐 일가의 집으로, 은신처가 아직도 남아 있는 이 집은 현재 코리 텐 붐 하우스라는 박물관으로 운영되고 있다.

〈 텐 붐 일가 가계도 〉

카스퍼 텐 붐(아버지)
1859년 5월18일 하를렘 출생
1944년 3월 9일 덴 헤이그 사망

1884년
10월 16일
결혼

**코넬리아 요한나
아놀다 뤼팅**(어머니)
1858년 5월 18일 암스테르담 출생
1921년 10월 17일 하를렘 사망

엘리자벳 텐 붐(벳시)
1885년 8월 19일 암스테르담 출생
1944년 12월 16일 독일
라벤스브뤼크 사망

빌렘 텐 붐
1886년 11월 21일 암스테르담 출생
1946년 12월 13일 힐베르쉼 사망

1916년 8월 23일 결혼

크리스티나 반 벤(티네)
1884년 5월 4일 위트레흐트 출생
1958년 3월 19일 힐베르쉼 사망

카스퍼 텐 붐
1917년 7월 13일 출생
1980년 경 사망

헤르미아나 요한나 텐 붐(헤미)
1918년 12월 30일 마드 출생
1950년 10월 15일 힐베르쉼 사망

크리스티안 요하네스 텐 붐(키크)
1920년 5월 27일 자일렌 출생
1945년 경 독일 베르겐
벨젠 수용소 사망

코넬리아 아놀다 요한나 텐 붐(놀리)
1921년 12월 16일 자일렌 출생
1983년 5월 31일 마른 사망

헨드릭 얀 텐 붐
1888년 9월 12일
암스테르담 출생
1889년 3월 6일
암스테르담 사망

아놀다 요한나 텐 붐(놀리)
1890년 9월 25일
암스테르담 출생
1953년 10월 22일
하를렘 사망

1919년 7월 23일 결혼

프레데릭 반 보어덴
1890년 12월 20일 덴 헤이그 출생
1967년 12월 27일 베네브로크 사망

코넬리아 아놀다 요한나 텐 붐(코리)
1892년 4월 15일
암스테르담 출생
1983년 4월 15일 미국
캘리포니아 사망

제이콥 프레데릭 반 보어덴
1920년 5월 14일 출생
1982년 경 사망

카스퍼 반 보어덴(보브)
1921년 5월 18일 출생

아가타 반 보어덴(아디)
1922년 7월 22일 출생

피터 반 보이덴(피터)
1924년 1월 7일 출생
1990년 9월 6일 사망

코넬리아 아놀다 요한나 반 보어덴(코키)
1926년 9월 24일 출생
1997년 7월 28일 사망

엘리자벳 요한나 반 보어덴(엘스)
1931년 5월 28일 출생

〈텐 붐 일가 연보〉

1837년	빌렘 텐 붐(코리의 할아버지)이 하를렘의 바르텔요리스트라트 19번지에 점포를 임대해 텐 붐 시계포를 개업함. 1849년, 1200길더에 이 집을 구입함.
1841년	빌렘이 게르트라이다 반 고흐와 결혼함. 열세 명의 자녀를 두었으나 그 중 여덟은 네 살이 되기 전에 사망함.
1844년	빌렘이 "예루살렘의 평화를 위해 기도"하려고 기도 모임을 시작함.
1856년	게르트라이다가 결핵으로 41세에 사망함.
1858년	빌렘이 2월 10일 엘리사벳 벨과 결혼함. 두 사람은 여섯 자녀를 두었으며, 그 중 둘은 아주 어릴 때 사망함.
1859년	카스퍼 텐 붐(코리의 아버지, 엘리사벳이 낳은 자녀 중 제일 큰 아들)이 5월 18일에 태어남.
1884년	카스퍼와 코넬리아(코르) 뤼팅이 10월 16일에 결혼함. 두 사람은 암스테르담의 코르테 프린슨그라트 28번지에서 거주함.
1885년	엘리사벳(벳시)이 8월 19일에 태어남. 안나 이모가 이들 가족과 함께 살게 됨.
1886년	빌렘이 11월 21일에 태어남.

1888년 헨드릭 얀이 9월 12일에 태어나지만 이듬해 3월 6일에 사망함.

1890년 아놀다 요한나(놀리)가 9월 25일에 태어남. 텐 붐 일가가 암스테르담의 다른 집으로 이사함.

1891년 할아버지 빌렘이 12월 4일 75세로 사망함.

1892년 코넬리아 놀다 요한나(코리)가 출산 예정일보다 한 달 가량 빠른 4월 15일 성 금요일에 태어남. 카스퍼와 이들 가족은 텐 붐 시계포에서 일하기 위해 암스테르담에서 하를렘의 셋집으로 이사함. 코리는 7월에 네덜란드 개혁교회에서 세례를 받음.

(이 시점부터 연도 옆에 코리의 나이를 괄호로 표시하겠다. 코리의 생일은 4월 15일이고, 각 연도 옆에 표시되는 나이는 코리의 만 나이이다).

1895년(3) 얀스 이모가 텐 붐 일가와 함께 살게 됨.

1897년(5) 엘리사벳(카스퍼의 어머니)이 바르텔요리스트라트 19번지에서 이사가고 카스퍼와 가족들이 그 집으로 이사옴. 카스퍼가 이 집을 개축함. 코리가 기도하며 예수님께 일생을 헌신하기로 함.

1844년(17) 아버지와 어머니가 결혼 25주년을 기념함. 코리는 초등학교와 중학교를 마치고 가정학 학교에서 공부함. 텐 붐 일가가 집에서 선교 연구 모임을 시작함.

1910년(18) 코리가 하를렘에 있는 2년 과정 성경학교에서 공부함. 졸업 시험에서 낙제했으나 8년 후 졸업장을 받음.

1911년(19) 코리가 가정교사로 일하기 시작함. 베프 이모가 결핵으로 70

세에 사망함. 코리가 집으로 돌아옴. 어머니가 가벼운 뇌졸중을 앓음.

1914년(22) 제1차 세계대전 발발. 코리는 몇 달 간 병상에서 지내다가 맹장수술을 받음.

1916년(24) 빌렘이 목사 안수를 받고 마드에 있는 교회로 청빙받음. 온 가족들이 예배에 참석해 그의 첫 설교를 들음. 마드에서 코리는 카렐(실제 이름이 아님)과 함께 두 사람의 미래에 대해 이야기를 나눔. 두 사람은 8월 23일 빌렘이 티네 반 벤과 결혼하던 날 다시 만남. 11월, 카렐이 약혼녀를 소개하면서 코리가 크게 상처를 받음. 빌렘은 마드에서 4년 간 목회하다가 자일렌으로 옮겨가서 1926년까지 사역함.

1918년(26) 엄마가 중증 뇌졸중으로 쓰러짐. 1차 대전이 끝나고 텐 붐 일가는 독일 출신의 윌리, 카티, 그리고 트레크만 부인과 그의 자녀 룻과 마르타를 집으로 받아들임.

1919년(27) 얀스 이모가 당뇨병으로 71세 사망함. 놀리가 7월 23일에 프레데릭 반 보어덴과 결혼함.

1920년(28) 코리가 스위스에 있는 두 곳의 공장에서 시계공 견습 과정을 마침.

1921년(29) 엄마가 10월 17일 63세로 사망함. 코리는 시계포에서 풀타임으로 일하고 벳시는 집안 살림을 맡음.

1924년(32) 코리가 네덜란드 최초로 공인 여성 시계공이 됨.

1925년(33) 안나 이모가 3월 7일 64세로 사망함. 텐 붐 일가가 선교사 자녀들인 푸크, 한스, 하디 남매, 레시, 미프, 마레크를 집에서 돌보기 시작함. 1925년에는 모두 일곱 명의 수양자녀들이 있었고, 이들은 레드 캡 클럽으로 알려짐. 코리는 기독교 여학생 모임을 시작함. 1940년 나치가 집회를 금지시킬 때까지 이 모임을 인도함.

1926년(34) 빌렘이 〈이스라엘을 위한 모임〉이란 단체와 함께 사역하기 시작함. 그는 독일 라이프치히로 가서 일 년 간 박사 학위 과정을 밟고 인종차별적 반유대주의에 관한 논문을 써서 1928년 철학 박사 학위를 받음.

1937년(45) 텐 붐 시계포 개업 100주년 기념 파티가 열림

1940년(48) 5월 10일 나치의 네덜란드 침공이 시작됨. 나치 점령은 5년간 지속됨.

1941년(49) 11월, 코리가 빌렘과 키크의 도움으로 유대인 친구 두 사람에게 안전 가옥을 찾아줌.

1942년(50) 이른 봄, 유대인들을 구하는 일을 돕기로 결심하고 지하운동 조직과 연관을 맺게 됨. 코리의 조카 피터 반 보어덴은 네덜란드에 애국심을 보였다는 이유로 교도소에 수감됨.

1943년(51) 많은 유대인들이 텐 붐 집을 거쳐감. 대부분은 곧 다른 은신처를 찾아감. 아래는 이들 가족과 장기간 함께 머문 사람들의 명단

5월 13일 텐 붐 집안이 지하 조직 운동에 연루된 젊은 네덜란드인 한스 폴리를 은신처에 숨겨줌.

5월 14일	한슈 "테아" 프랑크포르트-이스라엘스(유대인)가 베예로 옴.
6월	메리 반 이탈리(유대인), 헹크 베슬스, 렌더트 킵(지하조직원)이 베예로 옴.
6월 2일	새로 지은 은신처 적응을 위한 첫 번째 대피 훈련을 실시함.
6월 28일	메이어 모슬("유시", 유대인)이 베예로 옴.
7월	헹크 위데크(지하조직원)가 베예로 옴. 헹크 베슬스와 렌더트 킵은 다른 은신처를 구해 나가고, 드 브리스(유대인)씨가 베예로 옴.
8월 14일	놀리가 유대인 한 명을 숨겨 준 혐의로 체포됨. 교도소에 4주간 구금됨. 게슈타포가 가족들의 집을 수색할 위험 때문에 은신처에 숨어 있던 사람들이 모두 베예를 떠나 다른 안전 가옥을 찾아감. 메리, 유시, 헹크, 한스는 3주 뒤 다시 돌아오고 다른 이들은 계속 다른 곳에 머묾. 미르얌 드용(유대인)이 베예로 옴.
9월 30일	게슈타포에 대한 염려 때문에 은신처의 모든 사람들이 다시 베예를 떠남. 메리, 유시, 한스는 2주 뒤 돌아옴. 넬(유대인)과 로니 하잔(유대인-진짜 이름은 로니 다 코스타)이 베예로 옴.

1944년(52)

1월	1월 메타(마르타)와 파울라 몽산토(유대인)가 베예로 옴. 파울라는 떠났다가 한스 폴리의 부모와 함께 다시 옴. 빌렘 텐 붐의 집이 게슈타포에게 급습당했으나 아무 증거도 나오지 않음.

2월 5일	한스 폴리가 다른 집에 게슈타포의 급습을 경고하러 가다가 체포당함. 베예도 위험해 은신처 사람들이 모두 떠남. 유시, 메리, 마르타, 로니는 일주일 뒤 돌아옴. 이 네 명의 유대인은 2월 28일까지 베예에 머묾.
2월 28일	게슈타포 요원들이 오후 다섯 시경 베예를 급습함. 불법 거주자 여섯 명(유대인 네 명과 지하조직원 두 명)이 급히 은신처로 피신함. 밤 열한 시경 카스퍼, 코리, 벳시, 빌렘, 놀리, 피터가 다른 사람들 30여 명과 함께 하를렘 경찰서 유치장으로 끌려감. 은신처에 여섯 사람이 숨어 있는 집은 나치가 감시함. 네덜란드의 전국 지하조직망에서 코리의 연락책이었던 헤르만 슬러링(피크위크)이 하를렘의 다른 곳에서 체포당함.
2월 29일	여섯 명의 가족들이 덴 헤이그 근처의 스헤브닝겐 교도소로 이송됨.
3월 1일	47시간 후인 오후 네 시 삼십 분 경, 은신처에 숨어 있던 여섯 명 모두 구출됨. 유시, 메리, 마르타, 로니(유대인)는 새로운 안전가옥으로 보내짐. 레이노우트 시어츠세마와 한스반 메슬(지하조직원)은 무사히 베예를 떠남.
3월 9일	카스퍼 텐 붐이 84세로 세상을 떠남.
3월 16일	코리가 384호 감방에서 독방 생활을 시작함.
4월 15일	코리가 독방에서 생일을 맞음.
6월 5일	코리와 벳시는 기차 편으로 스헤브닝겐 교도소에서 네덜란드의 부흐트 집단 수용소로 이송되는 중에 서로 만나 6월 6일

에 부흐트에 도착함.

9월 4일 코리와 벳시는 악몽 같은 기차 여행을 시작함. 사람들이 꽉 들어찬 화물차에 삼일 낮 삼일 밤을 실려감. 이들의 목적지는 독일 베를린 근방의 라벤스브뤼크 집단 수용소임.

9월 8일 코리와 벳시는 라벤스브뤼크에 죄수로 공식 등록됨.

12월 16일 벳시가 59세로 라벤스브뤼크에서 사망함.

12월 25일 코리는 석방될 것을 알고 난 뒤 부종(浮腫) 때문에 라벤스브뤼크 병원에 입원함.

12월 30일 (또는 12월 28일. 석방 서류에 두 날짜가 모두 나옴.) 코리는 라벤스브뤼크 집단 수용소에서 석방됨.

1945년(53)

1월 1일 자유인이 된 코리는 베를린에 도착해 다시 기차 편으로 네덜란드의 흐로닝언으로 온 뒤 그곳 요양소에서 열흘 간 머묾. YWCA 출신인 요양소 간호사 트루스 베네스의 도움을 받음. 그 뒤 빌렘과 티네와 재회하여 두 주를 보내고 하를렘으로 돌아옴.

5월 5일 네덜란드 해방일. 해방 직후 샤펜더넨(비에렌스 드 한 부인의 집)을 빌려 전쟁 피해자들을 위한 기독교 재활의 집을 엶.

5월 8일 유럽승전일 .

6월 19일 자신의 가족을 게슈타포에게 밀고한 얀 보겔에게 편지를 보내 그를 용서함.

6월 코리의 첫 번째 저서 「죄수 그러나Gevangene en Toch…」가 네덜란드에서 발간됨.

1946년(54) 연초에 화물선을 타고 미국으로 가서 자신의 이야기를 전함. 뉴욕에서 일정을 시작해 어빙 해리스에게서 조언을 받음. 워싱턴 DC에서 에이브러험 베레이드 목사와 그의 딸 알리샤 메리앤 존슨, 프랭크 매셰리 부인, 케이트 셰니의 도움을 받음. 그곳에서부터 미국 전역을 돌며 강연 활동을 함. 캔자스에서 7월의 기도 편지를 쓰고 뉴욕, 워싱턴 DC, 펜실베니아, 버몬트, 미시건, 일리노이, 그리고 캐나다에서 사역함(여기서 사역이란 복음을 전하고 제자 훈련을 시키는 것). 캐나다에서 바비 할리데이 부인의 도움을 받음. 캘리포니아, 유타, 아이오와에서도 사역함. 12월 13일, 코리의 오빠 빌렘이 교도소에서 감염된 결핵성 척추염으로 63세 나이로 사망. 코리는 열 달의 해외 체류를 마치고 네덜란드로 돌아옴.

1947년(55) 샤펜더넨에서 사역을 계속함. 독일에서도 일을 하던 중 라벤스브뤼크 수용소의 간수를 만나 그를 용서함. 9월에 캐나다에서 사역함.

1948년(56) 생일 날, 로스앤젤레스의 캘리포니아 대학교에서 강연함. 스위스에서 열린 YFC(Youth for Christ) 컨퍼런스에 참석함.

1949년(57) 독일에서 강연도 하고, 그곳 난민 캠프에서 사역함. 독일 루터파 교회의 도움으로 다름슈타트(예전에 집단 수용소였던 곳)에 건물을 빌려 난민들을 위한 재활 캠프를 시작함. 복음주의 마리아 자매회가 1960년 이 캠프가 문을 닫을 때까지 지속적으로 난민들을 섬김. 코리는 스위스와 미국에서 사역함.

1950년(58) 캘리포니아, 워싱턴 DC, 미시건, 캐나다, 버뮤다에서 사역함. 버뮤다에서는 일주일에 스무 번 강연함. 화물선 편으로 네덜란드에 돌아와 다시 독일에서 몇 달 사역함.

1951년(59) 독일, 영국, 캐나다, 미국에서 사역함. 중간에 네덜란드로 돌아와 기독교 수양관과 훈련 센터로 사용할 조네단 건물 구입을 완료함. 임대 건물이었던 샤펜더넨에서 이곳으로 센터를 옮김. 1966년까지 이 일에 관여함.

1952년(60) 미국에서 사역하고 일본으로 향하던 길에 하와이에 들러 나흘 동안 열여섯 차례 강연함. 일본에서 아홉 달 동안 사역했으며, 미첼의 부모 선교사들과 동역하기도 함.

1953년(61) 1953년(61) 코리의 두 번째 저서 「놀라운 사랑Amazing Love」이 발간됨. 이 책은 영어로 발간된 코리의 첫 저서임. 대만에서 사역하며 릴리언 딕슨과 함께 나환자들을 방문함. 필리핀, 뉴질랜드, 호주, 이스라엘, 남아프리카, 스페인, 스위스, 네덜란드 등지에서 사역함. 10월 22일. 언니인 놀리가 63세로 사망함. 코리는 언니의 죽음에 큰 충격을 받음. 12월에 하를렘에서 넘어져 엉덩이를 다침. 조네단에서 요양함.

1954년(62) 1월 초, 성령 세례를 받음. 독일에서 6개월 간 사역함. 라벤스브뤼크에서 벳시에게 잔인하게 굴었던 간호사를 만나 그녀를 주님에게 인도함. 미국, 버뮤다, 쿠바에서 사역함. 첫 번째 저서가 「A Prisoner and Yet…」이라는 제목으로 영어로 번

역 출판됨.

1955년(63) 캐나다, 멕시코, 미국에서 사역함. 이 여행은 16개월 동안 계속됨.

1957년(65) 뉴질랜드와 호주에서 일 년 내내 리바이벌 펠로우십과 동역함. 호주에 있는 동안 마틴이라는 유대인 청년을 만남. 마틴은 아기였을 때 코리의 지하조직에게 구출된 경험이 있었음. 코리의 저서 「Not Good If Detached」와 「Common Sense Not Needed」가 발간됨.

1958년(66) 인도, 보르네오, 한국, 일본, 대만에서 사역함. 어렸을 때 세례를 받은 그녀는 3월 20일 인도 캘커타에 있는 윌리엄 캐리 침례교회에서 침례를 받음. 자신의 개인적 근황을 알리는 문서의 이름을 'Prayer Letter'에서 'It's Harvest Time'으로 바꿈.

1959년(67) 홍콩에서의 사역으로 새해를 시작해 베트남, 유럽으로 감. 라벤스브뤼크 집단 수용소로 돌아와 자신의 석방이 직원의 업무 착오에 따른 것이었음을 알게 됨.

1960년(68) 독일, 스페인, 영국. 스위스에서 사역하고, 이스라엘에 3개월 간 체류함. 스위스에서 빌리 그래함과 룻 그래함 부부를 만남. 개인 수행원 코니 반 호그스트라텐과 동행하여 여행을 시작함. 두 사람은 7년 동안 동역함.

1961년(69) 인도에서 3개월 간 사역한 뒤 아프리카로 가서 8개월 동안 사역함.

1962년(70) 남미와 미국에서 사역함. 4월 17일에 네덜란드의 율리아나 여왕이 코리에게 오란예나사우Oranje-Nassau 기사 작위를 수여함.

1963년(71) 버뮤다와 캐나다에서의 최근 사역에 대해 글을 씀. 미국에서 사역함. 아르헨티나 부에노스 아이레스의 그웬 셰퍼드 박사의 아파트에 6주 간 머묾. 한 집에 그렇게 오래 머문 것은 지난 16년 동안 처음 있는 일이었음. 여러 집회에서 강연하고 셰퍼드 박사의 병원 환자들을 심방함. 그런 다음 아르헨티나의 코르도바와 브라질에서 사역함. 네덜란드로 돌아와 간염 증상으로 입원함. 12월 31일에 비행기편으로 미국으로 감.

1964년(72) 미국. 독일, 폴란드, 핀란드에서 사역함. 간염 진단 받음. 의사의 지시로 일 년 동안 사역을 쉼. 안식년은 9월에 시작됨. 처음 두 달 동안은 독일 바바리아 지방에서 치료를 받고, 그 뒤 스위스에서 조카인 피터 반 보어덴의 가족들과 함께 지냄.

1965년(73) 안식년의 나머지 몇 달 동안은 동아프리카 우간다에서 해리 캠벨, 이블린 캠벨 부부와 함께 지냄. 이 동안에도 이따금씩 케냐와 우간다의 교도소와 교회에서 강연함. 10월에 탄자니아, 케냐. 르완다, 부룬디, 콩고, 우간다에서 다시 사역을 시작함.

1966년(74) 1월 말, 콩고와 케냐 그리고 에티오피아 강연을 마지막으로 넉 달 간의 아프리카 사역을 마침. 캐나다와 미국에서 사역함. 러시아와 동유럽(헝가리, 폴란드, 체코슬로바키아)에서 몇 달 간 사역한 뒤 독일과 네덜란드로 감.

1967년(75) 프랑스와 인도네시아에서 사역함. 베트남에서 75세 생일을 맞음. 이때 베트남은 전쟁중이었고, 코리는 선교사인 앤드류 형제와 동역함. 네덜란드로 돌아왔을 때, 엘리사벳 반 렘스트라 남작 부인이 코리가 네덜란드에 머무는 동안 언제든 '사역 본부'로 사용할 수 있도록 아파트를 빌려줌. 여름에 코니가 인도 주재 네덜란드 선교사이자 의사인 리클 호거제일과 결혼하여 떠나감. 코니의 뒤를 이어 엘렌 드 크론이 코리의 사역 여행에 동행하게 됨. 두 사람은 9년 동안 동역함. 코리는 차를 타고 가던 중 큰 교통사고를 당해 팔과 어깨가 부러짐. 병원에서 9주 동안 치료받음. 「Plenty for Everyone」이 출간됨.

1968년(76) 2월 28일, 이스라엘 정부가 홀로코스트 기념관인 야드 바쉠에 코리의 이름을 올림. 이스라엘 정부는 2차 대전 당시 코리가 가족들과 함께 많은 유대인들의 생명을 구해준 공로를 인정해 '의인의 동산'에 기념 식수를 해줄 것을 요청함. 이스라엘, 네덜란드, 독일, 그리고 미국, 영국, 모스크바에서 사역함.

1969년(77) 스위스에서 새해를 시작한 뒤 프랑스, 미국, 모스크바에서 사역함. 코리의 저서 「Marching Orders for the End Battle」이 출간됨.

1970년(78) 이스라엘, 사이프러스에서 일함. 코리와 사역 여행을 함께 다녔던 코니가 암으로 사망함. 코리는 그녀의 장례식에서 강연함. 네덜란드로 돌아와 의사의 지시로 5개월 간 휴식한 뒤 알라스카와 미국 북부에서 사역함. 「Defeated Enemies」가 출간됨.

1971년(79) 미국에서 5개월 간 지낸 뒤 네덜란드로 돌아왔다가 다시 미국, 캐나다에서 사역함. 코리가 존 셰릴, 엘리자벳 셰릴 부부와 함께 집필한 「주는 나의 피난처」가 11월에 발간됨.

1972년(80) 미국과 캐나다에서 계속 사역함.

1973년(81) 미국에서 사역을 계속함. 개인 근황을 알리는 문서를 〈The Hiding Place Magazine〉으로 부르기 시작함. 이 문서는 1983년까지 정기적으로 발행됨. 네덜란드의 앤틸리스 제도에서 일함. 6월에 미국 조지아 주 애틀랜타에 있는 빌리 그래함 선교센터에서 강연함.

1974년(82) 3월에서 6월까지 하를렘과 영국에서 「주는 나의 피난처」 영화화 작업이 이뤄짐. 코리가 촬영장을 방문함. 미국과 이스라엘에서 사역함. 7월에 스위스에서 열린 세계 복음화 대회에서 강연함. 제이미 버킹햄과 함께 집필한 「Tramp for the Lord」가 발간됨. 11월에 버지니아 주 노포크에 있는 빌리 그래함 선교센터에서 인터뷰함.

1975년(83) 미국에서 몇 달 동안 일하고 버뮤다에서 일함. 네덜란드에 있는 베예가 "은신처" 박물관으로 개장함. 9월 29일, 영화 〈The Hiding Place〉가 캘리포니아 비벌리힐즈에서 개봉됨. 영화가 시작되자마자 신(新)나치당으로 추측되는 사람들이 극장 안으로 최루탄을 던짐. 수백 명의 관객들이 영화 관람 대신 코리, 빌리 그래함, 행사 사회자 팻 분과의 길거리 미팅을 즐김.

베브 셰어가 "주 하나님 지으신 모든 세계"를 부르고, 팻과 클리프 배로우즈가 찬양을 인도함. 신문과 텔레비전에서 이 이야기를 전 세계에 알림. 영화 〈The Hiding Place〉가 여러 나라에서 상영됨. 11월 복음주의 마리아 자매회 회원이 베예로 찾아와 코리에게 기념패를 선사했고, 이 패는 은신처에 걸려 있음. 〈Prison Letter〉 발간됨.

1976년(84) 1월, 오클라호마 방문. 4월, 엘렌 드 크론이 밥 스탬프스와 결혼해 떠나고 팸 로스웰이 코리의 선교 여행을 보좌하게 됨. 팸은 코리와 7년 간 함께 일함. 두 사람은 처음 7개월 동안 스위스, 캐나다의 토론토, 미국(하와이의 호놀룰루, 뉴욕, 메사추세츠의 웬햄, 노스캐롤라이나의 샬럿, 버지니아의 윌리엄스버그, 테네시의 낙스빌, 오클라호마의 털사, 텍사스의 댈러스와 와코, 아이오와의 디모인, 일리노이의 시카고, 플로리다의 마이애미, 캘리포니아의 로스앤젤레스, 애너하임, 샌디에고, 산호세)에서 사역함. 4월 23일, 코리는 메사추세츠 주의 고든 칼리지에서 명예 인문학 박사 학위를 받음. 그 뒤 네덜란드에서 3개월 간 체류함. 코리가 C. C. 칼슨과 함께 집필한 「In My Father's House」, 그리고 「Corrie's Christmas Memories」가 발간됨. 영화〈Berlin the Scenes of The Hiding Place〉가 개봉됨 .

1977년(85) 1월 관람객이 너무 많아 "은신처" 박물관이 문을 닫음. 코리는 스웨덴 구텐베르그에 있는 빌리 그래함 선교 센터에서 초청 강사로 강연한 뒤 스위스에서 사역함. 역시 1월에 코리와 팸은 미국에서 거주 외국인 지위를 부여받고 플로리다로 가서 몇 주간 머물며 책을 집필함. 그 뒤 두 사람은 캘리포니아로 가서 셋집을 구함. 2월 28일, 두 사람은 캘리포니아 플라센티아의 "샬롬" 하우스로 이사함. 코리는 뉴욕과 플로리다에서 사역함. 7월 4일, 애리조나에서 CHIEF(Christian Hope Indian Eskimo Fellowship)에게 예우를 받아 머리 장식물을 수여받고 부족 방문을 환영받음. 7월에 캔자스시티와 덴버의 서적업자 총회에 참석하고, 오클라호마로 가서 엘렌의 아들 피터 존 스탬프스의 세례식에 참석함. 죄수들을 위해 특별히 만든 영화 〈One Way Door〉 제작을 완료함. 9월 25일, 캘리포니아 샌프란시스코 근방의 샌 틴 교도소에서 강연함. 10월, 심장박동 조절장치를 달기 위해 병원에 입원함. 11월, 오레곤 주 포틀랜드에서 강연함. 「Each New Day」, 「Prayers and Promises for EveryDay」, 「He Cares, He Comforts」, 「He Sets the Captives Free」가 발간됨.

1978년(86) 4월 15일, 애리조나에서 아메리카 인디언들을 위한 영화를 제작하면서 생일을 맞음. 5월과 6월엔 「This Day is the Lord's」를 집필했고, 이 책은 1979년에 발간됨. 초여름엔 영화 〈Jesus Is Victor〉 제작에 힘을 쏟음. 7월에 "Corrie: The Lives She's Touched"라는 밤을 헌정받음. 8월 23일, 중증 뇌졸중으로 쓰러져 의사소통 능력을 거의 잃음. 저서 「Father ten Boom, God's Man」, 「A Tramp Finds a Home」, 「Don's Wrestle, Hust

Nestle」 발간됨.

1979년(87) 4월 15일, 뒷마당에서 조촐하게 86세 생일 파티를 가짐. 5월, 두 번째 뇌졸중으로 오른쪽 팔과 다리의 기능을 잃음.

1980년(88) 10월, 세 번째의 중증 뇌졸중으로 병상에 누움.

1982년(90) 코리의 저서 「Clippings from My Notebook」이 발간됨. 이 책은 수십 년간 선교 여행을 하는 동안 그녀가 남긴 메모와 사진 모음집임. 코리의 선교 활동을 그린 영화 〈Jesus Is Victor〉 개봉.

1983년(91) 아흔한 번째 생일인 4월 15일, 코리가 소천함. 오후 열한 시경 숨을 거둠. 4월 22일, 캘리포니아 주 산타 애나의 페어헤븐 메모리얼 파크에서 장례식과 함께 추도 예배를 드림. 코리의 선교 활동을 그린 영화 〈One Way Door〉, 〈Corrie : The Lives She's Touched〉가 개봉됨. 코리의 저서 「Not I, but Christ」가 네덜란드어로 발간되었고, 1984년에는 영어로 발간됨.

1985년 코리의 저서 세 권을 편집한 책 「Jesus Is Victor」 발간됨.

1988년 4월 15일, 네덜란드 하를렘에 코리 텐 붐 하우스가 박물관으로 개장됨.

1999년 「Reflections of God's Glory」가 발간됨. 코리가 '트랜스 월드 라디오' 방송에서 전한 메시지가 담겨 있음.

2002년 「Messages of God's Abundance」가 발간됨. 코리가 '트랜스 월드 라디오'에서 전한 메시지 모음집 2권.

2003년 월드 와이드 픽쳐스사에서 영화 〈The Hiding Place〉 DVD

로 발매함. 이 DVD에는 코리를 다룬 다른 영화 〈Behind the Scenes of the Hiding Place〉, 〈Jesus Is Victor〉, 〈One Way Door〉, 〈Corrie: The Lives She's Touched〉가 함께 담겨 있음.